Security Management for Sports and Special Events

스포츠와 특별행사 보안관리

저자 | Stacey Hall • Walter Cooper • Lou Marciani • Jim McGee

역자 | 이동영

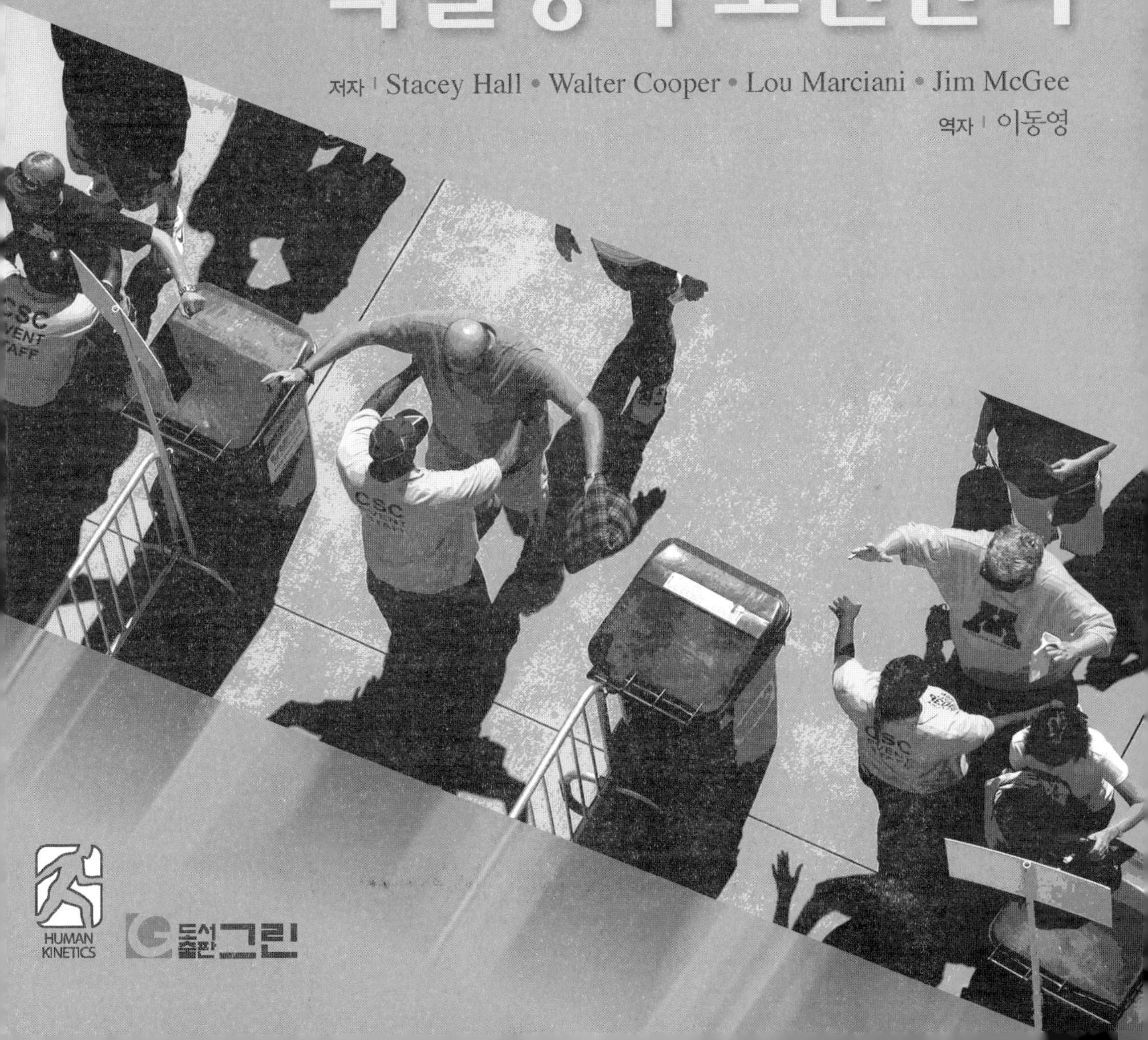

HUMAN KINETICS

도서출판 그린

Security Management for Sports and Special Events:
An Interagency Approach to Creating Safe Facilities
Stacey Hall, Walter Cooper, Lou Marciani, Jim McGee

서 문

스포츠와 특별 행사는 대부분의 문화와 불가분(不可分) 관계에 있고 전 세계적으로 국가에 따라 매년 수백만 명의 관객이 관전하며 행사 참가자들을 위하여 안전과 보안을 제공 하는 것은 매우 중요한 일이다. 따라서 개인, 기관 그리고 민간(경비)업자들은 안전한 환경과 아울러 청중들의 유쾌한 경험을 함께 제공해야 하는 중요한 도전과 딜레마에 직면 하게 된다.

스포츠 보안에만 매년 미화 20억 달러 이상이 지출되어 왔으며 이는 주요 국제 스포츠 행사가 있는 해에는 미화 60억 달러 이상으로 불어난다. 이처럼 행사의 안전과 보안을 위해 상당한 자원들이 이용되고 있으나, 스포츠와 특별 행사에 관한 정보는 매우 부족한 편이다.

스포츠계는 이를 위해 최고의 관행과 기술적 도구를 채택 해왔으나 관련 전문가들과 현재 학생들은 이러한 새로운 스포츠와 특별 행사의 안전 및 보안 분야에 대한 정보접근이 상당히 제약되어 왔다.

따라서 이 책에서는 스포츠 및 특별행사의 안전 및 보안에 있어서 필요한 여러 기관들의 공조와 위험관리, 훈련, 계획, 연습, 위기관리 등 주요 토픽에 관한 개관을 다루고자 한다.

독자들이 현재의 안전 관심사와 좀 더 친숙해지기 위해 제1장은 스포츠와 특별 행사 현황에 관한 개괄적 정보와 함께 각국의 스포츠 관련 재난 사례들을 포함했으며, 극단적인 테러공격에서부터 경미한 범죄, 절도에 이르는 스포츠와 특별 행사에 대한 위협과 위험도 소개했다. 시설과 행사관리, 법집행, 위기관리, 화재, 위험물 관리(HAZMAT), 응급 의료 서비스, 지방 및 주 정부 기관, 지역 단체, 공중 보건, 홍보 등 많은 관계자들이 주요 행사의 안전과 보안 계획에 관련되어 있음으로 이 모든 주체들 사이의 공조야말로 효과적인 계획과 안전 및 보안 위협에 대응하기 위한 필수적 요소이다.

제2장은 여러 기관들 사이의 협력에 초점을 맞추고 각 기관이 협력하는 환경에서 관계자들의 훈련과 리더십을 다루었다.

제3장은 테러 공격과 자연재해, 폭동 그리고 다른 위험한 사건들에 대응하는 미국 국토안보부와 여러 관할단체, 기관들의 관점에서의 사건 관리 전략을 소개했다. 행사장(Venue)과 행사 관리자들은 인적, 물리적, 경제적 자산들에 대한 잠재적으로 유해한 위험을 찾아내고 이에 대응할 계획과 정책, 절차, 보호방법 등을 실행에 옮겨야 한다.

4, 5, 6장에서는 위험 관리, 보안 계획, 정책 디자인, 비상대응과 비상계획을 독자들에게 소개하고자 한다.

일단 보안계획과 절차가 정해지면 이것들이 효과적으로 작동하기 위해 훈련과 연습이 필수적이다. 따라서 7장과 8장은 보안요원들에게 필요한 훈련에 관한 상세한 정보를 제공한다. 이들 계획들을 시험하기 위해 어떻게 토론 위주의 훈련과 실전 위주의 훈련이 사용되어지는 지를 본문을 통해 설명한다.

마지막으로 9장에서는 스포츠와 특별행사 안전과 보안의 미래를 예측해 보고 부가 자료들에 관해 설명할 것이다.

매 장마다 그 장에서 논의된 토픽에 관련된 실제 가능 상황을 제시하고 이미 배운 내용과 함께 숙고와 토론이 더 필요한 논점들을 다시 언급할 것이다.

스포츠와 특별 행사 관리에 관한 현재 주요 쟁점들을 본문에서의 사이드 바를 통해 조명해보고 실례들을 제시했다. 책 뒤편에는 추가 부록을 통해 보안계획 수립을 돕기 위해 각종 서식, 템플릿 그리고 실례들을 추가로 제공했다.

이 책 내용의 대부분이 미국의 지침, 지시, 기관들에 근거 하고 있음을 독자

여러분들은 알게 될 것이다. 이러한 성향은 지난 10여 년간 미국 정부가 보안 강화를 강조 해왔다는 측면에서 우리의 연구가 미국에 기초를 두고 있기 때문이다.

그러나 관중과 관객이 운집하는 스포츠나 큰 행사는 세계 어디서 열리든 보안 위협, 위험 평가, 보안과 위기 대응 계획 수립, 훈련과 연습 계획 등이 동일할 것이다.

만약 여러분이 미국 외 지역에서 스포츠나 행사보안과 관련된 일을 하고 있다면 이 책에서 언급한 원칙들을 적용하기 위해서는 각 나라의 법, 대응 지침, 관할권 등을 숙지해야 할 것이다.

3장에서는 주요 행사 보안에 관계되는 일반적인 국가기관의 개관과 몇 개의 국제 보안 기구에 관한 정보를 제공함으로 이해를 돕도록 했으며, 이 책의 곳곳에 소개된 다양한 실례를 통해 전 세계 스포츠와 특별 행사 보안의 중요성을 반영했다.

비록 이 책에서는 스포츠 행사들에 관련된 예를 많이 다루었지만 모든 형태의 장소와 행사에 동일한 원칙을 적용할 수 있을 것이다.

추가로 콘서트나, 집회, 그 밖에 행사를 주최하는 행사 관리자들을 위해 비스포츠 행사나, 종래와 다른 새로운 스포츠 행사에의 개념 적용을 설명하기 위해 이 책의 여러 곳에 예를 두었다.

처음으로 오직 스포츠와 특별행사의 안전과 보안 체계만을 설명하는 책이 출간되었다는데 큰 의미를 부여하고 싶다, 본서는 스포츠와 특별행사에서 계획, 관리, 보안과 안전 실행의 모든 측면에서의 원활한 소통과 이해를 목적으로 하며 위험 평가, 직원 훈련 그리고 계획과 절차를 시험하기위한 연습에 관련된 주요 단계에 관한 개관도 제공할 것이다.

감사의 말

이 책이 세상에 나오기까지 도움을 아끼지 않은 남 미시시피대학교의 동료 월터 E. 쿠퍼, 제임스 A 맥기, 루 마르시아니에게 감사의 말을 전한다.

월터는 나의 소중한 멘토가 되어 주었고 제임스의 광범위한 경험은 이 책 내의 실제 적용에 가치 있는 정보를 제공하였다. 그리고 루는 혁신적인 스포츠 보안 기술 솔루션에 관한 통찰력을 보여주었다.

그리고 국립 스포츠 안전 보안 센터(National Center for Spectator Sports Safety and Security)의 최고를 지향하는 헌신적인 직원들-로렌 크렌포드, 닉 나보스, 루카 지아디노, 리키 브래들리, 호비 리건, 이동영 객원교수, 그리고 스티브 밀러-에게도 진심으로 감사한다.

끝으로 나의 개인적, 직업적 노력에 대한 북아일랜드에 있는 가족들의 무조건적인 사랑과 후원에 감사한다.

스테이시 A. 홀 PhD, MBA

역자서론

역자는 지난 2001년 대한민국 역사상 최초로 도전하는 동계올림픽 유치를 위한 IOC(국제올림픽위원회) 평가단의 중요한 평가 대상인 안전과 보안 분야의 유치신청서 작성과 질의 및 응답 등 준비를 위해 2010평창동계올림픽 유치 위원회의 드림팀 자문위원으로 합류한 이후 2014, 2018 등 3번의 도전을 거치면서 스포츠 안전과 보안 분야에 많은 관심을 갖게 되었다.

특히 2010년부터 현재까지 본격적인 관련 분야 연구를 위하여 지난 2006년 미국 국토안보부(DHS Department of Homeland Security)의 예산지원으로 설립된 미국 남부미시시피주립대학교 부설 국립스포츠 보안 및 안전센터(NCS4 National Center for Spectator Sports Safety & Security)의 객원교수(Visiting Professor)로서 스포츠 안전 및 보안과 관련한 세미나, 워크숍, 연례 컨퍼런스와 전시회 등 각종 이벤트에 참가하는 한편 관련 연구와 학습을 병행하고 있다.

동 번역서의 원서는 지난 2012년 동 센터 부소장이며 동 대학의 스포츠보안학과 교수인 Stacey Hall 박사와 함께 동 센터의 소장인 Lou Marciani 박사 및 Walter Cooper 박사와 前 FBI 특수요원이었던 James McGee 연구원 등이 공동으로 이 분야의 대학 교과서로 사용하기 위하여 집필하였으며, 역자 역시 이를 위해 관련 외국사례 자료 제공 등 집필에 깊이 관여하였다. 동 교재는 단지 스포츠와 특별 행사들을 위한 안전 및 보안이라는 영역뿐만 아니라 미국 정부와 각 관련 기관들의 위험분석, 위기관리, 비상대응 등 각종 표준과 절차 및 사례 등에 관해서도 매우 심도 있게 다루고 있다.

미국 국토안보부에 따르면 알카에다 등 국제 테러범들에게 스포츠나 특별행사는 많은 청중들과 보도진이 밀집해 있어 테러범들의 목적달성을 위해 좋은 표적이 되고 있다고 한다. 따라서 9.11 이후 미국은 물론 전 세계 국가들이 올림픽, 월드컵 등 대규모 국제 스포츠 행사와 G20 등 각종 국제회의, EXPO 등 대규모 특별 행사의 안전 및 보안에 관하여 한층 더 많은 우려와 관심을 보이고 있으며, 이를 위한 예산 역시 천문학적으로 증가하고 있는 추세이다.

대한민국도 2014년 인천 아시안게임과, 2005년 광주하계 유니버시아드대회, 4년 후에는 전 세계인들의 축제인 2018 평창동계올림픽 및 장애인올림픽대회와 각종 대규모 국제행사들이 예정되어 있으며 이에 정부 관련 기관들과 조직위원회, 민간업체, 시민들의 관심과 공조가 절실히 요구되는 시점이다. 하지만 굳이 테러범들에 의한 보안 사고가 아니더라도 불과 몇 년 전에도 11명이 사망하고 수십 명이 부상당한 2005년 상주 MBC 가요콘서트 참사 사건처럼 지금도 전 세계적으로 스포츠 및 대형 행사에서의 안전사고는 지속적으로 발생하고 있다.

안전과 보안은 그저 얻어지는 우연한 결과물이 아니라 매우 과학적이고 체계적으로 분석하고 준비해야 하는 종합과학 분야이다. 하지만 외국의 많은 관련 기관들이나 전문가들이 지적하는 바와 같이 테러나 보안 및 안전사고 등은 어느 특정기관이나 전문가들만의 힘으로만 예방할 수 있는 것이 아니라 시민 모두의 관심과 노력이 있어야만 가능하다.

▲ 아래 맨 좌측 (역자 이동영), 좌측에서 3번째 (공동저자 : Stacey Hall 박사), 좌측에서 4번째 (공동저자 : Lou Marciani 박사), 뒷줄 우측에서 3번째 (공동저자 : Walter Cooper 박사)

▲ 지난 2011년 2018평창동계올림픽 유치를 위한 IOC 평가단의 실사시 "안전과 보안" 주제로 발표 및 IOC위원들의 질의에 답변하는 역자

▲ 지난 2011년 2018 평창동계올림픽 유치를 위한 IOC 평가단 실사시 "안전과 보안" 주제 발표 및 IOC 위원들의 질의 응답 세션을 마치고 당시 IOC 실사평가단장이던 구닐라 린드버그 스페인 IOC위원과 함께

▲ 2010 밴쿠버 동계올림픽 당시 IOC Observer Program에 참가하여 IOC 보안 고문(Security Advisor)인 Peter Ryan 前 호주 뉴사우스웨일즈주 경찰청장과 함께

따라서 동 번역서의 출간을 계기로 정부 관계기관과 전문가, 학계, 전공 학생들은 물론 일반 시민들도 미국 등 선진국의 발달된 안전 및 보안 분야의 정책, 시스템, 절차와 함께 각종 사례 등을 접하는 계기가 되기를 바라며, 이를 토대로 향후 한국 실정에 맞는 체계적이고 구체적인 프로토콜과 매뉴얼 등이 만들어지고 지속적이고 전향적으로 흐름에 맞게 개정되어 가기를 바란다.

동 번역서는 경찰, 국가정보원, 군, 소방, 안전행정부, 대통령 경호실 등 관련 기구 관계자들뿐만 아니라 민간경비업체와 각종 스포츠 위원회 등 스포츠 행사 기구, 대형 행사들을 준비하는 주체는 물론이고 국가 주요 인프라 및 백화점, 위락시설 등 많은 군중이 모이는 시설 관리를 담당하는 종사자들과 미래 관련 분야에서 근무하기를 희망하는 전국의 경찰행정학과, 소방학과, 경호경비학과 등 학생들에게 소중한 교재가 될 것으로 믿기에 미력하나마 서둘러 번역서를 내놓게 되었다.

지면상 일일이 거론하기 힘들지만 동 번역서가 나오기까지 여러 가지로 많은 격려와 도움을 주신 많은 분들에게 고개 숙여 감사의 말씀을 드린다.

2014년 1월 15일

역자 이 동 영

차 례

Chapter 4. 스포츠와 행사 베뉴를 위한 위험 평가

Chapter 5. 보안 계획, 정책 그리고 보호 조치

Chapter 6. 비상 대응과 복구

Chapter 7. 훈련과 정책 실행

Chapter 8. 연습 : 계획 테스트

Chapter 9. 스포츠와 특별행사를 위한 안전과 보안의 미래

Chapter

부록

제1장

스포츠와 특별 행사를 위한 안전과 보안 환경

이 장의 목적

- 스포츠 행사 보안계획의 중요성 이해
- 스포츠와 특별행사에 대한 잠재적 위험(테러, 군중 통제, 자연재해) 토론
- 테러의 정의와 테러 동기와 위험, 암시에 관한 토론
- 경기장 소유자와 운영자에 대한 위협의 법적, 경제적 의미 토론
- 스포츠 행사 보안 인식(sport event security aware) 시스템 개요 제공

1장

스포츠와 특별 행사를 위한 안전과 보안 환경

안전과 보안 환경을 제공하는 것은 스포츠나 특별행사에 관련된 모든 이들에게 매우 중요하고 최우선적인 일이다. 스포츠 및 행사의 인기와 자산에 대한 대외 인지도의 향상 등은 관중, 참여자 그리고 다른 실체들에 영향을 줄 수 있는 위험에 더 많이 노출되었다(Steven 2007). 스포츠와 특별 행사에 관련된 위험들은 테러, 팬들의 난동, 관중 무질서, 폭행, 공공시설 오손, 물류 실패, 사기, 절도 그리고 험한 날씨 등 다양하게 존재한다(Steven 2007; Fried 2005).

이 장에서는 스포츠와 특별 행사의 법적, 경제적 의미뿐 아니라 테러, 군중관리 문제 그리고 자연 재해 등에 중점을 두었다.

스포츠와 행사 시설 운영자들은 잠재적인 모든 위협(자연 재해와 인재)이 가져올 수 있는 결과를 완화시키고 대비하기 위해 안전과 보안 조치를 실행해야 한다.

안전과 보안이란 용어는 가끔 상호 교체 가능할 때도 있으나 이들 단어는 서로 다른 의미가 있다. 본질적으로 안전은 사고(미끄러짐, 넘어짐, 자연재해)에 대비한 보호이며 보안은 고의적인 피해(자살 폭탄 등)에 대비한 보호이다.

미국에서는 미국 연방 직업 안전·보호국(Occupational Safety and Health Administration)과 같은 정부가 재정한 기준을 통해 일부 안전 조치가 시행되어지고 있으며, 관객과 이용자들의 안전은 오랫동안 시설 관리인들의 관심사였다.

이와 대조적으로 테러 같은 인위적인 위협으로부터 장소들을 보호하는 보안의 개념은 비교적 최근 들어 생겨났다.

2001년 9월 11일 발생한 비극적인 세계 무역 센터 테러사건이후 보안의 개념은 특히 미국에서는 가장 중요하게 인식되어져 왔다. 하지만 보안관련 조치는 시설의 구조, 수용인원, 행사 그리고 가용한 자원들에 따라 장소마다 적용되는 조치가 다르다.

전 세계적으로 스포츠 행사 조직자들은 매년 미화 20억 달러 이상을 보안을 위해 지출 하며 세계적 주요 스포츠 행사(월드컵 축구대회, 올림픽)가 열릴 때는 지출액이 미화 60억 달러로 불어난다고 알려져 있다(Gulf 2006).

보안 비용은 보안요원 배치, 물리적 보호 시스템, 주변 통제, 출입통제, 위험관리 그리고 교통 통제 등을 포함한 보안조치의 실행과 관련되어 있다.

다음은 주요 스포츠 행사들의 보안관련 비용이다.

- **1992년 바르셀로나 올림픽** : 6600만 달러
- **1996년 애틀랜타 올림픽** : 1억 800만 달러
- **2000년 시드니 올림픽** : 1억 7900만 달러
- **2002년 솔트레이크 시티 동계올림픽** : 5억 달러
- **2004년 아테네 올림픽** : 15억 달러. 국제올림픽위원회(IOC)는 테러로 인한 경기의 취소에 대비해 1억7천만달러짜리 보험에 가입했다.
- **2008년 베이징 올림픽** : 65억 달러
- **2010년 밴쿠버 동계 올림픽** : 10억 달러
- **2012년 런던 올림픽** : 22억 달러(추정)

2001년 9월 11일 미국에서 발생한 테러 공격은 주요 스포츠와 특별 행사의 안전과 보안에 대한 금전적 지원공약에 중요한 역할을 했다. 위의 예에서 보듯이 안전과 보안 비용은 9.11 테러이후 극적으로 증가되었다. 보안 비용은 바르셀로나 올림픽의 미화 6600만 달러로부터 베이징 올림픽의 미화 65억 달러로

증가되었고 전 세계의 테러 위험과 큰 스포츠 행사를 주최하는데 내재하는 군중 관리 문제를 고려할 때 계속 증가할 것이다. 따라서 스포츠와 행사 관리인들은 반드시 경찰과 군 병력, 새롭게 개발된 기술 솔루션, 최신 정보수집과 통신 방법 등의 추가 자원을 사용하여 위험 완화 조치를 반드시 실행해야 한다.

스포츠와 특수 행사를 위한 보안 관심사와 방법을 더 심층적으로 살펴보기 위해 부록 1.1에 있는 자넷 나폴리타노 당시 미국 국토안보부 장관의 NCS4(National Center for Sport Spectator Safety and Security) 연례 컨퍼런스에서의 발표문을 참조하기 바란다.

스포츠와 특별 행사의 주요 위협 요소

다음 절에서는 전 세계 스포츠와 행사에서의 테러 위협, 군중 관리 문제, 자연 재해를 특별히 다룬다. 스포츠와 관련된 사건 사고의 예도 함께 보여준다.

잘 알려진 스포츠 행사는 테러범들의 좋은 목표물이다. 그러므로 보안과 안전 계획을 책임지고 있는 스포츠 관리자들은 그것이 자연재해이든 인재이든 간에 비참한 사건을 미리 탐지하고 막을 수 있어야 하고 이에 대응하고 또 이로부터 회복할 수 있어야 한다.

테러 이외에도 팬들의 폭력, 혹독한 날씨가 행사 관리인들의 걱정거리이다. 선수와 팬들의 폭력은 유럽에서 지난 수십 년간 자주 일어났으나 최근에는 미국에서도 문제화 되고 있다. 자연재해도 반드시 고려되어져야 한다. 예기치 못한 날씨는 경기장과 공연장에 혼란을 야기할 수 있으며 경고도 없는 대피가 이루어지기도 한다.

사건 하나가 대규모 인명피해와 끔찍한 파괴적인 사회적, 경제적 결과를 야기하는 파괴적인 효과를 지닐 수도 있다. 대량 인명피해, 사회간접자본의 파괴, 책임문제 그리고 높은 보험요율 등이 스포츠와 특별 행사에서의 예기치 못한 재난의 잠재적 결과로 볼 수 있다.

테러

미 연방 수사국(FBI)은 국내 테러와 국제테러로 크게 두 범주의 테러를 정의하고 있다.

국내테러는 정치적, 사회적 목표 달성을 위해 외국의 지시 없이 완전히 미국 내에 기반을 두고 활동하는 개인이나 단체에 의한 미국 정부나 국민에 대한 불법적인 또는 위협적인 무력과 폭력의 사용이다(Texas Engineering Extension Service, 2005, pp. 2-4).

국제테러는 외국 세력과 일부 연관되거나 국경을 넘나드는 단체나 개인에 의한 사람과 재산에 대한 불법적인 무력과 폭력의 사용이다(Texas Engineering Service, 2005, pp, 2-4).

1996년 애틀랜타 올림픽 중 센테니얼 공원에서 있었던 폭발 사건이 국내 테러의 예이다.

미국 시민이며 단독범인 에릭 루돌프는 폭발물이 들어있는 배낭을 센테니얼 공원에 장치했다. 파이프 폭탄 장치는 수천 명의 관람객들 사이에 폭발해 1명이 사망하고 110명이 부상당했다(이 사건은 44페이지의 사례 연구에서 더 자세히 다룬다).

2001년 9월 11일 발생한 미국 뉴욕의 세계 무역 센터와 펜타곤(미 국방성)에 대한 공격은 테러범들이 외국에 기반을 둔 단체들과 연관되어 있으므로 국제테러이다. 이 사건은 스포츠와 특별 행사의 보안 환경을 바꾸었고, 지난 수십년간 테러 공격은 전 세계적으로 큰 위협이 되어 왔다.

다음은 주목할 만한 국내, 외 테러의 사례들이다.

- **라즈니쉬 컬트(Rajneeshee cult) :** 1984년 오레곤에서 선거전날 지역 선거에 영향력을 주기 위해 샐러드 바가 살모넬라균에 의해 오염되었다. 750명 이상이 중태에 빠졌었다.
- **세계 무역 센터 :** 1993년 무슬림 테러단체가 뉴욕의 세계무역센터를 공격하였다. 테러범들은 1500파운드(675kg) 분량의 요소 질산염 폭탄(ureanitrate bomb)이 장착된 승합차를 지하 주차장에 주차시키고 시한폭탄을 폭발시켜 6명이 사망하고 1000명 이상의 무고한 시민이 부상당했다.
- **도쿄 지하철 :** 1995년 테러단체가 신경가스의 일종인 사린가스를 유포해 12명이 사망하고 수천 명이 고통을 겪었다.
- **오클라호마 폭탄 테러 :** 1995년 국내테러범 티모시 맥베이(Timothy McVeigh)가 폭발물을 실은 트럭을 오크라호마시 정부 청사 건물 밖에 주차해 폭발시켜 168명이 숨지고 500명이상이 부상당했다.

- **아프리카 미 대사관** : 1998년 케냐와 탄자니아 주재 미 대사관에 대한 연쇄 공격으로 224명이 숨지고 5000명 이상이 부상당했다. 오사마 빈 라덴이 사건의 배후에 있었던 것으로 간주되었다.
- **미 구축함 콜(USS Cole)** : 2000년 예멘에서 자살 폭파 테러범들이 소형보트를 이용 정박 중인 미 구축함 콜호에 접근하여 폭발시켜 17명이 숨지고 39명이 부상당했다. 역시 오사마 빈라덴이 배후인물로 지목되었다.
- **세계 무역 센터와 펜타곤** : 2001년 9월 11일 테러범들은 4대의 민간 여객기를 납치하여 대량 살상 무기로 사용했다. 이중 2대는 각 각 세계무역 센터 1번과 2번에 충돌하였으며 두 건물은 붕괴되어 3000여명이 사망했다.
- **탄저균 우편물** : 2001년 탄저균이 든 우편물이 미국 내의 개인과 단체에 배달되었다. NBC 방송국과 미 의회도 공격 대상에 포함되었다. 플로리다의 아메리칸 미디어로 보내진 편지로부터 탄저균에 감염되어 한명이 사망했다.
- **마드리드 지하철** : 2004년 스페인 마드리드 지하철이 폭탄 공격을 당해 191명이 사망했다. 이 사건으로 스페인 대통령 선거의 결과가 바뀐 것으로 믿어진다.
- **런던 폭탄 테러** : 2005년 7월 런던 지하철에서의 폭탄 공격으로 52명이 사망하고 700명 이상이 부상당했다.

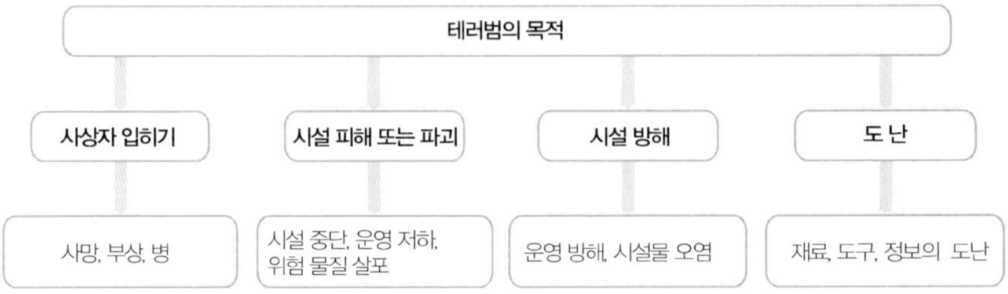

그림 1.1 테러범의 목적과 예

스포츠 행사는 각 국가의 주요 사회간접자본과 자산의 일부로 간주되어진다.

테러의 주요 목표는 주요 간접 자본 시설과 자원을 파괴하거나 무능하게 만들어 대량 살상을 하고 경제를 약화시키며 국민의 사기와 자신감을 저하시킨다. 따라서 미 국토 안보부는 잠재적 대량 사상자와 광범위한 언론 매체를 통한 보도 가능성 그리고 사회적 영향 때문에 테러 공격 대상이 될 수 있는 경기장들을 미리 확인해 놓고 있다.

테러범들의 목적은 그림 1.1에서 설명되어 있다. 테러범들의 기본 목표는 최대한 많은 사상자를 내는데 있다. 스포츠 행사에서 이 목적을 달성하는 것은 매년 스포츠 행사를 찾는 많은 관람객들로 인해 그 실현 가능성이 매우 높다.

예로 2008년 미국에서 1억 6백만 명이 대학 스포츠행사를 관람하였다. 게다가 2009년 기준으로 미국에서 스포츠는 4100억 달러 규모의 거대한 산업이다.

주요 스포츠 행사가 사건으로 취소되거나 연기 또는 다른 곳으로 장소가 변경되면 지역사회, 주, 국가에 주는 잠재적인 피해는 엄청나다.

테러범의 동기

Spangler(2001)는 현대 테러는 각각 저마다의 의제 해결을 위한 잘 조직된 단체들에서 개인에 이르는 다양한 조직과 형태라고 설명한다. Arquilla, Ronfeldt, Zanini(1998) 등에 의하면 테러행위는 다음 3가지 이유에서 자행된다. : (1) 힘에서 우월한 국가조직에 피해를 주거나 굴복시키기 위해 (2) 자기 조직의 존재를 알리고 주목을 받기 위해. (3) 현재의 질서를 파괴하고 새로운 미래 질서를 확립하기 위해서이다.

스포츠나 특별 행사에 대한 단체나 개인의 잠재적 테러행위를 분석할 때 이들 테러범의 동기는 주요 고려 대상이다.

FBI는 위협 동기로 다음 다섯 가지 유형을 규정했다. (1) 정치적 (2) 종교적 (3) 인종적 (4) 환경적 (5) 특별 관심사 (U.S. Department of Homeland Security 2009c)(표 1.1 참조). 비록 스포츠를 종교 항목에 두고 있지만 행사종류, 규모,

위치, 기능, 그리고 정치적 인물이나 유명 연예인 등 어떤 특정 개인이 관전하느냐에 따라 스포츠행사도 모든 테러 단체로부터 위협 받을 수 있다. 콘서트, 축제, 정치적 집회, 역사적 행사, 회의 그리고 전시회 등 특별 행사도 마찬가지다.

고위인사나 미국 또는 외국 관리의 행사 참석이 대중들에게 그들의 행동 이유를 알리려는 적대 세력들 사이에 관심을 끌 수 있다.

10만 명 이상이 운집하는 교황의 방문 같은 행사는 단순 규모만으로도 테러범이나 범법자들의 관심을 끌 수 있다. 역사적이나 정치적으로 중요한 행사도 그들의 관심 대상일수도 있다.

표 1.1 테러 동기와 예상목표

협박 동기	예상 목표
정치적	정부기관, 정부 또는 국가의 지도부 또는 당국자
종교적	금융 기관, 대중매체, 대규모 공공장소(경기장, 연회장 교회)
인종적	소수인종 교회, 소수단체나 조직의 상징과 시설물
환경적	건설 계획, 광산, 벌목 또는 탐사 구역, 잠재적 물과 공기오염원
특별 관심사	여성 건강 시설, 동물 연구 실험실, 기술 회사, 대학 연구 시설

정치적 동기에는 다양한 이론과 사상이 포함된다. 정치적 단체들은 정부에 대한 관점에 따라 우익과 좌익으로 나누어진다. 우익단체는 보통 민병대나 정부의 과도한 규제와 권력에 반대하는 단체들과 연관되어 있으며 좌익 단체는 보통 공산주의 같은 사회주의사상과 관련되어 있다(U.S. Department of Homeland Security 2009c). 정부기관, 정부 지도자, 역사적 시설 같은 정부의 상징들이 정치 활동 단체들의 목표가 되기 쉽다. 정치 활동 단체의 예로 Armed Force National Liberation, Mountaineer Militia, Anarchists, Sons of the Gestapo, 그리고 Patriot Council 등이 있다(Texas Engineering Extension

Service 2005). 우간다에서 2010년 월드컵 결승 축하 행사 중에 발생한 극단주의 소말리아 민병대 al-Shabab의 폭탄 테러가 모가디슈에서 아프리카 연합의 평화 유지군으로 활동하고 있는 우간다군에 대한 보복으로 정당화된 정치적인 동기에 의한 테러 공격의 예이다.

종교 단체는 목적을 위해 죽음을 불사함으로 가장 위험한 단체로 간주되는데 세계 종말론 교파에서부터 공식 종교에 이르기까지 다양한 조직들이 있다. 신봉자들은 자신들이 신의 일을 하고 있다고 믿거나 신성한 임무를 띠고 있다고 생각한다.

이들 개인이나 단체의 동기나 믿음의 하나로 사후 보상이 있다. 그러므로 종교 단체들은 공격을 수행하기 위해 자살 테러를 선택할 가능성이 높은데 이는 대량 살상과 대중매체를 통한 큰 굴욕을 줄 수 있어 목적달성을 위한 효과적인 수단이다.

Kennedy(2006)에 의하면 1980년부터 2003년 까지 일어난 모든 테러 공격 중 자살테러는 3%에 지나지 않으나 총 사망자의 48%가 자살테러에 의한 희생자이다.

표 1.1에서 보여주듯 스포츠 경기장은 종교적 극단주의자들의 목표가 되기 쉽다. 또 이들은 금융 기관, 방송 매체, 그리고 교회 등을 목표로 삼을 가능성이 높다. 종교 활동 단체에는 원리 주의자들과 알-카에다와 같은 극단주의자들이 있다. 2008년 이라크 여성 자살 폭파범은 중국과 이라크간의 축구경기를 보고 있던 팬들을 공격 목표로 삼아 최소 29명이 부상당했다.

인종 단체는 종종 혐오단체라고도 불린다. 그들은 특정 인종의 우월성에 근거한 사회적 위계질서를 믿는데 그들은 종종 타 인종에 대한 분리주의, 박해와 인종 청소를 지지한다. 인종적으로 동기 부여된 단체들은 소수인종 교회와 같은 타 인종을 대표하는 개인이나 시설을 목표로 한다. 인종적으로 동기 부여된 단체들의 예로 National Black United Front, Aryan Nations, National Alliance 그리고

Ku Klax Klan 등이 있다(Texas Engineering Extension Service2005). 환경 단체들은 환경을 파괴하고 침해한다고 믿어지는 개발을 방해하는데 전념한다. 이들 단체들은 건설, 광산, 그리고 벌목장등 환경을 훼손하고 파괴한다고 생각되는 활동들이나 산업들을 목표로 삼는 경향이 있다. 환경 단체들로는 Earth First와 Earth Liberation Front(ELF) 등이 있다. 1998년 ELF 회원들이 콜로라도주 베일의 여러 구조물들에 방화하여 스키 리프트와 건설계획에 미화 1,200만불 상당의 피해를 입혔다(Texas Engineering Extension Service 2005). 2003년에는 ELF회원들이 로스앤젤레스 지역에 있는 SUV매장들을 공격하여 미화 240만만 불상당의 피해를 입혔다.

Animal Liberation Army(ALF)와 낙태와 기술반대 단체 같은 이전의 범주에 포함되지 않은 특정한 한 가지 목표에 집중한 특별 관심사 단체들이 있다(U.S. Department of Homeland Security, 2009c). 이들 단체들은 실험실, 기술 회사 그리고 의료시설들을 목표로 삼는 경향이 있다. 1996년 애틀랜타 올림픽 폭파범 에릭 루돌프(Eric Rudolph)는 애틀랜타 버밍햄에서도 가족계획 클리닉 폭파로 기소된 적이 있기 때문에 특별한 관심사가 동기가 된 범주로 분류될 수 있다. 테러범들의 공격동기의 다양성에도 불구하고 잠재적인 조건, 국제 환경, 국가, 조직, 지도부 등의 몇 가지 다른 요인들에 의해 테러조직들의 모양이 갖추어졌다. 잠재적인 조건에는 빈곤, 종교분쟁, 부정부패, 민족적 반목이 포함되는데 테러범들은 그들의 행동을 정당화하고 지지를 얻기 위해 이 조건들을 이용한다. 국제 환경은 테러범들의 진화 방법에 영향을 끼친다. 열린 국경은 안전한 은신처나 병참 능력 등의 지원을 제공한다.

이처럼 전 세계국가들은 고의든 고의가 아니든 테러리스트들이 계획하고, 훈련하고, 활동을 조직하도록 물리적(훈련장), 가상적(통신망)을 제공한다.

조직과 지도부는 회원, 자원 그리고 능력을 결정하고 테러범들의 행동 방향을 제시한다.

어떤 테러 조직들은 여러 개의 자치적인 조직들로 구성되어 분산된 명령체계를 가지고 있다. 테러 단체들은 활동의 비밀유지에 신중을 기하고 당국과 정보제공자의 눈을 피해 비밀리에 활동한다. 비밀 유지를 위해 단체들은 조직 내에 각각 별도의 독립된 하부조직을 두고 있으나 모든 하부조직이 공동의 목적을 위해 협력한다.

테러단체 하부조직은 두 명 또는 세 명 혹은 그 이상으로 구성되어 있다. 한 하부 조직 내에 한명 정도만 다른 하부조직의 조직원을 알고 있다. 한 하부조직이 당국에 적발 되었을 경우 당국은 그 하부조직 또는 인근 하부조직의 활동 정보 외에 전체 조직의 정보는 얻을 수 없을 것이다. 그런 이유로 테러범들은 독립적인 여러 하부조직들이 서로 연결된 이러한 조직 구조를 선호한다. 이러한 조직은 피라미드 형태로 위쪽 지도자로 갈수록 좁아지는데 이들 지도자들은 소수의 조직원들만이 접근할 수 있다(U.S. Department of Homeland Security 2006).

테러범과 관련된 위험

폭발물, 자살 폭파범, 대량살상무기(WMDs), 인질납치, 총기 난동 등의 테러 위협은 스포츠 경기장 운영자들의 주요 걱정거리다(Hall, Marciani & Cooper, 2008). 현대 테러범들은 단순한 방법에서 정교한 방법까지 다양하게 사용한다(Johnson, 2005). 칼, 총, 폭발물과 같은 재래식 방법이 자주 사용되고 있으나 최근에는 이들이 화학, 생물학, 방사능, 핵 또는 고성능 폭탄등(CBRNE)의 대량살상무기를 사용할 가능성이 현저히 증가했다. 대량살상무기(WMDs)를 만드는데 필요한 지식, 기술, 재료들을 종전보다 손쉽게 어디서나 구할 수 있게 됐고 이들 무기의 확산은 테러범들이 이들 대량살상 무기를 사용할 가능성을 높였다.

대량살상무기 확산과 테러 방지 위원회(2008)는 2013년 말까지 세계 어딘가에서 대량살상무기(WMDs)가 테러공격에 사용될 가능성을 높게 보고 있다.

미 법무부(U.S. Department of Justice)는 형사 기소목적의 대량살상무기(WMDs)에 대한 정의(title 18 USC Section2332a)를 다음과 같이하고 있다.

독성 화학 물질 또는 그 선구(先驅)물질, 병원균, 방사선 물질의 방출, 유포, 충격을 통해 많은 사람에게 사망 또는 심각한 상해를 입힐 의도 또는 능력이 있는 무기나 장치

(a) 모든 폭발물, 소이탄, 독가스, 폭탄, 수류탄, 4온스 이상의 추진체를 가진 로켓, 폭발물이나 0.25온스이상의 소이제(燒夷劑)를 장착한 미사일, 지뢰 또는 위의 것들과 비슷한 장치 (b) 독가스 (c) 병원균을 포함한 모든 무기 또는 (d) 인명에 위험한 수준의 방사능을 방출하도록 고안된 모든 무기(Texas Engineering Extension Service, 2005)

화학 무기는 극도로 치명적이며 대량 살상 능력이 있다. 불행히도 이들 화학무기는 합법적인 용도의 구성 재료들로 인해 쉽게 제조가 가능하다.

화학 물질들은 차량이나 납치된 비행기를 이용해 스포츠나 행사시설 또는 그 인근으로 운반이 가능하다. 화학물질은 신경 물질(신경독성제), 수포 물질(피부자극제), 혈액 물질(질식제), 질식 물질(호흡기 자극제) 등 네 가지 종류로 구분된다.

화학 물질은 섭취, 호흡, 흡수, 주사의 네 가지 방법으로 체내로 침투한다. 화학물질은 1차 대전 중 광범위하게 사용되었는데 수천 명의 사상자를 낸 독일군의 염소 가스 살포가 화학물질사용의 첫 번째 예 중 하나로 볼 수 있다(Texas Engineering Extension Service 2005).

생물학 무기는 병을 유발하는 미세 균을 살포하는데 극히 위험하다. 생물학무기는 탄저균, 콜레라, 페스트, 야토병, 살모네라균의 다섯 가지로 구분된다. 탄저균은 1950년대에 미국에서 처음으로 무기로 사용되었다. 9.11 공격이후

2001년 10월 탄저균 살포에 미 우체국이 효과적으로 이용되어 5명이 사망 했다. 콜레라는 오염된 음식과 물을 통해 유포된다. 폐렴 페스트와 선(腺)페스트는 감염된 벼룩에 물리거나 감염된 사람의 기침과 재치기를 통해 전염된다. 야토병은 곤충의 배설물을 통해 퍼진다. 살모넬라균은 흔한 식중독의 하나이다. 생물학 물질을 살포하는 가장 효과작인 방법은 미립자 분무나 식수원과 식량원의 오염을 통해서 퍼뜨리는 것이다. 생물학 물질에 의한 공격은 즉시 자각 할 수 없기 때문에 넓게 퍼질 시간이 있어 더 심각한 피해를 야기할 수 있다(Texas Engineering Extension Service, 2005). 미 국토안보부(2005)는 미국에 대한 15가지 잠제적인 위협 시나리오를 설명한 문서를 발행했다. 이중 한 가지 시나리오는 스포츠 경기장에 대한 생물학 무기 공격을 언급하고 있다. 이 문서는 스포츠 경기장의 화장실에 살포된 폐렴 페스트에 의해 잠재적으로 2500이 사망 할 수 있다고 기술하고 있다(Hall, Marciani & Cooper2008).

방사능 살포 장치(RDD)는 방사능 물질과 재래식 폭발물을 합친 것으로 인구밀도가 조밀한 지역에서 광범위한 공포를 유발할 수 있다(U.S. Department of Homeland Security, 2002).

RDD나 "방사능 물질이 포함된 폭탄(Dirty Bomb)"의 단기간 위험은 방사능 연소와 급성 중독이고 장기간 위험은 암유발이다. 방사능 물질은 의료나 산업 시설에서 비교적 쉽게 구할 수 있다.

2006년 가을 미국미식축구리그(NFL)는 NFL 경기장들에 대한 방사능 산포탄 위협을 받았다. 핵무기는 엄청난 파괴와 황폐를 초래 할 수 있다. 핵무기는 쉽게 구하기가 쉽지 않고 사용하는데 고도의 기술이 필요하다. 반면에 폭발물은 재료를 쉽게 구할 수 있어 테러범들이 가장 선호한다. 급조 폭발물(IEDs)은 흔하게 사용되는 재료들로 만들 수 있다. 예를 들어 질산 안포 폭약(ANFO)은 종종 스포츠 경기장의 보안되지 않은 구역에서 찾을 수 있어 현장에서 급조 폭발물(IEDs)을 조립할 수 있는 기회를 제공한다.

자살 폭파범이 급조 폭발물(IEDs)을 시설에 가지고 들어가거나 시설주변에 설치하고 나중에 폭발시킬 수 있다. 2005년 오클라호마 대학교 학생의 몸에 장착된 폭탄이 82000명 수용 교내 축구 경기장 밖에서 조기 폭파되었다(Hagmann, 2005). 차량 급조 폭발물(VBIEDs)은 승용차, 트럭, 모터사이클에 폭발물을 실은 것으로 이를 시설로 돌진시키거나 군중이 모이는 시설 주변에 주차시킨다.

그 외 다른 종류의 테러로는 에너지, 금융, 그리고 보안망 같은 중요한 사회간접시설과 연결된 전자, 컴퓨터망에 대한 사이버 공격을 들 수 있다(U.S. Department of Homeland Security, 2002).

테러분자들은 취약점을 찾아내는 것으로 새로운 공격 방법들을 항상 물색하고 있다. 대규모의, 다양하고, 유동적인 인구를 가진 국가들 대부분에는 무한한 잠재적 목표들이 존재한다.

사람들이 모이는 학교, 스포츠 경기장, 쇼핑몰, 연주회장, 사무실 건물, 고층 거주 단지, 종교 시설들은 많은 사상자가 날 수 있는 공격 목표들이다. 아래 사이드 바는 비(非) 스포츠 시설들에 대한 잠재적인 위협과 전략을 보여준다.

공격위험이 있는 사람들이 모이는 시설들

컨벤션 센터

- 가능한 위협들

컨벤션 센터에서는 종종 십만 명 이상의 관람객이 모이는 행사들이 열린다. 대분분 컨벤션 센터는 혼잡한 도심 지역에 위치해 있다. 열리는 행사의 종류에 따라 그 위협이 높아지기도 한다. 예를 들어 의학연구 발표가 있는 컨벤션센터는 동물실험에 반대하는 Animal Liberation Front(ALF) 같은 테러 단체의 주목을 자주 끌 수 있다. 경제 정상 회의는 종종 Ruckus Society 같은 무정부주의 단체(anarchist)의 관심을 끈다.

– 보안 전략

컨벤션 소유주들의 통제능력 강화와 보안 향상을 위해 전통적으로 외부계약업체에 의해서 수행되던 일들이 이제는 내부적으로 이루어진다. 이렇게 함으로써 소유주들은 직무에 관계없이 모든 직원들이 비상관리 절차와 의심행동 신고에 관한 적절하고 주기적이고 정확한 훈련을 받게 할 수 있다. 이는 행사기간동안 훈련받은 직원들의 수를 배가(倍加)시켜 준다. 또한 모든 직원들이 심사를 받고, 자격을 갖추고, 직원 지침에 따라 책임을 지게 할 수 있다.

쇼핑몰

– 가능한 위협들

쇼핑몰은 많은 군중들이 항상 붐비는 장소이므로 정신이상의 총기범이나 테러범의 표적이 될 수 있다. 2007년 12월 5일 네브라스카주 오마하의 웨스트로드 몰에 있는 본 모르(Von Maur) 백화점의 3층 엘리베이터에서 나온 로버트 호킨스가 총을 난사한 것이 한 예이다. 그는 6분여동안 8명을 죽이고 4명을 부상시킨 후에 자신에게 가한 머리 총상으로 사망했다.

– 보안 전략

로버트 호킨스의 경우는 혼자 독자적으로 행동하는 외로운 늑대형(lone wolf offender)에 의한 딜레마를 보여준다. 이러한 행동양상은 범죄자의 위협 조짐을 보여 주는 행동과 공격능력의 조기 파악이 어려운 관계로 보안 전문가들에게 또 다른 도전이 되고 있다. 이러한 위험에 대처하기 위해 보안요원들은 잠재적인 위협을 암시하는 행동적 특징을 인지할 수 있게 훈련 되어져야한다. 이러한 행동적 특징으로는 외연상의 긴장, 이상한 행동 그리고 유별난 질문 등이 있다. 보안 의혹을 살만한 것들을 끝까지 조사해서 해결해야 한다.

카지노

– 가능한 위협들

카지노는 많은 사람들이 모이는 곳으로 잠재적 테러 그룹들에게 부도덕과

탐닉을 상징하는 곳으로 간주된다. 테러 협박 이외에도 불만을 품은 직원들이나 많은 돈을 잃은 고객들에 의해 목표가 될 수 있다.

– 보안 전략

카지노는 전통적으로 첨단 보안 시스템을 갖추고 있고 이러한 시스템은 전국적으로 카지노를 찾는 많은 사람들을 감시하는데 유용하다. 카지노는 정복 보안요원과 카지노와 리조트구역에서 일어나는 모든 행동을 전자 감시하는 독립 감시 부서를 포함한 자체보안 부서를 운영하고 있다.

공항

– 가능한 위협들

2011년 1월 24일 러시아 도모데도보 공항 폭파에서 보여주듯 공항은 계속 테러범들의 목표가 되고 있는데 이는 항공 업계에 대한 어떤 공격에도 세계의 관심이 집중되기 때문이다. 테러범들은 지정된 보안 검문소 밖에서의 공격으로도 많은 사상자를 낼 수 있고 광범위하게 언론에 보도 될 수 있음을 알고 있다. 이는 보안 의식이 있고 잠재적 위협을 인지할 수 있는 잘 훈련된 보안 요원의 필요성을 잘 보여주고 있다.

– 보안 전략

승객 보안검사, 출입과 교통 통제 이외에도 공항당국은 인간의 사악한 의도를 보여주는 행동 특징 식별에 초점을 맞추는 방법을 시행함으로써 이런 종류의 위협 감지를 시도한다.

쇼핑몰에서와 마찬가지로 행동 특징에 근거한 잠재적 위협 인지는 프로파일링과는 다르다.

이상한 행동, 맞지 않는 옷차림, 긴장, 지나치게 많은 땀 그리고 눈 접촉 회피 등은 훈련된 보안원이 인지할 수 있고 질문이나 조사가 더 필요한지를 결정하는데 이용할 행동적 특징의 일부다. 추가로 공항 청사로부터 안전한 거리에 보안 완충 구역의 설치도 적극 권장할 만하다.

테러를 알리는 징후들

스포츠나 행사 시설 운영자들과 직원들은 잠재적 테러 위협을 인지하고 그에 대응하는 방법을 알고 있어야 한다. 테러행위는 대개 철두철미하게 계획되어진다. 성공적인 공격을 위해서는 상당한 계획과 준비가 필요하다. 그렇기 때문에 대중들은 수상한 행동을 알아내고 인지하는데 많은 기회가 있을 수 있음으로 시민들은 이러한 테러행위의 잠재적 징후에 익숙해져야 한다.

케네디(2006)의 어떤 시설에도 적용될 수 있는 테러행위 징후 일곱 가지는 다음과 같다.

1. **감시 :** 보안의 강점과 약점, 사건에 대응할 보안요원의 수를 알기 위해 행사장을 관찰 하는 사람. 행사관리직원들은 활동을 기록하거나, 메모 하거나, 비디오, 카메라 그리고 관측 장치를 사용하는 사람들을 주목해야 한다.
2. **답변 유도 :** 행사보안 운영에 관한 정보를 얻어내려는 사람. 예를 들어 테러범들은 경기장의 구조, 출입 통제 절차, 그리고 경기시간 전, 중, 후의 보안 요원의 위치에 관한 정보를 얻으려 할 것이다.
3. **보안 테스트 :** 보안 위반에 대한 대응 시간 측정과 물리적 보안막의 약점을 찾기 위해 보안 시험을 한다. 예로 누군가가 스포츠나 행사 시설의 제한 구역에 들어가려고 시도하는 경우이다.
4. **공급 확보 :** 누군가가 폭발물, 무기 또는 탄약을 행사장 부근에서 구입하거나 훔칠 수 있다. 그들은 또 시설의 제한구역에 쉽게 들어가기 위해 보안 패스나 유니폼을 확보하려 할 수 있다.
5. **수상한 사람 :** 스포츠나 행사 조직 밖의 사람 또는 시설에 있는 직원의 수상한 행동, 평범치 않은 말투, 그리고 이상한 질문으로 뭔가 모르게 환경과 어울리지 않는다.
6. **예행연습 :** 실제 공격전에 테러범들은 보통 예기치 못한 문제점을 찾기 위해 예행연습을 실시하는데 연습 중에 비상 대응 시간을 기록하기도 한다.
7. **자산 배치 :** 범인들은 위치를 잡고 공격수행을 준비한다. 이것은 마지막 단계이고 공격을 좌절시킬 수 있는 마지막 기회이다.

스포츠 행사는 다음과 같은 이유들로 인해 매력적인 공격 목표가 된다.

(1) 많은 관중들 사이에서 테러범 구분이 힘듦. (2) 국내, 외의 유명 인사들의 참석 (3) 국내, 외에서 방송을 지켜보는 많은 시청자. (4) 이미 알려진 날짜, 시간, 장소 (5) 주요 개최 장소들이 교통 중심지에 근접하여 빠른 탈출에 용이 ("Security and Policing" 2005; Tarlow 2002). 1972년부터 2004년까지 168건의 스포츠 관련 테러가 보고되었으며(Toohey & Taylor;2008), 다음은 스포츠 관련 테러의 예들이다.

- **1972년 뮌헨 올림픽 경기 :** 뮌헨 올림픽 게임 기간 동안 11명의 이스라엘 선수들이 팔레스타인의 검은 9월(Black September)단에게 인질로 잡혀 11명 인질 전원과 5명의 테러범 그리고 경찰관 1명이 사망했다.
- **1992년 바르셀로나 올림픽 경기 :** 스페인 테러범들이 공공 서비스 공급 경로를 폭파함으로써 올림픽 개막식 방해를 맹세 했다.
- **1996년 아틀랜타 올림픽 경기 :** 센테니얼 올림픽 공원에서 야외 공연 중 파이프 폭탄이 폭발하여 1명이 사망하고 110명이 부상당했다.
- **2000년 시드니 올림픽 경기 :** 올림픽 기간 중 극단주의자들의 원자로 공격 음모가 뉴질랜드 경찰에 의해 좌절되었다.
- **2002년 FBI 경계경보 :** 알-카이다의 아프칸 지하드 행동수칙은 미국 대학 축구 경기장을 가능성 있는 테러 목표로 정하였다. 테러 단체와 연결된 인물들이 경기장 사진들을 다운로드 받았다.
- **2002년 마드리드 자동차 폭파 :** 유럽 챔피언스 리그 경기 전에 마드리드 축구 경기장 밖에서 폭발물을 적재한 자동차가 폭파해 16명이 부상당했다.
- **2004년 영국 축구 위협 :** 맨체스터 UTD 와 리버풀 FC경기에서 수천 명의 축구 팬들을 자살 폭파 하려는 음모를 좌절시켰다. 올드 트래포드 경기장에는 67000여명의 관중이 운집했고 알카이다 광신자들은 이미 표를 구입하여 경기장에 있었는데 거기서 자살폭파를 계획하였었다.
- **2004년 스페인 축구 폭파 위협 :** 마드리드의 버나뷰 경기장에서 축구 경기

도중 폭파 위협으로 인해 7만여명의 관중이 대피했다.

- **2005 미국 대학 자살 폭파범 :** 오클라호마대학교 학생의 몸에 장착된 폭발물이 8만 4천명 수용 경기장 밖에서 조기에 폭파했다.
- **2006년 NFL "방사능 물질이 포함된 폭탄(dirty bomb)" 위협 :** 전미 미식축구리그(NFL)는 수개의 경기장들에 대한 방사능 산포탄 공격위협을 받았으나 다행히도 그 위협은 짓궂은 장난이었다.
- **2007년 이라크 축구팬 폭파 :** 두 번의 자살 폭파로 이라크 축구팀의 아시안컵 결승 승리를 축하하던 50명이 사망하였다.
- **2008년 이라크 자살 폭파범 :** 북부 이라크에서 여성 자살 폭파범이 중국과 이라크와의 축구경기를 관전하던 팬들을 목표로 하였다. 동네 시장에서 입고 있던 폭발물이 장착된 조끼를 폭파시켜 최소 29명이 부상했다.
- **2009년 스리랑카 크리켓팀에 대한 공격 :** 12명의 무장범인들이 파키스탄에서 이동 중인 스리랑카 크리켓 팀 버스에 대한 특공대식의 매복공격을 가했다.

▲ 2004년 12월 마드리드 버나뷰 경기장에서 폭파위협이 있자 축구팬들이 대피하고 있다.

교환 방문과 같은 특별히 계획된 행사나 쇼핑센터, 오락 장소, 문화 시설, 호텔, 컨벤션 센터, 공공 교통 중심지, 업무지구 등의 많은 사람이 모이는 곳 등은 테러 공격에 취약하다.

최근에 일어난 사건들로는 뭄바이 호텔 공격, 뉴욕 타임 스퀘어 폭파 시도 그리고 이라크 쇼핑몰에서 있었던 여러 차례의 자살 공격 등이 있다.

군중 관리

듀카스(Dukas, 2006)는 군중 관리를 "경기장이나 관람장의 디자인에서부터 경기 그 자체 그리고 다른 개인들이나 시설 자체로 부터 오는 예견할 수 없는 위험으로부터 참가자를 보호하는 것까지 게임과 행사의 모든 구성 요소들" 이라고 정의 하고 있다(p. 1). 다음 몇까지 이유 때문에 군중들을 관리할 필요가 있다. 많은 사람들이 모이게 되면 어떤 일이 일어날 확률이 높아지고 군중 사이에 있는 사람들은 다른 사람들에게 그 책임이 있다고 가정한다. 많은 군중들은 움직임의 변화를 느리게 하고 더 복잡하게 한다. 의사소통도 정상보다 느려지고 복잡해진다. 더 중요한 것은 많은 군중이 모이는 곳에서의 사건, 사고 시에는 잠재적 희생자의 수가 늘어난다(Marsden 1998). 매년 수천 명의 사람들이 전 세계의 경기장이나 공연장에서 군중 압사, 화재, 폭발, 열사병, 무대 붕괴, 과다 군중 그리고 폭동 등으로 다치거나 죽는다(Dukas 2006). 군중 과밀은 많은 경기장 비극과 연관되어져 왔다. 근본적인 이유들로는 장소의 수용능력을 초과하는 군중 규모, 과도한 알코올 소비, 부적절한 출입통제 또는 시설 구조 디자인의 결함 등이 있다.(Schwartz, Hall & Shibli 2010).

경기장 안, 밖에서의 관중 폭력은 관계 당국에게는 오래된 문제이다. 스포츠 행사장이나 공연장과 같은 유흥 장소처럼 팬들이 모이는 곳은 어디나 사건, 사고가 일어날 수 있다.

팬들에 의한 폭력 행위는 영국이나 이태리 같은 유럽보다는 미국에서 덜 발생하는 편이다.

유럽에서 팬들에 의한 폭력은 일반적으로 관중 폭력(hooliganism)이라 불리는데 유럽의 주요 축구경기장들에서 수십 년간 경찰 당국에게 계속 문제가 되어왔다.

관중 폭력(hooliganism)에는 경기 전, 후에 범죄행위에 가담하는 무질서한 팬들이 있다.

사건, 사고는 조직되거나 자발적이다. 가장 심각한 형태인 조직된 관중 폭력은 특별히 소란을 피우기 위해 행사에 참석한 불량배들을 포함한다(Pearson, 2006). 관중 폭도(hooligan)들의 행위에는 상대편 지지자들과 경찰의 싸움, 행사 방해 또는 재산 파괴 등이 있다(Steven2007). 미국에서의 행사는 술에 취하거나 경기장에 뛰어나가는 등의 행위를 하는 지나치게 열성적인 관중에 의한 자발적형태의 폭력이 발생하는 경향이 있다.

▲ 1989년 힐즈버러 참사당시 팬들이 치명적인 군중 압사를 피하려고 탈출하고 있다.

행사에서 폭력 행위 예방 실패는 관객, 참가자 또는 직원의 부상, 공공의 자신감과 미래 관중수의 저하, 재산파괴 등의 부정적인 결과를 낳는다. 다음은 스포츠 행사에서의 군중 관리 재난의 예이다.

- **1964년 축구 폭동 :** 페루 리마에서 열린 페루와 아르헨티나의 축구 경기에서 발생한 폭동으로 삼백 명이 숨지고 오백 명이 부상당했다.
- **1985년 유럽컵 축구 :** 벨지움 브뤼셀의 헤이셀 경기장에서열린 영국과 이태리간의 축구 경기에서 라이벌 팬들간의 폭력을 피하려던 사람들의 무게를 견디지 못하고 군중 안전벽이 붕괴되어 41명이 숨졌다.
- **1985년 브래포드 화재 :** 영국 브래포드 축구 경기장에서 발생한 화재가 중앙 관람석을 태워 56명이 불타 숨지고 200명 이상이 부상당했다.
- **1989년 힐스버러 경기장 참사 :** 경기장 출입구로 들어오는 팬들이 입석구역인 테라스 담장 쪽에 있던 사람들이 밀려서 압사 당하고 있는 것을 미처 알지 못하고 계속 밀고 들어와 대형 참사가 발생하였다.
- **1993년 대학 미식축구 관중 돌진 :** 매디슨 캠프 랜달 경기장에서 벌어진 미시건과 위스콘신과의 미식축구 경기에서 12,000여명의 팬들이 필드로 달려들었다. 경기 후 승리에 들떠 필드로 밀고 들어오는 위스콘신 팬들에 의해 체인 연결과 손잡이 난관이 붕괴되어 많은 팬들이 다쳤다.
- **1996년 축구 관중 압사 :** 과테말라시에서 벌어진 월드컵 예선 경기 중 관람석과 연결된 통로에서 100명이 압사당해 숨졌다. 너무 많이 팔린 표가 원이이었다.
- **2002년 팬 폭력 :** 부자(父子)가 코미스키 팍에서 메이저리그 야구(MLB) 캔사스 시티 로얄스 1루수 코치인 Tom Gamboa를 공격하였다.
- **2004년 팬과 선수 폭력 :** 미국농구협회(NBA) 인디아나 페이서스의 경기 중 관중석에서 팬들과 선수들 사이 주먹이 오가는 혼란이 발생하였다.
- **2004년 군중 축하연 :** 보스턴 레드 삭스 축하연 거리 파티에 참석한 여성이 페퍼 스프레이가 든 발사체에 눈을 맞아 숨졌다.
- **2005년 팬 폭력 :** 루이애지나 주립대학(LSU) 타이거스 팬들이 타이거스가

30-27로 볼런티어에게 역전패 당하자 맥주병을 테네시 대학 버스에 던졌다.

- **2006년 대학 축구 선수 폭력 :** 플로리다 국제대학과 마이애미대학 미식축구 선수들 사이에 필드에서 심한 언쟁이 벌어져 31명이 정학되었다. 상황을 통제하기 위해 20여명의 경찰이 동원 되었다.
- **2006년 NBA 선수 폭력 :** 닉스와 너깃즈간의 싸움으로 10명의 선수가 퇴장 당했다.
- **2007년 축구 폭동 :** 이태리 시실리에서 세리A 축구경기 중 팬들의 난동으로 경찰관 한명이 숨지자 모든 리그 경기가 잠정 중단되고 모든 경기장의 안전 평가가 실행되었다.
- **2007년 호주 오픈 :** 150명이상의 세르비아와 크로아티아 팬들이 깃대와 병을 이용해 서로를 공격하였다.
- **2009년 호주 오픈 :** 세르비아의 노박 조코비치가 보스니아 출신의 미국을 대표하는 아머 델리치를 이기자 세르비아와 크로아티아 팬들이 의자와 물건 등을 서로에게 던지며 다시 충돌하였다.
- **2010년 케냐 축구 압사 :** 케냐 수도 나이로비 축구 경기장에서 관중이 쇄도하다 일곱 명이 숨졌다.

연주회나 집회같은 비(非)스포츠행사들도 스포츠 행사에서와 같은 위협들에 취약하다. 사이드 바는 1979년 오하이오주 신시네티에서의 Who 콘서트 중 발생한 비극적인 예를 설명한다.

메덴센(Madensen)과 엑(Eck)(2008, p3)은 관중들에 의한 공격의 일반적인 형태 여섯 가지를 다음과 같이 설명한다.

1. **구두 :** 노래하기, 연호(連呼), 비꼬음, 폭언하기
2. **몸짓 :** 다른 사람에게 위협 하거나 저속한 수신호를 하는 것.
3. **물건 던지기 :** 음식, 음료, 벽돌, 병, 부서진 의자 또는 핸드폰 등을 던지는 행위.

4. **난입** : 필드나 무대로 뛰어들거나 입장하기 위해 입구로 쇄도하거나 출구로 서둘러 뛰는 행위로 밟혀서 부상이나 사망할 수 있다.

5. **재산 파괴** : 음향기기를 부수거나 공연 필드를 훼손하기. 장소에 불을 지르거나 피해를 주기.

6. **신체적** : 침 뱉기, 차기, 밀기, 주먹다짐, 칼로 찌르기, 총쏘기

자연 재해

폭풍, 토네이도 또는 번개 등의 갑작스런 자연재해는 시설 운영자에게 현실적인 문제가 될 수 있다. 대규모 대피나 경기장이나 공연장내의 피난이 필요할 수 있다. 전문가들은 큰 경기장이나 행사 장소에 대한 강력한 폭풍의 위협을 인정하고 있다.

에드워드(Edward)와 레몬(Lemon)에 의하면(2002), 스포츠 장소에서 행사동안 토네이도, 큰 우박, 강한 바람, 갑작스러운 홍수 또는 낮은 구름에서 치는 번개 등이 발생하면 미리 경고가 주어졌더라도 대규모 사상자의 위험이 있다. 혹독한 날씨나 자연 재해는 또한 위험한 군중 무질서를 야기 시키기도 한다.

1988년 3월 12일 네팔의 국립경기장에서 우박을 동반한 폭풍이 닥쳐 이를 피하려 쇄도하다 80명의 축구 팬들이 압사했다. 몇 가지 주목할 만한 사건들의 예이다.

- **1975년 5월** : 네브라스카주, 오마하 악사벤(Ak Sar Ben)경마장에 불어온 극심한 F4급 토네이도
- **1987년 12월** : F3급 토네이도가 7000명의 관중이 운집한 아칸소주 웨스트 멤피스의 개경주장을 25마일(4km) 떨어져 통과했다.
- **1998년 4월** : F3급 토네이도가 테네시주 내쉬빌의 아직 완공이 덜된 아델피아 콜리세움(지금의 NFL 타이탄스의 홈구장인 LP 필드)를 강타했다.
- **1998년 5월** : 알라바마에서 열린 마이너리그 야구경기가 F5급 토네이도로 일시 중단되었다.

- **1999년 8월** : F2급 토네이도가 유타주 솔트레이커 시티를 관통하며 대규모 야외 컨벤션 센터를 강타하고 NBA 유타 재즈의 홈 아레나인 델타 센터에 피해를 입혔다(Edward & Lemon, 2002).

1989년 샌프란시스코 캔들스틱 구장에서 벌어진 샌프란시스코 자이언트와 오클랜드 에이스의 월드시리즈 세 번째 경기 중 지진이 발생하였다. 다행히도 경기장은 피해를 입지 않았으며 심각한 부상은 없었다.

2005년 8월 미국 역사상 최악의 자연재해인 허리케인 카트리나가 미국 남부 멕시코만 지역과 뉴 올리리안즈 일대에 막심한 피해를 입혔다. 피해지역에 있는 프로와 대학 스포츠 조직은 심한 피해와 경제적 손실을 보았다(Hall, Marciani, Cooper, 2008). 예로 뉴올리언스 세인츠 미식축구팀은 2005년 시즌동안 루이애지나 배톤 루즈로지로 옮겼으며 2006년 슈퍼 돔으로 돌아오기 위한 시설보수에 대략 1억 8천만 불이 들었다(Steinbach, 2006). 날씨는 연주회나 정치행사같은 비(非)스포츠 행사에도 영향을 끼친다. 2010년 9월 템파 1-800-ASK-GARY Amphitheatre에서의 죠나스 브라더스 공연이 많은 비로 발생한 홍수로 취소되었다. 2~3인치(5~7cm)의 비가 몇 시간동안 내려 무대 뒤와 극장 앞 오케스트라가 앉는 곳이 물에 잠겼다. 2009년 아틀랜타에서 A Jay-Z 공연이 심한 폭풍과 번개로 취소되었다. 2008년 10월 존 맥케인과 새라 페일린은 필라델피아 메모리얼 스타디움에서 열릴 예정이던 선거 집회를 취소해야 했다.

일부 경기, 공연장소 운영자들은 날씨와 관련된 사건 사고들을 "신의 행동(Act of God)"로 간주하여 자신들의 책임을 면하려고 한다. 이런 수동적인 대응으로 위험이 있는 많은 경기, 공연 장소들은 심한 날씨로 인한 재난에 대비해 아무것도 하지 않았다. 경기 공연장 소유주와 운영자들에게 그런 위험에 대비해 준비하도록 설득하고 장려하기 위해서는 어떤 특별한 행동이 필요할 것이다(Edward & Lemon, 2002).

WHO 콘서트 참사

1979년 12월 3일 오하이오주 신시내티에서 팬들이 매진된 Who 콘서트에 들어가려다 11명의 팬들이 압사하고 수십 명이 부상당했다.

매진된 콘서트를 보기 위해 18,500명의 팬들이 왔다. 리버 프론트 콜리세움에서 오후 8시에 예정된 공연을 보기 위해 팬들은 오후 1시 30분부터 모여들었다. 콘서트는 축제 좌석배치(Festival Seating)라고 불리는 입석 일반입장 티켓방침이었다.

오후 7시 05분에 공연장의 134개 출입구중 5개 출입구만 열렸고 팬들이 앞으로 밀기 시작 하였다. 사람들은 불어났고 인파(人波)의 압력에 사람들이 넘어지고 밑에 깔려 생명이 위험하였다. 오후 7시 30분 경찰 간부가 공연장 관리인에게 출입구를 더 열도록 요청했으나 표를 검사할 사람이 더 이상 없다고 했다. 9명만 표 검사원으로 고용되었던 것이다. 안내원들을 투입하게 되면 노조협약 위반이었다. 콘서트 질서 유지를 위해 파견된 25명의 경찰관은 출입문을 더 열게 할 권한이 없었다. 보안 직원들만 그렇게 할 수 있었다. 입석 일반입장으로 팬들이 좋은 자리를 찾기 위해 경쟁을 한 것 이외에 다른 안전 과실이 있었다. 행사조직자, 보안요원 그리고 관중사이의 통신 부재, 줄 세우기 같은 군중 관리 부족, 그리고 출입문을 더 열라는 경찰의 요구 거절로 상황은 더욱 악화되었다. 군중들 사이에 갇힌 많은 Who팬 중의 하나인 론 듀리스치(Ron Duristch)는 공포 상황을 다음과 같이 묘사한다.

인파에 나는 왼쪽으로 밀렸고 다시 제대로 자리 잡고 섰을 때 내가 누군가 위에 서있다는 것을 느꼈다. 이순간의 무력함과 좌절 공포가 엄습했다. 나는 내가 누군가를 밟고 위에 서있다고 모든 힘을 다해 소리 질렀다. 나는 움직일 수 없었다. 절규 할 수밖에 없었다. 또다시 인파에 의해 왼쪽 출입문 방향쪽으로 밀렸다. 나는 내 다리가 오른쪽으로 당겨지는 것을 느꼈다. 군중들이 다시 움직였고 나는 밑으로 손을 뻗어 내 발을 잡고 있던 손을 잡았다. 얼마간 버둥거리다 어린소녀를 당겨 일으켜 세웠는데 어린 소년이 그 소녀에 매달려 있었다. 그들은 의식이 거의 없었으며 얼굴은 눈물로 범벅이 되어 있었다.

참사 직후 신시내티 시는 앞으로 있을 리버 프론트 콜리세움이나 다른 장소에서의 안전한 공연을 위한 방법을 분석하고 추천하기 위해 군중 통제와 안전을 위한 태스크 포스를 설립했다. 태스크 포스의 보고서인 Crowd Management가 1980년 7월 8일 제출되어 군중관리에 관한 획기적인 자료로 남아있다. 태스크 포스에서 제안 한 많은 사항들이 법안과 군중 모임에 관한 계획에 반영되었다.

참조 : Crowd management : 군중 통재와 안전에 관한 태스크 포스의 보고서.(1980). www.crowdsafe.com/taskrpt/

법적, 경제적 의미

안전과 보안 위협은 시설 소유주와 운영자에게 잠재적인 법적 경제적 의미가 있다. 주요 경기장 운영자에게 테러위협이 점차 근심거리가 되었다. 안전 문제에는 군중 관리, 행사 중 위험으로부터 선수, 직원 그리고 고객 보호가 포함된다(Chen, 2009). 시설 경영진은 위험과 예견할 수 있는 부상을 일으킬만한 행동을 성공적으로 관리함으로써 책임 노출을 상당부분 감소시킬 수 있다(Schwartz, Hall & Shibli, 2010).

법적인 문제는 부적절한 보안, 태만한 고용 관행, 훼방꾼 다루기, 퇴장, 체포 등의 행사보안 관리와 관련이 있다(Kinney. 2003). 첸(Chen)에 의하면(2009) 팬들을 감시하는 것은 아주 중요한데 그들은 돈이 가장 많이 들 수 있는 잠재적인 골칫덩어리이기 때문이다.

무질서하고 폭력적인 팬들의 불법 행위를 다루다가 그런 팬들을 시설로부터 퇴장시키면 거칠게 다루어졌다고 고소나 고발을 당할 수 있다. 이런 종류의 책임 때문에 잠재적으로 많은 액수의 돈을 소송에서 잃을 수 있다.

현재 경기장 소유주나 운영자들에게 국제 또는 국내 안전과 보안 기준 준수를 강제할 법령이 거의 없다(Chen, 2009). 그럼에도 불구하고 이 장의 초반에 언급한 위협들은 국가마다, 행사마다, 시설의 수용 규모나 위치에 따라 다르다. 그래서 시설 운영자들은 보안을 위한 특정 기준을 반드시 세워야 한다(Chen, 2009; Hall et al, 2010). 영국 같은 유럽국가들은 훌리거니즘의 역사 때문에 각 축구 클럽이 경기장안전증서를 취득하도록 요구하는 안전법령을 실행했다. 잉글랜드축구협회(FA)의 상위 네 개의 디비전에 있는 클럽들은 반드시 안전증서를 취득해야 운영할 수 있다(Hall et al. , 2010), 더욱이 유럽축구연맹(UEFA)은 경기장들이 주요 축구 경기 개최를 위해서는 협회의 안전과 보안 규칙, 규정을 완전히 준수할 것을 요구한다(Chen, 2009).

미국에서는 장소 보안을 제공하는 시설운영자가 반드시 실행 노력해야 할 보호의 기준(Standard of Care)이 높아지고 있어 테러공격이 있을 경우 피해에 대한 책임을 져야할 가능성이 있다(Marciani, Hall, Finch, 2009). 최근 미국 법원 판결(2008년 4월 29일)은 공격을 예고 받은 시설들에 대한 높은 보안 요구를 설정했다. 뉴욕과 뉴저지의 항만 당국이 테러범들에 의한 1993년 월드 트레이드 센터 폭파에 대한 68% 책임이 있는 것으로 판명되었다. 뉴욕 대법원의 항만 당국에 대한 결정은 다음 두 가지문제에 대해 실용적이었다.

(1) 시설의 소유주가 공격 가능성에 대해 고지를 받았는가?(예견성)

(2) 공격 가능성을 보고받았을 때 어떤 완화 조치가 합당하고 필요했나?

고지(Notice)는 용어상 피고가 테러공격 가능성을 알 때나 알았어야 했을 때를 의미한다. 이 결정은 결국 잠재적 테러 목표를 소유한 어떤 주체에 대한 책임 환경을 변화시켰다.

스포츠와 행사 시설 소유주와 운영자들은 국토 안보부(DHS)의 경고와 테러 공격 대상이 될 만한 주요 경기장의 확인으로 그들의 시설에 대한 테러 공격보고를 받게 될 것이다. 그러면 위협에 대해 시설 운영자들은 무었을 할 수 있는가? 첫 번째 단계는 능동적인 조치이다.

아펜즐러(Appenzeller)에 의하면(2000) 스포츠 관리인들은 사건이나 상황에 대해 심각한 손실 방지를 위해 능동적인 조취를 취하기보다는 수동적으로 반응하는 경향이 있다. 시설 소유주와 운영자들은 어떤 위험 완화 조치가 현재 실행중인지 그리고 다른 비슷한 시설들은 테러방지를 위해 어떻게 하고 있는지를 반드시 조사하여야 한다. 자신들의 준비정도 평가를 위해 같은 업계의 다른 시설들과 비교하는 벤치마킹이 시설 관리자들에게 도움이 될 것이고 그들 조직이 업계의 최고 모범 규준을 접하게 될 것이다.

미국의 시설 소유주들은 국토 안보부가 지원하는 효과적인 기술 육성을 통한 테러 진압(DHS SAFETY: DHS Support Ati-Terrorism by Fostering Effective Technologies) 법안 보호를 신청할 것을 역시 고려해야 한다. 이 DHS SAFETY 법안은 테러 행위로부터 발생되는 책임을 최소화하거나 없애기 위해 고안된 연방법이다(Finch, 2008).

SAFETY법안은 2001년 9/11 공격 후 수백만달러 규모의 법정 소송 신청에 답하여 2002년에 발효되었다. SAFETY법안은 국토 안보부가 테러에 효과적이라고 인정한 회사의 제품과 품질에까지 보호한다. 부가적으로 시설 소유주는 충분한 보험을 들어야 한다.

핀치(Finch)에 의하면(2008) 9/11공격 희생자 가족들은 보상으로 평균 미화 3백만불을 받았다. 9/11공격은 스포츠 주체에 대한 보험요율에 영향을 가져왔다. 2002년 뉴욕 자이안트 스타디움, 컨티넨탈 에어라인 아레나 그리고 다른 뉴저지스포츠, 전시 소유물에 대한 보험료는 343%인 미화 320만 달러로 증가했다.

스포츠와 특별 행사에 대한 많은 위협과 법적 경제적 의미를 볼 때 스포츠와 행사 관리인들은 그들 장소에서의 안전과 보안에 관심을 둘 필요가 있다.

이 본문은 시설 관리인들이 위협과 위험 평가, 취약점 찾기, 보호보안 조치 개발, 보안계획 실행, 직원 훈련 그리고 계획 수립 실행을 하기 위한 총괄적 전략을 제공한다.

스포츠 행사 보안 인지 시스템 : 지속적 향상 모델

보안요원의 교육과 훈련은 효과적인 보안 조치 시행과 비상계획 수립시 모든 위험에 대비를 확실히 하기 위해 중요하다(Sauter & Carafano, 2005). 스포츠 행사보안의 효과적인 관리 시스템을 위해서는 전문가, 자원 봉사자, 공공 기관 그리고 외부 계약업자와 같은 많은 기관과 개인의 참여와 헌신이필요하다. 스포츠 보안 전문가를 교육, 훈련시키고 보안 관리 관행에 일관성을 제공해야 하는 업계의 필요를 인지해서 국립 스포츠 안전 및 보안 센터(NCS4: National Center for Spectator Sports Safety and Security)는 스포츠 장소의 효과적인 보안 관리를 위해 지속적 향상 과정인 스포츠 행사 보안 인지(The sports event security aware, SESA) 시스템을 개발하였다. SESA 시스템에는 다음 네 개의 핵심 과정이 있다.

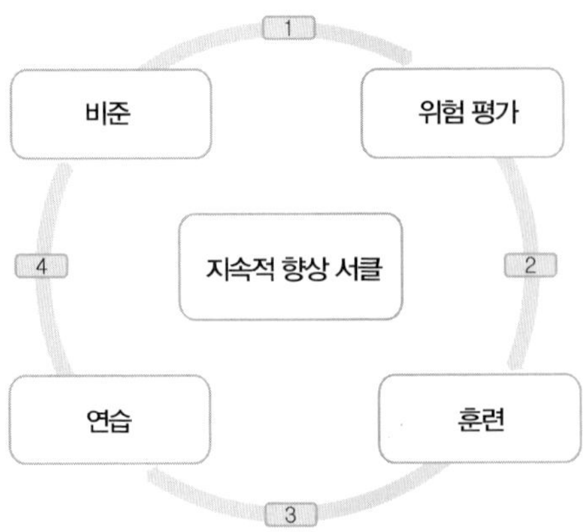

그림 1.2 스포츠 행사 보안 인지(SESA) 모델. 이 모델의 각 과정들은 지속적인 향상 사이클을 위해 상호 작용 한다.

(1) 위험 평가 (2) 훈련 (3) 연습 (4) 평가 (그림 1.2 참조). 제안된 SESA모델의 궁극적 목표는 스포츠 장소에서 지속적 보안 관행을 유지하기 위해서이다.

- **위험 평가 :** 스포츠 장소 소유주, 관리인 그리고 이해 당사자는 위협 평가, 취약점 찾기, 위험 감소전략의 실행을 통한 결과 최소화를 위한 위험 평가방법을 반드시 인지해야 한다. 이 과정에는 (1) 행사 보안 작전을 관리할 지휘그룹(CG) 지정, (2) 자산 특징 평가, (3) 위협 평가 수행, (4) 취약점 평가 수행, (5) 결과 평가, (6) 위험정도 계산, (7) 결과 감소제안 개발이 있다. 이 과정은 4장에서 다룬다.
- **훈련 :** 효과적인 직원 훈련은 스포츠 스타디움과 아레나 같은 중요한 사회간접자본 보호의 핵심적인 요소이다. 스포츠 조직은 채용, 훈련, 장소 보안을 위한 개인의 책임 평가를 위한 충분한 역량을 제공해야 한다. 직원 훈련의 세 가지 핵심 단계는 (1) 다(多)기관 지도부 (2) 관리 직원 (3) 보안 직원이다. 이 과정은 5장에서 다룬다.
- **연습 :** 스포츠 조직은 수립된 계획을 시험하고, 사고 시나리오에서의 직원의 역할과 책임의 인식을 높이기 위해 연습을 실시해야 한다. 국토 보안 훈련 평가 프로그램(HSEEP: Homeland Security Exercise and Evaluation Program)에 의해 정의된 일곱 종류의 연습은 토론 중심 또는 운영 중심 중 하나이다. 이 과정은 7장에서 다룬다.
- **비준 :** 스포츠 조직은 위협과 위험의 검토 그리고 대응 조치 추천, 직원 훈련, 연습과 관련된 향상 계획을 포함한 조직의 스포츠 행사 보안 인지 시스템 과정을 평가, 비준해야 한다.

SESA 시스템은 개인과 기관이 안전과 보안 향상을 위해 자체 평가를 필요로 하는 그림 1.2의 원형 모양에서 나타나듯 지속적 향상 과정의 예이다.

이 방법은 안전과 보안 계획과정의 모든 단계에서 적용가능하다.

스포츠 관리자들은 능동적이어야 하고 그들의 장소 보안을 위해 필요한 조치를 취해야 한다. 그렇게 함으로써 그들의 스포츠 조직이 다음을 성취하는 것을 도울 수 있다.

- 관중, 경기 임원, 선수, 직원 그리고 지역사회 이익 당사자를 보호하기 위한 도덕적, 법적 책임을 다한다.
- 구(municipal), 시(county), 주(state), 연방(federal)의 법적 요구사항을 충족시키는 것을 돕는다.
- 재정적 손실, 벌금, 시장 지분 손실, 장비와 제품 피해 또는 사업 방해로부터 시설의 회복 능력을 향상시킨다.
- 사건, 사고시 민사 형사상의 책임 노출을 피한다.
- 관중, 선수, 직원, 공급자 그리고 지역 사회의 시설에 대한 이미지와 믿음을 향상시킨다.
- 장소(Venue)의 보험료를 낮출 수 있는 자료를 제공한다.

센테니얼 올림픽 공원 폭발사건

사 례

조지아주 애틀란타시는 1996년 올림픽 게임을 개최하였으며 행사 주최로 시내에 새로운 활기를 불어넣었다. 특히 센테니얼 올림픽 공원은 시내중심가의 버려진 땅에 건설되었는데 올림픽의 시내 광장으로 간주되었다. 밴드가 공연할 수 있는 큰 무대가 있었고 여러 올림픽 경기장에서 벌어지는 행사의 이미지를 볼 수 있는 큰 스크린이 있었다.

7월 26일 금요일 올림픽시작 나흘째 되던 날 센테니얼 올림픽 공원에는 R&B밴드인 잭 맥(Jack Mack)과 하트어택(Heart Attack)이 오만 명의 관중 앞에서 공연하고 있었다.

오전 1시20분경 군용배낭 안에 있던 파이프 폭탄이 콘서트 음향타워 근처 벤치아래에서 폭발했다. 한 명이 숨지고 백 명이상이 부상당했다.

폭발이 있기까지의 사건의 시간별 구성은 다음과 같다.

- **자정-오전 0시45분 :** 에릭 루돌프(Eric Rudolph)가 못들로 둘러싼 파이프 폭탄 세 개가 들러있는 녹색 미군용 배낭을 공원지역 벤치 아래에 놓아둔다.

- **오전 0시 45분 :** 보안요원 리처드 주월(Richard Jewell)이 의심쩍은 배낭을 발견하고 조지아 수사국에 알렸다. 연방 폭발물 전문가가 현장으로 급히 온다.
- **오전 0시 58분 :** 익명의 911 전화 제보가 폭발물이 22분후에 폭발한다고 정부당국에게 경고 한다. 그러나 911 전화 교환원의 혼동으로 위치를 결정하지 못했다. 센테니얼 올림픽 공원을 올림픽이라고 잘못 전해 들어 제보자가 어느 공원을 지칭하는지에 대해 혼란이 야기된다.
- **오전 1시08분 :** 폭발물 전문가가 배낭 안에 있던 전선과 파이프를 찾아낸다. 검사하는 동안 내용물을 약간 움직이는 것이 제안된다. 배낭 주변지역에 대한 대피가 시작된다. 그렇지만 과도한 알코올 소비와 왜 대피해야 하는지에 대한 정보 부족으로 사람들이 신속히 이동하지 않았다.
- **오전 1시 20분 :** 장치가 폭발하여 잔해, 못, 나사 그리고 파편들이 사방으로 날아간다. 한명이 죽고 111명이 부상당한다. 사람들을 대피 시키던 경찰관도 부상당했다. 어떤 사람들은 소음이 쇼의 일부라고 생각했다. 검사하는 동안 장치를 움직이면서 내용물이 움직였을 가능성이 있었고 궁극적으로 폭발물이 더 나쁜 방향으로 폭발한 것으로 보인다.
- **오전 2시00분 :** 애틀랜타시내가 봉쇄된다.

배운 점(교훈)

- 애틀랜타 경기는 197개국에서 온 5,000명의 선수를 맞았다. 2백만 명의 관광객이 조지아 주를 찾았고 35억 명이 TV를 시청했다. 이런 주목을 끄는 행사와 전 세계 미디어 시청자들은 대량살상과 홍보의 완벽한 목표물과 기회를 제공한다.
- 의심쩍은 장치를 오전 0시 58분에 발견했고 오전1시08분에 검사를 했다. 그러나 관람객들의 대피가 폭발이 발생한 1시20분전까지 완료되지 않았다. 당국자들은 군중 규모 때문에 전 구역에서 대규모로 대피시키는 것을 주저했다. 폭발물 위협은 공포로 이어지고 공포는 다시 압사(stampede)와 더 많은 부상의결과를 낳을 수 있었다. 그래서 당국자들은 배낭 근처 사람들을 대피시키는데 초점을 맞췄다. 대응시간

과 활동이 많은 군중, 효과적 대응 조율을 위한 자원과 능력의 제한 때문에 명백히 지연되었다. 이 사건은 표준화된 폭발물 위협 대응 프로토콜과 대피 절차의 필요성을 확실히 보여주었다. 덧붙여 행사 관리자들은 올림픽 같은 대규모 스포츠 행사를 감당하기 위해서는 충분한 자원과 인원을 필요로 한다.

- 군중 관리와 위기 상황시의 의사소통이 문제이었던 것 같다. 과다한 알코올 소비와 왜 움직여야하는지 경찰관으로부터 의사소통이 부족하여 관중들은 대피하라는 말에 천천히 반응했다. 불필요한 공포를 야기 시키지 않는 대규모 군중과의 효과적인 의사소통과 대응 기관들 사이의 통신 프로토콜을 포함하는 군중 관리 계획을 반드시 개발해야 한다.
- 비상 전화 교환원은 센테니얼 올림픽 공원이 어디 있는지 몰라서 대응 노력 중 중요한 시간을 낭비했다. 개인과 기관들을 행사에 익숙케 하기 위하여 그 해당 지역의 모든 잠재적 대응 기관들에게 행사 전 브리핑이 반드시 수행되어야 한다.
- 경찰과 대응 요원들도 부상을 당함에 따라서 복구 작업이 지장을 받을 수 있는 상황이었다. 그러므로 부가적인 대체 자원들이 동원 가능해야 한다. 행사 관리자들은 부가적 자원 필요시 상호 원조 동의안을 포함하는 지역사회와 복구 계획을 개발해야 한다.

생각해볼 문제들

1. 독자들의 지역 사회에서 잠재적인 테러의 목표 다섯 개를 파악해 보라.
2. 독자들의 지역 사회에서 잠재적인 테러 단체들과 그들 각각의 동기를 알아내 보라.

참조

Noe, D.(2009). *에릭 루돌프(Eric Rudolph) : 연쇄 폭파범(Serial Bomber). 범죄 도서관(The crime library).*
www.trutv.com/library/crime/terrorists_spies/terrorists/eric_rudolph/1.html에서 가져옴.

이 장의 주요 핵심

- 전 세계적으로 높아진 스포츠에 대한 주목은 스포츠와 특별행사를 치루는 모든 이해 당사자들에게 영향을 주는 위험 노출의 증가를 가져왔다.
- 테러는 스포츠 행사 보안과 관련된 가장 일반적인 위험의 하나로 여겨져 왔다.
- 다섯 가지의 주요 테러 위협 동기는 정치적, 종교적, 인종적, 환경적 그리고 특별 관심사가 있다.
- 테러 활동의 일곱 가지 징후로는 (1) 감시, (2) 답변 유도, (3) 보안 테스트, (4) 공급 확보, (5) 수상한 사람, (6) 예행연습, (7) 자산 배치이다.
- 다음 몇 가지 이유로 군중들을 관리할 필요가 있다. (1) 사람이 많이 모이면 어떤 일이 일어날 가능성이 높아진다. (2) 군중들의 움직임의 변화는 느리고 더 복잡하다. (3) 정상적일 때보다 의사소통이 느리고 더 복잡해진다.
- 갑작스럽게 폭풍, 토네이도, 번개가 시작되면 대규모 대피나 경기장과 장소 내의 피난이나 대피의 결과를 낳으며 시설 운영자들에게 큰 위험이 된다.
- 행사 보안 관리와 관련된 법적 문제에는 부적절한 보안, 태만한 고용 관행, 훼방꾼 다루기, 퇴장, 체포가 있다.
- 주요 스포츠와 행사장소 소유주와 운영자들은 위기 관리 전략을 반드시 알고 있어야 하고 업계 최고 모범 관행을 실시해야 한다.
- 스포츠 장소들은 국립 스포츠 안전 및 보안 센터(NCS4)에서 제안된 스포츠 행사 보안 인지(SESA) 지속적 향상 시스템을 완수해야 한다. 위험 평가, 직원 훈련, 계획 연습, 시스템 비준 등이 여기에 포함된다.

응용 질문

1. 여러분 나름대로 테러를 정의하라.
2. 스포츠나 이벤트 관리인들은 어떤 위협에 주의하여야 하나? 당신의 도시나 지역 사회에 있는 장소를 예로 위협의 예를 들어라.
3. 스포츠와 행사 관리인, 시설 운영자, 그리고 소유주가 스포츠나 특별 행사에서 일어난 사건, 사고의 과실 책임을 져야 하나?[1)]

활동

스포츠 행사의 사건 사고를 구체적으로 조사하고, 사건 사고를 통하여 스포츠 주체와 스포츠업계 전체가 배운 교훈을 포함한 상세 이벤트를 요약해 제출하라.

이 장에서의 사례연구(case study)를 가이드삼아 논평을 제출하도록 한다.

1) 지난 2005년 10월 3일 경북 상주에서 발생한 "MBC 가요콘서트"에 참가한 시민 11명이 압사당하고, 30여명이 부상한 사건과 관련하여, 상주시청, MBC, 행사 주최측과 경호업체, 경찰 등 각각의 책임에 대하여 토론

제2장

리더십 그리고 다(多)기관 협력

이 장의 목적

- 행사 보안 계획 활동을 책임지는 스포츠 및 행사 보안 지휘 그룹의 이해 당사자들 파악하기.
- 다(多)기관 협력의 중요성을 토론하고 스포츠나 행사 관리인이 어떻게 협력을 향상시킬 수 있는지 설명하기.
- 팀워크 원칙을 토론하고 원숙한 팀의 특징을 설명하기.
- 지도부를 정의하고 다양한 리더십 유형을 비교하기.
- 팀 구성원들 사이에 높은 수준의 믿음을 쌓을 수 있는 전략을 설명하기.
- 변혁적 리더십을 정의하고 역기능 리더십의 특징을 토론하기.
- 문제 해결 과정을 토론하고 효과적으로 결정하는 사람의 특성 알기.
- 위기시 의사소통의 중요성을 토론하고 다양한 의사소통 전략을 설명하기.

2장

리더십 그리고 다(多)기관 협력

스포츠와 특별행사에서 안전과 보안을 제공하기 위해서는 많은 개인과 관련 기관들의 협력과 조정을 요구한다. 스포츠와 행사관련 조직은 보안계획과 정책, 보호 조치 계획과 실행에 관여된 이해 당사자들 사이의 협력관계가 매우 중요하다. 이 장은 모든 위협으로 부터의 행사 보안에 관련된 주요 이해당사자들에 대한 설명과 다(多)기관 협력의 개념 및 대응 기관들과의 파트너십 확립의 중요성이 언급된다. 팀워크 특징, 통신 전략, 위기 리더십 그리고 의사 결정 원칙이 다루어진다. 팀워크와 리더십 관리는 효과적인 대응과 회복 노력을 확실하게 하기 위해 사건과 사고가 일어나기 전에 반드시 확립되어야 한다. 팀워크 개념을 개발하기 위해 조직은 먼저 지휘그룹(CG: Command Group)을 알아야 하는데 이 지휘그룹은 본질적으로 보안계획을 책임진다.

스포츠와 행사 보안 지휘 그룹

지휘그룹(CG)은 관중과, 선수, 공연자를 위하여 안전과 보안 환경 제공을 위해 협력하는 다(多)기관의 주요 인사들을 포함한다. 지휘그룹에 포함된 개인들은 시설 관리, 법 집행, 위기관리, 소방, 위험물 관리(HAZMAT) 그리고 응급 의료 서비스(EMS)등의 주요 분야들을 대표해야 한다(그림 2.1 참조). 이들 그룹은 사건과 사고 관리(3장), 위험 평가(4장), 훈련 계획 수행(5장), 보호 조치 실행(6장), 연습 수행(7장) 그리고 대응, 회복, 지속계획 조정(8장)을 포함한 모든 보안 노력을 위한 핵심기능 그룹 이다. 다음은 미국 대학 스포츠 행사의 지휘그룹에 포함될 수 있는 사람의 예이다.

- 경기 운영 책임자 또는 부책임자
- 캠퍼스 경찰 서장
- 지역 비상 관리 책임자
- 소방 서장
- 의료 관리자

지휘 그룹이외에도 보안 운영에서 역할을 할 수 있는 다른 주체나 사람은 주와 연방 정부 보안기관, 공공 의료 안전 기관, 미디어와 홍보기관, 공익 시설, 하청업자, 상인, 임시 직원들을 포함한다. 여러 분야 전문가로 구성된 팀은 협력적인 계획 수립과 대응 노력을 확실히 할 수 있다. 이 지휘그룹은 스포츠나 행사 기간 전에 설립되어야 하며 특히 행사 후 보고 회의와 미래를 위한 권고를 위해 정기적으로 만나야 한다. 지휘그룹의 정보 제공은 위기 평가 과정 중 조직 안 밖의 위협과 취약점에 대한 모든 정보와 첩보를 공유하기 위해 아주 중요하다.

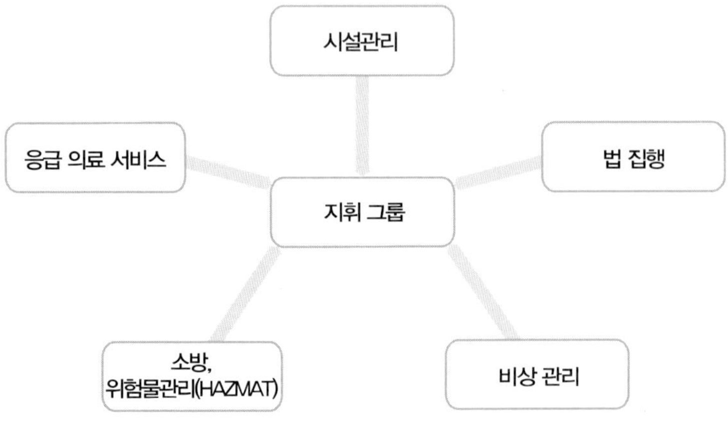

그림 2.1 보안 지휘 그룹의 조직들

시설 관리자와 보안 책임자는 일일 운영과 행사 관리에 대한 식견을 제공한다. 지역 법집행기관과 비상관리 기관은 지역사회 상황과 위협에 관한 정보를 제공한다. 지휘그룹은 보안운영의 개발, 수정, 실행을 위한 중요한 그룹이다. 그들은 행사 전에 모든 활동들을 조정하고 행사기간에는 행사장의 지휘센터에서 함께 일한다. 행사 기간 중 지휘그룹의 물류와 운영은 3장에서 자세히 다룬다.

다(多)기관 협력

구성원들이 전체적인 보안 프로그램에서 서로의 역할과 목적을 상호 신뢰하고 존경하는 완벽한 기능을 다하는 그룹이 중요하다. 그러므로 지휘그룹은 다(多)기관 협력의 개념을 무엇보다 중요시해야 한다.

다(多)기관은 보안 관리 시스템의 다양한 과정에 관여된 모든 기관, 개인, 그리고 이해당사자를 지칭하며 다기관 협력이란 비상사태 시 준비, 예방, 대응 그리고 회복능력의 단계별 효과 정도를 결정할 수 있는 과정 모두를 포함한다. 비상사태 시 최상의 결과를 성취하기 위해 효과적으로 함께 일하는 기관과 전문가의 능력은 필수적임으로 다기관 협력은 더욱 더 중요하다(U.S. Department of Homeland Security, 2009c). 협력(융합)은 양쪽 모두에게 이익이 되고 양쪽 모두가 결과에 충분히 만족하는 것이다(DuBrin, 2002). 로스(Ross)에 의하면(1982), 협력은 몇 개 과정의 일부 또는 분쟁 해결에 관련된 행동이다. 협력은 모든 관계당사자의 필요와 관심사를 충족시키는 것을 목표로 한다. 협력은 다음 몇 개의 요소를 포함한다.

1. 문제 해결과 직면한 도전에 있어 불협화음과 분쟁이 있고 또 있을 것이라는 사실을 인정하기.
2. 서로의 필요, 관심사, 목적을 알아내고 존중하기.
3. 각 당사자가 바람직한 결과로서 모두에게 이익이 되는 해결 방안을 가지는 것에 대한 가능한 대체 해결방안과 결과 알아내기.

4. 상호 목적을 다룰 해법을 선택하고 동의하기.
5. 합의한 해법을 실행하고 지속적 향상을 위해 결과를 평가하기.

효과적인 다기관 협력은 높은 수준의 신뢰, 직접적이고 명확히 의사소통하기, 모범보이기, 긍정적인 풍토 창조하기 그리고 상호이익 되는 팀워크 환경 제안하기 등의 개발과 실천을 통해서 이루어진다(U.S. Department of Homeland Security, 2009c).

덕커(Ducker)에 의하면(1999, p. 72) 신뢰는 효과적 협력과 원숙한 팀워크를 이끌어내는 기본이고 대인 관계 기술이다.

조직은 더 이상 강요가 아닌 신뢰에 기반을 두고 만들어진다. 사람사이 신뢰가 있음은 반드시 그들이 서로 좋아하는 것을 의미하는 것이 아니라 서로를 이해한다는 의미이다. 그러므로 대인관계를 위해 책임을 지는 것은 절대적으로 필요하며 이것은 곧 의무이기도 하다.

스포츠와 특별한 행사들은 일반적으로 한정된 시간과 기간과 함께 보안 운영을 관리할 임시 노동력을 요구한다. 대부분의 직원은 시간제이고 정기적으로나 정규직으로 같이 일하지 않는다는 점에서 도전에 직면한다(임시직 노동력과 자원봉사자 문제는 7장에서 토론된다).

그러므로 지도부에 있는 사람들은 높은 수준의 신뢰와 팀워크 기술을 쌓는 훈련을 반드시 시행하여야 한다. 이와 같은 접근은 재난 기획, 예방, 대응 그리고 회복을 위한 잘 조정된 활동들을 보장하게 해준다. 다기관 협력 능력 없이는 보안 관리 시스템은 결코 최적의 효과를 가져다주지 못할 것이다.

팀워크 원칙

여러 이유로 팀 분쟁이 일어 날수 있는데 기능적일 수도 있고 역기능적일 수도 있다.

기능적 분쟁은 전체적인 보안 운영을 위해 좋다. 왜냐하면 이런 대립은 프로그램의 목적 달성을 위한 방법에 대한 의견 차이에서 생김으로 조직의 수행능력을 높인다. 예를 들어 지휘그룹의 구성원들이 허가받지 않은 자의 제한구역 출입을 막는 최상의 방법에 대해 동의하지 않는다고 하자. 어떤 이는 출입지점에 보안원이 있어야 한다고 주장하고 또 어떤 이는 전자카드 출입시스템을 이용하는 출입통제기술의 사용을 원한다. 이런 종류의 분쟁은 최선의 해법으로 이어지고 긍정적인 변화와 혁신을 돕는다(Ivancevich & Matteson, 1999). 역기능적 분쟁은 집단역학에 그리고 궁극적으로는 행사보안 관리 시스템에 부정적 효과를 준다.

역기능적 분쟁은 시간을 낭비하고 스포츠나 행사 조직의 이익보다 개인의 이익을 우선시 한다(Ivancevich & Matteson, 1999). 예를 들어 급여에 불만을 품은 보안 중간책임자가 보안인력들 사이에서 파업을 주도할 수 있다. 모든 조직에는 분쟁 관리능력이 필요로 하다. 협력과 상호작용은 팀 구성원들이 서로간의 신뢰와 존경을 쌓을 수 있는 과정이다.

개인들로 구성된 그룹을 잘 작동하는 팀으로 변화시키는 것은 관련된 모든 이들에게 어려운 일이다. 융통성 없는 조직구조와 지휘체계는 효과적인 의사소통과 팀을 만드는데 장벽이다. 팀은 공통의 목적을 추구하기 위해 개인들을 뽑아 함께 만든 단체라고 정의할 수 있다.

이런 특별한 상황에서는 공동의 목적은 스포츠나 특별행사를 위한 효과적인 보안 관리 시스템을 개발하는 것이다. 단순히 팀을 조직하는 것만으로는 효율성이나 높은 수행능력을 보장하지 않는다. 원숙한 팀에게는 원숙하지 못한 팀과는 달리 어떤 특별한 특징들이 공통적으로 존재한다.

원숙한 팀은 몇 개의 특징이 있다.

- 팀은 토론 할 수 없을 것 같은 것도 토론한다.
- 구성원들은 고치거나 통제할 필요성을 포기한다.
- 상호 다른 점이 인정된다.
- 공존하기 위한 노력이 확립되어있다.
- 편을 들지 않는다.
- 편안하게 결정한다.
- 모든 감정을 수용한다.
- 권한이 고루 나누어져있다.
- 상호 이익 풍토가 확립되어 있다.
- **미지의** 것에 대한 공포를 인정한다.

궁극적인 목표는 공동체의식으로 특징지어지는 원숙한 지휘그룹을 만드는 것이다.

펙(Peck)(1998, p. 58)은 진정한 공동체를 다음과 같이 정의한다.

서로 진실하게 의사소통하는 법을 알고, 평정한 겉모습보다 더 깊은 관계를 가진 그리고 함께 기뻐하고 슬퍼하고 서로 즐거워하고 남의 조건을 자기 것처럼 생각하는 개인들로 구성된 단체.

레오시오니(Leocioni)(2002)는 팀워크나 다기관 협력을 형성하는데 관련된 문제점들을 알아냈다. 다섯 가지 잠재적인 팀의 기능장애는 신뢰의 부재, 분쟁에 대한 공포, 노력 부족, 책임회피, 결과에 대한 부주의가 있다. 다기관 협력의 가장 바람직한 결과는 보고, 훈련, 연습과 같은 다양한 상호 작용에 의해 신뢰와 존경의 토대위에 만들어진 공유 사고방식이다. 그동안 행사 보안 관리를 위해 함께해 온 이들은 인적자산 보호를 최적화하기 위해 권한과 지도력을 공유하면서 효율적으로 함께 일하는 법을 배워 왔다.

리더십

리더십은 보안 관리, 비상 대비, 예방, 대응, 회복 노력에서 중요하다. 왜냐하면 리더십 부족은 생명, 재산, 공신력의 손실을 초래한다. 이반세비치(Ivancevich)와 매터슨(Matteson)(1999)은 리더십을 조직에 적합한 목적달성을 돕기 위해 다른 사람에게 영향력을 발휘하는 과정이라고 정의했다(p. 409). 리더십에 대해 다양한 정의가 있었으나 사람, 업무, 환경 세 가지는 공통적 주제이다. 베니스(Bennis)(1997)는 모든 지도자들은 다음 네 가지 특징을 공유한다고 결론지었다. (1) 그들은 방향을 제시한다(직원들에게 무엇이 중요하며 그들의 기여가 중요한 변화를 가져온다고 상기시켜 준다). (2) 신뢰를 생성한다. (3) 모험을 감수하고 능동적이다. 4) 성공 성취의 개념을 강화한다.

리더십은 관리의 주요 기능이지만 동일한 것은 아니다(DuBrin, 2002). 어떤 관리인은 지도자 자질이 있을 수도 있고 없을 수도 있다. 코터(Kotter)(1990)는 관리인과 지도자의 주요 차이점을 다음과 같이 설명한다. 관리인은 질서와 일관성을 유지하는 반면 지도자는 빠르게 변하는 경쟁적인 환경에서의 변화를 다룬다. 지도자는 또한 미래를 보는 통찰력을 고안하고 다른 사람들이 통찰의 방향으로 따를 수 있도록 설득하고, 영감을 주고, 동기를 부여한다.

이반세비치와 매터슨은 지도자와 관리자의 특징을 다음과 같이 강조했다.

- **지도자 :** 통찰력 있고, 열정적이고, 창조적이고, 유연하며, 영감을 주고, 혁신적이고, 용기 있고, 상상력이 풍부하고, 실험적이고, 독립적이다.
- **관리자 :** 합리적이고, 조언하며, 끈기 있고, 문제를 해결하고, 마음이 강하고, 분석하고, 구조를 갖추고, 사려 깊고, 권위적이며, 안정적이다.

리더십과 지도자의 역할에 대한 많은 이론들 중에 조건 이론(Contingency Theory), 섬기는 리더십(Servant Leader) 그리고 상황적 리더십(Situational Leadership Theory) 등이 있다. 본문에서는 상황적 리더십 모델과 스포츠와 행사 보안 지휘그룹에서 신뢰를 구축하는 것에 초점을 맞춘다. 상황적 리더십 이론(SLT)은 크고 작은 비즈니스에서 적용되어 왔으며 매일 일어나는 지도력 문제를 실용적으로 다루기에 많은 관리자에 의해 지지받아 왔다(Ivancevich & Matteson, 1999). Paul Hersey와 Kenneth Blanchard(1998)는 지도자가 부하직원들의 개발과 원숙 단계를 알고 있는 어떠한 상황에서 가장 적절한 지도부 행동을 선택할 수 있도록 돕기 위해 상황적 리더십 모델이라는 실용적 모델을 개발했다.

준비 태세(Readiness)는 특정한 임무를 완수하기 위한 부하직원들의 능력, 자진 참여 또는 신념으로 정의된다. 준비 태세의 개념은 특징이나 동기 또는 특색이 아니고 임무를 완수할 수 있는 능력이다(DuBrin, 2002). 부하직원의 준비 태세는 일의성숙도(기술적 능력)와 정신적 성숙도(자기신념과 자기존중 단계)의 이차원적으로 측정 된다(Slack & Parent, 2006). 주된 문제는 지도자가 부하직원들에게 기대하는 것을 부하직원들은 얼마나 알고 있고 그것들을 얼마나 자발적으로 하려고 하는가이다. 지도자들은 다음 세 가지 행동 스타일 중에 선택할 수 있다(그림 2.2 참조)(U.S. Department of Homeland Security, 2009c p. 103)

- **지시하거나 말하는 행동** : 지도자가 역할을 정의하고 부하직원들에게 무엇을 어떻게 언제 특정임무를 수행할지 말한다. 사실상 "너희들이 이것을 하는데 반드시 이렇게 하라"라고 말하는 것이나 같다. 이와 같은 방법은 한 번도 요구된 임무를 수행한 적 없는 새 직원이나 자발적으로 일하지 않는 직원에게 적합하다.
- **참여하거나 납득시키는 행동** : 지도자는 부하직원의 아이디어나 관심사를 반영한다. 지도자는 "나는 이렇게 해야 된다고 생각한다. 너희들은 어떻게 생각하니?"리고 말한다. 그 대신 지도자는 반드시 기꺼이 듣고 이해하기 쉽게 해주어야 한다. 만약 지도자가 부하직원을 상당히 신임한다면 "상황이 이런데 우리가 어떻게 해야 할 것 같나?"하고 물을 수도 있다. 이런 스타일은 지도자가 자신감이 있어야 한다. 왜냐하면 그는 권한을 공유하기 때문이다. 부

하직원의 의견이 중시되며 채택되어 행해질 수도 있다.

- **위임하는 행동 :** 지도자는 지시나 근접 지휘를 거의하지 않는다. 이런 행동은 지도자가 충분히 능력 있고 자발적인 부하직원이나 협력자에게 영향력을 행사할 때 유용하다. 지도자는 반드시 분명한 과제를 주어야하고 부하직원들이 필요하다고 생각하면 필요한 기능을 수행하기 위해 권한을 기꺼이 줄 수도 있어야 한다. 지도자는 "이것을 해결하거나 맡아 책임져 줘. 너희들은 이것을 해봤어. 난 너희들이 잘할 거라고 자신해. 필요하면 내가 도와줄게. 진행상황을 알려줘"라고 말한다. 주의할 점은 지도자 자신은 일을 위임한다고 생각할지 모르지만 사실 부하직원이 임무를 특정한 방법으로 수행하기를 기대 하게도 되는데 이것은 사실상 지시하거나 말하는 스타일이 될 수 있다.

지휘그룹의 구성원들은 반드시 시간제 직원, 지원자, 상인, 외부 하청 업체 사람, 동료 그리고 고위 경영진과 같은 그들이 관리하는 사람 또는 보안 운영에 있어서 보고하는 사람들과도 효과적으로 관계할 수 있어야 한다.

미리 동료와 윗사람들의 존중과 신뢰를 받아야 위기 상황 시 그들의 도움을 받을 수 있기 때문이다. 스포츠와 행사 보안 매니저가 임시 인력들(검표원, 표 수거원, 안내원)이 훈련이 부족하고 베뉴 정책에 익숙지 않다고 믿는다고 가정하자. 이들 직원들은 책임을 떠안기에는 준비가 부족할 것이며 보안 매니저는 특별한 지시를 내리고 수행과정을 자세히 모니터하기 위해 지시하거나 말하는 스타일의 리더십을 사용할 것이다. 반대로 능력이 충분하고 자신의 전문분야가 있는 동료 지휘 그룹의 구성원들에게는 그들이 충분한 준비가 되어 있다고 간주되기에 보안 매니저는 위임하는 스타일의 리더십을 이용할 것이다.

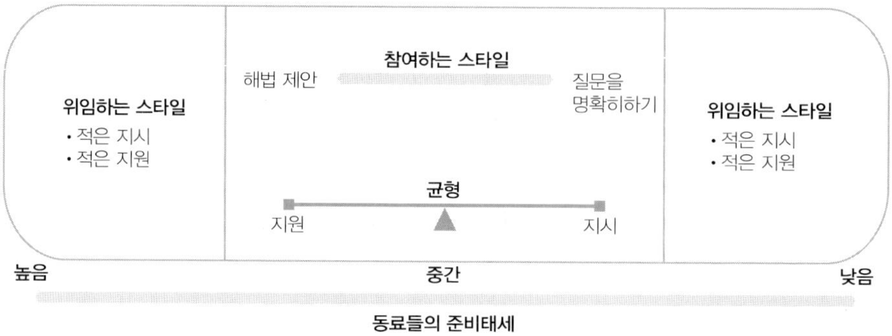

그림 2.2 세 가지 종류의 리더십 행동을 보여주는 도표–말하기, 참여하기, 위임하기. 이러한 접근방법들은 지시와 지원 정도가 다르며 직원과 직무에 따라 적절한 방법을 사용한다.

신뢰 구축

지휘 그룹과 이에 포함된 보안 이해 당사자들 사이의 신뢰와 신뢰구축 문제는 중요하다. 신뢰성은 리더십의 효율성을 결정하는데 필수적이다. 이는 의지할만하고 예측가능하고 정직하며 약속을 지키는 리더의 언행일치로 표현된다(DuBrin, 2002). 신뢰는 마음에 있다. 그러므로 이는 사람들의 말에서가 아니라 행동에서 만들어진다. 신뢰 구축을 위해 지도자는 정직하게 의사소통해야하며 지식, 기술 그리고 다른 이의 능력을 존중하고 비밀을 지키며 허심탄회하게 대해야 한다(Federal Emergency Management Agency, 2005a).

신뢰는 리더십의 핵심이다. 왜냐하면 직원들은 반드시 그들의 리더를 신뢰해야 한다. 또한 조직에 변화를 가져올 수 있게 하기 위해서는 어느 수준의 신뢰를 요구하며 이해 당사자들 간의 상호 신뢰도 반드시 있어야 한다. 높은 수준의 신뢰환경 조성의 혜택은 조직, 프로그램, 프로젝트에 전념하고 충실하며 목표 달성을 위해 행동하고 필요하면 변화를 수용할 수 있는 의사이다. 보안 관리에서 지도자는 (1) 직원들을 이끌고 (2) 위기 시 조율된 대응을 위해 정부 기관과 관계를 구축하고 (3) 다른 기관들과 함께 위협과 약점 분석, 연습 계획 그리고 공조 협약을 포함한 공동 준비, 대응, 복구 그리고 완화 노력을 위해 일하며 (4) 공공 교육과 경고 안내에서 효과적인 협력을 위해 대중매체들과의 관계를 구축함으로써 여러 단계에서 신뢰를 구축해야하는 복잡한 역할을 가지고 있다(Federal Emergency Management Agency, 2005a). 행사 지휘그룹, 정부 관리, 대중매체 그리고 시민들 사이의 관계는 행사 중 사건, 사고의 성공적인 관리 능력에 영향을 끼칠 것이며 이들 관계는 신뢰를 기반으로 구축된다. 특별히 신뢰를 향상시키는 행동을 사이드 바에서 조명해본다.

신뢰를 실추시키는 행동들은 진짜 동기 숨기기, 허위정보 꾸미기, 통제하고 지배하기, 토론하지 않고 다른 이의 기대 저버리기, 다른 이의 공을 가로채기, 약속 불이행등이다. 만약 신뢰가 손상되었다면 지도자는 손상된 신뢰 회복을 위해 다음의 여섯 단계를 고려해야 한다. (1) 행동에 대한 개인적 책임지기 (2) 실수를 공식적으로 인정 (3) 사과 (4) 실수의 결과를 다루기 위한 행동 취하기 (5) 수정 (6) 영향 받은 사람들에 대한 관심, 피드백(feedback) 요청, 건설적인 비평에 열린 자세(Federal Emergency Management Agency, 2005a).

신뢰를 향상시키는 행동들

말한 것을 실천하라

- 경계를 설정하라
- 적절히 위임하라
- 약속을 이행하라
- 일관성을 갖추라
- 기대에 부응하라

허심탄회하게 대하라

- 정보를 공유하라

- 믿음을 줘라
- 실수를 인정하라
- 건설적인 피드백(feedback)을 주고받아라.
- 비밀을 지켜라

다른 이의 지식 기술 능력을 존중하라

- 그들의 능력을 인정하라.
- 그들의 재능을 사용하게 하라.
- 통제를 완화하라; 작은 일까지 간섭하려 하지마라.
- 일을 결정할 때 다른 이들의 의견을 참조하라.
- 일을 제대로 하기위한 자원을 제공하라.

참조 : Federal Emergency Management Agency(2005). Building and rebuilding trust. in leadership and influence : Independent study, p. 4.6.

변혁적(변화지향적인) 리더십

신뢰를 쌓고 돈독히 하기 위해서는 변혁적(변화지향적) 리더십 관점에서의 생각과 행동이 요구된다(Federal Emergency Management Agency, 2005a, p. 4.7). 변혁적 리더들은 직원들의 태도와 맡은 바 임무의 주요 변화에 영향을 주고 조직의 목적과 전략의 주요 변화에 헌신할 능력이 있는 사람이다(Yukl, 2002). 조직의 작용과 구조의 변화는 축소(downsizing), 적절한 크기로 만들기(right sizing), 재조직화(reengineering), 재집중하기(refocusing)를 포함할 수 있다. 변혁적 리더들은 회사를 위해 새로운 비전을 개발하고 그 비전을 성취하는데 있어서 부하들이 기대치를 넘을 수 있도록 분발하게 한다(Chelladurai, 2006). 변혁적 리더들은 다음의 몇 가지 특징이 있다.

- **비전 :** 안전과 보안에 관해 명확하고 긍정적인 미래 비전을 직원에게 전달한다.
- **직원 개발 :** 직원을 각각의 개인들로 취급하고 직장에서와 안전과 보안 분야에서의 직원들의 개발을 지지하고 장려한다.

- **지원하는 리더십** : 직원들을 고무하고 인정한다.
- **권한 부여** : 안전과 보안 팀 구성원들 사이에 신뢰, 참여 그리고 협력을 길러준다.
- **혁신적인 사고** : 안전과 보안 문제에 대한 새로운 사고를 장려한다.
- **모범** : 개인의 가치관을 명확히 표현하고 자기가 가르치는 것을 실천한다.
- **카리스마** : 다른 이들에게 자부심과 존경심을 불어넣고 직원들이 높은 경쟁력을 갖추도록 고무한다.

DuBrin에 의하면(2002) "변혁적인 리더에게 주요한 요소는 개인적인 매력, 유인력, 고무, 감정에 기초해 다른 이들을 이끌 수 있는 능력인 카리스마이다."(p. 194). 카리스마를 갖춘 지도자는 지지와 수용을 고무하지 못하는 리더보다 부하의 행동에 더 영향력을 발휘할 수 있다(Griffin & Moorhead, 1986). 카리스마 있는 리더는 몇 가지 주요 특징들을 보이는데 여기에는 조직의 비전(아주 높은 목표) 확립, 효과적인 의사소통, 신뢰 고취, 열정, 재빠르게 인상 관리하는 능력들이 포함될 수 있다. 카리스마 있는 리더는 조직의 목표를 넘어서는 비전을 조직에게 제공한다. 그들은 효율적으로 대화하며 실현가능한 꿈과 미래의 비전을 제시한다. 그들은 부하들을 고무하기 위해 보통 은유적인 표현을 쓴다. 신뢰를 고무하는 것은 부하들로 하여금 그들의 비전을 공유하고 잠재적인 더 큰 성공을 위해 전향적으로 희생을 감수하게 하는 데 있어서도 역시 중요하다(Conger & Kanungo, 1998; Gardner & Avolio, 1998).

역기능적 리더십

국제관리연구소(International Institute of Management)의 Med Yones에 의하면(2009) "회사의 가장 중요한 경쟁 우위는 리더십이지 기술, 금융, 운영 등이 아니다. 이는 회사의 가장 중요한 자산이고 최악의 부채가 될 수 도 있다."(p. 1). 제 기능을 못하는 역기능적 리더십은 다음의 몇 가지 증상을 보인다

(Plochg Business Psychology Consulting, 2009; Yones, 2009). :

- **충돌 회피 :** 일부 관리자들은 다른 이들의 호감을 사고 인정받으려고 자신이 다른 이들에게 인정받는데 위협받는 어려운 결정을 못 내리거나 내리기 싫어한다.
- **지나친 세부 관리 :** 매니저들이 지나치게 세부적이고 통제적일 수 있다. 다른 이들의 능력에 믿음이 부족하면 조직 과정에 부정적 영향을 가져올 수 있고 사기를 저하할 수 있다.
- **우격다짐 스타일 간부 :** 일부 매니저들은 너무 원기 왕성해 그자신과 다른 이들을 한계점까지 밀고 나간다. 그들은 너무 활동적이어서 무엇을 잘못하는지도 모른다.
- **접근하기 어려운 리더십 :** 일부 관리자들은 다른 이들에게 할애할 시간이 없고 접근이 힘들고 비서, 보조자나 폐쇄적인 정책 뒤에 숨는 경우가 있다.
- **잔머리 쓰는 사람 :** 매니저가 자신만을 위해 이야기하고 생각하고 남들이 이야기할 때는 경청하지 않는다. 아랫사람이 잘되는 것을 부정하며 그들이 크고 발전하도록 돕기보다는 이용하고 혹사시킨다. 잔머리 굴리는 매니저들은 직원들이 오래 붙어 있지 않는다.
- **충분하지 않은 피드백 :** 관리자가 수행능력에 대한 제한된 피드백을 주거나 혹은 전혀 피드백을 주지 않는다.
- **사적 문제 :** 부서 내부 역학에 기초한 채용, 승진. 예를 들어 개인적 충성심을 보장받기 위해 직무 수행이 우수하고 더 낳은 자질을 갖춘 후보 대신 친구를 채용할 수 있다.
- **자원의 비효율적 사용 :** 사업적 필요에 의해서가 아닌 편애에 기초해서 예산을 분배할 수 있다.

조직은 위에서 설명한 제 기능 못하는 역기능적 리더십 방법을 멀리하는 관리인을 고용할 필요가 있다. 안전과 보안 리더들은 행사의 운영과 대응노력에 관련된 모든 이해 당사자로 하여금 다기관 협력을 장려해야 한다. 효과적인 협력은 열린 의사소통, 자원의 효율적인 사용, 비상 상황 시 할당된 책임을 맡도록 담당자들을 믿는 것 등을 필요로 한다.

문제 해결과 의사 결정

행사 지휘 그룹은 비상사건 발생 시 적절하고 적시의 결정을 내릴 필요가 있으며, 훌륭한 문제 해결과 의사 결정 기술은 대재난 상황을 예방하고 복구 과정을 크게 향상시킬 수 있다.

반대의 경우도 마찬가지이다. 잘못되거나 때에 맞지 않는 결정은 상황을 악화시키고 더 많은 인적 재산적 피해를 야기한다. 문제 해결은 상황 분석, 실행, 해법 평가를 포함한다. 의사결정은 문제 해결의 각 단계에서의 선택을 위한 메카니즘이다(Federal Emergency Management Agency, 2005e). 의사결정은 프로그램된 것과 프로그램 되지 않은 것으로 분류될 수 있다. 프로그램 된 결정은 반복적이고 정해진 것으로 정책과 경험에 기초하여 만들어졌다.(매일 하는 일상적인 결정). 프로그램 되지 않은 결정은 결정을 유도하기에는 새롭고 독특하고 미리 설정된 가이드라인이나 명백한 대안이 없을 경우이다(Ivancevich & Matteson, 1999). 팬들이 필드에 뛰어드는 것 같은 행사 사건에 대한 대응이 한 예이다. 효과적인 결정을 하는 사람은 역량과 자신이 있으며 그들이 한 대부분의 결정은 올바르다(Federal Emergency Management Agency, 2005d). 효과적인 결정을 하는 사람의 속성은 표 2.1에서 잘 나타난다.

표 2.1 효과적인 결정하는 사람들의 속성

속성	설명
지식	정보를 잘 알고 있으며 모든 요소에 대한 해박한 지식이 있다
주도권	시작부터 끝까지 모든 결정과정에 대한 책임을 떠맡는다.

조언 구하기	필요시 다른 이들로부터 도움을 구한다.
선별능력	관련된 정보만 구하고 본질에서 벗어난 사실들에 의해 집중이 흐려지는 것을 피한다.
포괄성	결정전에 모든 가능한 대안을 고려한다.
현실성	현재의 조건들을 고려하고 현실적인 기회를 이용한다.
유연성	새로운 개념이나 발상에 열린 마음을 갖고 새로운 접근으로 바꾸거나 시도할 의향이 있다.
훌륭한 판단	상황과 관련된 요소들을 잘 고려하여 판단한다.
계산된 위험감수	다양한 대안들의 위험을 고려하고 긍정적이건 부정적이건 결과를 받아들인다.
자신 알기	자신의 능력, 편견, 한계를 안다.

스포츠나 행사 조직과 조직의 행사 지휘 그룹은 표준 운영 절차(SOPs: Standard Operating Procedures)나 보안운영을 위한 절차에 관한 문서를 개발해야 한다(6장에서 더 토론됨). 이들 문서는 위기 시 의사결정을 위한 토대를 제공한다. 이런 종류의 문서는 다음과 같은 많은 질문들에 바로 답할 것이다. : (1) 누가 무엇을 책임지고 누가 주요결정(executive decision)을 할 권한을 가지고 있는가? (2) 사건 사고 대응과 복구 시 어떤 기관들을 이용하나? (3) 통신 규약(protocol)은 무엇인가?(4) 어떤 상황에서 대피시키나? (5) 대규모 치료를 요구하는 의료 비상 상황에 대비해 어떤 규정들이 정해져 있나?(Federal emergency Management Agency, 2005e).

위기 상황이 있기 전, 즉 사건 발생 전에 이런 준비된 문서를 가지고 절차에 관한 결정을 하는 것은 장점이 있다. 정상적인 조건에서의 결정은 위기와 관련된 스트레스 요소 없이 충분히 숙고될 수 있고 합의된 결정에 도달하기 위해 모든 이해 당사자들로 부터의 의견을 모으는 집단 과정(group process)을 이용할 수 있기 때문이다. 또한 이런 과정을 통해 단체가 모든 옵션, 비상대책, 대응을 고려할 수 있다. 계획수립은 단체가 주요 이해 당사들로부터의 확약을 받고 계획

대로 훈련하고 연습할 시간을 준다(Federal Emergency Management Agency, 2005e). 일상적인 문제이나 중대하고 민감한 문제인가에 관계없이 문제해결에 필요한 의사결정을 위하여 표준 문제 해법 모델을 따라야 한다(그림 2.3 참조).

문제해결 과정에서 문제 확인은 가장 중요한 단계이다. 왜냐하면 모든 부수적인 단계는 문제를 어떻게 정의하느냐에 달려있기 때문이다. "문제는 조직 구성원들이 바람직하지 않다고 생각하는 개인이나 조직의 미래상황과 조건이다."(Federal Emergency Management Agency, 2005e, p. 2.13). 대안을 탐구하기 위해서는 대안을 만들고 평가해야 한다. 대안을 만들기 위한 기술로는 자유롭게 의견을 내는 창조적 사고법(개인 혹은 단체별), 설문 조사, 그룹 토론 등이 있다. 대안을 찾은 후에는 반드시 이를 평가해야 한다. 대안을 평가하는 기준에는 제약 찾기(제한된 장비, 법적 제약, 비용 제약, 인적 자원 제약, 시간 요구사항), 적합성 결정, 타당성 입증, 효과 평가, 일어날 수 있는 부작용 파악하기가 포함된다.

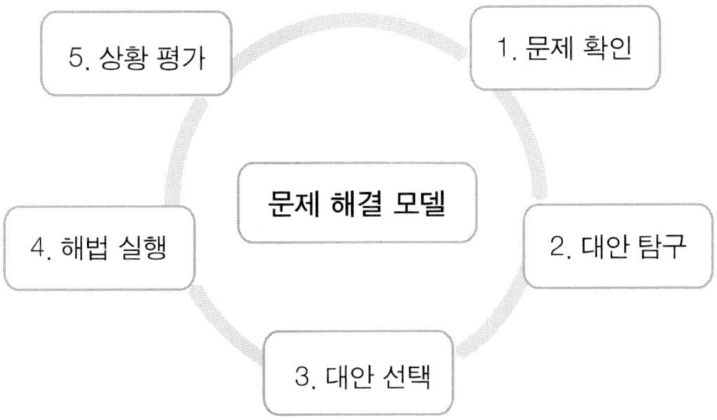

그림 2.3 A standard problem-solving model.
Reprinted from Federal Emergency Management Agency, 2005, The decision-making process.

이 시점에서 대안(해법)이 정해져야 하며 최대의 장점과 최소의 제약을 가진 것이 이상적이다. 해법의 선택은 궁극적으로 정치적, 안전성, 재정적, 환경적 그리고 윤리적 요소에 의해 지배된다. 다음 단계는 선택된 해법을 실행하는 것인데 이는 행동계획, 목표 그리고 자원들을 필요로 한다. 문제 해결 과정의 마지막단계는 과정 감시와 결과 평가에 의한 상황평가이다(Federal Emergency Management Agency, 2005e).

예를 들어 경기장 운영자가 문제점(범죄 행위와 무질서한 팬들의 행동을 쉽게 발견하기 위한 새로운 감시 시스템의 필요)을 찾아낸다. 이 문제 해결을 위해 다양한 상품과 가격을 제공하는 비디오 감시 회사들에 대한 조사를 통해 대안을 찾는 것이 필요하다. 경영진은 새로운 기술 도입을 위해 제한된 예산만을 제공하기 때문에 운영자가 선택할 수 있는 옵션은 제약되어 있다. 보안팀은 입구와 출구에 새로운 카메라가 필요하다는 사실에 동의한다. 이러한 제약과 우선사항은 일단 발견되면 대안 선택의 기준이 된다. 잠재적 기술을 찾아냈고 안전 보안팀들이 당장 처한 상황의 목적에 부합하는 자유스럽게 토론하는 창조적 집단 사고 회의(Brainstorming)와 평가 회의를 실시한다. 스포츠와 행사 지휘그룹은 여러 기관들의 대표자들로 구성되어 있다. 협력적인 환경에서의 문제 해결과 결정의 목적은 모든 구성원들이 의견을 내고 합의된 정책과 절차의 한 부분으로 자신들을 그려볼 수 있도록 하여 주인 정신을 갖도록 하기 위함이다. 시간적 소비가 많고 어려운 이 과정은 서로를 신뢰하고 권한과 통제를 공유하고 팀의 이익을 개인적 이익보다 우선 할 수 있는 팀플레이어의 헌신을 필요로 한다.

Blake와 Mouton(1964)은 팀경영의 주요 구성요소로 합의에 의한 결정을 제안했다. Atlanta Consulting Group은 합의에 의한 결정을 상당수가 동의한(만장일치일 필요는 없음) 결정이라고 정의했다. 모든 구성원들의 개인적 관점과 아이디어가 청취되고 고려되었고 그들도 다른 이들의 관점과 아이디어를 열린 마음으로 청취하고 고려하였고 마지막으로 결정을 지지하고 받아들이고 결정의 실행을 위해 일할 수 있다고 말할 수 있을 때 그룹은 합의에 이른다(Federal

Emergency Management Agency, 2005d). 투표는 종종 합의라고 인식하지만 진정한 합의는 팀 구성원이 대화를 통해 문제를 이해하고 합의에 이를 때 가능하다. 그룹들은 많은 절차에 의해 결정을 한다. 그러나 이러한 합의 모델이야말로 지속적이면서도 가장 효과적인 결과를 내는 것으로 보인다. 합의 결정을 위한 몇 가지 원칙들을 아래에 열거하였다(U.S. Department of Homeland Security, 2009c, p. 106).

- **회의 계획 :** 함께 일하는 방법에 대한 그룹의 기본적 규칙 설정.
- **그룹 자원 목록 :** 회의에 각자가 무엇을 가져올 것인가?
- **자기의사 표명 :** 동의하지 않아도 상관없다.
- **동의만을 목적으로 동의하지마라 :** 분쟁 상황을 해결하는 것이 더 혁신적 결과를 낳을 수 있다.
- **개인적인 승리를 위해서 논쟁하지 말라 :** 논쟁에 이기려고 노력하는 것은 종종 효과적인 그룹결정 도달에 이롭지 않다.
- **이해를 위해 청취하라 :** 상대의 입장을 이해하려는 청취는 신뢰를 쌓는다.
- **마음을 바꿀 의사를 가져라 :** 강한 증거와 논리를 직면할 때는 열린 마음을 가져라.
- **참여를 조율하라 :** 모든 구성원들을 경청하라. 조용한 구성원들은 의사를 밝히지 않거나 두려움을 느끼는 경향이 있다.
- **모든 대안을 검토하라 :** 모든 가능한 대안을 검토하기 위해 창조적 집단 사고법을 이용하라.
- **사실, 논리, 직관을 합쳐라 :** 최상의 결과는 경험에 기초한 사실, 논리, 직관의 통합에서 나온다.

지휘그룹은 고도의 훈련을 받은 전문가들로 구성되어 있는데 그들의 상당수는 정기적 혹은 전업적으로 함께 일하지 않는다. 그러므로 오리엔테이션 활동과 회의들을 통해 구성원들이 서로의 전문분야와 계획수립, 그리고 궁극적으로 이들 계획들의 실천에 대해 상호 신뢰와 존경을 가질 수 있도록 해야 한다. 비상 대응 팀원들은 사건 사고 대응 순간에는 명함을 주고받을 시간조차 없다는 것을 잘 알 것이다.

의사소통과 정보 공유

의사소통 혹은 이의 부재(不在)는 조직의 향상을 위한 주요 분야로 지속적으로 대두되고 있다. 리더와 관리자는 계획, 조직, 기능 통제의 책임을 지고 있다. 이런 기능들이 기대한 대로 과제를 완수하기 위해 지시를 주고받는 것을 필요로 한다. 관리자들은 대부분의 시간을 지시하는데 소비한다는 사실에 동의하지만 동료들이 과제를 원하는 데로 완수하느냐고 물으면 대답은 큰소리로 '결코 아니다(Never)'이다(U.S. Department of Homeland Security, 2009c). 정보를 보내고 그 정보를 정확히 받는 것 그리고 요구되는 과제를 정확히 실행하는 것 사이에 무엇인가가 명백히 빠져 있다. 효과적인 의사소통은 적극적인 청취, 다른 의사소통 스타일의 이해 그리고 긍정적인 의사소통환경 조성에 있다. 적극적인 청취에는 몇 가지 단계가 있다. 첫째는 듣고 말하는 사람에게 집중하는 것이다. 그러면 청취자는 상상력을 이용하여 말하는 사람의 상황으로 들어가 말하는 사람의 준거 기준과 견해를 상상하려 노력한다. 또한 청취자는 말하는 사람의 목소리 굴절, 열의의 있고 없음, 전달하는 스타일을 관찰하여야 한다. 청취자는 가로막지 않고, 의도한 메시지를 받았음을 확신을 주기 위해 쉽게 바꾸어 설명하거나 질문을 명확히 하고 마지막으로 말하는 사람에게 피드백을 주어야 한다.

의사소통 과정에는 보내는 사람과 받는 사람과의 차이, 의사소통 스타일의 차이, 과거 경험의 차이, 문화적 차이 같은 수많은 변수가 있다(Federal

Emergency Management Agency 2005b). 정상적인 일상 의사소통과 비상시의 의사소통은 다르다. 비상 소통은 매우 중요하며 생사를 좌우할 수 있고 대응과 복구 노력이 잘 진행된다고 침착하게 안심시킬 수 있어야 한다. 시점(timeline)은 필수적이다. 왜냐하면 이미 소문이 시작되고 추측이 난무해 배포해야 할 정확한 정보를 흐리게 할 수 있기 때문이다. 불행히도 스트레스와 일상적인 일에 대한 갑작스러운 변화로 인해 비상시에는 메시지를 듣기 어렵다(Federal Emergency Management Agency, 2005c). 부가적으로 수많은 관련 인력들이 비상상황에 대응하므로 일반대중과 공유하는 정보는 일관되며 같은 의도의 메시지를 전해야 한다. 위기 시 의사소통할 때 말하는 이는 다음을 지켜야 한다.

- 메시지를 정확히 말해야 한다.
- 은어, 코드, 두문자어(頭文字語)를 피해야 한다.
- 모든 인원과 시설의 일반적인 이름을 사용한다.
- 불필요한 정보는 생략한다.
- 다른 기관들과 일치하게 말한다.

모든 방송매체들을 통해 일관된 메시지를 전한다.

예를 들어 스포츠 베뉴에 폭발물 위협이 있었고 지역 법 집행기관은 위협을 신뢰할만한 것으로 간주했고 베뉴내에서 의심스러운 포장물에 대한 수색이 이어졌다. 10분 이내에 폭발 장치가 들어 있는 배낭이 발견되었다. 경영진은 베뉴에서의 전면적인 대피를 결정했다. "신사 숙녀여러분, 잠시 방송에 주의를 기울여주십시오. 경기장 관리자들은 필드에서의 경기를 일시 중지하기로 결정했고 경기장에서의 전면적인 대피를 실시하고 있습니다. 침착히 직원들의 안내에 따라 경기장을 빠져나가 주십시오."라는 장내 방송을 했다. 이 방송은 매우 명확하고 간결하며, 경기장을 빠져나갈 것을 너무 노골적으로 지시하여 팬들에게 공포심을 조장하지 않는다. 방송을 통해 일반에게 문제점을 알리는 것은 잠재적으로 더 많은 부상이나 해를 기칠 수 있는 대규모 혼란이나 히스테리를 야기할 수 있기 때문이다. 표 2.2에 의사소통 방법의 종류가 설명되어 있다. 가장 효과적인 의사소통 도구는 목표로 하는 청중들에게 그들이 가장 필요로 할 때에 도달하고 메시지를 믿을 수 있도록 전하고 메시지 내용의 이해를 높이며 제한된 자원 내에서 접할 수 있는 것이어야 한다.

표 2.2 의사소통의 종류

의사소통의 종류	예
비상 의사소통 (EAS: Emergency Alert System)	곧 닥칠 위험을 경고하는 모든 의사소통 시스템. 모든 이해 당사자들은 경고 수위, TV스크린상의 서서히 움직이는 메시지, 케이블 TV 오버라이드, 기상청 라디오를 알고 있어야 한다.
구두 의사소통	브리핑, 전화 통화, 대중 연설, 방송 인터뷰, 라디오와 TV 공중 서비스 안내 방송(PSA: Public Service Announcements)
인쇄 매체 의사소통	팩스, 이메일, 간단한 알림쪽지나 전단지, 기사, 신문 발표, 특집기사

Reprinted from FEMA, 2005, Communicating in an emergency

기술은 의사소통의 해법이 아니지만 적합한 기술은 의사소통 역량을 지원하고 높일 수 있다(6장에서 더 토론됨). 메시지 전달을 위해 복합적인 방법이 가장 많이 사용된다. 행사 지휘 그룹은 비상 의사소통을 어떻게 발령하는지, 의사소통 향상을 위해 어떤 단계를 거쳐야 하는지, 이를 위해 다른 기관과 어떻게 협력해야 하는지 등을 복합적으로 고려해야 한다(Federal Emergency Management Agency, 2005c).

기본적 의사소통 기술을 먼저 습득한 후에 중요한 정보를 공유하는 방법에 초점이 맞추어져야 한다. 의사소통을 위한 지휘체계는 무엇인가? 미리 설정된 프로토콜을 따라 정보가 전달되는가? 일상 활동 중 또는 비상대응시 모든 경로를 통해 미리 설정된 요원에게로 가는가? 또한 의사소통 환경은 정확한 정보 공유의 주요 관심사이다. "의사소통 환경은 조직의 공식 비공식 네트워크를 통한 사람사이의 정보교환을 위한 내부적 환경"이라고 정의할 수 있다.(Buchholz, 2001, p. 1). 환경은 팀워크와 협력에 관한 개인들과 기관들의 효율성을 결정하는 무형의 것이다. 의사소통 환경은 우리가 말하는 것과 행동하는 것에 기초함으로 이 환경은 관리가 가능하다. 완전 공개를 거부하거나 지나친 비밀지키기, 무례함 등 부정적인 행동들은 최소화 되어야 한다. 정보가 자유롭게 흐를 때 그리고 직원이 의견 표현하고 불평을 말하고 경영진에게 제안하는 것을 편안하게 느낄 때 의사소통 환경이 열려있다고 간주 할 수 있다. 열린 의사소통 환경은 다음의 세 가지 분명한 특징이 있다. 지지적(supportive)이고 참여적이고 신뢰적이다(Buchholz, 2001).

지지적인 환경에서는 정보가 좋건 나쁘건 받아질 것을 알기에 직원들이 자신의 상사와 정보 소통을 거리낌 없이 한다. 예를 들어 계획, 정책, 절차 향상을 위한 최고의 제안은 표 검사원, 안내원, 주차장 직원과 같은 행사 보안 운영의 일선에서 매일 일하는 현장직원으로 부터 나온다. 이들 직원들은 결정권자들과 공유해야 할 소중한 정보를 가지고 있다. "직원들은 그들의 제안이 실행되고 질문이 답해지고 관심사가 인지되었을 때 가치 있는 참여자라는 것을 알게 된다(Buchholz, 2001, p. 2). 정보 교환에 관련된 모든 당사자는 정직해야하고 정확한 정보를 전달해야 한다. 이러한 접근 방법은 궁극적으로 신용과 신뢰를 쌓는다. 정보출처가 효과적이기 위해서는 신뢰하고 믿을 필요가 있다(Buchholz, 2001). 거짓말하고 기만하고 사실을 왜곡하는 평판을 가진 보안 책임자는 직원들과 소통에 어려움을 겪을 것이다. 예를 들어 주간 보안 보고 회의에서 보안 운영 책임자로부터 계획, 결정 또는 보수에 관한 모순된 정보를 직원이 들었다고 하자. 이런 경우에는 직원들은 어떤 것을 믿어야 할지 모르기 때문에 모든 정보를 퇴짜 놓으려고 할 것이다.

기본기 부족 또는 호환성이 없는 장비로 인한 사건 사고 지휘팀의 비상시 의사소통 불능에 관한 많은 이야기가 있다. 모든 당사자들은 이러한 문제 경감을 위해 일할 필요가 있다. 위기시에는 모든 정보를 보내고 받고 이해할 수 있도록 모든 당사자가 높은 수준의 의사소통(communication) 기술을 훈련하고 보유하고 있어야 한다(U.S. Department of Homeland Security, 2009c). 2001년 월드 트레이드 센터 공격은 좋은 예이다. 첫 번째 비행기가 북쪽 타워(North Tower)를 공격한 직후 뉴욕시 비상 관리실(New York City Office of Emergency Management, OEM)은 자원들을 그 지역으로 보냈다. 그러나 북쪽 타워가 무너졌을 때 OEM빌딩은 파손되고 소개되면서 통신기능이 제한되거나 전무한 상태가 되었다. 지휘부와 통제소가 다른 곳에 세워져야 했다. 국토 안보부의 정보 분석실은 정보를 관계 기관 내부에서 공유하기 위해 주(state)와 지역(local)의 통합 센터를 창설했다. 이런 종류의 지원들은 다가올 행사의 잠재적인 위협이나 이슈에 관한 정보를 수집하는데 도움이 될 수 있기 때문에 미국의 스포츠와 행사 조직은 그들의 주와 지역 통합센터 대표기관과 친숙해져야 한다. 이러한 지원은 지역만의 독특한 필요에 맞게 고안되었으며 기밀 그리고 비(非)기밀 정보의 흐름을 돕고 전문 지식을 제공하고 지역 법 집행기관과 다른 기관들과 조율하고 지역의 의식과 접근을 제공한다. 2009년 7월 현재 미국 내에 72개의 지정된 통합 센터가 있다(U.S. Department of Homeland Security, 2009d).

다(多)기관 협력 구축

사 례

9/11이후 변화된 세계로 인해 스포츠와 행사 조직은 행사 기간 동안 발생하는 자연 또는 인간에 의한 재난에 대비한 효과적인 대응 능력에 관하여 깊은 관심을 갖게 되었다. 다양한 개인과 기관들(행사 코디, 비상 경영진, 법 집행기관, 소방, 위험 물질 대응팀, 응급의료팀) 사이의 조정 노력은 중요하고 어려운 문제이다. 행사와 시즌 전. 중. 후. 의 오리엔테이션 모임, 훈련, 연습을 위해 모든 이해 당사자를 모이게 할 수 있는 방법과 수단이 개발되어야 한다. 스포츠 행사와 특별행사는 대부분의 인력이 파트타임이고 일부는 자원봉사자 또는 아웃소싱한 인력인 이유로 안전과 보안 경영에 독

특하고 어려운 문제를 제시한다.

Xcell스포츠의 경우 수용능력 40,000의 여러 행사를 치룰 수 있는 주요 스포츠 베뉴의 운영 관리를 책임지고 있다. 또 다른 시즌이 다가오고 있고 보안 관리 시스템향상을 위한 계획이 진행되고 있다. 보통 주요 행사들에 관중이 만원이고 그중 80개 행사는 연중행사이다.

행사 운영 책임자는 3명의 전업(full time)보좌관을 두고 있으나 보안 운영을 위해서는 파트타임과 아웃소싱한 인력에 크게 의존해야 한다. 비상 대응에 사용되는 기관들에는 지역 경찰서, 지역 소방서, 지역 관할 비상 관리청 그리고 비상의료팀이 있다(비번 인력(off-duty personnel)[2]의 비용만도 시간당 미화 30달러에서 50달러임으로 주요 예산 관심사이다). Xcell은 표 수거원, 가방 검사원, 안내원, 주차 안내원들을 공급하기 위해 PRE-vent라는 외부 보안 회사와 계약을 맺었다(이들 직원들의 시간당 임금은 10달러이고 또 다른 예산 문제로 간주된다). 또 다른 주요한 고려할 점은 Xcell이 팬, 선수, 공연자, 코치, 경기 임원 그리고 그 외 사람들의 안전과 보안을 확실히 할 법적 책임을 지고 있다는 것이다.

행사 참여가 예상되는 숫자와 필요한 행사 직원을 고려해(준비된 기준표와 최적 수행에 근거해서) 행사의 보안 관리를 위해 법 집행기관의 자격을 갖춘 비번(off-duty)요원(LEA)을 고용하기 위해 4,000달러의 예산이 승인되었다. 행사 책임자는 이 예산으로는 전체 베뉴에 필요한 인력의 반 정도만 고용할 수 있다는 계산을 했다. 그래서 책임자는 베뉴 안과 주위의 주요지점의 보호를 위해 우선순위를 정했다. 잠재적 범죄행위의 예방과 대응을 위해 베뉴 주위의 주요 지점에 LEA(법집행)요원이 배치되었다. LEA요원이 배치되는 위치의 예는 정문, 필드, 통제가 필요한 코트(court)입구 그리고 사건 사고(싸움, 과음, 위협, 또는 도에 지나친 다른 부적절한 행동)를 다루기 위해 필요할 경우 행사 직원들에 의해 호출될 수 있는 위치들이다. 다양한 개인과 기관들 사이의 긍정적인 관계가 지속적으로 개발되고 육성되어야 한다.

2) 미국의 경우 경찰 등 법집행기관 인력들이 자신의 비번(off duty)시에 행사주최측이나 시설관리인들로부터 별도의 임금을 받고 보안 등 관련 서비스를 한다.

사건 사고가 발생할 경우 사건사고 지휘 시스템(ICS: Incident Command System) 수행을 위한 팀웍 능력에 관해 이해 당사 기관들의 대표들을 훈련하고 방향을 제시하는 과정을 개발하는 것은 당면한 과제이다. 스포츠 행사는 특정 기간 동안 파트타임 인력 고용과 같은 독특한 특징을 가진 특별 행사로 분류된다. 그러므로 많은 직원들은 매일 같이 일을 하지 않고서는 알지도 못한다. 그리고 비록 여러 기관과 단체를 건너 서로 알더라도 서로를 존중하거나 좋아하지 않을 수도 있다.

사건 사고 지휘시스템(ICS) 수행을 위해 함께 일하는 사람들은 공통된 훈련이 거의 없을지 모른다. 예를 들어 법집행 요원(Law Enforcement Officer)은 범죄행위에, 소방대원은 화재와 구조 활동에 그리고 비상 관리청(Emergency Management)은 자연 재해에 대응하도록 훈련되었다. 이러한 훈련의 전문성과 능력을 고려할 때 보안 관리(Security Management)의 당면 과제는 시설, 간접 자본, 장비 그리고 가장 중요한 인적 자원 등의 주요 자산 보호를 위한 팀워크 능력을 기르는 것이다. 대응요원들은 그들의 전문 분야에는 고도로 훈련되었지만 종종 협력 능력에 관해서는 거의 훈련을 받지 않았기 때문이다.

이런 경우에는 운영 책임자는 훈련에 참관하고 Xcell과 비슷한 스포츠 베뉴를 방문하였다. 팀워크와 협력 구축과 지속적인 향상을 위해 책임자는 다음과 같은 조치를 취했다.

- 모든 인원들이 함께 모여 네트워킹(만나고 인사하기)을 위해 행사 전 아침 또는 점심식사모임을 계획했다.
- 주요 감독자들의 리더십과 협력 능력 배양을 돕기 위해 비(非) 시즌 워크숍 또는 훈련을 계획하고 실행했다.
- 보안 관리 시스템에 관여된 여러 직위의 직원을 위해 훈련 프로그램을 개발하고 실행하였다.

훈련은 다음 세 직위의 직원들을 대상으로 실시되었다.

1. **최고 경영, 행정직** : 이들은 예산승인과 취소, 재 계획(rescheduling), 언론 브리핑 등등에 관한 결정을 책임지고 있다.

2. **중간감독자 :** 이들 행사 직원들은 표 수거원, 가방 검색원, 안내원, 주차 안내원, 교통 정리원, 필드와 코트 출입 등등의 특정분야를 책임지고 있다(비번 법집행요원, 소방요원, 위험물 처리요원(HAZMAT) 그리고 EMS가 슈퍼바이저 훈련과 오리엔테이션에 포함될 수 있다.)
3. **일선 직원 :** 이들은 6번 정문 표 수거원, C 구역 안내원 같이 일반적으로 특정 분야를 맞은 파트타임 시간제 직원들이다. 일선 행사 직원들을 위한 훈련 프로그램은 다음을 목적으로 한다.
   - 규칙, 정책 그리고 베뉴의 규정 인지
   - 출입증 진위여부 확인(credentialing)을 위한 전략
   - 의사소통 시스템, 특히 의심스러운 물건 또는 사람 보고를 위한 절차.
   - 권한의 한계와 비상시에 언제, 어떻게 도움을 청할 것인가 하는 점.
   - 적절한 행동, 복장 그리고 특정 과제에서의 집중해야 할 초점(focus of attention).
   - 보고된 위협, 갱 활동, 기상 정보 등의 예상되는 문제에 대한 오리엔테이션.
   - 대피 계획과 절차 그리고 그 과정에서의 역할.

   훈련을 위한 활용가능한 시간은 항상 제한되어 있다. 특히 파트타임 직원들에게는 그렇다. 그러므로 훈련 계획은 특정 과제를 위해 필요한 가장 중요한 지식에 집중해야 한다.

배운 점

- 안전과 보안 운영에 관련된 모든 이해 당사자 사이의 협력과 팀워크 능력(teamwork ability)을 향상할 필요가 있다.
- **원**숙된 팀워크는 그냥 생기지 않는다. 이는 잘 계획되고 협력된 노력에 근거한다.
- 운영 부서장 혹은 부 경기 부서장(associate athletic director) 또는 지정된 베뉴 코디(venue coordinator)는 경험과 예상 관중수를 근거로 행사를 치루기 위해 필요한 직원들의 수를 조심스럽게 계산한 다음

안전과 보안 관리를 위해 필요한 예산을 기획한다. 만약 필요한 총 예산이 부족하다면 제한된 자원들을 이용하여 최대한 대비하고 보호하기 위해 우선순위를 결정해야 한다.

생각해볼 문제

1. 안전과 보안 운영에 관련된 모든 이해 당사자들이 서로 알고 신뢰와 팀워크 구축의 중요성을 이해하도록 하기 위하여 운영 부서장이 어떻게 해야 하나?
2. 효과적인 다기관 협력 능력 개발을 위해 부서장(director)은 계획된 세션(session)에서 어떤 신뢰와 팀 구축 활동을 실행하고 수행해야 하나?

이 장의 주요 핵심

- 스포츠 행사장에서의 안전과 보안 제공은 많은 개인과 기관의 협력과 조율을 필요로 한다.
- 스포츠와 행사 조직은 안전계획을 책임질 지휘 그룹(CG)을 설립하고 시설관리, 법 집행기관, 비상 관리, 소방서와 위험물 처리반, 비상 의료 서비스(EMS)의 대표들을 포함시킨다.
- 통상적으로 비상사건 사고 시에는 최상의 결과를 이루기 위해 기관들과 전문가들이 효과적으로 함께 일하는 능력이 필요하므로 다기관 협력은 아주 중요하다. 효과적인 다기관 협력은 높은 수준의 신뢰 구축과 실행, 직접적이고 명확한 의사소통, 리더하기, 긍정적인 환경 조성, 모두에게 이익이 되는 팀워크 환경 제안을 통해서만이 실현 될 수 있다.
- 보안 관리, 비상 준비태세, 예방, 대응, 복구 노력에서 리더십은 아주 중요하다. 리더십의 부족은 인명, 재산, 공공의 믿음 상실을 초래할 수 있다.
- 상황적 리더십 모델은 어떤 특정 상황과 부하직원들의 개발, 원숙 단계에서 리더들이 가장 적절한 리더십 행위를 선택할 수 있도록 돕는다. 리더들은 지시하기(또는 말하기), 참여하기(또는 설득하기), 그리고 위임하기의 세 가지 행동 스타일중 하나를 선택할 수 있다.
- 높은 수준의 신뢰 환경조성의 혜택으로는 조직, 프로그램, 프로젝트에 대한 헌신과 충성, 목적달성을 위한 행동 의지, 필요시 변화 수용이 있다.
- 행사 지휘 그룹은 비상사건 사고시 적절하고 적시(timely)에 판단을 할 수 있어야 한다. 좋은(good) 문제 해결과 결정 기술은 재난상황의 발생을 방지하고 복구 노력을 향상시킬 수 있다.
- 결정의 유형에 상관없이(일상적인 결정 대(versus) 중요하고 시간에 민감한(time sensitive)결정) 표준 문제 해결 모델을 따라야 한다. (1) 문제 확인 (2) 대안 탐구 (3) 대안 선택 (4) 해법 실행 (5) 상황 평가

- 효과적인 의사소통은 적극적 청취, 다른 의사소통 스타일 이해 그리고 긍정적인 의사소통 환경 조성을 필요로 한다.

  가장 효과적인 의사소통 도구는 목표로 한 청중에게 제 때 도달하고 메시지를 확실하게 전달하고 메시지 내용의 이해를 높이고 제한된 자원 내에서 접근 가능하게 하는 것이다.

응용 질문

1. 행사 지휘 그룹의 역할과 다기관 협력의 중요성을 토론하라.
2. 보안 계획에 있어서 리더십과 신뢰가 협력 노력(collaborative effort)에 어떻게 영향을 미치는가?
3. 리더는 높은 수준의 신뢰 환경을 어떻게 조성할것인가?
4. 문제 해결과 결정 과정을 토론하라.

활동

독자들의 작업 환경에서 당신이 가장 신뢰하는 사람에 대한 표(worksheet)를 작성하라.

개인 작업계획표 : 당신의 작업 환경에서 높은 신뢰를 받는 사람의 프로파일 결정하기

내가 가장 신뢰하는 사람은____________________________________.
이름

특징과 행동

나는 이 사람을 다음의 이유로 신뢰한다.

____

____

____

____

____

____

이 사람은 나에게 다음과 같은 태도로 행동한다.

____

____

____

____

____

제3장

사건 사고 관리 시스템

이 장의 목적

- 미국 국토 안보부(U.S. Department of Homeland Security)와 이부서의 주요 전략 목표를 조사하라.
- 국가 사건 사고 관리 시스템(National Incident Management System)과 국가 대응 구조(National Respond Framework)를 토론 하라.
- 다기관(Multiple agencies)의 조율된 대응 활동(Coordinated response activities)의 중요성을 토론하라.
- 사건 사고 지휘 시스템(Incident Command System)과 통합 지휘 구조(Unified Command Structure)를 조사하라.
- 사건 사고 지휘소(경기장 지휘 센터)의 개발을 이해하라.

3장

사건 사고 관리 시스템

앞서 2장에서 논의된 원칙에 덧붙이면 다기관 스포츠 행사 보안 지휘 그룹은 반드시 표준 사건 사고 관리 전략에 익숙해야 한다. 이 장은 미국 국토 안보부와 모든 위험에 의한 비상사건 사고로부터의 예방, 준비, 대응, 회복 노력에 대한 이 부서의 정책에 대한 정보를 제공한다. 특히, 국가 사건 사고 관리 시스템(NIMS: National Incident Management System), 사건 사고 지휘 시스템(ICS: Incident Command System), 국가 대응 구조(NRF: National Response Framework)는 위기 준비태세에 있어 정부 기관, 비정부 기관, 민간 분야 그리고 비상 대응 기관들에게 지휘 원칙의 토대를 제공한다.

안전과 보안 우려는 단지 미국에만 국한되지 않는다. 세계 모든 국가들이 보안 문제를 다루고 국민 안전 향상을 위해 안전과 보안 조직, 정책, 절차를 만들고 개발하고 유지해왔다. 국제적 정책과 절차의 일부가 이 장에 소개된다. 비록 구체적인 법과 절차는 국가마다 다르지만 베뉴 보안 직원과 법 집행기관, 응급 의료 서비스, 소방서와 같은 타 대응 기관과의 조율 원칙은 모든 스포츠와 특별 행사의 베뉴를 위해서 중요하다. 다양한 관할권 사이에서 조율의 필요성 그리고 사건 사고의 심각 정도에 따른 다른 대응과 자원의 관여 또한 미국 내, 외에 적용할 수 있는 원칙이다.

미국 국토 안보부

2002년 11월 25일, 조지 w. 부시 대통령은 9/11 사태의 비극 후 테러리즘을 물리치기 위해 국토 보안 법안 2002에 서명하였다. 이 법안에 의해 미국의 15번째 장관급 부서인 미국 국토 안보부가 창설되었는데 이 부서는 기존의 22개 연관 기관들(entities)을 국토 보안 임무와 통합하였다(U.S. Department of Homeland Security, 2002). 처음으로 단일 연방 부서가 모든 자연적 인위적 위험으로부터 미국을 보호하는 것을 기본 임무로 했다. 국가를 수많은 위협으로부터 보호하기 위한 주요 임무는 다음 5가지 주요 책임 분야로 구분된다. (1) 테러리즘으로 부터의 보호 (2) 국경 보안 (3) 이민법 집행 (4) 재난에 대한 대비, 대응, 복구능력 향상 (5) 부서의 성숙과 통합(U.S. Department of Homeland Security, 2009a). 동 부서의 전략적 목표는 다음과 같다(U.S. Department of Homeland Security, 2004) :

1. **인식(Awareness)** : 위협을 발견, 이해하고 취약점을 평가하고 잠재적 영향을 결정하고 적시의(timely) 정보를 국토 안보부 협력 기관들과 미국 국민에게 배포한다.
2. **예방(Prevention)** : 국토(Homeland)에 대한 위협을 감지, 저지, 완화한다.
3. **보호(Protection)** : 테러행위나 자연 재해 또는 그 밖의 비상사태로 부터 국민과 그들의 자유, 주요 사회 간접 자본, 재산, 국가 경제를 보호한다.
4. **대응(Response)** : 테러행위나 자연 재해 또는 그 밖의 비상사태에 대한 국가적 대응을 이끌고 관리하며 조율한다.
5. **복구(Recovery)** : 테러행위나 자연 재해 또는 그 밖의 비상사태 후의 서비스 복구와 사회 재건을 위한 국가, 주, 지역 그리고 민간 분야의 노력을 이끈다.
6. **서비스(Service)** : 합법적 무역, 여행 그리고 이민을 도와 국민들에게 효

과적으로 봉사한다.

7. **조직 우수성**(Organizational excellence) : 가장 중요한 자원인 사람을 중요히 여긴다. 효율적, 효과적 그리고 운영 시너지 달성을 위한 공통된 정체성, 혁신, 상호 존중, 책임감, 팀워크를 장려하는 문화를 만든다.

9/11 공격은 정부 기관, 비정부기관 그리고 민간 분야의 실체들이 특정한 실체 혼자의 대응 능력을 초과하는 모든 위험으로 인한 비상사태를 함께 준비, 대응하고 이로부터 회복할 필요성을 일깨워주었다(Federal Emergency Management Agency, 2005e). 재앙적인 사건은 계획 단계부터 통합되고 조율된 국가적 접근이 필요로 하다. 이런 필요성을 다루기 위해 조지 W. 부시 대통령은 준비태세와 대응에 대한 공통의 접근법을 설정한 일련의 국토 보안 대통령 훈령(HSPDs: Homeland Security Presidential Directives)을 발령했다. 특히 스포츠와 행사 조직에 관련된 두 훈령 조항은 위기 준비에 있어 보안 지휘그룹에게 길잡이를 제시한다(U.S. Department of Homeland Security, 2009b).

- HSPD-5 국내 사건 사고의 관리 : 단일의 종합적인 국가 사건 사고 관리 시스템(NIMS: National Incident Management System)을 설립해서 미국의 국내 사건 사고 관리 능력을 향상한다. NIMS는 광범위한 사건 사고에 적용될 수 있는 비상 대응 운영의 템플릿이며 모든 위험으로 인한 사건 사고를 예방, 준비, 대응하기 위해 모든 단계의 정부가 효율적으로 함께 일할 능력을 가질 수 있게 하는 것이 목적이다. 국가 대응 구조(NRF: National Response Framework) 또한 HSPD-5의 일부로써 사건 사고 대응 시 여러 단계의 정부 그리고 비정부조직의 역할과 구조를 설명한다.
- HSPD-8 국가적 준비태세 : 연방 정부 원조를 지역 정부에 전달하는 방법을 향상하기 위한 메카니즘의 설립과 능력 강화를 위한 행동 설정을 통해 테러 사건, 주요 재난 그리고 그 밖의 비상사태 대응 시 향상된 조율을 위한 단계를 확인한다.

HSPDs는 국가 사건 사고 관리에 대한 공통적 접근법을 제시한다. 사람, 시설, 프로그램에 대한 안전 제공을 위해 스포츠와 행사 프로그램은 위기 대응 계획과 연관되어야 하며 이 노력은 지방, 지역, 주, 연방 관리들과 조율되어져야 한다. 효과적인 비상 대응은 요원들이 비상시 특정한 기능을 하기 위해 계획된 역할과 책임을 수행하는 것을 필요로 한다(U.S. Department of Homeland Security, 2009c).

국가 사건사고 관리 시스템 개요

2003년 2월 28일, 대통령은 국토 안보부 장관에게 국가 사건사고 관리 시스템을(NIMS) 개발하고 관리하도록 지시하는 HSPDs-5를 발령했다. HSPD-5에 의하면(U.S. Department of Homeland Security, 2008b, p. 1)

국가 사건사고 관리 시스템(NIMS)은 인명, 재산의 손실과 환경 파괴를 줄이기 위해 원인, 규모, 위치, 복잡함에 관계없이 사건사고를 예방하고, 보호하며, 대응하고, 회복하며, 그 영향을 완화 하려고 정부, 비정부 조직, 민간 분야의 모든 레벨의 부처(department)와 기관(agency)들이 매끄럽게 일할 수 있도록 인도하기 위한 체계적이고 능동적인 접근법을 제시한다. NIMS는 국가 대응 구조(NRF)와 상호 협력관계이다. NIMS는 사건사고 관리를 위한 템플릿을 제공하는 반면에 NRF은 사건사고 관리의 국가차원 정책을 위한 구조와 메카니즘을 제공한다.

그림 3.1 NIMS의 다섯가지 구성요소. NIMS의 목적은 여러 조직과 기관들을 위해 이들 분야에서 지속적인 지침을 창출하는 것이다.

NIMS는 국가의 현장 출동요원들과 기관들에게 원인, 규모, 복잡함에 상관없이 국내 사건사고 관리활동과 관련한 기초를 제공한다. 사건사고에는 테러 공격, 자연 재해 그 밖의 비상사태가 포함된다. 이 시스템 접근법을 구성하는 다섯 가지 주요 요소들은 다음의 그림 3.1과 같다.

NIMS의 구성 요소는 계획되어 있든(예 : 주요 스포츠나 지역 사회행사) 예고되었든(예 : 허리케인) 예고가 되지 않았든(예 : 지진)간에 일상적인 지역 사건사고에서부터 연방 차원의 조율된 대응을 필요로 하는 곳에 대한 주 상호간(interstate)의 상호 원조의 발동을 요구하는 사건사고에까지 어떤 상황에도 적용가능하다(U.S. Department of Homeland Security, 2008b, p. 6).

NIMS는 복잡한 시스템이며 법 집행기관, 비상관리기관, 그 밖의 정부 대응기관들을 위해 계속 진행 중인 작업이다. 스포츠나 그 밖의 다른 행사에서의 주요 사건사고의 경우 이들 기관들이 사건사고의 통제를 맡을 것이다. 그렇다고 하더라도 스포츠와 행사 시설 관리인들은 전반적인 NIMS의 구성요소에 익숙해져야한다. 스포츠 행사나 베뉴에 특화된 지휘 그룹(CG)은 (2장에서 설명된) 시스템 접근법을 반드시 이해해서 사건사고 시 계획, 대응, 커뮤니케이션할 수 있도록 한다. 다음 NIMS2008 지침에서 발췌한 내용은 각 주요 구성요소들을 요약한 것이다. 각각의 구성요소에 대한 상세한 평론은 NIMS 지침에 나와 있으며 www.fema.gov/pdf/emergency/nims/NIMS_core.pdf. 에서 볼 수 있다.

- **준비태세 :** 효과적인 비상사태 관리와 사건사고 대응 활동은 어떠한 잠재적 사건사고에 앞서서 지속적으로 수행되는 많은 준비활동에서 시작된다. 준비태세는 평가; 계획; 절차와 의례; 훈련과 연습; 요원의 자격, 인가, 인증; 장비 인증; 평가와 수정의 통합된 조합을 포함한다.
- **커뮤니케이션과 정보 관리 :** 비상사태 관리와 사건사고 대응 활동은 모든 지휘와 조정 장소에 공통된 운영 그림을 제공하는 커뮤니케이션과 정보 시스템에 의존한다. NIMS는 커뮤니케이션을 위한 표준화된 체계에 필요한 필요요건을 설명하고 공통된 운영 그림의 필요성을 강조한다. 이 구성요소는 커뮤니케이션과 정보 시스템의 복원력과 여분뿐만 아니라 정보시설 상호 운용, 신뢰성, 확장성의 개념에 기초를 두고 있다.
- **자원 관리 :** 자원(인력, 장비, 보급품등)은 중요 사건 사고 목표를 지원하기 위해 필요하다. 자원의 흐름은 순조로워야하며 사건사고의 요구에 따라 융통성이 있어야 한다. NIMS는 요구를 확인하고 주문, 습득하고 동원하고 추적, 보고하고 복구, 해산하고 배상하고 자원 재고 조사를 하기 위한 표준화된 메카니즘을 정의하고 자원 관리 과정을 확립한다.
- **지휘와 관리 :** NIMS의 구성요소로서의 지휘와 관리는 유연하고 표준화된 사건사고 관리구조를 제공함으로써 효과적이고 효율적인 사건사고 관리와 조율을 가능하게 하기 위해 고안되었다. 이 구조는 사건 사고 지휘 시스템, 다기관 협력 시스템, 공공 정보의 세 개의 주요 조직 구조에 기초하고 있다.
- **지속적인 관리와 유지 :** 지속적인 관리와 유지를 돕는 두 가지 구성요소로 국가 통합 센터(NIC: National Integration Center)와 지원 기술(Supporting

Technology)이 있다.

(1) **국가 통합 센터(NIC):** 국토 보안 대통령 훈령5(HSPDs-5)는 국토 안보부 장관이 다른 연방 부서나 기관들(주, 부족, 지역의 이해당사자)과 NGO들, 민간분야와의 정기적 상담을 포함한 NIMS의 지속적 관리와 유지를 위한 메카니즘을 설정할 것을 요구한다. NIC는 전략적 방향, 총괄, NIMS와의 조율을 제공하고 NIMS와 구성요소의 정기적인 유지와 지속적인 향상을 지원한다. NIC는 프로그램을 총괄하고 준법 기준(compliance criteria)의 개발과 활동 수행에 있어 연방, 주, 부족, 지역 협력자들과 조율한다. 센터는 관할기관, 비상사태 관리부서, 대응요원과 이들의 부속 조직들이 시스템을 채택하거나 채택하도록 권장되는 데 있어 방향을 제시하고 지원한다. NIC는 또한 NIMS의 출판과 관련 제품을 감독하고 조율한다. 감독에는 훈련 과정과 연습 정보의 재검토와 인증이 포함된다.

(2) **지원 기술 :** NIMS와 이와 관련된 비상사태 관리와 사건 사고 대응 시스템이 진화함에 따라 비상사태관리와 대응 요원은 NIMS를 수행하고 지속적으로 향상시키기 위해 더욱더 기술과 시스템에 의존하게 된다. NIMS는 국토 안보부의 과학 기술이사회(Department of Homeland Security Science and Technology Directorate)와 협력하여 전략적 연구와 개발을 포함한 사건사고 관리와 관련된 기술의 지속적인 개발을 감독하고 조율한다.

NIMS 시스템과 훈련이 위기 상황에서 어떤 변화를 가져왔는지의 예로 허리케인 카트리나 이후 텍사스 휴스턴에서 이재민에게 임시 주거시설 제공 노력의 사례 연구를 부록 3.1에서 볼 수 있다.

사건사고 지휘 구조

NIMS 구조의 지휘와 관리 구성 요소의 한 가지 중요한 점은 재난 상황에서 보다 더 효율적인 관리 방법으로서의 사건사고 지휘 시스템의 가치에 대한 인식이다. NIMS의 사건사고 지휘 시스템(ICS)은 공통된 명칭과 과정을 사용함으로 다양한 조직들로 부터의 자원을 단일 대응 구조로 통합하도록 고안된 관리 시스템이다. ICS는 시설, 장비, 인력, 절차, 공통 조직 내의 커뮤니케이션 운영의 복합체이다. 미국 내의 지역, 주, 연방을 포함한 모든 단계의 정부에서 ICS를 사용하며 부족 집단, 많은 민간 분야, NGO들도 이를 이용한다. ICS에는 지휘, 운영, 계획, 물류, 금융의 다섯 가지 주요 기능 분야가 있다(U.S. Department of Homeland Security, 2008b). 이들은 표 3.1에서 설명된다.

표 3.1 ICS의 다섯가지 주요 기능 분야

ICS 분야	기능
사건사고 지휘	사건사고 목표(Incident Objectives), 전략, 우선사항을 설정하고 사건사고에 대한 전체적인 책임을 진다
운영	사건사고 목표 달성을 위한 운영 수행. 작전(Tactic)을 수립하고 모든 운영 자원을 지휘한다.
계획	자원 추적과 정보 수집과 분석, 자료 보존을 통한 사건사고 활동 계획 과정을 지원한다.
물류	사건사고 목표 달성 지원을 위해 자원과 필요한 서비스를 준비한다.
금융과 행정	사건사고 관련 비용을 감시한다. 회계, 조달, 시간 기록, 비용 분석을 제공한다.

지휘 요소는 사건사고 지휘자와 공보 관리자(Public Information Officer, PIO), 안전 관리자(Safety Officer, SO), 연락 관리자(Liaison Officer, LO)를 포함한 지원 직원으로 구성되어 있다. 이 직위들은 그림 3.2의 윗부분에 나타나 있다. 지휘 그룹에 의해 다양한 다른 직위들이 배정될 수 있다. 그림 3.2는 ICS 지휘 구조의 예를 보여준다. 모든 행사 보안 인력에게 있어서 ICS와 다양한 부서와 기관들의 역할에 대한 지식은 중요하다. 효과적인 대응은 비상사태 대응 시 모든 구성 직원들이 그들의 역할을 이해하고 그들의 특정 기능을

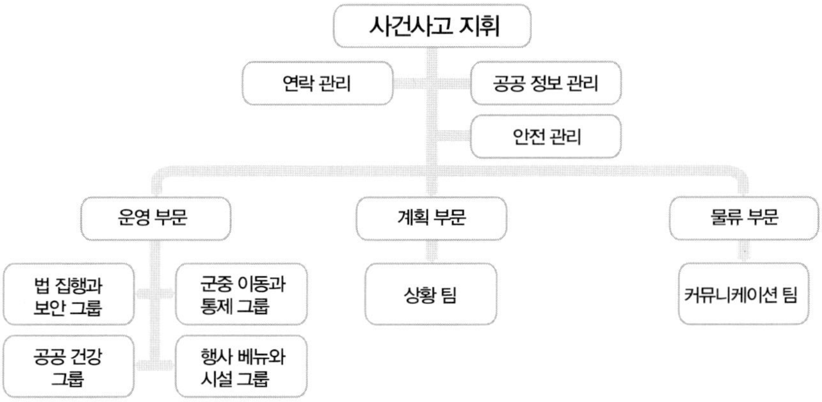

그림 3.2 특별행사를 위한 ICS 조직의 예

수행하는 것을 요구한다. 초기 ICS조직을 개발할 때 행사의 유형, 장소, 규모, 예정 기간이 중요한 요소이다. 포함되는 기관과 관할의 수, 시설과 물류 지원 수요, 활용 가능한 커뮤니케이션 자원, 지역 자원의 한계와 제약 또한 중요하게 고려되어야 한다. 이들 질문에 답하는 것으로 행사 계획자가 행사 관리에 필요한 조직 구조를 개발하는데 도움이 될 것이다. 스포츠나 특별 행사를 위해 조직 구조에서 무엇이 필요한 것인가를 찾는데 도움을 주기 위해 부록 3.2의 양식이 사용될 수 있다.

대부분의 사건 사고는 지역에서 다루어지나 어떤 경우에는 사건사고가 단일 주체나 관할권의 통제를 벗어나는 경우가 있다. 이 경우에는 통합 지휘(Unified Command, UC) 구조가 사용된다. "통합 지휘 구조는 다(多)관할권 또는 다(多)기관 국내 사건사고 관리에 중요한 요소이다. 이는 법적, 지리적, 기능적으로 책임이 다른 기관들이 협력하고 계획하고 효과적으로 상호 작용할 수 있게 지침을 제공 한다"(U.S. Department of Homeland Security, 2008b, p. 14). 통합지휘구조는 관할권과 사건사고 관리 책임이 중복되는 지역, 주, 연방, 부족 그리고 비정부 주체를 조율한다. 다른 책임을 가진 기관들을 효과적으로 조율하고 협력하기 위해 이 관리 구조를 따르며, 지역 대응 기관은 전면적 대응실시를 위한 자원이 부족할 때 이 시스템을 사용한다.

ICS구조는 장시간동안 지리적으로 넓은 지역에 걸쳐 일어나는 큰 사건사고를 다룰 때는 통합 지휘 구조로 발전할 수 있다. 예를 들어 시즌 초 오랜 라이벌과의 승리 후 경기장 옆 주차장에서 시민들의 무질서한 집단행동이 발생하고 그 결과 수명이 부상당하고 차 두 대가 불탔다고 하자. 이사건 사고는 지역 법 집행기관, 소방서, 응급 의료 서비스로부터의 결정권자를 포함한 대응을 필요로 것이다. 그런 다음 폭력은 개인과 공용 주차장으로 번지고 결국 캠퍼스에서 벗어나 시내 업무 지구로 번진다. 경기장 주변과 그 외 시내 지역에서의 악의적인 행동이 보고된다. 이 시나리오는 여러 단계의 정부 관할로부터 다기관과 주체들의 대응을 필요로 한다(U.S. Department of Homeland Security 2009c). 모든 책임 주체의 이익을 대변하기 위해 ICS구조는 통합 지휘로 확장되는데 이 구조에서는 모든 책임기관에서 온 고위급 관리들이 사건사고를 함께 관리하며 공통적인 사건사고 목표와 전략을 세운다.

법 집행기관, 소방서, 비상 서비스(Emergency Service)로 부터의 대표들 이외에도 통합 지휘 구조에 들어올 수 있는 다른 기관으로는 주 경찰(State Police)과 연방 수사국(FBI)이 포함된다. 통합 지휘는 많은 관할기관의 활동을 조율하며 목표, 전략, 계획, 우선사항 그리고 공공 커뮤니케이션에 관한 공동 결정을 제공하고 확실하게 한다. 이 시나리오에서 사건사고 지휘자(Incident Commander)는 통합 지휘부(Unified Command)와 조율하여 많은 결정을 할 것이다.

여기에는 경계선(perimeter)이 어디에 설정되어야 할지, 어디에 폭동 통제 자산들을 둘지, 체포된 사람을 조사하고 격리하는데 어떤 절차를 이용할지, 영향을 입은 지역을 어떻게 대피시킬지, 언제 소방서, 응급 대응 인력이나 자원 같은 비상 서비스의 대응을 허락할 만큼 안전한지가 포함되나 여기에만 국한되지 않는다.

이 경우에는 법 집행기관에서 온 오직 한명의 단일 사건사고 지휘자(IC: Incident Commander)가 시나리오에 대응한다. 사건사고 지휘자는 사건사고 목표 개발, 모든 사건사고 운영 관리, 자산 파견, 모든 관련된 사람에 대한 책임을 포함한 비상 대응의 모든 면을 책임지는 사람이다. 도착 즉시 또는 상황에 따라 고위 또는 상위 기관 대표가 사건사고 지휘자의 역할을 떠맡는다. 사건사고 지휘자는 항상 지명되거나 떠맡아질 것이다.

그러나 통합 지휘 그룹은 목표 개발을 위해 한사람을 임명하는 것보다 IC의 완화노력을 위해 어떤 행동이 우선되어야 할지를 결정한다. IC는 수립된 통합 지휘 우선 사항을 완수하기 위해 필요한 임무를 마무리 할 사람을 지휘한다. 정기적으로 회사방향을 결정하기 위해 만나는 회사 이사회처럼 통합 지휘 구조를 마음속에 그린다. 이사회의 일원인 CEO는 매일 회사의 방향을 결정하는 일을 수행하다. 통합 지휘부도 비슷하게 운영되나 이 구조에서의 결정 과정은 몇 달 대신 몇 시간 밖에 걸리지 않는다. 사건사고가 진행됨에 따라(사건의 내용 및 성격에 따라) 역할이 바뀌고 지휘권은 그에 적합한 지휘 기관(Lead Agency)으로 이양된다(가장 깊게 관련된 기관으로). 그러나 항상 한명의 IC만 존재한다.

통합 지휘부는 모든 관련된 조직에서 공통된 메시지를 내기 위해 통합 정보센터(JIC: Joint Information Center)를 이용한다. 공공 정보(공보) 담당자(PIO: Public Information Officer)는 지휘기관에 의해 지명되며 사건사고 지휘자(IC)를 도와 정보를 배포한다. 정기적인 기자 회견 실행의 필요성을 여러 번 강조해도 지나치지 않다. 통합 지휘부에 속한 모든 기관이 조율된 단일 메시지를 방송매체에 보낼 수 있도록 노력해야 한다. 이 시나리오에서 보도 자료에는 지속적인 공공 무질서와 폭동으로 인해 시민이 피해야 할 지역에 관한 비상 알림 정보를 포함할 수 있다. 이 특정 시나리오에서의 사건사고 지휘부는 경기장과 시내 업무 지구의 두 개의 지리적 지역을 맡는다. 이 시나리오에서 사건사고 지휘부는 두 지역에서의 비상 운영을 다룬다.

ICS는 중요한 사건사고의 독특한 요구를 충족할 수 있도록 상황에 따라 맞추어질 수 있다. 공공 무질서의 경우 법 집행기관이 지휘하겠지만 다른 사건사고의 경우 법 집행기관은 작은 역할을 하고 응급 대응 서비스가 사건사고 지휘자 아래에서 지휘기관 역할을 할 수 있다. 사건사고 시 대응 기관들은 그들 서비스의 요구정도에 따라 관여 정도를 조정해야 한다. 사건사고 관리는 상황의 요구를 충족시키기 위한 적절한 우선 대응 등급을 통해 지속적으로 진화하는 유동적인 상황이다. ICS는 통합 지휘 그룹에 의해 개발된 목표 완화를 위해 필요에 따라 확장하고 줄어든다. 사건사고가 해결되기 시작하고 자원에 대한 요구가 줄어듦에 따라 ICS 지휘구조도 바뀐다. 사건사고 지휘자가 관할 구역이 안전하다고 결정하면 통합 지휘부의 지시에 따라 자산들은 각각의 조직들로 보내지고 재산들에 대한 통제도 적절한 주인에게로 돌아가게 된다(U.S. Department of Homeland Security, 2009c).

사건사고 지휘부 위치

사건사고 지역 내와 주변에 몇 가지 종류와 유형의 시설이 설치될 수 있다. 사건사고의 필요조건과 사건사고 지휘자의 요구에 따라 특정종류의 시설과 위치가 결정된다. 사건사고 지휘소(ICP: Incident Command Post)와 비상 운영센터(EOC: Emergency Operation Center)가 설치되고 운영될 수 있다. ICP는 전술적 수준의 현장 사건사고 지휘부와 관리 조직의 위치를 의미한다. 대체적으로 ICP는 사건사고 현장의 안이나 바로 주변에 위치하고 사건사고 지휘부와 직접 연관된 직원(스포츠나 행사 보안 지휘 그룹)으로 구성되며 다른 지명된 사건사고 관리자들과 연방, 주, 지역, 부족, 민간 분야 그리고 NGO들(사이드 바 참조)로부터 파견된 대응요원들도 포함될 수 있다. ICP에서 사건사고 계획도 실행할 수 있다. 사건사고 커뮤니케이션 센터 또한 이 위치에 함께 설치될 수 있다.

비상운영 센터(EOC)는 정상적인 사건사고 관리 활동을 지원하기 위해 정보와 자원을 조율하는 물리적인 위치이다. 작은 규모의 사건사고나 더 크고 복잡한 사건사고의 초기 대응단계에서는 사건사고 현장 내나 인접한 곳에 위치한 ICP가 EOC와 유사한 기능을 수행할 수 있다. 그러나 상설 비상운영 센터(EOC)나 크고 더 복잡한 사건사고의 지원을 위해 가동된 기관들은 대체적으로 관할 내 더욱 중심적이고 영구적인 시설에 설치된다. EOC는 영구적인 조직과 시설일 수 있고 임시, 단기간의 요구 충족을 위해 설립 될 수도 있다. EOC는 주요 기능(소방, 법집행, 의료 등)에 의해서나, 관할(시, 카운티, 지방 등)에 따라 또는 이들의 조합에 의해서 조직될 수 있다. 복잡한 사건사고의 경우 다관할권, 기능적인 분야 그리고 다양한 자원들을 대표하는 인력이 EOC에서 일할 수 있다. EOC의 물리적 규모, 직원, 장비는 관할권의 크기, 가용한 자원, 예상되는 사건사고 관리 업무량에 달려 있다. EOC는 또한 다기관 조율, 통합 정보 활동을 지원할 수 있고 다양한 방법에 의해 조직되고 직원을 확보할 수 있다(U.S. Department of Homeland Security, 2008b). 조직 구조에 상관없이 EOC는 다음의 핵심기능을 포함해야 한다.

- 조율
- 커뮤니케이션
- 자원 파견과 추적
- 정보 수집, 분석, 배포

경기 후 폭동 시나리오에서 사건사고 지휘소(ICP)는 사건사고현장 가까운 곳에 설치된다. 여행용 이동 주택형태의 이동 지휘소가 ICP의 역할을 수행하기 위해 위치한다. 이동 지휘소에는 통신 장비를 갖추고 있고 법집행기관들, 소방서, 비상 관리부, 응급 의료서비스에서 파견 나온 직원이 근무한다. 주경찰(State Police)과 FBI에서 나온 직원들 또한 현장에 주재한다. 카운티 EOC도 가동되고 사건사고를 감시하고 있다. EOC는 사건사고현장에서 수마일 떨어진 영구적인 건물에 위치해있다. 각 대응 기관들에서 나온 직원들이 EOC에 있다. 카운티 비상 관리 코디가 EOC를 책임지고 ICP로 부터의 자원과 인력 요구를 돕는다.

경기장 지휘 센터

오늘날 만들어진 대부분의 경기장들에는 보안인력들이 경기장 경계선 안팎의 움직임을 감시할 수 있도록 통신장비를 갖춘 지휘센터(지휘소)가 있다. 지휘 센터는 행사의 보안 기능을 통제한다. 센터에는 보통 보안 책임자(Security Director)와 시설 관리(운영과 보안), 소방, 경찰, 응급 의료 서비스, 민간경비종사자, 언론에서 파견 나온 직원들이 근무한다.

이 시설에는 보통 보안 계획 사본, 전화번호부, 예비(backup) 기술 시스템들이 있다. 센터는 신뢰할만한 통신장비와 공공 방송 시스템, 화재 경보 시스템, 음성명령시스템, 개찰구 시스템, 문 출입 통제 시스템에 접속할 수 있는 권한을 갖추고 있다.

– **지휘 센터의 역량**

- 모든 소규모 사건사고에 대한 내부 대응 조율
- 주요 사건 사고시 외부기관에 지원 요청
- 모든 행사 커뮤니케이션 관리
- 경기장의 사건사고 기록
- 행사 일정 관리
- 안전하고 질서정연한 환경 관리
- 경기장 대피 지시 및 관리
- 사건사고에 따라 확대 또는 축소

지역 EOC가 가동되면 사건사고 지휘소와 EOC 사이에 통신과 조율기능이 설치되어야 한다. 모든 단계의 정부나 여러 다른 기능을 하는 기관들에 있는 EOC들은 사건 사고시 민간 조직에서 운영되는 EOC를 포함한 다른 EOC들과 적절히 커뮤니케이션할 수 있는 능력을 갖추어야 한다. EOC들간의 커뮤니케이션은 신뢰할만해야 하며 내재된 중복이 포함되어 있어야 한다. EOC의 효율적인 기능은 상호 원조 협약과 참여 기관간의 통합 커뮤니케이션 프로토콜의 여부에 가장 많이 달려있다. 보안계획과 절차를 만들 때 스포츠와 행사 보안 지휘 그룹은 다음 질문들을 반드시 짚고 넘어가야 한다.

- 지휘소는 어디에 설치되어야 하나? 이 장소는 다기관직원들에게 충분한 공간을 제공할 수 있는가?
- 통보해야 할 다른 정부 관리들이 있다면 누구들인가? 그들도 사건사고 지휘소에 있을 것인가? 아니면 EOC에 있을 것인가?
- 추가적인 비상 자원의 이용가능 여부는? 그들은 현장에 얼마 만에 현장에 도착할 수 있나?
- 대언론문제에 관한 스포츠나 행사 조직의 정책은 무엇인가?

국가 대응 구조 개요

HSPD-5는 또한 국토 안보부 장관이 모든 위험에 대한 미국의 대응 지침으로 국가 대응 구조(NRF)를 개발할 것을 요구한다. 국가 대응 구조(NRF: National Response Framework)는 국가적인 재난 대응과 대응 활동에서 배운 점을 기초로 수차례의 초안을 거쳐 2008년 1월에 발표되었다. NRF는 미국의 영토와 관할권 안에서 발생하는 재앙에 연방차원의 대응을 용이하게 하기 위한 구조를 제공한다. NRF는 모든 위험에 대한 계획으로 테러, 주요 자연 재해, 다른 비상사태의 예방, 준비, 대응, 복구를 조율하는 접근법이다. 이 계획은 테러와 다른 재해에 노출된 약점을 줄이고 초래된 피해를 최소화하며 예방과 준비를 강조하며 효과적인 대응과 복구활동의 길잡이가 된다.

또한 이 계획은 사건사고에서 연방의 이해와 관련되었거나 주 자원(State Resource)을 능가하는 지원을 요구하는 재앙적인 사건 사고 같은 연방 정부가 더 큰 역할을 해야 하는 특별한 상황을 설명한다. NRF는 국토 안보부로 하여금 다음과 같은 국가적으로 중요한 사건사고에 관여하도록 지시한다.

- 미국내에서의 예상되는 위협, 조짐, 테러행위
- 주요 재난 또는 비상사태
- 재앙적 사고
- DHS가 비상 관리 조율을 돕는 것이 요구되는 특별한 상황

연방 재난 관리국(FEMA: Federal Emergency Management Agency)은 NRF를 "국가가 모든 위험에 대응하는 지침"이라고 설명하고 있다(Bullock, Haddow, Coppola & Yeletaysi, 2009, p. 426). NRF는 사건사고 관리를 위한 지속적인 템플릿을 제공하기 위해 NIMS를 토대로 만들어졌다. NRF는 기본 대응

역할과 정부기관, 비정부기관, 민간분야의 책임을 정의한다. 이들 역할과 책임은 적극적 파트너십(Engaged Partnership), 계층적 대응(Tiered Response), 확장과 축소 가능성(Scalable), 융통성(Flexible), 적응할 수 있는 운영능력(Adaptable Operational Capability), 통합 지휘를 통한 노력의 단일성(Unity of Effort through Unified Command), 행동할 준비(Readiness to Act)의 다섯 가지 주요 원칙에 기초하고 있다. NRF에 관한 추가 정보는 www.fema.gov/emergency/nrf/에서 찾을 수 있다.

대응자(Responder)의 역할

대응은 실제 위기상황이 발생할 때 취하는 행동을 뜻한다. 대응의 유형은 위기의 본질에 달려있다. 대응은 마련된 대피소로 피신할지 아니면 소개할지, 어느 단계의 어느 기관이 맡을지, 위기로부터 야기된 혼란과 피해를 최소화하기 위해 어떤 행동을 취할지 등의 많은 다른 종류의 결정을 실행에 옮기는 것을 포함한다. 스포츠 베뉴에 위기상황이 발생하면 스포츠 베뉴 위기대응 인력과 자산(asset)이 초기대응의 책임을 진다. 초기 대응에는 사건 사고 전에 계획하기, 위기관리 전략 수립, 현장에 공동 이용 가능한 커뮤니케이션 설치, 적절한 지역, 주, 연방 기관에게 사건 사고 보고 등을 포함한다. 모든 조직, 지역, 주, 연방기관 모두에게 각자의 중요한 대응 역할이 있다(U.S. Department of Homeland Security, 2009c).

스포츠 조직의 역할

스포츠 베뉴에 사건사고가 발생할 때 베뉴의 지휘 그룹이 즉각적으로 필수적인 역할을 한다. 베뉴 보안, 경기장 관리, 위기 관리팀, 현장의 초기 대응자를 포함한 베뉴 보안 요원이 초기 대응을 지휘할 수 있다. 베뉴 보안 요원은 지역 기관들이 도움을 주기위해 현장에 도착할 때까지 초기 대응을 책임진다. 게다가 베뉴 보안 요원은 현장에서 보고와 적절한 지역, 주, 연방 기관에 알리는 책임을 일반적으로 진다. 베뉴 보안 요원은 그들의 역할이 대응기관들의 역할과 어떻게 조화를 이룰지 이해해야 한다.

예를 들어 경기 전 준비과정 동안 보안 요원이 경기장 안에 버려진 배낭을 찾아낸다는 시나리오를 고려해 보자. 보안 요원이 가까이서 검사해보니 전선이 배낭윗부분으로 삐져나와 있는 것을 볼 수 있었다. 경기장 비상운영 계획에 포함된 프로토콜에 의거해 보안 요원은 경기장 지휘소에 연락을 하고 버려진 배낭 주변을 봉쇄하였다. 경기장 지휘소는 지역 법 집행기관에 버려진 배낭에 대해 보고하고 지원을 의뢰한다.

스포츠와 행사 조직은 테러와 자연 재해를 포함한 모든 유형의 비상사태에 대비하기 위해 모든 위험 대응계획(All-Hazard Response Plan)을 만들어야 한다. 이 계획은 예방, 대응, 지속성을 반드시 다루어야 한다(보안 계획은 5장과 6장에서 다룬다). 베뉴 보안 요원은 베뉴에 대한 지식이 있어야하며 프로그램이 문제를 직면할 때 도움을 줄 수 있는 계획의 개발과 실행에 경험이 있어야 한다. 테러 행위 대비 계획이나 그 외 재난에 대비한 계획이나 동일한 지식과 경험을 요구한다. 모든 위험 비상 대응 계획은 준비태세에 필요한 기초를 제공하고 지역, 주, 연방 비상 대응 기관과 관계를 발전시킨다.

지역(Local)의 역할

지역 대응팀은 종종 사건사고 현장에 첫 번째로 도착하며 스포츠나 행사보안 요원 지원을 받아 위기가 발생하기 전에 이미 현장에 있을 수도 있다. 지역 기관들은 주요 대응 기능의 많은 부분을 수행할 수 있다. 스포츠나 행사 주체와 지역 기관들 사이의 상호 지원 협약이 대응 역할을 결정할 것이다. 주요 지역 역할은 다음 기관들이 수행한다.

- 지역 법 집행기관
- 지역 소방서와 위험물 처리반(HAZMAT)
- 지역 비상 의료 기관
- 지역 공공 건강 기관
- 지역 비상 관리 기관
- 그 외 응급 대응 자산

스포츠나 행사 주체를 포함한 지역 대응 기관은 반드시 계획을 가지고 모든 유형의 사건사고에 대응할 준비를 해야 한다. 첫 번째 대응자로서 지역 기관들은 비상 구조와 피해자 수습 작업 수행, 응급 치료와 현장 보안 제공, 현장에 경계선 설정 및 유지, 공동 운영 가능한 커뮤니케이션 설치, 적절한 주, 연방 기관에 연락 그리고 초기 조사 기능(범행 현장 보존)을 실시한다. NRF는 추가적 자원들이 현장에 도착 할 때까지 최소 72시간동안 주체들이 작전을 수행할 수 있도록 반드시 준비되어야 한다고 명시하고 있다(U.S. Department of Homeland Security, 2009c).

버려진 배낭 시나리오에서 연락을 받은 지역 법 집행기관은 인증된 폭발물 기술자인 법 집행요원이 경기장 현장에 있으며 버려진 배낭을 검사할 것이라고 경기장 지휘소에 조언한다. 검사 직후 폭발물 기술자는 배낭 밖으로 삐져나온 전선은 폭발물로 의심되는 장치의 특징과 일치한다는 사실을 확인한다. 폭발물 기술자는 폭발의 위험을 줄이기 위해 배낭을 안전하게 할 필요가 있다고 결정한다. 이 상황이 발생하는 동안 경기장 후문 주변에서 두 번째 버려진 배낭이 발견된다. 경기장 지휘소는 보고를 받고 두 번째 폭발물을 검사하기 위해 두 번째 폭발물 기술자가 요구된다. 지역 법 집행기관은 폭발물 기술자가 한 명 밖에 없기 때문에 주 경찰에 두 번째 폭발물 기술자를 지원해 줄 것을 요청한다.

주(State)와 지방(Regional)의 역할

주와 지방 기관들은 지역 정부에 의해 제공되는 자원을 보충하기 위한 자원을 제공한다. 주의 책임에는 지원인력, 장비, 보급품, 전문 자원, 주방위군(National Guard), 공공 지원팀의 원조, 추가적으로 필요한 자원을 결정하기 위한 현장 평가능력 제공과 연방 지원 요청이 포함된다. 주와 지방대응팀은 다음의 조건이 하나 이상 충족되면 사건 사고 지휘를 떠맡을 수 있다.

- 지역 정부당국이 대응하거나 효과적인 대응을 지속할 자원이나 능력이 부족한 경우
- 지역 정부당국이 지원을 요청한 경우
- 주법이 사건사고 지휘 시스템(ICS)의 참가를 통한 주차원의 통제를 규정하고 있는 경우
- 사건사고 현장이 주 소유의 시설인 경우

앞에서 묘사된 잠재적 폭발물 시나리오에서 지역 법 집행기관은 추가인력을 요청하기 위해 주 경찰에게 연락한다. 두 번째 폭발물 기술자 요구에 주 경찰은 대응, 지원할 수 있는 폭발물 기술자가 경기장에서 가까운 곳에 있다고 알린다. 주 경찰 폭발물 기술자가 현장에 도착한다.

연방 역할

사태가 국가적으로 중요하게 되면 연방 정부는 지역, 주 기관에 다양한 부서와 기관의 자원을 포함한 지원과 작전 조율을 제공한다.

연방 책임에는 다음이 포함된다.

- 테러 수사
- 복구 지원

- 지원과 전문 자원
- 군사 지원

연방 정부는 테러 공격에 대한 준비와 예방에서 리더 역할을 맡는다. NRF와 NIMS는 캠퍼스, 지역, 주, 지방, 연방기관들을 위한 조율된 대응 구조를 제공한다. 정부 단계 기관들의 준비태세에는 대응 전술과 절차 훈련, NIMS에 관한 지식, 각각 기관의 역할과 책임이 포함된다(U.S. Department of Homeland Security 2009c).

폭발물 시나리오의 예로 돌아가 지역 법 집행기관 폭발물 기술자가 경기장 안에 버려진 배낭의 폭발물을 안전하게 하는 절차를 수행한다. 기술자는 배낭에 폭파 장치 부품들이 들어있고 근처 사람들을 다치고 죽일 수 있도록 배낭이 악의적으로 경기장 안에 놓여 있다고 결론을 내린다. 그 결과 경기장 지휘소는 FBI에 잠재적인 테러행위가 벌어졌음을 알린다. FBI가 현장에 도착하고 테러 수사의 지휘를 장악한다. 경기장 보안과 지역, 주, 법 집행기관, FBI는 경기장을 안전하게하고 경기장에 배낭 폭발물을 설치한 범인을 찾기 위해 함께 노력한다.

자원 배치

대응 계획은 각각 스포츠나 행사 베뉴, 지역, 주, 지방, 연방 기관을 의미하는 동심(同心)원들로 볼 수 있다(그림 3.3 참조). 더 많은 기관들이 참여함에 따라 추가적인 자원들이 대응활동을 지원하는데 이는 작전 조율을 더 복잡하게도 한다. 대응은 대개 기초 단계에서 이루어지며 지역, 지방, 주, 연방 기관은 자원이 고갈되거나 비효과적일 때 필요에 따라 참여하게 된다. 스포츠나 행사 베뉴에서 큰 행사를 미리 연습해둔다면 추가적인 자원들이 더욱더 쉽게 활용 가능할 것이다.

중요한 점은 베뉴 차원에서 활용 가능한 자원들을 어떻게 알아내고 이들 자원들이 비상 사건사고를 다루기에는 부족할 것이라는 것을 어느 시점에서 결정하는가이다. 이 과정은 스포츠나 행사 조직 책임자, 지휘 그룹, 공공 보안 요원이 다른 필요 자원들의 위치를 신속히 파악하고 동원할 수 있도록 도와준다. 스포츠나 행사 베뉴는 또한 지역 사회의 자원들을 알고 있어야 한다. 지역 사회 기관들의 능력을 사전에 알고 있는 것은 효율적인 대응 조율을 도울 것이다. 이런 유형의 계획은 반드시 대응자가 중요한 자원들을 간과하지 않도록 모든 위험에 대비한 접근법(All-Hazard Approach)을 포함하여야 한다(U.S. Department of Homeland Security, 2009c).

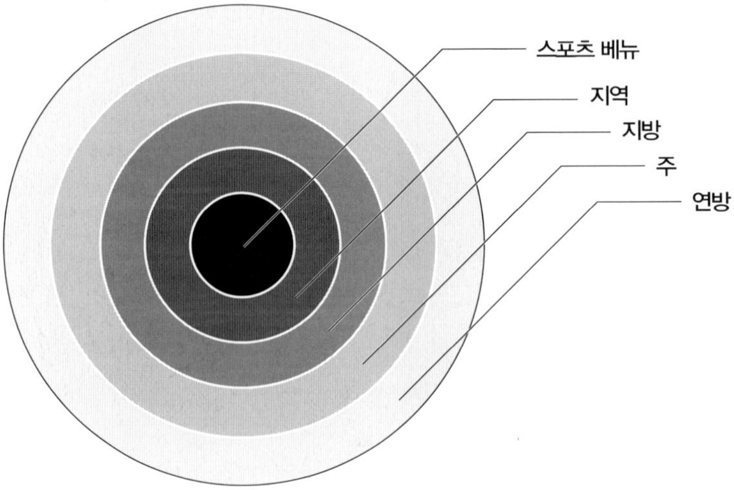

그림 3.3 다양한 단계의 기관들을 동심원들로 볼 수 있다. 더 많은 상위 단계의 기관들이 참여함에 따라 더 많은 자원들이 활용 가능 해진다.

국제 그리고 국가 안전과 보안 기관들

국가와 지역 스포츠행사는 많은 국내 기관들의 협력을 필요로 한다. 이들 안전과 보안 기관들의 조율과 구조는 나라와 행사 종류에 따라 달라질 것이다. 스티븐스(Stevens)에 의하면(2007) 일반적인 국가 기관들에는 다음이 포함된다.

- **국가행사 보안 기관들 :** 이들 기관들은 정보 수집, 위험 평가, 주요 사건의 핵심 전문지식을 조율하기 위해 조직되었다.
- **국가 정보 부서 :** 이 기관들에는 비밀 경호국(Secret Service), 국외 정보부, 대테러 방첩 기관(Counterintelligence) 등이 포함된다.
- **법 집행기관과 비상 서비스 :** 이들 기구들은 대개 안전과 보안 절차를 개발하고 실행하기 위해 행사 조직자들이 첫 번째 접촉하는 국내 기관들이다. 여기에는 다음 기관들이 포함된다.
  - 군대
  - 국가, 주, 지방 경찰
  - 전문 경찰 부서(예 : 수송)
  - 소방서
  - 응급 의료 서비스(구급차와 응급 의료 요원)
  - 응급 구조 제공자(예 : 적십자)
  - 고속 도로 순찰 기관
  - 해안 경비대(Coast Guard Service)
  - 세관 통제(Customs Control)
  - 국경 경비 및 이민 통제

미국에서는 국가 또는 지역 법 집행기관, 정보기관, 비상 서비스의 개입 정도는 행사의 규모와 상황에 달려있다. 2만이하의 관중이 운집하는 행사들이나 대학 스포츠 행사들(10만 명 이상의 관중이 모일 수 있음)은 대개 주, 카운티 그리고 시 공무원들에 의해 관리된다. 슈퍼볼(Super Bowl)과 같은 국가적으로 중요 행사들에는 연방기관들이 대거 개입한다(Stevens 2007). 1998년 빌 클린턴 대통령은 국가 그리고 국제적으로 중요한 명성 있는 행사들(역사적, 정치적, 상징적으로 중요한)이나, 국가 그리고 국제적 언론의 주목을 받고 수천 명의 관중이 참석하며 보안 위험이 높은 것으로 간주되는 국가적 특별 보안행사들(National Special Security Events, NSSE)을 다루기위해 대통령 훈령을 공포하였다. 행사가 NSSE로 지정되면 비밀 경호국(Secret Service)이 리더 기관이 되며 보안 전략 실행을 위해 주, 지역 정부 당국과 함께 일 한다. 연방 수사국(FBI)은 정보와 법 집행 작전에서 리더 역할을 한다(State of Missouri Emergency Management Agency, 2009). 미국에서 주요 스포츠 행사의 안전과 보안 관리에 정기적으로 관련되는 기관들에는 중앙 정보국(CIA), 연방 재난관리본부(Federal Emergency Management Agency, FEMA), 운송 보안부(Transport Security Administration, TAS), 연방 수사국(FBI), 술, 담배, 무기, 폭발물 국(Bureau of Alcohol, Tobacco, Firearm and Explosive, ATF), 미국 국무부(U.S. Department of State), 미국 국방부(U.S. Department of Defence), 미국 환경 보호국(U.S. Environmental Protection Agency, EPA), 질병 통제 예방센터(Center for Disease Control and Prevention, CDC)들이 포함된다(Stevens, 2007).

영국에서는 주요 행사들이 물리적, 인적 보호 보안(Protective Security)에 관한 전문 보안자문을 제공하는 국가 보안 자문 센터(National Security Advice Centre, NSAC)와 조율해서 계획된다. NSAC는 행사 주관자를 위한 비공개 평가와 브리핑을 담당한다. NSAC와 행사 주관자는 범죄 활동 예방을 위해 모든 영국 법 집행기관들과 공조하는 국가 범죄 정보 서비스(NCIS: National Criminal

Intelligence Service, FBI와 유사)와 연락을 취할 수 있다. 스포츠 조직들은 또한 MI5 및 MI6와 테러 위협을 대처하기 위해 공조한다. MI5는 영국내 내부 보안을 책임지며 테러 위험 단계에 대한 지침을 발표한다. MI6는 해외 정보와 방첩임무를 책임진다(Stevens, 2007).

주요 행사의 보안 수요는 또한 국제 조직의 개입을 요구할 수 있다. 많은 스포츠 행사들은 본질적으로 국제적 행사이며 다국적 보안 기관들의 협력과 공조를 요구한다. 스티븐스(Stevens)에 의하면(2007) 가장 활발한 다국적 기관은 국제경찰기구(International Police Agency, Interpol), 유럽경찰기구(European Police Office, Europol), 국제연합 지역간 범죄와 사법 연구소(United Nations Interregional Crime and Justice Research Institute, UNICRI), 국제 상임감시기구(International Permanent Observatory, IPO)이다. 1923년에 창설된 국제 경찰기구(Interpol)는 각국 경찰들과 법 집행기관들간의 국제공조를 돕는다. 프랑스 리용에 본부를 둔 이 조직은 186개국이 멤버로 구성되어 있는 세계 최대의 국제 경찰 조직이다(Stevens, 2007).

유럽 경찰기구(Europol)는 유럽 연합(EU)의 법 집행기관들을 조율한다. 네덜란드에 본부를 둔 유럽 경찰기구는 위협, 테러, 범죄활동에 관련된 정보를 수집, 분석하여 유럽 연합내의 법 집행기관들에 배포한다. UNICRI는 테러를 포함한 범죄정책의 주요 문제점에 대한 해법 제공을 위한 기관이다. 이태리에 본부를 두고 있으며 다른 경찰, 정부, 비정부기관들을 지원하는데 있어서 분석적, 운영적 요소들이 이 기관의 프로젝트에 포함된다. 2003년 UNICRI는 유럽 경찰 기구와 협력하여 주요 행사 동안 보안 절차(Security Measures During Major Events)를 위해 IPO를 설립했다. 이 단체는 보안의 가장 좋은 사례들을 연구하며 주요 행사들이 예정된 국가들에 기술적 지원을 제공한다(Stevens, 2007).

조지아 돔

사 례

미국의 일부 지역은 사전 예고 없이 닥치는 극한 날씨에 취약하다. 많은 행사들을 보기 위해 군중들이 야외 베뉴들이나 공연장들에 운집하는데 이들 베뉴들이나 공연장들은 극한 날씨를 견디거나 효율적인 대피가 용이하도록 건설되지 않았는지도 모른다. 그러므로 안전과 보안 책임자들은 반드시 정책과 절차를 마련해야 하고 비상 대응 계획을 연습한 훈련된 직원들을 보유해야 한다. 미국 국토 안보부는 재난에 대한 비상 대응에 있어 일관성을 유지하도록 사건사고 지휘 시스템(ICS) 훈련을 포함한 국가 사건사고 관리 시스템을 개발하였다.

2008년 3월 14일 조지아주 애틀란타에 위치한 조지아 돔에서는 연례 남동부협회(SEC) 농구 대회가 한창이었다. 초저녁 무렵, 앨라배마 대학과 미시시피 주립 대학 간의 준결승 경기가 후반 몇 분을 남겨둔 채 박빙의 승부가 진행되고 있었다. 많은 관중들이 운집했으며 경기는 TV를 통해 중계되고 있었다. 갑자기 돔 경기장의 천장이 흔들리기 시작하면서 조각들이 코트에 떨어지기 시작했다. 폭발이 일어났는지 극한 날씨가 원인 이었는지 아니면 일부 구조물이 붕괴되었는지 즉시 알 수 없었다. 팬들, 선수들, 경기 임원들은 어떻게 해야 할지 혼란스러웠다. 지휘 센터가 운영 중이었고 다기관 비상 대응 요원들이 근무하고 있었다. 지휘 그룹은 강력한 토네이도가 애틀랜타 시내를 강타했다는 일기 예보에 경기의 일시 정지와 장내 대피 절차(Shelter in Place Procedure) 실행을 즉각 결정했다. 선수들, 코치들, 임원들에게 상황을 알리고 추후 통지가 있을 때까지 탈의실로 대피시켰다. 장내 대피 절차 동안 장내 공공 방송을 통해 팬들에게 상황을 설명하고 안심시키며 도움을 주었다. 행사 직원들이 모든 출입구에 있었으며 모두 경기장 안에 머물 것을 강력히 권고했다. 실제 베뉴 밖에 있던 사람들도 안전을 위해 조지아 돔 안으로 들어오도록 허락되었다. 날씨가 잠잠해진 후 심각한 구조적 피해는 일어나지 않았다고 추측되었으며 경기를 마저 끝냈다. 그러나 다음날 피해정도를 정확히 모르기 때문에 남은 경기일정은 조지아 공대(Georgia Tech University) 경기장으로 옮겨졌다.

배운 점

- 지휘센터가 운영 중이었고 직원이 적절히 배치되어 있어 최상의 행동을 위한 빠르고 명확한 결정이 가능했다. 지휘 그룹은 관중들을 밖으로 안전하게 대피시키기에는 날씨가 너무 극심해서 장내 대피가 최상의 대피라고 결정했다.
- 돌이켜 보았을 때 베뉴의 구조적 피해에 대한 상세한 분석이 부족했으므로 경기는 속개되지 않았어야 했다.
- 지속 계획(Continuity Planning)은 사건사고 발생으로 현재 베뉴가 안전하지 않게 될 때 행사가 다른 베뉴에서 지속되도록 하기 위해 중요하다.

생각해볼 문제

1. 어떤 상황에서 장내 대피 실행이 아닌 베뉴를 전면 또는 부분 소개할 결정이 내려졌을까?
2. 사건사고 후 지휘그룹이 가장 우선적으로 해야 할 일은 무엇이며 그 이유는?

이 장의 주요 핵심

- 국가 사건사고 관리 시스템(NIMS)은 사건사고 지휘와 다기관 협력을 위한 개념적, 주도적, 용어상 핵심이다.
- 사건사고 지휘 시스템(ICS)은 NIMS의 구성 요소로써 공통된 용어와 과정을 사용함으로써 여러 조직의 자원들을 하나의 대응 구조로 통합하기 위해 고안된 관리 시스템이다.
- 통합 지휘(UC) 구조는 중복된 관할권과 사건사고 관리 책임을 가진 지역, 주, 연방, 부족 그리고 비정부 주체를 조율한다.

- 사건사고 지휘소(ICP)는 전술적 단계의 현장 사건사고 지휘, 관리 조직을 의미한다.
- 비상 운영센터(EOC)는 대개 사건사고 관리 활동을 지원하기 위한 정보와 자원의 조율을 하는 물리적 위치를 말한다.
- 국가 대응 구조(NRF)는 미국 본토, 미 영토, 다른 관할권내의 재앙에 대한 연방 차원의 대응을 돕기 위한 지침이다.

응용 질문

1. 국가 사건사고 관리 시스템(NIMS)과 국가 대응구조(NRF)의 중요성을 토론하라.
2. NIMS의 주요 구성요소와 ICS의 가치를 설명하여라.
3. 경기장 지휘소와 EOC에는 어떤 핵심인력이 배치되어야 하는가?
4. 주요 사건사고에 대응하는 스포츠나 행사 조직, 지역, 주, 연방 기관의 역할은 무엇인가?

활동

ICS를 사용하는 지역 스포츠나 행사 조직을 방문하여 행사동안 그들의 지휘소 운영을 관찰하라. 필요하다면 정보를 요구하고 다음 세 가지 질문에 대해 보고하라.

1. 누가 책임자인가?
2. 그들의 계획은 무엇인가?
3. 그들은 어떻게 지휘기능을 시작하고, 의사소통하며, 조직하는가?

제4장

스포츠와 행사 베뉴를 위한 위험 평가

이 장의 목적

- 위험을 정의하고 여러 유형의 위험을 분류하라.
- 위험 평가 과정을 검사하라.
- 스포츠나 행사 보안 지휘 그룹을 확인하라.
- 위협, 취약점 그리고 사건사고의 결과를 평가하라.
- 대책 개선안을 개발하라.

4장

스포츠와 행사 베뉴를 위한 위험 평가

이 장은 지휘 그룹 설립, 자산 확인, 위협 및 취약점 평가, 결과 분석, 위험 분석, 대책 제안 개발을 포함하는 스포츠나 행사 베뉴 위험 평가 과정에 중점을 둔다. 위험(Risk)은 개인 상해, 재산 피해, 사망, 경제적 손실 또는 환경 피해 같은 위험 요소(Hazard)로부터의 손실의 가능성이다(Kaiser & Robinson, 2005). 스포츠나 행사 베뉴에 대한 세 가지 주요 유형의 위험(Risk)은 (1) 임무(기능) 위험, (2) 자산 위험, (3) 보안 위험이다.

임무(기능) 위험은 스포츠나 행사 조직이 근본적 임무를 완수하는 것을 방해할 수 있다. 자산 위험은 조직의 물리적 자산에 피해를 줄 수 있다(예 : 경기장 구조물). 그리고 보안 위험은 정보 데이터와 사람에게 피해를 줄 잠재력을 가지고 있다(U.S. Department of Homeland Security 2003b). 위험(Risk)의 개념은 사건사고의 결과(심각성)와 사건사고가 일어날 확률(빈도)의 산물(Product)로 잘 이해될 수 있으며 또한 위험(Risk)=확률(Probability) X 결과 심각성(Consequence Severity)으로 나타내어진다.

사건사고의 확률과 결과 심각성이 증가하면 위험의 단계도 증가한다. 이 개념은 이 장의 후반부에 논의된다. 모든 위험 리스크 관리 접근법(All-Hazard Risk Management Approach)은 스포츠와 행사 조직이 테러, 자연재해, 군중 통제 문제를 포함한 잠재적 위협에 대비해 물리적, 인적 자산을 보호하는데 중요하다(Hall, 2006). Decker에 의하면(2007) "위험 관리(Risk Management)는 위협이 자산, 개인, 기능을 위태롭게 할 가능성을 고려하고 공격의 결과를 완화하고 위험을 줄이기 위한 행동을 찾는 체계적이고 분석적인 과정이다."(p. 1). 위협과 취약점을 측정하기 위해 조직은 반드시 위험 평가(Risk Assessment)를 실시해야 한다. 미국 국토 안보부(2003b)는 10단계 위험 관리 절차 표준(10-Step Risk Assessment Methodology Criterion)을 발표하였다.

1. 평가될 사회 간접 자본을 확인하라.
2. 기재된 보안 규율의 유형을 명시하라(예 : 물리적, 정보).
3. 각각 자산에 관련된 자료를 수집하라.
4. 보호되어야 할 중요한 자산을 확인하라.
5. 그 자산의 파손이나 손실이 임무에 주는 영향을 측정하라.
6. 위협 분석을 수행하고 특정 자산에 대한 평가를 실시하라.
7. 취약점 분석과 특정위협의 평가를 실시하라.
8. 분석적 위험 평가를 수행하고 각각 자산에 대한 우선순위를 결정하라.
9. 실행과 직원 훈련에 비용이 비교적 저렴한 대책을 확인하라.
10. 대책에 대한 구체적인 권고를 하라.

미국 국토 안보부의 표준은 개괄적이며 특정 업계나 조직의 필요에 맞게 적용될 수 있다. 샌디아 국가 연구소(Sandia National Laboratories)는 보안 위험 평가 방법론을 처음으로 연구하였다(Sandia National Laboratories, 2008). 지난 수년간 이 접근법은 수정되고, 시험되었으며 생물학 시설, 지역사회, 화학 시설, 댐, 발전 시설, 교도소, 상수 시설 같은 다른 중요한 사회간접자본에 적용되어 왔다. 시설의 종류에 상관없이 접근법은 같다. 각각의 특정 위험 평가 방법론(RAM: Risk Assessment Methodology)은 계획, 위협 평가, 현장 특성화, 결과 평가, 시스템 효과, 위험 분석, 위험 관리 그리고 감소(Reduction)의 주요 요소로 구성되어 있다(Sandia National Laboratories 2008).

위험 평가 단계

스포츠와 행사 시설 관리자는 반드시 위험 관리 절차를 받아들여야 한다. 미국 국토 안보부는 스포츠 경기장을 중요한 사회 간접 자본으로 여기며 스포츠나 특별행사는 다양한 위험에 취약한 시나리오를 대표한다. 평가 수행은 많은 혜택을 제공하며, 위험 평가는 시설의 현재 보안 프로파일을 나타내고 보다 강화된 보안이 필요한 부분을 보여줄 것이다. 또한 위험 평가는 비용 효율적 대책의 정당성을 발전시키는데 도움을 줄 것이며 경영진을 포함한 모든 직원들에게 보안 과정에서의 강점과 약점에 대한 보고를 통해 보안 의식을 향상시킨다(Broder, 2006). 미국 남부 미시시피 대학교의 국립 스포츠 안전 및 보안 센터(NCS4: The National Center for Spectator Sports Safety and Security)는 앞에서 논의된 미국 국토 안보부의 위험 평가 원칙에 기초한 스포츠에 특화된 위험 평가 모델을 개발했다(그림 4.1 참조). 모든 7단계를 적용하는 예를 사이드 바에서 보여주고 있다. 이 모델은 미국의 7개 대학 경기장에서 시험적으로 사용되었다(Hall et al. , 2007).

1단계 : 스포츠나 행사 보안 지휘 그룹 확인하기

지휘 그룹(CG: Command Group)은 행사 시설과 주변 지역에 관한 정보 제공을 책임진다. 먼저 2장에서 강조했듯이 그룹 구성원들에는 시설 관리자, 응급의료 서비스, 소방서와 위험물 처리반(HAZMAT), 공공 보건, 공공 홍보의 파견 직원들이 포함될 수 있다. 여러 전문분야에 걸친 팀을 설립하는 것은 협력적인 계획과 대응활동을 확실히 하기 위해 중요하다. 이 그룹은 스포츠나 행사 시즌 전에 설립 되어야하며 정기적으로 만나야 하는데 특히 행사 후에 보고, 토론과 미래를 위한 제안을 위해서도 만나야 한다.

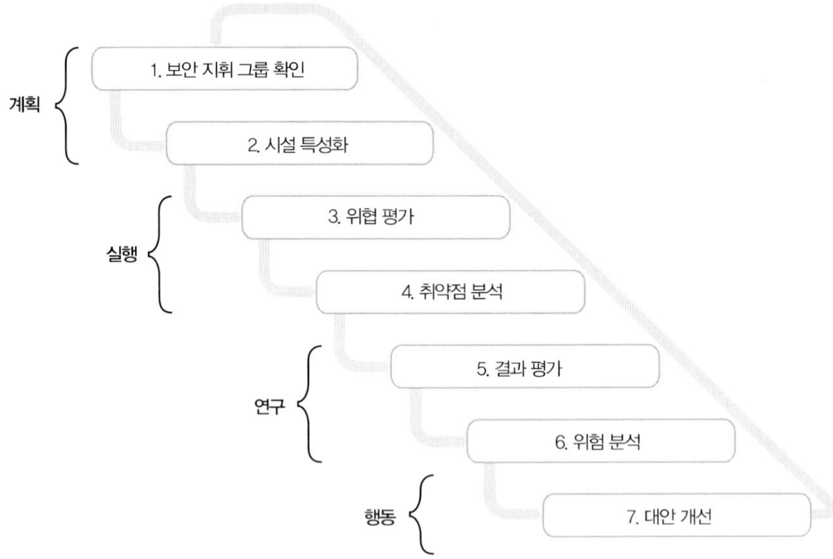

그림 4.1 스포츠 베뉴 위험 평가 모델

위험 평가 과정 동안 지휘 그룹으로부터의 입력사항(Input)은 조직 안팎의 위협과 취약점에 관한 모든 가용한 정보들이 공유되는 것을 확실하게 하기 위하여 매주 중요하다. 시설 관리자와 보안 책임자는 일상 업무와 행사 관리에 관한 식견을 제공한다. 지역 법 집행과 비상사태 관리기관은 지역 사회 상황과 위협에 관한 정보를 제공한다. 지휘 그룹은 반드시 시설의 필수 기능, 시설 운영을 방해할 수 있는 바람직하지 못한 보안 사건들, 이런 사건들의 결과, 보호되어야 할 목표, 발생할 수 있는 잠재적 법적 책임을 이해해야 한다. 부가적으로 지휘그룹은 반드시 보안위험을 줄 수 있는 잠재적 위협과 시설의 취약점에 집중해야 한다(Bringer, Matalucci, &O'Connor, 2007). 지휘 그룹이 하는 결정들이 그림 4.2에 나타나 있다.

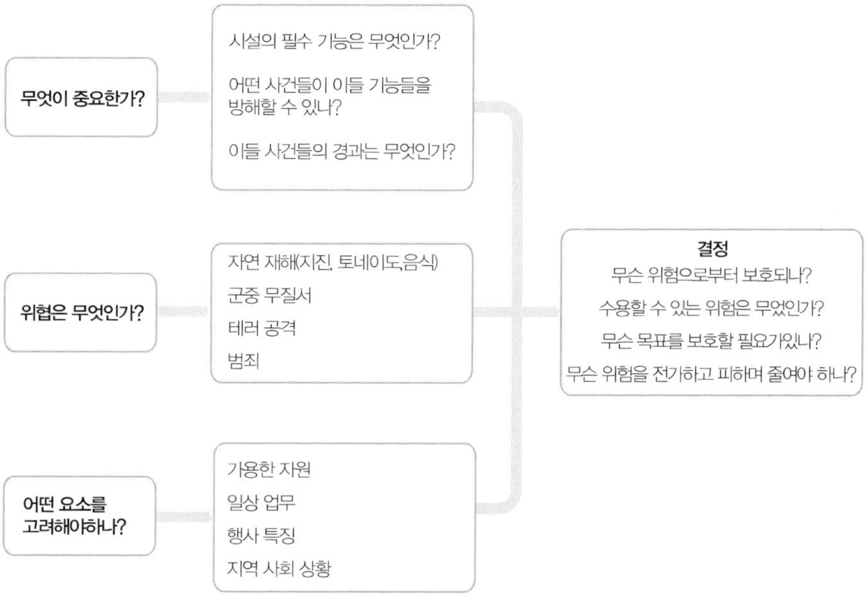

그림 4.2 지휘 그룹(CG)이 해야 할 위험 평가 결정들. 지휘 그룹은 반드시 잠재적 위협과 취약점을 평가하고 가용 자원 범위내의 최상의 방법을 결정해야 하다.

2단계 : 시설 묘사하기.

이 단계는 시설의 완전한 특징을 묘사하고 이는 위험 평가 과정의 토대가 된다. 시설의 특징 묘사는 다음을 포함한다.

1. 시설의 완전한 물리적 묘사.
2. 바람직하지 못한 사건(Event) 식별하기.
3. 중요한 자산 식별하기.

완전한 시설 묘사는 필요하다. 자료들은 보안 감사, 현장 방문, 직원들과의 인터뷰를 통해서 지휘 그룹에 의해 수집이 가능하다. 시설을 충분히 묘사하기 위해 필요한 정보들에는 물리적 세부항목, 시설 운영, 보안 보호 시스템, 인력 묘사가 포함된다(Bringer, Mattalucci, & O'Connor, 2007). 물리적 세부항목은 자동차 주차, 입구와 출구, 공공시설, 난방 시설, 환풍, 냉방 시설 그리고 위험 물질의 위치와 같은 건설 세부 항목에 관한 정보를 제공해야한다. 비상시 운영 시간과 과정과 같은 시설 운영에 대한 정보들도 묘사되어야 한다. 마지막으로 보안 보호 시스템(혹은 물리적 보호 시스템, PPS: Physical Protection System)을 반드시 묘사해야 한다. PPS는 감지(경보, 출입 통제, 금속 폭발물 탐지기), 지연(장벽), 대응 기능(법 집행기관의 행동 대응, 적시의 커뮤니케이션과 대응)을 지원하는 특징들로 구성되어 있다. 인력 묘사는 직위의 유형과 관리자, 운영자, 보안요원, 보호자, 유지, 하청업자, 상인, 방문자를 포함한 직원들 각자에게 주어진 권한 명부를 수반한다. 신원조회 정보 또한 포함되어야 한다(Bringer, Mattalucci, O'Connor, 2007).

바람직하지 못한 사건들은 시설에 특정되며 임무의 손실이나 공공의 건강과 안전에 대한 위협과도 관련된다. 이 같은 사건들은 재앙에서부터 사소한 말썽까지 다양하다(Bringer, Mattalucci, O'Connor, 2007). 예를 들어 스포츠나 행사 조직에 대한 바람직하지 못한 사건들에는 행사 운영 방해, 장비 도난 또는 재산에 대한 오손, 지나치게 많은 군중, 베뉴 파괴, 뚫린 정보 시스템, 공신력의 손실이 포함된다. 시설을 묘사하고 바람직하지 못한 사건들을 식별한 후 다음 단계는 보호해야 할 중요 자산을 식별하는 것이다. *일반 보안 위험 평가 지침(General Security Risk Assessment Guideline, ASIS International, 2003)*은 자산을 통화가치로 부여될 수 있는 사람, 장소 혹은 물건으로 정의한다. 스포츠와 오락 시설 관리자들은 시설 자산과 주변 지역(반경 1마일 또는 1.6km내) 자산들을 반드시 평가해야 한다. 보호되어야 할 자산들에는 인적 자산, 물리적 자산, 중요 정보와 과정들이 포함된다(National Counterterrorism Security Office, 2006). 인적자산에는 선수나 연예인, 관중, 행사 요원, 지역 사회 주민들이 포함된다. 물리적 자산에는 베뉴, 시설 주변 건물, 지역 경찰청, 소방서, 지역 병원, 그리고 공공시설(예, 수도 가스)이 포함된다. 전자 자료와 일련의 공급 루트와 같은 정보와 과정은 반드시 평가되고 보호되어야 한다(사이드 바 참조).

3단계 : 위협(Threats) 평가하기.

미국 국토 안보부에 의하면 “위협은 자산에 해를 주는 적대적 의도와 능력의 인적, 자연적 산물이다”(2003b, p. 11). 스포츠리그, 팀 그리고 베뉴는 그들 시설에 대한 일어날 수 있는 다양한 위협에 반드시 대비해야 한다(Hurst, Zoubek, & Pratsinakis, 2003). 스포츠와 오락 시설 관리자는 다양한 지역, 주, 연방 출처로부터 위협 정보를 얻을 수 있다. 지역 출처로부터의 위협 정보는 시설 보안 책임자, 지역 법 집행기관 그리고 주 또는 지방 법 집행기관으로부터 얻을 수 있다.

미국에서는 많은 주들이 통합 테러 태스크 포스(JTTF: Joint Terrorism Task Force)와 같은 위협에 대한 수사 조직을 가지고 있다(Bringer, Mattalucci, & O'Connor, 2007). 9/11전 위협 정보의 출처는 인터넷 검색과 전문 조직들 사이에 공유하는 첩보와 정보(Intelligence and Information)로 제한되어 있었다. 오늘날 연방 수사국(FBI)과 국토 안보부(DHS)에 의해 보다 시의적절하고 완벽한 정보가 제공되고 있다. 국토 안보부는 국토 보안 공시(Homeland Security Bulletins)를 포함한 국토 보안 자문 시스템(6장에서 설명)을 통해 현재 위협 단계에 관한 정보를 제공한다. FBI는 국가 위협 센터를 운영하며 국가 보안 위협 목록(NSTL: National Security Threat List)을 관리한다(Bringer, Mattalucci, & O'Connor, 2007).

특정한 위협에 관한 정보를 수집하는데 사용되는 다른 기술에는 창조적 집단 사고법(Brainstorming), 도상연습(Tabletop Exercise), 모형제작, 모의실험, 행사 이전과 행사 중에 시설 돌아보기, 업계 동료들로부터의 지식 전수, 보안 조사(Security Survey) 등이 포함된다(Stevens, 2007)(부록 4.1 참조). 수집된 위협에 관한 자료들은 지휘 그룹으로 하여금 누가 또는 무엇이 위협인지, 그들의 능력, 잠재력, 위협의 심각성을 판단하는데 도움을 준다. 스포츠와 오락 시설 위협에는 테러, 자연 재앙, 군중 통제, 공공기물파괴, 도난, 화재, 사기, 개인 폭행, 교통사고, 시설 침입, 기술적 문제가 포함된다(Stevens 2007). 사이드 바는 모든 위험 리스크(All-Hazard Risk) 목록을 제공한다.

테러는 스포츠와 오락시설 베뉴에 대한 가장 일반적인 위협의 하나로 인용되어져왔고 미국 국토 안보부는 주요 사회 간접 자본인 스포츠 경기장을 취약 목표로 지정하는 경고를 발령했다. 국제, 국내 그리고 외로운 늑대형(lone wolf) 테러범들은 시설 출입이 자유롭고 대량 살상과 경제적 피해, 사회와 심리적 충격의 목표 달성 기회 때문에 경기장을 목표로 삼아왔다.

스포츠 시설을 위한 중요 자산 목록

- 장내
  - 경기장 또는 공연장
  - 팬(Fan)
  - 건물
  - 경기장 또는 공연장 통신시설
  - 의료 서비스
  - 자체 보안
  - 지휘소
  - 전기 공급
  - 수도 공급
  - 가스 공급
  - 물리적 설비
  - 상인 그리고 하청업자
  - 주변 이웃
- 장외
  - 지역 자치 경찰
  - 소방서
  - 지역 병원
  - 보안관 사무실
  - 공공시설
  - 의료 지방 대응 팀
  - 앰뷸런스 운영

국토 안보부와 FBI가 특히 걱정하는 시나리오는 폭파 장치 및 경기장과 공연장의 공격에 항공기와 화학 무기를 사용하는 것이다(Federal Bureau of Investigation and U.S. Department of Homeland Security, 2009). 급조 폭발물(IEDs)또는 차량 탑재 급조 폭발물(VBIEDs)을 사용해 관중을 수용한 경기장에 대해 공격하는 것은 즉각적인 인명살상과 시설파괴, 시민들에게 공포와 공황 상태 조성, 지역 업무 방해, 광범위한 언론 보도 야기를 초래한다. 헬기와 소형 항공기는 주요 행사동안 종종 경기장 상공에 출현하는 언론 또는 광고용 항공기로 잠재적으로 위장할 수 있다(Federal Bureau of Investigation and U.S. Department of Homeland Security, 2009). 이 시나리오는 또한 미국 밖에서도 가능하며 70,000명의 대피를 초래한 2004년 마드리드 축구장 폭파 위협, 2008년 이라크 축구장 자살 폭파, 뉴질랜드 경찰이 올림픽 기간 동안 극단주의자들의 원자로 공격 음모를 좌절시킨 2000년 시드니올림픽 등에서 명백히 나타난다.

지휘 그룹은 잠재적 테러활동을 찾아내고 아래의 테러 요소를 평가하는 책임이 있다.

1. 베뉴 주위에서 활동하는 단체나 개인의 존재
2. 과거 테러범의 활동, 또는 단체나 개인의 강력 범죄 경력 기록
3. 신뢰할만한 무력 또는 폭력 의도나 테러 행위를 자행할 계획
4. 기술 보유, 금융 자산, 장비, 공격 시작을 위한 운송과 같은 능력
5. 스포츠 베뉴에 대한 특별한 표적(평면도 입수, 사진 촬영, 보안 시험)
   (Texas Engineering Extension Service, 2005)

공격이 발생할 잠재 위협이나 가능성은 낮음, 중간, 높음으로 나눌 수 있다.

- **높음** : 위협이 발생하고 손실을 초래할 높은 가능성
- **중간** : 위협이 발생하고 손실을 초래할 중간급 가능성
- **낮음** : 위협이 발생하고 손실을 초래할 낮은 가능성

스포츠와 특별 행사 베뉴의 모든 위험 리스크(All-Hazard Risk)

1. **폭발물 위협 :** 시나리오 예-게임 직전 선수들이 몸을 푸는 시간에 경기장 교환대는 경기장 안에 설치된 폭파 장치를 폭발시키겠다는 위협을 익명의 개인으로부터 받는다. 전화 내용은 법 집행당국에 보고되고, 전화가 온 번호는 이전의 테러 사건에 폭발물을 사용한 적이 있는 이미 알려진 테러 조직과 연관되어 있다. 의심 가는 테러 조직의 조직원은 최근에 인터넷에 "경기장을 폭파한다"는 것을 자랑하는 메시지를 개재했다. 경기장내 보안 요원들은 정체불명의 포장물을 찾아냈다.
2. **생물학적 대량 살상 무기(WMD) :** 시나리오 예- 많은 관중들이 구역질하고 구토 나는 것을 신고했다. 증상에는 복통과 어지러움 그리고 기운 없는 것이 포함된다. 대부분의 피해자들은 지난 네 시간 이내에 경기장 상점으로부터 구입한 음식을 먹었다고 했다. 증상은 보돌리누스균과 일치했다.
3. **날씨 위협 :** 시나리오 예- 기상청은 경기장주변 지역의 많은 번개와 심한 천둥을 동반한 국지적인 폭풍을 보도한다. 깔때기 모양의 구름 또한 보도되었다. 기상청은 영향권 내에 있는 모든 사람들에게 피난할 것을 권고했다.
4. **사이버 위협 :** 시나리오 예-컴퓨터 코만도라고 알려진 사이버 테러 그룹은 경기장 컴퓨터 본체를 해킹해서 예정된 저녁행사동안 모든 컴퓨터로 통제되는 운영을 방해했다. 경기장 조명, 전광판, 컴퓨터에 의해 만들어지는 메시지 능력이 두절되었다.
5. **산업 사고(화학 사고) :** 시나리오 예- 경기장 근처에서 열차가 탈선 한다. 수개의 탈선된 탱커 차량은 액체 염소(Liquid Chlorine)를 실어 나르고 있었다. 최소한 한 개 차량이 파손되었으며 파열이 일어났을 수도 있다. 발생하는 염소 가스 기둥은 경기장으로부터 바람을 안고 있다. 가스 기둥은 잠재적으로 네 시간에서 여섯 시간 내에 경기장에 도달할 수 있다.
6. **행사 취소(공연 없음) :** 시나리오 예-캠퍼스 강당에서 공연 예정이던 록 밴드 구성원들이 공항에서 지연되고 공연을 하지 못하게 된다. 군중들에

게 상황이 알려지고 공연은 취소된다. 참석한 일부 군중들은 동요하고 싸움이 일어난다. 의자들이 무대로 날아오고 다른 형태의 재산피해가 발생한다.

7. **군중 소란(폭동)** : 시나리오 예-심판의 판정에 기분이 상한 스포츠 행사장의 관중들이 싸움을 하고 필드에 물건을 던지기 시작했다. 법 집행기관에서 관중에게 최루탄을 발사하면서 대응을 했다. 최루탄으로부터의 연기에 관중들이 공포에 질리고 집단 광분을 야기했다. 경기가 중단되었다.

8. **차량폭탄 위협(차량 탑재 급조 폭발물)** : 시나리오 예- 승합차가 보안 검문소를 박으면서 경기장 가까이에 섰다. 승합차 운전수는 체포되었다. 검사 결과 승합차에는 대량의 폭발물이 실려 있는 것이 밝혀졌다. 실린 물건의 자세한 검사와 운전수로 부터의 진술로 폭발물이 시한폭탄 장치에 연결돼 있다는 것이 밝혀진다. 안전하게 처리하지 않으면 폭발물은 수 분 안에 폭발할 수 있다.

9. **화학적 대량살상 무기** : 시나리오 예-알려진 테러 조직이 지역 언론을 접촉하여 신경가스인 사린이 경기장 환기 장치를 통해 살포되었다고 말한다. 경기장의 환기통 흡입구 검사를 하니 맑은 액체 잔액이 들어있는 플라스틱 병이 근처 흡입 구멍에서 발견된다.

10. **총기 난사범** : 시나리오 예- 하프 타임 동안 경기장 매점 구역에서 총이 발사된다. 최소 두 명의 저격수와 수명의 사상자가 초기 보고에서 확인된다. 저격수들은 관중들 사이를 이동하며 무차별 사격을 한다.

11. **자연 재해(지진)** : 시나리오 예- 높은 진도의 지진으로 경기장 일부가 붕괴된다. 많은 사상자가 발생하고 잔해들로 많은 출구가 막힌다.

12. **항공기 추락** : 시나리오 예- 경기장 상공을 선회하던 작은 고정익 항공기가 경기장 조명 구조물을 받고 관중석으로 추락한다. 많은 사상자가 발생하고 불에 타서 떨어지는 잔해들로 시설 곳곳에 화재가 발생한다.

4단계 : 취약점(Vulnerabilities) 분석

취약점은 자산을 위협에 노출시키고 궁극적 손실을 초래한다. 일반 보안 리스크 평가 지침(The General Security Risk Assessment Guideline)(ASIS International, 2003)은 취약점을 "이용될 수 있는 능력; 시설, 주체, 베뉴 또는 사람의 결함이 이용될 수 있는 보안상 약점 또는 결핍"이라고 정의한다(p. 5). 국립 스포츠 안전 및 보안 센터(NCS4)는 비상사태 준비 태세, 경계선 통제, 물리적 보호 장치, 출입 통제, 증명서 발행, 훈련, 통신에 관련된 주요 스포츠 베뉴의 취약점을 찾아냈다(Hall et al. 2007).

다음은 스포츠 시설의 일반적인 취약점이다.

- 시설에 특화된 비상 대응과 대피 계획 부족
- 행사전 부적절한 시설 검사
- **부적절**한 봉쇄 절차
- 팬과 그들의 소지품에 대한 부적절한 검사
- 안전이 결여된 매점 구역
- 검사와 제한된 물건에 관한 부적절한 안내표지
- 스포츠 시설과 주변 구역에 대한 CCTV 부족
- 스포츠 시설내의 위험 화학물질 저장
- 상점 주인들과 이들 차량의 책임 결여
- **팬**, 선수, 직원 등에 대한 보안 알림 체계 부족
- **부적절한** 직원 훈련
- 대응 기관 사이의 부적절한 커뮤니케이션 능력

시설 관리인들은 그들의 경기장, 직원, 다가오는 행사가 무질서를 불러올지 아니면 행사와 시설이 잘 알려진 인물이나 조직과 연관되어있는지 자신에게 물어볼 필요가 있다("Security and Policing", 2005). 정치적 집회, 회의 그리고 정치적, 종교적, 정부 목적을 지지하는 협회 모임 같은 행사는 해를 끼치려는 극단주의자의 반대를 불러올 수 있다. 예를 들어 1999년 세계 무역 기구(WTO)

회의는 시애틀에서 반세계화 운동을 지지하는 시위 행동을 야기했다. 어떤 목적이든 많은 관중이 모이는 행사는 많은 관중들 사이에서 범인을 찾기 힘들고, 대중교통 시설과도 가까워 도주가 용의하므로 테러범과 범죄자들의 구미를 당기게 한다. 부록 4.2는 취약점 평가 시에 고려해야 할 시설 조건 목록을 제공한다. 이들 항목에는 비상 준비 태세, 경계선 통제, 출입 통제, 물리적 보호 장치 그리고 인력이 포함된다(Hall, Marciani, & Cooper, 2008).

5단계 : 결과 평가하기

결과 평가 단계에서는 지휘 그룹이 모든 잠재적 위협(바람직하지 못한 사건)을 검사하고 결과 가치 그리고 시설과 이해 당사자에게 미치는 잠재적 영향을 평가한다. 지휘 그룹은 결과 참조 표(Reference Table) 개발을 통해 결과를 토론하기위한 기준을 설립해야 한다. 참조 표의 첫 번째 구성 요소는 결과 설명을 위한 표준이며 이는 주로 시설에 특정되고, 측정 가능한 표준이 사용되어야 한다. 일반적인 결과 표준은 사망, 소유자와 고객들의 경제적 손실, 운영 손실, 공공 신뢰 손실, 자산 손실, 가동 중지 시간을 포함한다(Biringer, Mattalucci, O'Connor, 2007). 손실의 결과 또는 심각성은 각각의 시설마다 다르다. 인적, 물리적 자산의 손실과 피해의 잠재력이 크면 클수록 손실의 영향이 더 높다. 미국 국방부는 결과의 질적 가치(Qualitative Value)를 확립했는데 이는 국방부 군사표준(DOD Military Standard 882D에 언급되어 있다. 결과 평가는 재앙적(Catastrophic), 심각한(Critical), 제한적(Marginal), 미미한(Negligible)으로 분류될 수 있다(Biringer, Mattalucci, O'Connor, 2007) :

- **재앙적 :** 사망, 영구적 전신 불구, 백만 달러 초과하는 손실 또는 법과 규정을 위반하는 돌이킬 수 없는 심각한 환경피해를 초래할 수 있다.
- **심각한 :** 최소 세 명 이상의 병원 입원을 야기하는 영구적 부분 불구, 부상

또는 직업관련 질병, 이십만 달러 초과 백만 달러이하의 손실, 법과 규정 위반을 야기하는 돌이킬 수 없는 환경 피해를 초래할 수 있다.

- **제한적** : 하루이상의 작업 손실을 야기하는 부상 또는 직업적 질병, 십만 달러 초과 이십 만 달러미만의 손실, 법과 규정을 위반하지 않은 완화 가능하고 복구될 수 있는 환경피해를 초래할 수 있다.
- **미미한** : 작업일 손실을 야기하지 않는 부상 또는 질병, 이천 달러초과 만 달러 미만의 손실, 법과 규정을 위반하지 않은 미미한 환경피해를 초래할 수 있다.

국방부 표준은 시설 관리자들이 그들 자신의 결과 참조 표를 개발하는데 좋은 출발점이다. 모든 유형의 사건사고는 결과를 초래할 것이다. 예를 들어 미끄러져서 넘어지는 사고는 한 명의 부상과 소송을 초래할 수 있다. 그 대신에 중대한 군중 압사 사고는 수백 명의 사상자와 큰 경제적 손실, 베뉴, 스포츠팀, 리그, 관할 기구에 대한 사회적 오명을 가져올 수 있다(Schwarz, Hall, & Shibli, 2010). Biringer, Mattalucci, O'Connor(2007)는 스포츠 환경에 적용할 수 있는 높음, 중간, 낮음의 결과 단계로 가정한 결과 참조 표를 제출하였다(표 4.1 참조).

표를 개발한 다음 시설 관리자는 바람직하지 못한 일이 일어날 경우 결과의 심각성을 알기 위해 각각의 위협을 분석한다. 결과는 기술 전문가의 입력(Input)을 통해 지휘부에 의해 평가되다. 위협의 결과 심각성과 궁극적 손실은 반드시 평가되어야 한다. 관리자는 반드시 스포츠 프로그램에 대한 심각성과 재정적, 비재정적 영향을 고려해야 된다. 스포츠 베뉴의 재정 손실에는 매표, VIP관람 프로그램(Hospitality), 후원(Sponsorship), 주차, 스포츠 행사와 관련된 매점 수익이 포함된다. 스포츠 조직 브랜드의 가치와 명성 같은 비재정적 손실 발생은 베뉴, 행사, 팀의 장기적 생존능력과 유지 가능성에 손상을 입힌다(Stevens 2007).

표 4.1 결과 참조 표

결과 측정	낮음	중간	높음
경제적 손실 (재산과 수입 손실)	<$1M	$1- 5M	>5M
사망	0	1-3	>3
가동 중지 시간	<1년	1-2년	>2년
지리적 영향	지역	지방	국가
공공 신뢰	<6개월	6개월-1년	>1년

시설의 능력이나 임무 실행을 위한 조직에 가져올 영향과 함께 각각의 위협이 반드시 개별적으로 평가되어야 한다. 결과 평가를 위해 한 가지 이상의 표준이 사용될 경우 높은 결과 표준 값이 바람직하지 못한 사고(Undesired Event)의 결과를 평가하기 위해 선택된다.

그림 4.3은 스포츠 시설에서의 바람직하지 못한 사고의 결과 평가의 예를 결과의 높음, 중간, 낮음으로 보여준다.

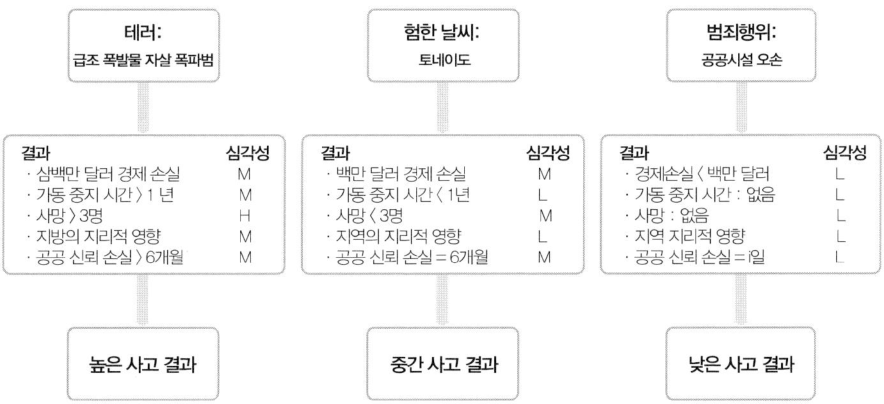

그림 4.3 스포츠 시설에서의 세 가지 가능한 결과의 평가.

6단계 : 위험(Risk) 분석하기

위험과 잠재적 손실의 평가는 시설 관리자가 확인된 위협과 위험을 받아들일지(Accept) 감소시킬지(Reduce) 전가할지(Transfer) 회피할지(Avoid) 결정하는 것을 돕는다(U. S Department of Homeland Security, 2003b). 그림 4.4는 위험 결정 매트릭스(Matrix)를 보여준다. 위협은 확률(가능성)과 결과(심각성)에 기초해 평가된다. 일어날 확률이 높으며 높은 수준의 손실(결과)을 초래할 위협은 피해야 한다(Ammon, Southall, & Blair, 2004). 9/11 사태이후 2001년 라이더 컵(Ryder Cup)의 연기, 2005년 허리케인 카트리나 직후 뉴올리언tm 세인츠 조직의 이전, 파키스탄에서 높아진 보안 근심 때문에 31회 전국 체육대회(National Games)의 취소같이 극단적인 상황에서는 회피하는 것이 실리적이다. 회피는 높아진 보안 환경에서 추가적인 목표가 될 수 있는 행사 취소 또는 주요 재난으로 인한 여러 위험(피해, 주변 지역의 증가한 범죄) 때문에 원래 장소에서 진행이 힘들어 행사를 이전을 결정하는 것이다. 참가자, 직원, 관중 그리고 지역 사회의 이익을 위해 이 결정을 한다.

중간정도의 빈도와 심각성을 가진 위협은 제 3자로 전가될 수 있다. 예를 들어 공공시설 파손(Vandalism)으로 인한 도난과 베뉴 피해는 보험회사로 전가할 수 있다. 스포츠와 오락 시설 운영자는 면제(Waivers)조항, 도급 업자 계약, 배상 약관(Indemnification Clause), 임대 계약, 보험의 방식을 통해 위험을 전가할 수 있다. 보험은 가장 일반적으로 사용되는 위험 전가 방식이다. 책임보험은 모든 스포츠와 특별행사를 위해 특히 보안 위협이나 테러로 인한 취소의 경우 아주 중요하다(Stevens, 2007). Stevens에 의하면(2007) 세 가지 주요 형태의 보험은 (1) 공공, 개인, 고용인, 일반(예 : 화재, 도난)을 포함하는 책임 보상(Liability Coverage); (2) 건물, 자동차, 장비에 대한 피해를 포함하는 자산 보호(Asset Protection); (3) 베뉴 운영자, 권리 소유자 또는 참가자에 의한 행사 취소 또는 포기가 있다.

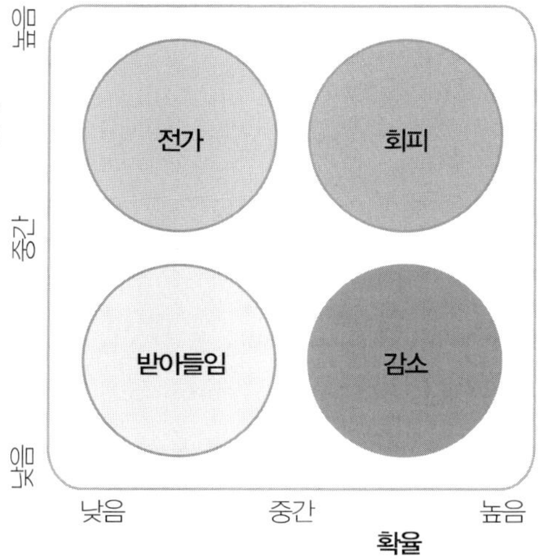

그림 4.4 위험 결정 매트릭스는 위험을 전가할지 회피할지 감소시킬지 받아들일지에 대한 구조를 제공한다.

일부 시설 관리자들은 위험을 받아들이고 재정적 책임을 떠안는다. 오손, 도난, 군중 관리 문제 같은 위협은 받아들이거나 감소시킬 수 있다. 시설 관리자들은 위험 감소 전략, 보안 체계 효과 향상, 결과 완화나 이들의 조합을 통해 위험을 감소시킬 수 있다. 이들 전략은 다음 섹션에서 논의된다.

7단계 : 대안 개선책 찾기

대안 개선책은 또한 위험 감소 전략이라고 불리기도 한다. 이러한 제안들은 보안 약점을 다루고 비상계획과 복구 노력을 높이기 위해 베뉴 평가에 기초해 경영진에게 제공된다. 대안은 위험의 확률과 심각성을 감소시키기 위해 취해진 물리적, 기술적, 행정적 조치를 포함하는 모든 활동이며(Long & Renfroe, 1999) 결정능력 향상을 위해 경영진에게 제공된다. 위험 평가가 끝난 후 확인된 위협과 취약점에 관한 대안 목록이 개발된다. 그러면 경영진은 필요성과 가용자원을 고려하여 어떤 조치(전부가 아니면)를 실행할지 결정한다.

대안은 우선 단계에 따라 제안 될 수 있는데 이 접근법은 만약 모든 제안 사항을 즉시 실행할 가용한 자원이 없을 경우 경영진이 어떤 조치가 먼저 실행되어야할지 결정하는 것을 돕는다. 바람직하지 못한 사건의 가능성을 감소시키기 위해 사용되는 가능한 보안 조치에는 물리적 향상, 좋은 인사 관행, 정보 보안, 직원 훈련, 예방적 시설 보수, 위험 관리 계획 개발(5장에서 설명된)을 표준 운영 절차(SOP: Standard Operating Procedure)에 포함시킨 보안 보호 체계 효과 증대가 포함된다(Ammon, Southall, & Blair, 2004) 물리적 향상에는 감지, 지연, 대응 전략이 포함된다. 예를 들어 감지 방법에는 침입 감지(경계선 침투), 출입 통제(신원 확인), 알람 커뮤니케이션, CCTV가 포함될 수 있다. 지연 장치는 자물쇠 사용, 시설 제한 구역에 보안 요원 배치를 포함할 수 있다. 대응 기능에는 사건 발생 후 자원 파견까지 커뮤니케이션 대응시간이 포함될 수 있다(Biringer, Mattalucci, O'Connor, 2007).

일부 조치는 시설의 일상적 보호를 위한 영구조치로 실행되어지기 위해 고안된다. 이런 활동들을 기본 대책(Baseline Countermeasures)이라 부른다. 추가적 대안들을 실행할 수 있고 경계수위가 높아진 시기에는 추가적인 조치들이 시행되거나 증대될 수 있다(Protective Measures Guide for U.S. Sports League, 2008). 위협 요소에 대한 대응은 지역, 주, 연방 단계에서의 정보의 공유를 요구한다. 미국 국토 안보부는 종전의 색깔별로 분류된 국토 보안 자문 시스템(HSAS: Homeland Security Advisory System)을 대체하는 국가 테러 자문 경계 시스템(NTAS: National Terrorism Advisory System)을 만들었다. NTAS는 위협(Threat)과 임박한 위협(Imminent Threat)에 대응하는 특정한 정보를 실은 경계경보(Alert)를 사용한다(그림 4.5 참조; U.S. Department of Homeland Security, 2010). 각각의 경계경보에는 소멸 날짜(Sunset Date)가 있는데 이 날짜 이후에는 경계경보가 더 이상 유효하지 않는다. 특정한 보호 보안 조치(Specific Protective Measures)는 6장에서 다루어진다. 영국도 또한 "낮음(Low)", "중간(Moderate)", "상당함(Substantial)", "심각함(Severe)", "위험함(Critical)"의 5단계로 된 경계경보 시스템을 사용한다(Hui, 2010). 호주의 국가 테러 공공 경계경보 시스템(National Terrorism Public Alert System)은 국가 준비태세와 계획의 지침을 제공하는 네 단계로 되어 있다. 네 단계는 "낮음"–테러 공격이 예상되지 않음, "중간"–테러 공격이 일어날 수도 있음, "높음"–테러 공격이 일어날 가능성이 높음, 그리고 "매우 높음"– 테러 공격이 임박함 또는 이미 일어났음의 단계이다(Australian National Security, 2010).

사람(인명 손실), 시설(경기장 손실), 수익(임무 손실), 지역 사회(서비스 또는 공공 신뢰 손실)와 관련된 주요 스포츠나 특별행사에서의 사건사고의 결과를 완화하기 위해 다음의 몇 가지 전략이 사용된다(Hall et al. , 2007).

- **상인(Vendor) 프로그램 실행하기 :** 시설 관리자들은 상인과 도급 업자들이 베뉴에 접근할 때 신분증, 신원 조회, 유니폼을 포함한 최소한의 기준을 충족시킬 것을 요구해야 한다.
- **정보 공유와 분석 센터(ISAC: Information Sharing and Analysis Center)에 참가하기 :** 시설 관리자들은 보안 정보 공유와 분석 센터에 참여하는 것을 고려해야 한다. 공유 정보에는 수상한 행동, 위협, 예상되는 사건 등이 포함된다. 미국에서는 국토 안보부 주(州)사무국에 통합 센터가 있다. 국토 안보부는 "학습한 정보 공유 사이트"(www.llis.gov)를 운영하고 있고 국립 스포츠 안전 및 보안센터(NCS4)에는 스포츠 행사에 특정한 안전과 보안정보를 배급하는 회원 자료 센터(Membership Data Center)(www.ncs4.com)가 있다.
- **출입 통제 개선하기 :** 시설 관리자들은 다가오는 행사뿐 아니라 과거 보안 문제를 다루기 위해 정기적 안전과 보안 모임을 가져야 한다. 추가적으로 시설 증명서(비표)가 평가될 필요가 있고 신분증, 기록, 제한구역, 정문 출입, 도착 사인 절차, 행사 전 경기장 봉쇄에 관심을 기울여야 한다.
- **비상사태와 대피계획을 계획하고 시험하기 :** 스포츠나 행사 조직은 비상 통신망(Communication Network) 시험을 포함한 그들의 행사 비상사태와 대피 계획을 계획하고 연습해야 한다.
- **물리적 보호 시스템 개선하기 :** 조직은 보안 카메라, 적절한 조명, 공동 이용 가능한 통신망을 설치해야 한다.

National Terrorism Advisory System

Alert

www.dhs.gov/alerts

발표 날짜 & 시간: xxxx

요약

국토 보안부 장관은 국민과 관련 정부와 민간 분야 협력자들에게 잠재적 또는 실제 위협을 "임박한" 또는 "높아진" 위험이 있는지를 가리키는 이 경계경보로 알린다.

기간

특정 시간대 동안 개별 위협 경계경보가 발표 되며 자동적으로 만기된다. 만약 새로운 정보가 있거나 위협이 전개되면 경계경보는 연장될 수 있다.

상세

- 이난(section)은 위협 그리고 국민과 분야들(sectors)이 알 필요가 있는 것에 대해 더 자세한 정보를 제공한다.
- 영향을 받을 수 있는 주요 사회 간접 자본 분야 또는 위치를 포함하는 위협의 본질, 신뢰도에 관한 특별한 정보가 만약 있다면 이를 여기에 포함할 수 있다.
- 증가된 보호 활동과 국민이 보기를 원하는 것 같은 국민 안전을 위해 당국이 취하거나 계획한 활동에 관해 공개적으로 발표할 수 있는 최대한의 많은 정보가 여기에 포함된다.

영향 받은 지역

- 이난에는 영향 받은 장소, 분야 또는 다른 위협 지체에 대한 상세한 설명을 보여 주는 시각적 묘사(지도나 그래프 등)가 포함될 수 있다.

당신이 어떻게 도울 수 있나

- 이 난은 국민이 당국을 도울 수 있는 방법에 관한 정보(예: 폭발 현장에서 핸드폰으로 찍은 사진)를 제공하고 수상한 행동을 신고하는 것의 중요성을 강조한다.
- 국민이나 어떠 분야에 특정 물건, 상황, 사람, 활동 또는 전개되는 추세에 대해 경계를 당부할 수 있다.

준비하고 있기

- 이 난은 비상사태가 일어나기 전에 이에 대비해 국민이 계획하고 준비하는 것의 중요성을 강조하는데 개인, 가정, 사업장에서 자신들과 지역 사회를 위해 취할 수 있는 특정한 단계를 포함한다.
- 여기는 지금 위협에 기초해 적절한 추가적인 준비태세에 관한 정보를 제공한다.

알고있기

- 이 난은 국민에게 어디서 더 많은 정보를 얻을 수 있는지 알린다.
- 여기는 시민들에게 지역 공공 안전과 지역 사회 지도자로부터 최신 정보를 접하는 것을 장려한다.
- DHS NTAS 웹사이트로의 링크를 포함한다.
  http://www.dhs.gov/alerts 그리고
  http://www.twitter.com/NTASAlerts

뭔가를 보았다면 뭔가를 말하라. 수상한 행동을 지역 법 집행기관에 보고하거나 911로 신고 하십시오.

국가 테러 자문 시스템은 미국민에게 국토 보안 위협에 관한 경계경보 정보를 제공한다. 이는 국토 보안부에 의해서 배포된다. 더 상세한 정보는 www.dhs.gov/alert에서 접할 수 있다. www.twitter.com/NTASlerts에서 핸드폰으로 최신정보를 받을 수 있다. 뭔가를 보았다면 뭔가를 말하라. 뉴욕 메트로폴리탄 운송국의 허가아래 사용.

그림 4.5 국가 테러 자문 시스템(NTAS)에 의해 발표된 경계경보 형식

이들 대안들은 모든 위험 요소(All-Hazard)를 대비하기 위한 목적이다. 왜냐하면 테러 사건사고를 대비한 계획을 통해 군중 통제 문제와 험한 날씨와 같은 다른 사건사고를 위한 조치를 함께 마련해야 하기 때문이다. 예를 들어 관리자들은 반드시 폭발이나 임박한 토네이도, 번개, 신빙성 있는 폭발물 위협 같은 이유로 인해 실행될 수 있는 대피 계획을 개발하고 시험해야 한다. 출입 통제, 정보 공유, 물리적 보호 시스템을 위한 계획도 또한 마련되어야 한다. 효율적인 출입 통제는 베뉴에 들어오고 나갈 때 군중끼리 충돌하는 사고를 피할 수 있다. 베뉴나 행사에 특정한 정보 공유는 법 집행기관이 잠재 시나리오에 대비해 예방 또는 계획하는 것과 적절한 통신 능력을 가진 대응기관들의 효과적 대응을 확실하게 한다. CCTV같은 물리적 보호 시스템의 추가는 베뉴 경계선 안팎에서의 범죄행위와 불법 행동 감지를 돕는다.

스포츠나 행사 베뉴를 위한 총체적 위험 평가 과정

다음은 스포츠와 행사 시설인 가상의 "스포츠플렉스 스타디움"을 위한 일곱 단계의 위험 평가가 어떤 것인지 보여준다.

1단계 : 스포츠 보안 지휘 그룹을 확인하기

스포츠플렉스 조직은 참가자들을 위한 안전한 환경을 위해 안전과 보안 조치를 검토하기로 결정했다. 스포츠플렉스 소유주는 시설 관리자를 스포츠플렉스에서 열리는 행사의 안전과 보안 관리의 주요 이해 당사자 확인의 리더로 임명했다. 이들 주요 이해 당사자는 지휘 그룹(CG)을 형성할 것이다. 지휘그룹은 위험평가, 훈련과 연습 실행, 보호 조치 실천 그리고 대응, 복구, 지속능력 조율을 포함한 모든 안전과 보안 노력을 위한 핵심 기능을 수행한다. 핵심 지휘 그룹에 추가해서 시설 관리자는 스포츠플렉스의 보안 운영에서 주요 역할을 하는 다음 주체나 개인을 초청한다. 주 국토 안보부 대표, 주 공공 보건과 안전 대표, 공공시설 대표, 외주를 준 민간 보안 도급업자, 상인 대표.

2단계 : 시설 특성 짓기

스포츠 플렉스 스타디움은 2002년에 건설되었고 인구 약 십만의 작은 도시에 위치해 있다. 베뉴는 옥외시설이고 주요 고속도로 옆에 위치해 있다. 이 베뉴는 지역 대학 풋볼 팀의 홈구장이고 교내 대항경기, 콘서트, 졸업식을 포함한 다른 행사들을 주최한다. 삼만 오천이상의 스탠드식 좌석이 있다. 경기장은 주거와 업무용 건물로 둘러싸여 있다. 지휘그룹은 경기장의 물리적 묘사와 운영에 관한 필요한 모든 시설 지도, 도표, 직원기록을 수집한다.

지휘그룹은 몇 가지 바람직하지 못한 사건사고(Event)를 알아낸다.

1. **험한 날씨 :** 위치가 행사를 지연 또는 취소시킬 수 있는 허리케인이나 토네이도에 취약하다. 어떤 경우에는 경기장 관중들을 대피시키는 것이 필요할 수 있다.
2. **사이버 공격 :** 경기장 보도 기자석과 지휘소에는 행사 중 방해받을 수 있는 영상과 통신장비들이 갖춰져 있다.
3. **범죄 행위 :** 팬과 선수폭력, 기물 오손, 도난은 경기장 운영자의 근심거리이다.
4. **테러 :** 자살 폭파범, 차량 탑재 급조 폭발물 또는 생물학적 약품 살포 같은 테러 행위는 대량 파괴와 살상을 야기할 수 있다.

지휘 그룹은 또한 경기장과 주변 지역사회의 자산들을 기술했다.

- 경기장 관중, 참여자, 직원
- 경기장 구조물
- 통신
- 캠퍼스 경찰
- 공공사업(수도, 전기)
- 지역 경찰과 소방서
- 지역 응급 의료 서비스

• 주변 이웃동네와 사업장

3단계 : 위협 평가하기

지휘그룹은 다음 잠재 위협 요소를 식별하고 사건사고가 일어날 가능성을 높음, 중간, 또는 낮음으로 결정한다.

• 심한 토네이도(높음)
• **총기 난사**(중간)
• 기물 오손(낮음)
• 군중 폭력(중간)

4단계 : 취약점 분석하기

지휘 그룹은 다음 취약점을 식별한다.

• 시설에 입장하는 관중에 대한 검사가 일관되지 않다.
• 대피 절차가 수립되지 않았다.
• 과거에 시설 침입이 발생해 재산 도난과 기물 파괴를 초래하였다.
• 보안 직원의 훈련이 부족하며 자원 봉사자 모집 계획이 마련되어 있지 않다.
• 사건사고에 대한 비상대응 계획이 연습 또는 시험되지 않았다.
• 입구와 주차장의 조명이 부적당하다.
• 선수, 임원, 보안 직원에 대한 증명서 발급 시스템이 마련되어 있지 않다.
• 관중 폭력 사건사고가 과거에 발생한 적이 있다.
• 상인과 매점 배달에 대한 통제 시스템이 마련되어 있지 않다.

5단계 : 결과 평가하기

지휘 그룹은 몇 가지 사건사고에 대한 잠재적 결과를 평가한다. 예를 들어 그림 4.3에서 토네이도 사건사고의 결과를 보라. 이 사건사고에서 경제적 손실은 “중간”(백만 달러), 잠재 사망은 “중간”(〈3명), 공공 신뢰에 미치는 영향은“ 중간” 그리고 가동 중지시간과 지리적 영향은 “낮음”으로 추정된다.

6단계 : 위험 분석하기

지휘 그룹은 토네이도 사건사고의 예에 관련한 다음과 같은 분석을 했다.

토네이도- "높은" 가능성과 "중간" 결과 심각성은 전가(Transfer)와 감소(Reduce)로 대응한다. 수반된 위험은 시설 경영진이 제3자를 통해 보험을 드는 것을 요구한다. 추가로 경영진은 대피계획을 수립하고 관중들이 경기장 안에 있을 때 사건사고가 일어날 경우에 효과적인 대응을 위해 그 계획을 연습한다.

7단계 : 대안 개선 찾기

지휘 그룹은 다음의 대안 개선책을 찾았다.

- 팬들에 의한 폭력을 줄이기 위해 문자 메시지 보내기와 같은 보안 기술을 이용하라.
- 비상사태 대응과 대피 계획을 개발하라.
- 운영과 출입 능력을 시험하기 위해 대피 연습을 실시하라.
- 테러와 보안인식에 관해 직원을 훈련시켜라.
- 적절하고 일관적인 검사 절차가 사용되도록 하라. 검사절차에 관해 직원을 훈련 시켜라.
- 상인 통제 시스템을 수립하고 보안 요원이 있을 때 매점배달을 하도록 일정을 조정하라.

미국 국토 안보부의 위험 자가 평가 도구

국토 안보부 사회간접자본 보호과(DHS Office of Infrastructure Protection)의 임무는 재앙적인 인명 손실을 예방하고 인적 그리고 자연적 위협으로부터의 상업시설에 대한 파괴적인 영향을 관리하는 것이다. 국토 안보부는 시설 관리자들이 그들의 가장 심각한 위험을 관리하고 감소시키는 것을 돕기 위해 온라인 위험 자가 평가 도구(RSAT : Risk Self Assessment Tool)를 개발했다. RSAT 어플리케이션은 시설 관리자가 그들의 보안 준비태세를 확인하고 이해하는 것을 돕고 그들의 시설이 직면하는 가장 큰 위험에 대해 보호를 강화하는 방법에 대한 정보를 제공하기 위해 DHS의 위협 그리고 결과 추정과 조합하여 시설 입력(Facility Input)을 사용한다. RSAT는 다음 세 분야에서 자료 수집을 통해 위험 정보를 개발한다.

- **베뉴 특성 :** 주요 용도, 크기, 수용능력을 포함한 시설에 대한 정보를 수집한다.
- **위협 등급 :** 인적(예 : 급조 폭발물) 그리고 자연적(예 : 토네이도) 위협에 관한 정보를 수집한다.
- **취약점 분석 :** 사용자로부터 비상계획, 훈련, 직원 출입, 보안인력 정보를 포함한 일반적인 시설 보안 상태에 관한 정보를 수집한다.

스포츠와 오락 시설 관리자들은 DHS 온라인 위험 평가도구를 사용하는 것을 고려해야 한다. 비용 없이 이용가능하고 쉽게 접근 가능한 이 도구는 시설 관리자들의 보안 준비를 돕기 위해 자가 평가 보고서와 기준(Benchmark) 보고서를 제공한다. 자가 평가 보고서는 시설 관리자들에게 기존의 보안 장점과 가장 취약 분야에 관한 정보를 제공한다. 자세한 설명, 향상을 위한 옵션, 더 많은 정보에 대한 언급들이 보고서의 일부로 제공된다. 기준(Benchmark)보고서는 사용자의 시설과 RSAT과정을 완료한 다른 비슷한 시설과도 비교해 준다.

루이애지나주 뉴올리언스 루이애지나 슈퍼돔

사 례

2001년 9월11일 테러공격들은 미국 내의 상징적인 베뉴들을 목표로 하였다. 많은 사람들이 모이는 장소 특히 스포츠 베뉴가 미래의 잠재적인 목표 명부에 포함되어 있다. 미국에서 9/11 테러 후 많은 사람들이 모이는 스포츠 베뉴에 대한 보안 근심이 나라전체에 걸쳐서 증대했다. 이 근심은 계속해서 만연해있다. 2009년 1월 26일에 발표된 미국 국토 안보부 평가는 지하드 전사(Jihadist Message Board) 게시판에 게재된 글을 언급했다.

"몇 백 달러와 세 사람으로 수천 명의 미국인을 죽이는 방법"이란 제목의 글은 행사기간동안 미국 스포츠 베뉴와 다른 공공시설을 목표로 삼는 것을 주창했다(U.S. Department of Homeland Security, 2009e). 2009년1월 26일 일자 FBI-DHS 통합 정기 보고 최근 판은 테러 단체들은 계속해서 인기 스포츠와 오락 베뉴를 잠재 목표로 보고 있다고 경고했다. 정기 보고서는 "오락, 부도덕, 죄의 온상을 폭파하고 파괴. . . . . . 그리고 주요 경제 중심지를 공격. . . . . . "을 주요 목표로 특별히 열거한 알카에다 훈련 교범을 참조했다(Federal Bureau of Investigation and U.S. Department of Homeland Security, 2009).

9/11 테러 공격 직후 다가오는 주요 스포츠 행사에 대한 보안 준비의 관점에서 대테러(Counterterrorism)에 대한 관심이 증대되었다. 유타주 솔트레이크시티에서 개최예정인 2002년 동계 올림픽이 머지않았다. 이 행사를 위한 보안 준비는 1997년부터 계속되어 오고 있었다. 2002년 슈퍼볼은 이 보다 더 일찍 열릴 예정이었는데 루이애지나주 뉴올리언스 루이애지나 슈퍼돔에서 개최될 예정이었다. 슈퍼돔 보안 조직에 어떤 결함이 있는지 알기 위해 철저한 위험 평가가 2002년 슈퍼볼 전에 완결될 필요가 있었다. 강화된 보안의 필요성에 기여한 몇 가지 요소는 다음과 같다.

- 2001년 9월 11일 최근의 미국에 대한 테러공격

• 슈퍼볼 전에 있고 많은 군중을 끄는 일주간의 NFL익스피어리언스

• 뉴올리언스에서 지속될 현재진행중인 마디 그라(Mardi Gras) 축제

• 슈퍼볼을 테러공격의 가능 목표로 제시한 집행기관의 위험 평가

• 13만 관중과 지원 요원들이 2002년 슈퍼볼을 위해 슈퍼돔 안에 있을 것이라는 예상

루이애지나 슈퍼돔은 세계에서 가장 큰 기둥이 없는 철골 구조 공간이다. 경기장 자체는 13에이커(5.2 헥타르)의 면적을 차지하며 미시시피 강에서 1.5마일(2.4Km)떨어진 뉴올리언스 업무지구 중심에 있는 52에이커(21헥타르)의 대지에 위치해 있다. 슈퍼돔은 273피트(83m)높이에 돔 지붕의 면적은 9.7에이커(3.9헥타르)이다. 슈퍼돔 구조의 모든 구성요소는 건물의 전체적 안정성에 기여하도록 디자인되었다. 기둥, 버팀대, 돔 지붕, 텐션링(Tension Ring) 시스템은 건물의 구조적 보존을 확실히 하기 위해 짜 맞추어져 있다. 36회 슈퍼볼은 루이애지나 슈퍼돔이 주최한 아홉 번째 NFL 챔피온 결정전이며 그 어느 베뉴보다 많은 횟수다.

1997년 게임준비에서 FBI, 뉴올리언스 경찰국(NOPD), 뉴올리언스 소방국(NOFD) 그리고 루이애지나 주경찰청으로 구성된 다기관 팀에 의해 상세한 위험 평가가 수행되었다.

2002년 슈퍼볼 준비에서 같은 기관들로 구성된 팀이 지난 위험 평가를 업데이트하기 위해 소집되었다. FBI 특별 행사 관리팀(Special Events Management Unit)에 의해 개발된 위험 평가 방법뿐만 아니라 1997년 위험 평가를 기초로 하여 다기관 위험 평가 팀은 슈퍼돔 시설을 재조사하여 새로운 내부 건축, 재배치된 좌석, 공간 설계 그리고 슈퍼돔 근처에 36회 슈퍼볼을 동시 방송할 2만석 규모의 뉴올리언스 아레나의 증축을 포함한 많은 변화가 있었다는 것을 알아냈다. 이러한 변화들은 전술적 결의(Tactical Resolution)에 포함될 다양한 고려 상황들에 직접적으로 영향을 미친다. 뉴올리언스 아레나의 증축은 슈퍼돔의 일부를 대피시킬 필요가 있는 사건에서 관중 소개(疎開)의 옵션을 제공한다. 시설 위기 대응 계획(Facility Crisis Response Plan)은 모든 알려진 변화를 포함하도록 업데이트되었다.

위험 평가가 완성되고 행사 계획자들에게 제공되었다. 위험 평가의 결과는 발견된 보안 틈새에 우선순위를 매기고 이어서 예산을 수정 사항에 집중하게 되었다.

배운 점

- 스포츠 베뉴의 위험 평가를 수행할 때 현재의 위험 평가 정보를 고려하라.
- 신뢰할만한 위험 평가 방법을 사용하라.
- 위험 평가 팀에 다기관 대표들을 포함하라.
- 과거의 위험 평가에 의존하지 마라. 스포츠와 오락 베뉴 내에 변화가 자주 일어난다.
- 보안 틈새를 찾아내고 수정 행동을 제안하라.

생각해볼 문제

1. 스포츠나 오락 시설에 대한 위험 평가가 얼마나 자주 수행되어야 하나?
2. 위험 평가동안 만들어진 정보는 시설과 보안 요원에게는 기밀인가?
3. 언론이 위험 평가과정에 관여되어야 하나? 왜 그렇게 또는 그렇지 않게 생각하나?

참조

U.S. Department of Homeland Security, Office of Intelligence and Analysis(2009e, January 26). *Threats to College Sports and Entertainment Venues and Surrounding Area.*

Federal Bureau of Investigation and U.S. Homeland Security.(2009, September 21). *Potential Threats to Popular Sport and Entertainment Venues.* Intelligence Bulletin No. 326 Joint FBI-DHS Bulletin.

이 장의 핵심

- 위험(Risk)은 인적 상해, 재산 피해, 사망, 경제적 손실 또는 환경 피해 같은 위험 요소(Hazard)로부터 손실 가능성이다. 위험(Risk)의 세 가지 주요 유형은 (1) 임무(기능) 위험, (2) 자산(Asset) 위험, 그리고 (3) 보안 위험이다.
- 모든 위험 리스크 관리 접근법(All-Hazard Risk Management Approach)은 테러, 자연재해, 군중 통제 문제를 포함한 잠재적 위협으로부터 물리적, 인적 자산을 보호하기 위해 스포츠와 오락 조직에게 중요하다.
- 스포츠와 오락 시설 관리인은 그들의 시설과 운영에 대한 위험평가 수행을 통해 반드시 위험 관리 과정(Risk Management Processes)을 기꺼이 받아들여야 한다. 평가를 수행함으로서 관리인은 (1) 시설의 현재 보안 프로파일을 얻을 수 있고 더 높은 수준의 보안이 필요한 구역을 강조할 수 있으며 (2) 비용대비 효과적인 대안의 정당화(Justification) 개발을 돕고 직원들에게 보안 과정에서의 장점과 약점을 알림으로서 보안 인식을 증대시킬 수 있다.
- 위험 평가 과정은 일곱 주요 단계를 포함한다. (1) 보안 지휘 그룹 확인 (2) 시설 특징 찾기 (3) 위협 평가하기 (4) 취약점 분석하기 (5) 결과 평가하기 (6) 위험(Risk) 분석하기 (7) 대안 개선하기
- 보안 지휘 그룹은 스포츠나 특별 행사에서 보안 계획, 대응, 복구 작전의 여러 분야를 아우르는 다수의 기관들을 포함해야 한다.
- 시설 특징 찾기는 (1) 시설의 물리적 묘사 완성, (2) 바람직하지 못한 사건(Undesired Event) 식별, 그리고 (3) 주요 자산 확인이 포함된다.
- 결과 평가 단계는 지휘 그룹이 모든 잠재 위협(바람직하지 못한 사건)을 검토하고 결과 값 그리고 시설과 주요 이해 당사자들에 대한 잠재적 영향을 평가하게 한다.

- 위험(Risk)과 잠재적 손실 평가는 확인된 위협과 위험을 받아들일지, 감소시킬지, 전가할지, 회피할지 시설 관리자들의 결정 과정을 돕는다(U.S. Department of Homeland Security, 2003b).
- 대안 개선은 또한 위험 감소 전략이라고도 불린다. 이 제안은 결정 능력을 높이기 위해 베뉴 평가에 기초해 경영진에게 제공된다.

응용 질문

1. 위험 평가 수행의 중요성에 대해 토론하라.
2. 보안 지휘 그룹을 조직하는 임무가 당신에게 주어졌다. 이 중요한 팀에 어느 대표들이 포함돼 일하도록 요구를 하며 왜 그들을 선택하겠느냐?
3. 스포츠경기장과 오락 공연장에서 잠재적 위협과 취약점을 묘사하라.
4. 시설 보안 시스템을 강화하기 위하여 어떤 일반적인 대안 개선(위험 감소 전략)을 제안하겠는가?

활동

이 활동은 위험 평가 원칙의 연습이다. 스포츠와 특별 행사 시설을 선택하여 시설 자산, 위협, 취약점 그리고 결과에 관한 정보를 얻기 위해 현장을 방문하라. 보고서를 준비하고 다음 요강(Outline)을 사용하여 결론 발표를 하라.

- 시설 현장 정보를 수집하라.
- 시설의 보안을 책임지는 주요 인력을 확인하고 목록을 만들어라.
- 베뉴와 주변 지역(1마일 또는 1.6km)내의 시설 자산을 확인하라.
- 과거 활동을 포함한 시설에 대한 잠재적 위협을 확인하고 설명하라.
- 시설 보안 강점을 확인하라.

- 시설 보안 취약점(틈새)을 확인하라.
- 바람직하지 못한 사건(Undesired Events)의 결과를 추정하라.
- 보안 운영 향상을 위한 제안(위험 감소 전략)을 하라.

제5장

보안 계획, 정책 그리고 보호 조치

이 장의 목적

- 계획을 정의하고 스포츠와 특별 행사 보안 시스템에서 계획의 중요성을 이해하라.
- 문제 해결 과정을 검토하라.
- 위험 관리 프로그램을 개발하고 실행하고 평가하라.
- 경기 당일 또는 행사 당일 운영 계획을 개발하라.
- 시설 비상 행동 계획을 개발하라.
- 베뉴 정책, 절차, 보호 조치를 개발하라.

5장

보안 계획, 정책 그리고 보호 조치

효과적인 보안 관리의 지침이 되는 원칙은 스포츠나 특별 행사에서 잠재적 재난 사건사고 완화와 관련된 모든 주요 기능들을 다루고 효율적, 효과적으로 대응하기위한 계획을 마련하는 것이다. 보안 영역에서 계획의 부족은 파괴적인 결과를 가져오고 재난이 발생할 경우 실수의 가능성이 확실히 높아진다. 이 장의 목적은 모든 위험 비상사태(All-Hazard Emergencies)에 대비한 계획의 중요성을 강조하고 잠재적 사건사고에 대처하기 위한 계획, 정책 그리고 보호 조치의 개발과 실행을 토론하기 위해서이다.

계획은 사고(Event)가 생기기 전에 능동적으로 준비하고 모든 위험 비상사태에 관한 예방, 대응, 복구를 위한 중요한 계획을 실행하는 과정이다. 보안 지휘 그룹(CG)과 보안 관리 시스템에 책임이 있는 다른 주요 이해 당사자들(스포츠와 행사 베뉴 소유를 관장하는 독특한 조직적, 정치적 구조를 고려해 필요하다고 간주되는)은 바람직한 결과를 마음에 그리고 그 결과를 이루기 위한 필요한 절차와 운영을 개발해야 한다. 이 책에서 먼저 강조했듯이 보안 지휘 그룹은 시설관리, 법 집행, 비상 관리, 소방과 위험물(HAZMAT), 응급 의료 서비스(EMS) 등 분야의 대표로 구성되어 있다(그러나 이에 국한되지는 않는다). 스포츠 관장 기구, 리그 그리고 팀은 보안 관리에 대한 그들의 접근법이 아주 다르다. 어떤 조직은 자체(in-house) 보안 운영을 유지하는 반면 다른 조직은 보안 서비스 제공을 위해 외부 회사와 계약을 한다. 보안 기능의 접근 방법에 상관없이 실행을 책임진 사람들은 반드시 서로를 알고, 신뢰를 쌓고, 사건사고의 위기 시 의지할 사람들과 긴밀하게 일해야 한다. 계획은 자산을 정의하고, 위험을 평가하고, 위협을 분석하고, 적절한 계획, 정책, 보호조치를 개발하는 효과적인 행사 보안 관리 시스템의 운영을 위하여 반드시 필요하다. 표준 계획과정은 다음 단계를 포함할 수 있다(U.S. Department of Homeland Security, 2009c) :

1. **문제를 분명히 하라 :** 예를 들어 모든 위험 사건사고를 다루는 시설 비상 행동 계획(EAP: Emergency Action Plan) 같은 스포츠나 특별 행사를 위하여 확정된 보안 시스템의 부족이 문제의 예가 될 수 있다.
2. **자원들을 상세히 조사하라 :** 누가 가장 유능하며 특정한 문제 분야를 다루기 위해 필요한 전문화된 능력을 가지고 있는지 결정하라.
3. **대안을 찾아라 :** 스포츠나 다른 행사에 영향을 줄 수 있는 잠재적 재난 사건사고에 관한 많은 관심사에 대해 창조적 집단 사고(Brainstorm)를 하라.
4. **해법을 제시하라 :** 조명 또는 카메라 시스템의 개선, 명확한 표지판 정책(A Clear Signage Policy), 출입 통제 및 증명서 발급 과정 개선과 같은 필요한 해법을 확인하라.
5. **우선사항을 정의하라 :** 무엇이 가장 중요한가? 예를 들어 대부분의 대학 체육부서는 보조적인 기능을 하며 수익의 전부가 아니더라도 일부를 창출해야 한다. 따라서 최상의 보안 시스템을 위한 자금이 쉽게 이용될 가능성이 낮다. 따라서 자금의 제약상 어떤 보안 항목을 먼저 다룰 것인가를 결정해야 한다.
6. **행동 계획을 개발하라 :** 어떤 항목이 지정되고 어떤 행동이 언제, 누구에 의해 실행 되냐는 것이 당장 문제가 된다. 이들 행동들은 가장 먼저 적임자를 적소에 배치하는 것을 필요로 한다(Collins, 2001).
7. **추가 점검(Follow up) :** 과정의 마지막 단계는 실행된 행동 계획을 평가하고 그들이 바람직한 결과를 달성하느냐를 알아내는 것을 포함한다. 이 단계는 지속적인 개량과 질적 향상을 보장한다.

좋지 못한 계획 또는 목적이나 방향이 없는 계획은 스포츠나 특별 행사를 위한 효과적인 보안 관리 시스템이라는 결과를 가져올 수 없다. 효과적인 계획은 정의된 프로세스에 기초를 두고 문서화된 최상의 관행을 포함한다. Stephen Covey의 *아주 효과적인 사람의 습관(1989)*의 주요 원칙은 "끝을 염두에 두고 시작한다."이다. 행사 보안 관리를 위한 효과적인 계획은 개선할 방법을 찾기 위해 정기적으로 모임을 갖고 훈련에 참가하고(7장 참조) 지속적으로 검토하며 계획을 연습하는(8장 참조) 지식과 기술을 갖춘 지휘 그룹에 의해 만들어진다. 보안 지휘 그룹은 계획(Plan)–실천(Do)– 연구(Study)–행동(Act)의(그림 5.1 참조) 지속적 향상 서클(Continuous Improvement Cycle)에 전념해야 한다.

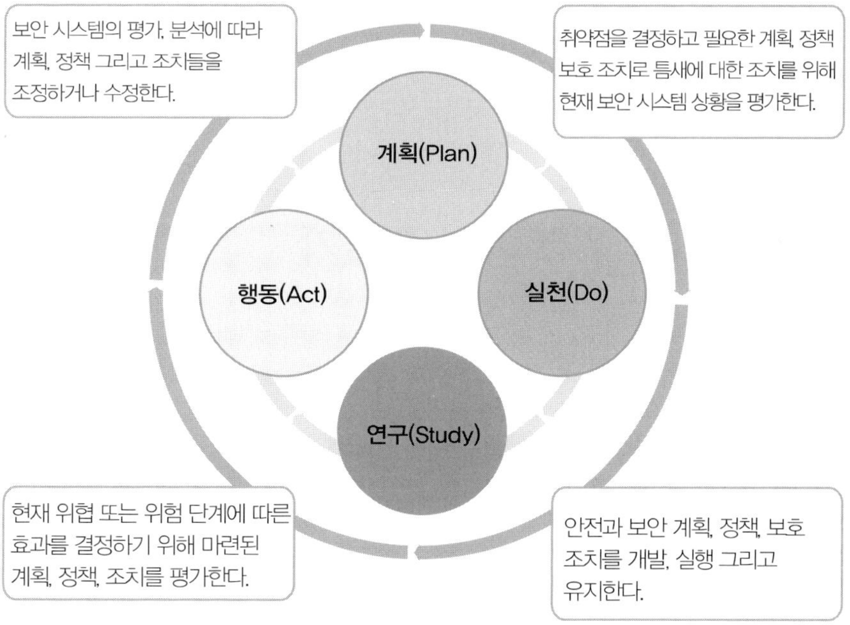

그림 5.1 계획 – 실천 – 연구 – 행동 과정. SESA 모델에서와 같이 이들 단계들은 지속적인 개선 사이클을 형성하기 위해 상호 작용한다.

게임(행사) 계획(Game Plan)을 개발하고 그 계획을 연습 또는 실천하는 것은 표준 의례(Standard Protocol)여야 한다. 만약 스포츠에 비교한다면 누구나 만약 이기려는 의도라면 성공하기 위해 코치가 반드시 게임 계획을 개발하고 선수들이 반드시 그 계획을 정확히 실천해야 한다는 것을 알 것이다.

만약 게임 계획이 잘 고안되고 상대의 취약점을 이용하는데 기초한 것이라면 이길 확률은 높아진다. 궁극적인 목표는 잘 기록된 보안 계획관리 계획을 마련하는 것과 그 계획을 정기적으로 연습하는 것이다. 스포츠나 행사 조직은 안전과 보안 운영을 위해 다기관에 의존 할 수도 있고 반드시 이들 다기관과 계획 활동을 조율해야 한다(2장에서 확인). 보안 지휘 그룹은 경기 당일 또는 행사 운영 계획과 시설 비상행동 계획을 포함하는 위험 관리 계획을 개발하고 실행하는 것을 반드시 고려해야 한다. 사업 지속성과 복구 계획 또한 중요하며 이들은 6장에서 다루어진다.

위험 관리를 위한 계획 만들기

위험 관리 프로그램은 스포츠 또는 행사 운영에 네 가지 차원에서 가치를 부과한다. 이 프로그램은 안전 의례(safety protocols)를 통해 참가자들의 경험을 증대시키고 위험의 공포를 줄일 수 있다. 좋은 위험 관리 실천은 재정적, 물리적, 인적 자원을 보호하기 때문에 이는 좋은 자산 관리능력을 제공한다. 위험 관리는 또한 과도한 책임 문제로 발생하는 법적행동을 포함한 문제를 미연에 방지한다. 마지막으로 위험 관리는 전문가적 관행을 장려해 더욱 효과적인 운영을 가져온다(Kaiser & Robinson, 2005).

Kaiser & Robinson에 의하면(2005) “규모나 유형에 상관없이 모든 조직들은 현재 위험 관리 계획을 갖추고 있어야 한다.” 위험 관리 계획은 시설 위험을 지속적으로 식별, 감시, 완화할 수 있다. 완화 전략은 위협이 발생할 가능성을 줄이거나 사건사고로 의한 그리고 사후의 피해 정도를 제한할 수 있다(Lindell, Prater, & Perry, 2007). 스포츠와 행사 관리인들은 이용자들에게 안전한 환경을 제공할 법적 의무가 있다. 위험을 인식하고 처리하는데 실패하면 이용자, 참가자, 직원이 부상당할 수 있고 법적 책임의 근거를 제공할 수 있다. DIM 위험 관리 과정(개발(Developing), 실행(Implement), 관리(Managing))은 시설 관리인들이 효과적인 위험 관리 프로그램을 수립하도록 돕는 도구이다. 이 과정에는 주요 세 단계가 포함한다. (1) 위험 관리 계획 개발, (2) 위험 관리 계획 실행, (3) 위험 관리 계획 관리(Ammon, Southall, & Nagel, 2010).

1단계 : 계획을 개발하라.

위험 관리 계획 개발은 (1) 위험 식별, (2) 위험 분류, (3) 확인된 위험의 처리 방법을 포함하는 세 단계로 구성되어 있다(Ammon, Southall, & Nagel, 2010). 이들 세 단계는 4장에서 다루어졌다. 위험 확인은 위험평가 수행을 통해서 완성될 수 있는데 이 위험 평가 수행은 관리인이 행사 운영에서 생길 수 있는 특정 시설 또는 행사 위험을 식별하고 잠재적 영향(재앙적, 심각한, 제한적, 미미한 등급)을 평가할 수 있게 한다. 위험(Risk)은 다음 네 분야로 분류될 수 있다. (1) 시설 또는 장비에 대한 재산 손실 또는 피해(자연재해 또는 시설물 파괴(Vandalism)로부터), (2) 계약 책임, 고용인 행동, 사생활 침해(예 : 직접 손으로 하는 검사)와 같은 비과실 공공 책임(Non-Negligent public liability), (3) 적절히 미래에 대비하여 시설을 관리해야 하는 베뉴 소유주, 운영자, 직원의 부주의로 인한 부상과 같은 부주의로 인한 공공 책임(테러 완화 조치 실행 실패와 같은), (4) 잠재적 재정 손실과 같은 사업 운영(예 : 도난, 횡령).

위험을 분류하는 것은 일어날 확률(가능성)과 빈도를 평가하는 것으로 가능하다(예 : 낮음, 중간, 높음). 잠재적 위험의 인식과 평가는 시설 자산에 미치는 영향의 심각성에 따라 관리인들이 최상의 처리 방법(Treatment Method)(받아들이기, 감소하기, 전가하기, 회피하기)을 선택하게 한다. 위험을 처리하는 것은 필수적인데 바로 부주의는 법적 책임의 원인이 될 수 있기 때문이다. 조직의 규모에 관계없이 위임된 위험 관리자, 위험 관리팀 또는 위원회 그리고 지원 행정인력들이 있어야 한다. 위험 관리 직무는 특별히 위험 감소 활동을 이끌 수 있는 '한 사람(one person)'에게 위임되어야 한다(Kaiser& Robinson, 2005). 보다 큰 스포츠나 행사 조직은 한 사람이 위험 관리 직무에만 전념하게 할 수 있을 것이다. 그러나 어떤 경우에는 시설 관리자가 위험 관리자 역할을 함께 할 수도 있다. 위험이 식별된 후(4장에서 강조된 과정을 통해서) 위험 관리자는 시설 활동 감시와 개선이 필요한 분야를 다루기 위한 계획 개발을 시작할 수 있다. 위험 관리 계획의 일반적인 요소는 부록 5.1에 설명된다.

2단계 : 계획 실행하기

Busowsky(n. d.)에 의하면 위험 관리 계획의 실행은 첫째 추가적 경계선 통제(Extra Perimeter Controls)이나 차량진입 방지용 말뚝 설치, 위험 물질(Hazardous Material)이전, 관중 인식(Public Awareness)을 위한 표지판 같이 필요한 것을 단 한번만 하면 되는 것을 포함한다. 이런 직무들은 대개 일을 끝내기 위해 추가적인 자금과 인력을 필요로 한다. 두 번째 행동은 OSHA(미국 연방직업안전보건국)의 법령을 위한 추가적인 안전 장비 또는 다른 법적 안전 준수(Compliance) 사항을 확보하는 것이다. 이것은 베뉴 내의 화재 위험에 적용될 수 있다. 비록 일부 위험한 사고(Risky Events)는 예방이 힘들지만 만약 일어난다면 적절한 장비가 마련되어 있을 경우 조직은 효율적으로 대응할 수 있다. 새로운 문서화된 절차가 인력 훈련을 위한 지침서(Manual)에 포함될 수 있고 사건사고가 발생하면 지침서를 참조할 수 있다.

시설 관리인(위험 관리인)은 위험관리 프로그램을 모니터하기 위해 위험 관리위원회를 구성할 수 있다. 위험 관리 위원회는 관리인을 보조하고 관리인에게 제안 하는 시설 직원들로 구성되어야 한다. 실행 단계에서 커뮤니케이션은 중요하다. 위험 관리 계획은 위험 계획 직무에 대한 전념과 책임 공유 개념 시행을 위해 반드시 모든 직원들에게 전달되어야 한다. 위험 관리 계획과 그 중요성을 직원에게 전달하는 방법은 초기 채용 시 조직에 대한 오리엔테이션에서 반드시 시작해야하며 직원 수첩(Employ Handbook)에는 위험감소 지침을 발췌해 포함해야 한다. 지침은 시설 평면도, 운영, 규칙과 규정, 조직 구조, 직위에 따라 결정된 직원의 책임, 기록 방법, 비상 대응 활동을 두루 포함해야 한다. 직원 수첩은 매년 그리고 계획에 변화가 있을 때 재검토되어야 한다. 의사전달(Communicating)과 직원 훈련 방법은 7장에서 다룬다. 위험 관리인은 위험 위원회(Risk Committee)에게 운영 안전 지침서를 검토하고 직원들 사이에서 안전 태도(Safe Attitude)를 장려하고 위험 관리 훈련을 제공하고 사고 클레임을 검토하고 주기적인 시설 검사를 할 것을 요구할 수 있다(Kaiser & Robinson, 2005). 위험 관리계획의 성공은 위험 관리 과정에 대한 경영진의 재정적인 헌신(Financial Commitment)에 달려 있다(Ammon, Southall, & Nagel, 2010 : Kaiser &Robinson, 2005).

3단계 : 계획 관리하기

계획이 마련된 후 절차적 목표와 목적(Procedural Goals and Objectives) 그리고 결과 관련 목표와 목적(Result-Related Goals and Objectives)을 향한 진척을 측정하기 위해 계획이 매년 평가되어야 한다(Kaiser &Robinson, 2005). 절차적 목표와 목적은 행동의 측정이다. 예를 들어 시설 관리인이 불량 장비로 인한 부상 위험을 감소시키기 위해 시설 장비를 분기마다 검사한다. 결과 관련 목표와 목적은 결과 심각성(Consequence Severity) 또는 사건사고의 빈도를 줄이는데 초점을 둔다. 예를 들어 미끄러져 넘어지는 사고의 횟수가 연간 세 건에서 한건으로 줄고 이어서 한건도 발생하지 않게 된다. 두 세트의 목표들을 이용하는 것은 위험 관리인이 진척과 특정한 향상 성취(Specific Improvement Achievement)를 평가하는 것을 돕는다. 측정될 수 있는 목표는 쉽게 평가될 수 있고 필요하면 수정될 수 있으며 목표에 도달할 경우 보상 수여의 기준으로 이용될 수 있다. 목표와 목적은 부족한 점을 이해하고 그에 따라 지속적인 향상을 위해 조절하도록 체계적으로 재검토되어야 한다. 위험 관리 계획은 불변의 문서가 아니다. 위험 환경은 끊임없이 변화한다. 그래서 지명된 위험 관리인과 위험 관리 위원회는 반드시 최소한 매년 계획을 재검토하고 업데이트해야 한다(Kaiser &Robinson, 2005).

계획을 재검토하기 위해서는 주요 인력들이 시설 검사, 행사 참관, 현재추세, 새로운 정책에 기초한 계획에 추가할 것을 토론하기 위해 만나야 한다. 그런 다음 문서 자체를 업데이트한다. 예를 들어 직원들이 경기장 입구들 중 하나에서 교통량이 크게 늘어난 것을 경기시작 15분 전에 알아냈다고 하자. 이것을 보고 받은 경영진은 표 받는 사람과 보안 요원을 돕기 위해 추가 직원을 관중이 붐벼 막히는 지점에 배치할 것을 결정한다. 그런 후 경영진은 직원수요와 베뉴 내 직원 위치에 관련된 계획을 수정한다.

개발, 실행, 관리(DIM)의 예

David는 최근 축구, 럭비, 육상경기를 주최하는 큰 다목적 야외 시설에 임명되었다. 시설은 또한 주요 록 공연을 가끔씩 주최한다. 시설은 1999년에 건설되었으며 주요 도시에 위치하고 공공 교통 체계에 접근성이 좋다. 시설은 주거와 사업 단지로 둘러싸여져 있다. 시설에는 70,000개의 클럽석, 500개의 박스석, 30개의 법인 스위트 석, 11개의 회전식 개찰구를 갖춘 주요 출입구가 있고 시설에서 100 피트(30m)이내에 주차 구역이 있다.

보도 박스(Press Box)에는 지휘소와 CCTV시설이 있다. 행사 보안은 지역의 보안 제공업체에 외부 위탁 되어있으나 지역 경찰서, 소방서, 응급 의료 서비스가 행사 당일 이용 가능하다. David는 지휘그룹의 도움을 받아 위험 관리 프로그램을 실행하기로 결정했다. 팀은 운영 정책과 절차를 분석하고 시설 고용인, 슈퍼바이저와 이야기하고 과거 시설 보고서와 기록을 재검토한다. David와 그의 팀은 다음 문제점들을 토론했다.

- 시설은 1999년(9/11이전)에 건설되었고 보안 기능에 초점을 거의 두지 않고 디자인 되었다.
- 다목적 시설은 축구, 럭비, 육상, 콘서트를 주최한다. 각각 행사의 종류마다 팬들의 인적 구성(Fan Demography)이 다르다.
- 축구 경기 중 관중 폭력의 기록이 있다.
- 시설에 출입하는 관중 검색에 사용되는 절차에 일관성이 없다.
- 시설에서 술을 판다.
- 대피 절차(전체적, 부분적, 장내 대피)가 아직 확립되지 않았다.
- 경영진은 보안 직원과 자원 봉사자에 대한 훈련 요구사항에 대해 걱정하고 있다.
- 과거에 시설 침입이 있었고 재산의 도난과 파손이 있었다.
- 시설의 제한 구역은 행사 동안 적절히 통제 되지 않으며 이용자들이 보안 구역을 출입하였다.
- 입구 정문과 주차 구역의 시설 조명이 충분하지 않다.
- 선수, 임원, 보안 직원을 위한 증명서 발행 체계가 마련되어 있지 않다.
- 시설 장비와 테러 목적으로 사용될 수 있는 화학 약품을 포함한 관리 물품이 안전하게 보관 되어있지 않다.
- 광역 도시권에 호전적인 정치 그리고 종교단체가 활동하고 있다.
- 주요 사건 사고 직후 잠재적 사상자의 폭증은 현재 시내의 응급 의료 자원을 곤경에 처하게 할 수 있다.

David는 다음 위험들(순서 무관)을 확인했으며 확률, 결과, 처치 방법 그리고 위험 완화를 위한 제안사항을 건의했다.

위험	확률	결과	처리	제안사항
파손, 시설 피해	중간	미미함	감소	모든 제한 구역(보도실, 창고)의 보안을 항상 유지하기.
급조 폭발물 또는 차량 탑재 급조 폭발물	낮음	재앙적	회피 또는 전가	시설의 구조 평가를 실시하고 시설 내의 보안 기능을 재평가 또는 재디자인하기. 보안 요원이 있을 때 매점 배달이 오도록 일정조절하기. 책임을 3자에게 전가하기.
도난 또는 횡령	낮음	제한적	감소	보험 들기
팬 또는 선수 부상	높음	정도에 따라 다름	감소 또는 전가	보험 들기. waiver 실행하기. 계속되는 문제와 과도한 잠재 손실을 가져오는 활동 포기하기.
정치적 시위(공공소요)	낮음	미미함	받아들이기	직원들이 군중 관리 기술에 대해 훈련받도록 할 것.
시설에 유포된 생물학적 물질	낮음	재앙적	전가	보험 들기. 제한 구역(HVAC 시스템, 위험 물질 보관소)의 보안을 항상 유지하기.
시설 안의 총기 난사범(Active shooter)	중간	재앙적	감소 또는 전가	적절하고 일관성 있는 검색 절차를 사용할 것.
시설 안의 자살 폭파범	중간	재앙적	감소 또는 전가	적절하고 일관성 있는 검색 절차를 사용할 것.
팬 또는 선수 폭력	중간	심각함 또는 제한적	감소 또는 전가(또는 회피, 행사의 역사에 따라 따름)	행사마다 다름으로 각각의 행사에 대한 위협과 위험을 평가하기. 문제를 일으키는 사람 확인을 위한 보안 기술 사용하기(예. 문자 메시지 시스템). 계속되는 문제와 과도한 잠재 손실을 가져오는 활동 포기하기.

부적절한 비상 그리고 대피 계획으로 인한 과실	중간	심각함	감소	비상 계획과 대피 계획 개발하기. 운영 시험을 위한 대피 연습하기.
콘서트에서 관중 압사	중간	재앙적	감소 또는 전가 (또는 회피)	임대 계약과 보상 조항 사용하기. 계속되는 문제와 과도한 잠재 손실을 가져오는 활동 포기하기.
훈련 되지 않은 직원에 의한 과실	낮음	심각함	감소 또는 전가	자격을 갖춘 독립된 도급 업체 이용하기. 모든 직원이 보안 훈련을 완수할 것(예 : 테러 인식 훈련, 군중 관리, 검색 정책 등등). 운영을 시험하기 위해 계획 연습하기.
나쁜 날씨 (예 : 허리케인)	중간	정도와 행사 시간에 따라 다름	감소 또는 전가	대응 기관들과 상호 협력 합의를 수립하고 운영의 연속성을 위해 대체 경기장을 사용 준비할 것.

베뉴 정책

위험을 완전히 없애는 것은 불가능하다. 그래서 관리자들은 위험을 합리적이고 실용적으로 낮은 수준까지 감소시킬 수 있는 정책과 조치를 확인해야 한다. 목표는 스포츠와 행사 베뉴의 중요한 측면을 보호하는 것이다. 이 목표를 달성하는 것은 정책과 절차를 마련하고 물리적인 보안 조치를 설립하며 보안 직원을 훈련하고 관리하는 것을 포함한다(U.S. Department of Homeland Security, 2008c). 만약 관중들이 베뉴 정책과 절차를 쉽게 훼손시킬 수 있다면 비용이 많이 드는 물리적 보안 조치와 보안 직원 훈련에 투자할 필요가 없음으로 베뉴 정책과 절차의 실행은 성공적인 보안과 안전 프로그램에 필수적이다. 다음 주요 분야들은 정책, 절차 그리고 보호 조치를 개발하는데 지침으로 이용되어야 한다(U.S. Department of Homeland Security, 2009c).

- ADA(미국 장애인차별금지법안)(특별한 도움이 필요한 사람들이 경기장 좌석에 쉽게 가서 앉을 수 있도록 한다.) : 베뉴는 반드시 미국 연방 법을 준수해야하며 모든 관중들은 베뉴에 들어가고 그들의 좌석에 가서 앉을 수 있어야 한다.
- 술(베뉴내에서 술의 판매와 소비를 금한다.) : 예를 들어 미국 대학 스포츠 행사에서 술 판매는 허락되지 않는다. 많은 대학 캠퍼스는 금주(Alcohol Free) 구역이다. 프로 스포츠 행사에서는 술의 판매가 허락되나 리그 정책과 베뉴 경영진은 개인당 판매 횟수를 제한할 수 있고 일정 시간 이후 판매를 중단할 수 있다(예 : NFL 게임의 3쿼터).
- 커뮤니케이션(최초 대응 기관들 사이에 상호 이용 가능한 커뮤니케이션 시스템 설립) : 모든 대응 기관들은 위기 시 통신을 위해 같은 네트워크를 이용할 수 있어야 한다.
- 증명서 발급(모든 직원, 선수, 팀 관계자, 언론 기자 등등을 위해 증명서 발급 시스템을 설립) : 경영진은 직원에 대한 신원 조회 실시와 모든 행사 당일 직원들에게 사진이 부착된 증명서를 발급을 결정할 수 있다. 경기장 구역 출입을 표시하기 위해 증명서를 색깔별로 나누어(Color Coding) 발행할 수 있다(예 : VIP, 필드 출입).
- 응급 의료 서비스(경기장에서 응급 처치를 위해 지역 EMS와 병원과 협력한다.) : 경영진은 사건사고 시 경기장에 적절한 의료 요원과 물품이 제공되도록 비상 대응 기관들과 협력하여야 한다.
- 대피(대피 절차를 개발하고 연습한다) : 부분적, 전체적 또는 장내 대피든지 안전하고 효율적인 대피를 위해 대피 계획은 아주 중요하다. 계획이 개발된 다음 경영진은 사건사고가 일어나기 전에 계획이 제대로 작동되는 것을 확실히 하고 문제 부분을 확인하기 위해 계획을 연습해야 한다.

- 팬들의 행동(무질서한 행동과 욕설을 억제하기 위한 정책을 수립한다.) : 사이드 바 참조.
- 언론과 커뮤니케이션(사건사고 후 언론과 대중들에게 발표할 공공 정보 관리를 확인한다.) 훈련된 대외 홍보 관리는 언론의 질문에 발표하고 대중들이 소문과 불필요한 공포를 조장하는 것을 방지해야 한다.
- 잃어버린 어린이 또는 사람(미아 경보 시스템을 실행한다) : 경영진은 사람을 잃어버렸다는 보고가 있을 때 직원, 대응 기관 그리고 지역 당국에게 알리는 절차를 마련해야 한다. 이 절차에는 라디오 통지, 공공 안내방송 또는 전자 영상 안내 방송이 포함된다.
- 주차(주차 제한 구역 지정과 불법 입장을 방지하기 위해 주차장 감시) : 주차 관리원은 훈련을 받고 그들의 지정 구역에서의 역할과 책임을 알고 있어야 한다. 특정 구역의 정확한 통행증을 소지한 차량만이 출입이 허락되어야 한다.
- 금지된 물품(대중들에게 금지된 물품을 알리기 위한 표지판 설치) : 베뉴들은 금지된 물품에 관한 정책들이 다르다. 어떤 베뉴는 배낭을 허락하는 반면 어떤 베뉴는 절대 배낭을 허락하지 않는 정책을 가지고 있다. 정책에 상관없이 금지된 물건들의 목록은 경기장 안팎으로 이용자들에게 잘 알려져야 한다. 스포츠리그나 팀 웹사이트를 통해 정책을 알리고 입구 도착 전에 관중들이 볼 수 있는 베뉴 밖으로 표지판을 옮기고 시즌 책자와 표의 뒷면에 정책을 인쇄하는 것으로 이를 성취할 수 있다.
- 주요 시스템 통제 보호(HVAC(난방, 환기, 공기조절), 가스, 전기와 같은 공공시설 보호) : 사보타주를 대비해 주요 시스템에 권한 없이 출입하는 것을 방지하기 위해 계획과 절차가 마련되어야 한다. 생물학적 물질을 베뉴의 공기 필터 시스템에 살포하는 것과 같은 테러 행위는 대량 사상자를 초래할 수 있다.
- 검색 정책(경기장 입장 시 손으로 신체검색(Pat-Downs) 실행) : NFL 경기장과 같은 어떤 스포츠 베뉴는 의무적으로 손으로 하는 신체검색 정책을 실행해왔다. 관중들은 이런 조건하에서 표를 구입한다는 것을 알고 있다.

- 테일케이트(경기 전, 후 주차장 근처에서 하는 일종의 파티)(테일케이트 구역을 지정하고 보안 요원이 순찰한다) : 테일게이트 구역은 행사 전, 중, 후에 충분한 보안 요원에 의해 올바르게 감시되어져야 한다. 자주 테일게이트 구역에서 술을 마시고 군중 통제 문제가 일어난다.
- 입장권 검사하기(전자 시스템 설립) : 전자 발권 시스템은 위조 입장권의 사용 방지를 돕고 경영진이 베뉴에 누가 어디에 앉아있는지를 알 수 있는 능력을 제공한다.

NFL 팬들의 행동 규정(Fan Code of Conduct)

NFL(미식축구리그)과 소속 팀들은 경기장안과 주차장 안에서의 모든 팬들의 안전하고 안락하며 유쾌한 경험을 위해 헌신을 다한다. 우리는 우리 게임을 관전하는 모든 팬들이 책임감 있게 경험을 즐기기를 바란다. 게임을 관전할 때는 다음 행동들을 삼가주어야 한다.

- **제멋대로,** 과열적, 불법적인 행동
- 무책임한 행동을 초래하는 술로 인한 만취 또는 다른 정신 장애
- 욕설, 폭언 또는 외설적인 몸짓(손짓)
- 게임 진행 방해(물건을 필드에 투척하는 것을 포함)
- 경기장 직원의 지시에 따르지 않기
- 상대팀 팬들에 대한 언어적, 물리적 괴롭힘

행사 이용자들은 그들의 손님 또는 그들 자리에 앉은 사람들의 행동뿐만 아니라 그들 자신의 행동에 대해서도 책임을 진다. 행사 이용자, 그들의 손님 그리고 다른 팬들이 위에서 언급한 행위들로부터 자유롭게 경기를 즐길 수 있는 환경을 지원하기 위해 경기장 직원이 신속히 개입될 것이다. 이들 규정을 어기는 행사 이용자와 그들의 손님은 입장권의 환불 없이 미래 게임에 대한 입장권 권한을 잃지 않고 퇴장될 것이다.

보호 조치

위험을 관리하려고 노력하는데 있어서 관리자들은 해가 되는 행동의 가능성이나 결과를 변화, 감소, 제거하는 보호 조치를 개발할 필요가 있다. "보호 조치는 장비, 인력, 훈련 그리고 위협에 대비해 시설을 보호하고 공격의 영향을 완화시키기 위해 디자인된 절차를 포함한다(U.S. Department of Homeland Security. 2008c, p. 4). 보호 조치는 시설 관리자들 사이에서 인식을 높이고, 스포츠와 다른 행사 그리고 그들의 주요 자산(인적, 물리적)의 취약점을 줄이며, 사건사고에 대한 방어 체계를 강화함과 아울러 보안 이해 당사자들 사이에서 사건사고를 대응하고 해결하는 준비태세를 높이기 위해 사용된다(U.S. Department of Homeland Security. 2008c). 보호 조치는 다음 네 가지 주요 목적을 충족시켜야 한다.

1. **가치 낮춤(Devalue)** : 테러범들에게의 시설가치를 낮춘다. 시설이 목표로서 관심을 덜 끌게끔 한다.
2. **감지(Detect)** : 적과 위험한 물질을 발견하고 효과적인 대응을 전개하는데 필요한 정보를 대응 기관에게 제공한다.
3. **저지(Deter)** : 시설을 성공적으로 공격하기 더 어렵게 만든다.
4. **방어(Defend)** : 적을 무찌르고 시설을 보호하며 공격의 영향을 완화시키기 위해 공격에 대응한다(U.S. Department of Homeland Security. 2008c, p. 4).

보호 조치의 기초를 확인하는 데 있어 첫 번째 필수적인 행정적 행동 단계는 (4장에서 논의했듯이) 특정 베뉴의 취약점을 평가하고 신중한 위험 관리와 완화 조치를 실천하는 것이다. 어떤 보호 조치들은 다양한 시설과 여러 종류의 위협에 적용이 가능한 반면, 어떤 조치들은 특정한 베뉴의 특정 요구 또는 위협을 다루기 위해 만들어졌다. 보호 조치의 실행은 인력, 장비, 시간, 재정 지원과 같은 많은 자원들의 헌신(Commitment)을 포함한다. 스포츠와 행사 조직들은 보안을 극대화하기 위해 어느 조치가 얼마나 광범위하게 얼마나 오랫동안 실행되어야 하는지 지역, 주 기관들 그리고 비상 대응 기관들과 조율하고 협력할 필요가 있다(U.S. Department of Homeland Security, 2008c). 스포츠를 관장하는 많은 기구, 리그 그리고 팀들은 리그 구성원들을 위한 지침으로 보안의 최상 관행을 개발해왔다. 2001년 9월11일의 비극적 사건이후 NFL(미식축구리그), NBA(전미농구협회), NHL(전미하키리그)은 보안 활동에서 리그 구성원들을 돕기 위해 보호 보안 조치의 최상의 관행 지침을 개발하였다(Schwarz, Hall, & Shibli, 2010). 보안 관리는 대학 간의 경기에서도 강화되었다. 전미대학선수협회(NCAA)는 대학 경기 행사를 위한 보안계획 옵션지침을 발표했다(Schwarz, Hall, & Shibli, 2010). 스포츠와 행사 보안 관리자를 돕기 위해 그 외에 몇 가지 검사목록, 지침, 최상관행을 발행했다. Pantera et al.(2005)은 스포츠 행사 전, 후의 관심사를 다루는 보안 조치 검사 목록(Security Measures Checklist)을 개발했다(부록 5.2 참조). 부록 5.3은 미국 국토 안보부에 의해 제안된 행사가 없는 동안의 일상적 보안조치에 관한 검사 목록을 제공한다. Hall et al.(2010)에 의하면 스포츠 프로그램은 다음 주요 분야에서의 보호 보안 조치 실행을 고려해야 한다.

물리적 보안

- 보안 구역과 경계선 설정하기
- 행사 전, 중, 후에 법 집행기관의 현장 상주하기
- 경기장 주변 건물 보안유지하기
- 모든 HVAC(난방, 환기, 공기조절) 시스템 보안유지하기

기술적 보안

- **전기, 가스 등 다용도시설** 구역에 알람을 설치하여 보안하기.
- 경기장 감시를 위해 폐쇄회로 TV(CCTV)를 사용하기
- 충분한 조명 시설 확보하기
- 공동 이용 가능한 통신 시스템 실행하기
- 사이버 보안 고려하기
- 전화 트랩 및 추적 사용하기

출입 통제

- 지정된 입구 검문소 사용과 금지된 물건 검색 수행하기.
- 모든 직원들 검색하기(언론, VIP등등)
- 입장권 전자 스캔하기
- 모든 입구에 법 집행요원 상주하기
- 상인들의 배달시간 일정 조절하기
- 직원 신상 조사하기
- 직원에게 사진 부착된 증명서 발급하기

비상 관리

- 비상 행동 계획 개발
- 지휘소 설치
- 대응 기관들과 상호 지원 협약 체결하기
- **브리핑과 사후브리핑(Debriefing) 회의** 수행하기
- 위험 관리 수행하기

훈련과 연습

- 면허 있고 자격을 갖춘 보안 업체 이용하기
- 비상 대응과 대피 연습 수행하기
- 게임과 행사 당일 요원들을 그들의 특정 책임들에 적용시키기
- 게임과 행사 당일 모든 요원들에게 보안 인식과 대피 절차에 대해 교육하기

이런 절차들은 광범위한 사건사고의 경우에 효과적이며 스포츠가 아닌 행사에도 역시 적용가능하다. 어떤 행사들은 독특한 요구조건이 있으며 추가적인 보호 조치가 필요할 수 있다. 공연장에서 군중들은 종종 기운 넘치고 감정에 들떠있다. 다음의 사이드 바는 공연장에서의 폭력과 군중 무질서 예방을 위한 약간의 전략들을 수록하고 있다. 다른 유형의 행사에서 필요한 점을 토론하기 위해 부록 5.4 특별 행사를 위한 고려 사항 계획하기를 참조하라.

게임과 행사 당일 계획

앞에서 언급했듯이 안전과 보안환경을 위한 전체적인 과정에서 계획은 아주 중요한 단계이다. 게임 또는 행사 당일 계획은 경영진이 위험과 위협, 군중 관리 전략, 인력 요구사항, 직원 훈련, 통신 능력 그리고 대응 절차를 처리했음을 보증한다. 게임 또는 행사 당일을 위한 추가적인 고려사항의 목록은 부록 5.5를 참조하라.

공연장 폭력 위험 감소 전략

- **자유석(General Admission)을 없애라 :** 위험한 군중 밀도와 잠재적으로 붐비고 청중들의 격렬한 댄스 무대(mosh pits)처럼 되는 것을 예방한다.

경영진은 베뉴 수용능력 이상으로 입장권을 판매하지 말아야 한다.

- **일정을 고수하라 :** 언제 문을 여는지 언제 공연이 시작되는지와 같은 시간을 광고하라. 잠재적인 지연도 통보하라.
- **전문 보안 업체를 이용하라 :** 경영진은 충분한 훈련이 된 전문 보안 업체 이용을 고려해야 한다.
- **현장 의료 서비스를 제공하라 :** 직원들에게 응급 처치 자격을 갖추게 하는 것 외에 경영진은 모든 주요 공연과 축제에 현장 의료 서비스를 제공한다.
- **운송하기 :** 베뉴는 부상당한 참가자를 운송하기위한 계획과 절차를 개발하기 위해 지역 법 집행, 비상 관리 기관들과 조율하여야 한다.
- **마약과 술사용을 제한하라 :** 술 그리고 마약과 공격적인 행동과의 연관성을 고려할 때 베뉴는 폭력 행동의 징후가 있는 사람을 퇴장시키는 것뿐만 아니라 입장 거부나 술 취한 사람에게 더 이상 술을 팔지 않는 엄격한 정책을 실행해야 한다.
- **던질 수 있는 물건을 제한하라 :** 던져진 물건들은 주요 위험 요인이며 판촉 홍보물의 무료배포를 제한하거나 작고 가벼운 컵에 음료를 서빙 함으로써 해결할 수 있다.
- **볼륨을 낮춰라 :** 볼륨과 공격적 행동과의 관계 연구를 고려할 때 베뉴 경영진은 볼륨 정도를 낮추는 것을 고려해야 한다.
- **안전한 환경을 만들어라 : 청중들의** 격렬하게 춤추기(Moshing)와 군중 파도타기를 금지시킬 수 없거나 정책이 실행되지 않는다면 경영진은 공연자에게 공연 중 격렬한 춤추기(Moshing)의 위험을 알리게 할 수 있다.

역사적 자료 검토하기

행사 중에 일어난 모든 비상사태와 의료 사건사고는 기록되어 보관되어야 한다. 각각의 행사가 끝나면 보안 요원들은 행사를 요약하고 행사의 성공, 실패, 문제 분야를 설명한 사후활동보고서를 준비해야 한다. 이 기록들은 문의, 소송,

역사적 기록을 위해 서류철에 보관되어야 한다. 이들 기록은 시설의 미래 행사를 위해 지침이나 참고로 사용될 수 있는 유용한 정보를 담고 있을 것이다.

일반 조사(General Survey) 수행하기

일반 조사는 시설의 상세한 특성에 관한 정보를 수집하는 것이다. 주요 보안 요원이 이 정보를 이용할 수 있는데 여기에는 수용능력, 구조, 설비 장치 그리고 기계, 전기 시스템과 같은 다른 다양한 요소에 관한 상세한 정보가 담겨져 있다. 이 설문 조사는 관리자가 행사를 계획하고 군중 움직임을 통제하게 한다. 군중 움직임을 고려할 때 관리자들은 순환, 방향, 움직임을 고려해야 한다. 물리적 요소에는 서있는 구역, 출구, 입구, 계단, 경사로, 복도, 중앙 홀, 출입구, 화재와 비상통로가 포함된다. 적절한 안전과 보안 관리는 특정 관심 구역에 중점을 두기보다는 전체 베뉴를 포함해야 한다.

일반 조사는 현장 배치 임무, 지시, 모든 직원의 위치를 보여주는 현장 배치도의 설정을 도울 것이다. 배치 임무는 행사 전 베뉴 도처에 행사 직원의 배치하는 것을 말한다. 시설 관리자는 직원을 각각의 행사에 배정한다. 배치도는 직원들이 베뉴 도처의 전략적 위치에 배치되고 그들이 행사 중 필요에 따라 다른 장소로 이동 할 수 있게 한다. 배치 임무는 통신을 쉽게 하고, 발생한 문제점이 지정된 직원에게 효과적으로 보내지는 것을 가능하게 한다.

시설의 모든 직원들은 그들의 지정된 배치 임무를 이해해야 한다. 시설 관리자는 행사에 적절히 인원을 배치를 확실히 해야 한다. 행사나 행사 중 직원이 위치할 다양한 배치에 따라 책임이 달라진다. 시설 슈퍼바이저는 직원 배치에서 몇 가지 측면을 확실히 할 책임을 진다.

- 인원 출석
- 인사 정책과 절차 따르기

- 게임 전 또는 행사 전 상황 보고 참석
- 인력의 적절한 배치
- 적절한 커뮤니케이션
- 문제, 질문, 관심사에 대한 적절한 대응
- 행사 후 보고 완료
- 직원 준비 완료

모든 시설 직원들은 행사 전, 중, 후에 시설에서 발행한 코팅된 카드를 지니고 다녀야한다. 이 카드들은 의료 비상, 화재 비상, 대피를 위한 단계별 대응을 포함해야 한다. 이 접근법은 혼란을 제한하고 대응 시간을 줄일 것이다. 카드는 다음 몇 가지 항목을 포함해야 한다.

- 슈퍼바이저와 일반 전화번호
- 비상, 의료, 화재 전화번호
- 의료 비상시 책임과 임무
- 긴급 대피시 책임과 임무

시설 관리자는 행사 전에 현장 배치도를 개발하여 보안 안전 요원들이 모든 직원들의 위치를 시각적으로 참고할 수 있도록 한다. 관리자들은 가용한 직원들을 필요에 따라 베뉴 도처에 전략적으로 배정한다. 현장 배치도는 또한 모든 운송 경로를 포함하여 보안 안전 직원이 주변 지역 도처에 있는 경찰과 의료 차량 위치를 시각적으로 참고하도록 한다. 비상시 이 배치도는 경찰과 의료 요원이 비상 차량의 이동에 관해 결정하는 것을 도울 것이다.

현장 답사

시설 관리자들은 게임이나 행사전날 현장 답사를 마련해야 한다. 답사에는 경찰, 소방, 의료, 시설 슈퍼바이저, 통신 그리고 물리적 시설의 대표자들이 포함되어야 한다. 답사의 목적은 행사 일정, 팀 또는 공연자의 동선, 군중 안전 및 그 외 관련 안전 보안 문제를 논의하는 것이다. 다양한 인원들이 행사 세부 사항에 대해 문제를 제기하고 행사의 안전과 보안을 방해하는 문제점들을 해결할 수 있다.

직원 브리핑과 검토

직원에 대한 상황 보고는 효과적인 안전과 보안 관리의 필요한 요소이다. 시설 관리자는 어떠한 행사 전에 이슈, 관심사, 문제점을 직원들과 이야기해야 한다. 관심사와 이슈는 행사나 시설에 따라 다를 것이다. 직원들에게 상황 보고되어야할 이슈에는 다음이 포함된다.

- 행사의 본질 : 행사(Event)는 스포츠 행사, 오락 공연, 정치적 집회 등 조직화된 일(Organized Occasion)이다. 행사의 복잡성과 본질을 이해하는 것은 시설 관리자가 비상 대응 능력뿐만 아니라 안전과 보안 절차를 개발하고 강화시키는 것을 돕는다. 잠재적 위협과 취약점을 평가를 통해 관리자들은 어느 위협이 위험하고 그들을 어떻게 완화하며 자원들을 어떻게 배정해야 할지 잘 인식할 수 있다.

  행사의 본질을 바꿀 수 있는 변수에는 다음이 포함된다.
  - 행사의 종류(스포츠, 오락, 정치적 행사 등)
  - 프로그램의 순서
  - 특수효과
- 출입 통제 : 안전과 보안의 가장 중요한 기능들 중에 출입 통제, 검색 시스템 그리고 감시 시스템이 있다. 이들 관행은 관중, 건물, 베뉴를 보호 할 뿐만 아니라 관중이 적절한 구역으로 질서 있게 이동할 수 있게 한다. 출입 통제는 누가 시설에 들어오는지, 그들이 어디에 접근하는지를 제한하고, 검색 시스템은 어떤 물건이 베뉴 안으로 허락되는지를 제한하며, 감시 시스템은

베뉴 안과 주변의 관중을 감시한다.

- 환경 : 시설 관리자는 반드시 행사가 열릴 환경(시설의 영구적 요소와 임시 구조물 모두)을 이해해야 한다. 현장 통제 조치는 안전하고 확실하게 관중들, 직원 그리고 차량들의 움직임과 위치를 조종, 통제 그리고 지휘할 수 있다.
- 정책과 절차 : 정책과 절차는 질서 있고 안전한 행사를 치르기 위하여 제정된 방법이다. 시설은 시설의 직원이 따를 수 있는 기본 지침을 제공하는 수립된 정책과 절차의 표준 설정이 있어야 한다. 비록 어떤 정책과 절차는 특정 베뉴에만 적합하지만 모든 정책과 절차는 기본적인 지침 설정을 따라야 한다.
- 언론 관심사 : 많은 스포츠와 비스포츠 행사는 많은 대중과 언론보도의 관심을 끈다. 시설 관리자는 시설 직원과 언론의 움직임을 조율하고 언론 대표와 보도 문제를 조율하기 위해 언론 담당 직원을 배정한다. 아주 큰 행사를 위해서는 최소한 두 명의 직원이 언론 관계를 돕기 위해 배정되어야 한다. 언론 코디로 일하는 시설직원은 시설에 소속된 고용인이지 언론을 위해 일하지 않는다는 점을 알아야한다.

현장 역학(Dynamics) 이해하기

시설 관리자들은 각각 시설의 현장 역학에 익숙해야 한다. 관리자들은 현장의 모든 사람들의 움직임과 위치를 주차에서부터 떠날 때까지 완전히 이해하고 있어야 한다. 이 지식들은 시설관리자가 움직임을 조종하거나 직원, 팀, 공연자를 이동시키는 것을 돕는다.

게임이나 행사 당일 베뉴의 책임자로서 시설 관리자는 행사 중 많은 사람들과 접촉할 것이다. 문제점, 이슈, 관심사를 확인하면 관리자들은 어느 주체(연락처)가 그 이슈를 해결하는데 가장 도움이 될지를 결정해야 한다. 중요한 연락처 목록은 행사 당일 날 항상 가까이 휴대하고 있어야 한다(부록 5.5참조).

현장 통제

현장 역학이 확인되면 사람과 차량 움직임 통제를 위한 전략이 마련되어야 한다. 고려해야 할 몇몇 측면은 현장 통제실, 통제 구역, 통제 조치이다.

- 현장 통제실은 사람과 차량의 움직임과 위치를 지시하기 위해 사용된다. 이 통제실들은 안전과 보안 운영을 위해 지정되거나 팀, 공연자, 유명 인사들이 머물 장소가 될 것이다. 방(Room)들은 전략적으로 선정되어야하며 접근이 제한되어야 한다.
  - 방(Room) 선택
  - 지휘소
  - 보안실
  - 직원실
  - 구류실(전화 구비)
  - 화장실
  - 응급실
  - 비상룸(Crises Room)
- 현장 통제 구역은 고려돼야 할 필요한 통제 조치이다. 이 구역들에는 입구와 출구경로 그리고 그 외 팀, 공연자, 유명 인사들이 이동할 구역이 포함된다. 시설관리자들은 움직임을 예측하고 거기에 따라 계획을 해야 한다.
  - 도착, 출발 구역
  - 차량 행렬 공간
  - 경로(복도, 계단, 승강기)
  - 지붕 덮인, 텐트 쳐있는 그리고 개인구역
  - 언론과 대중 봉쇄
  - 행사 구역
  - 구류실

- 스위트 룸
- 무대

• 현장 통제 조치는 관중과 차량의 움직임을 통제하고 조종하는 능력을 제공하는바 이는 안전하고 보안된 환경을 계획하는데 필요하다. 시설관리자들은 적합한 군중 통제 조치를 선정할 때 안전과 보안 대표들, 스포츠 또는 행사 조직인력, 체육시설, 상인, 그 외 행사 관련 조직자들과 조율해야 한다(부록 5.5 참조). 관중 움직임에 대한 제대로 된 통제와 효과적인 행사 운영은 베뉴의 종류에 상관없이 필수적이다. 다음 사이드 바는 비포장 도로 자동차 경주 행사에서 수 명의 관중이 사망하는 결과를 초래한 현장 통제 조치가 필요했던 비극적인 예를 설명한다.

서투르게 계획된 캘리포니아 비포장 도로 경주에서의 군중 비극

당국은 2010년 8월 14일 남부 캘리포니아주 모하비 사막에서 열린 비포장 도로 경주의 계획과 관리에 관해 심문했다. 운전자중 하나가 차량의 통제를 잃고 도로주변에 모인 군중들에게 부딪쳤다. 많은 관중들이 트랙에 아주 가까이 서있어서 돌진하는 차량을 피할 틈이 없었다. 차량 구조를 바꾼 픽업트럭이 뒤집어져 빠른 속도로 군중들을 덮쳐 여덟 명이 숨졌다. 그 외 다수가 부상당하고 상처를 입었다. 캘리포니아200 행사는 모하비 사막 경주 프로덕션(MDR)에 의해 조직되었다. 행사 조직자는 도로 경주 또는 정치 집회, 공연과 같은 기타 행사를 포함한 어떠한 스포츠 행사에도 흥분된 군중들이 최대한 가까이 다가가려 한다는 것을 알았거나 알았었어야 했다는 것이 제안되었다. 군중 보안요원과 바리케이드가 관중과 참가자들을 보호하기 위해 전형적으로 관중과 무대, 경주트랙 그리고 경기장 사이에 배치되어 있었다. 과거 행사들로부터 행사 조직자들은 군중들이 경주 트랙 쪽으로 이동한다는 것을 알았고 그들은 회사 웹 사이트를 통해 관중들은 트랙으로부터 100 피트(30미터) 뒤로 물러나 있어야 한다고 알렸다. 그러나 조직자들은 관례적인 보호 장벽과 관중들에게 경주 코스로부터 안전거리를 두게끔 요구해야 할 군중 관리 보안요원을 제공하는데 실패했다. 추가적으로 조직자들은 기본적인 응급 의료 서비스를 제공하지 않은 혐의도 받았다.

참조 : 군중 관리 전략. (2010). "사막 재난 : 군중 관리 부배 + 장막 부재 = 8명 사망, 다수 부상" www.crowdsafe.com/news.asp?ID=2050 에서 가져옴

현장 취약점 평가하기

취약점 평가는 베뉴 현장의 보안을 다룬다. 취약점 평가는 경기 시즌이나 행사 전에 완료되어야하는 위험 평가의 비준(확인)이다. 취약점 평가를 수행하는 기본 목적은 보안 인식을 높이기 위해서이다. 시설 관리자는 취약점에 접근하기 위해서 시설의 다양한 현장 변수를 고려할 필요가 있다. 만약 라이벌 상대팀, 공연자, 유명 인사가 행사의 주요 관심사라면 다양한 현장 변수 때문에 그들은 더 큰 위험에 처해 질수도 있다. 추가 위험 때문에 배정된 자원의 조정이 필요할 수도 있다. 지역, 주, 연방 자산에 대해 고려해야 한다.

시설에 추가적 위험을 가져올 수 있는 현장 변수에는 다음의 것들이 있다.

- 평균 이상인 대중의 관심
- 범죄율이 높거나 시위 기록이 있는 지역에 있는 현장
- 야외 베뉴, 위치 그리고 날씨
- 적절한 통제를 제공할 수 없는 응원 주체
- 정치적으로 민감하거나 또는 쟁점(爭點)이 되는 현장 또는 행사 라이벌 관계
- 저명인사, 팀 또는 공연자
- 알려진 기술적, 기계적, 화학적 위험
- 현장 상황으로 인한 직원 의료 관심사

기술적 고려사항

시설 관리자들은 행사를 준비할 때 반드시 시설의 기술적, 기계적 측면에 익

숙해야 한다. 물리적 설비, 엔지니어링, 소방, 법 집행기관의 대표들은 환경적, 기계적, 소방 안전, 물리적 보안 고려사항에 관한 정보를 제공할 수 있다.

비상 준비태세

시설 관리자들은 항상 직원과 관중의 안전과 보안을 책임진다. 그들은 일어날 수 있는 어떠한 문제들도 이해하고 예측해야 한다. 비상 준비태세는 반드시 어떠한 행사이전에 경찰, 소방, 의료, 비상 관리 기관과 조율되어야 한다. 미국 국토안보부는(2008c) *미국스포츠리그를 위한 보호 조치 지침(Protective Measure Guide for U.S. Sports Leagues)*에서 비상 계획의 기본적인 측면을 요약한 시설 비상 행동계획(EAP: Emergency Action Plan) 지침을 발표했다.

1. 지역, 주, 연방비상 기관과 계획을 조율하라.
2. 행사 지연, 취소, 사건사고 대응(부분적 또는 전면적 대피), 통신, 복구 문제에 대한 프로토콜을 포함하라.
3. 비상 행동 계획(EAP)의 복사 분을 여분의 장소에 보관하고 권한 없이 공개되는 것으로부터 보호하라.
4. 지역, 주, 연방당국과 조율하여 사건사고 지휘 시스템을 통해 지휘 체계(결정권자들)를 확인한다.
5. 지휘 체계에 나타나 있는 직원의 전화번호를 포함하고 통지 순서를 제공하라. 1차적 그리고 보조 연락 시스템을 기술하라.
6. 대피를 위한 이주 구역에 접근을 용이하게 하고 보안유지를 확실히 하라. 완전한 대피를 위해 대피 시설이 봉쇄되고 안전한지 확인하라.
7. 의사 결정 과정과 통신을 시험하기 위한 훈련 연습 일정을 개발하라.
8. 직원들이 전기, 가스시설 등을 차단하는 프로토콜을 알고 있도록 하라.
9. 부상자 분류(triage)를 요구하는 재앙적 사고에 대비한 절차를 포함한 EAP의 일부로써 응급 의료 계획을 개발하라. 환자 분류와 운송 사이트를

확인하고 시설 안팎의 비상 루트를 확보하라.

10. 특정한 비상 방송을 위한 육성과 영상 대본을 개발하라(험한 날씨, 폭탄 위협, 폭발 등).
11. 언론에 내부 보안 조치에 관한 정보를 공개하지 마라. 언론을 담당할 한 명을 지명하라.

계획 유형과 지원 규모는 사고와 현장에 따라 다를 것이다. 비상 대응 계획은 6장에서 더욱 상세히 논의될 것이다. 추가로 국가 안전 협의회(National Safety Council)에 의해 개발된 *당신의 사업장은 비상사태에 대비해 얼마나 준비되어있나?(How Prepared Is Your Business for an Emergency)*라는 제목의 준비 태세 평가 도구(Readiness Assessment Instrument)가 부록 5.6에서 제공된다.

이장을 결말지으면서 계획 과정을 숙고하는 것은 중요하다. 이 과정은 문제 해결; 위험 관리계획의 개발, 실행, 관리; 그리고 베뉴 정책과 보호 보안 조치 개발과 실행을 포함한다.

다음 목록은 이 장에서 고려해야 할 항목을 요약한 것이다.

- **문제 해결 과정 :** (1) 문제를 명확히 하라. (2) 자원을 조사하라. (3) 대안을 찾아라. (4) 해법을 제시하라. (5) 우선 사항을 정하라. (6) 행동 계획을 개발하라. (7) 추가 점검하라.
- **위험 관리 계획하기 :** (1) 계획 개발 (2) 계획 실행 (3) 계획 관리
- 게임당일 또는 행사당일 운영 계획
- 시설 비상 행동 계획
- **베뉴 정책 :** ADA, 술, 통신, 증명서 발급, 응급 의료 서비스, 직원 행동 강령, 대피, 팬 행동, 언론과 통신, 잃어버린 어린이 또는 사람, 주차, 금지된 물건, 주요 통제 시스템 보호, 검색 정책, 직원 평가, 테일게이트(야외 주차 구역에서의 파티), 표수거, 오물 관리

- **보호 보안 조치 :** 평가 절하, 감지, 저지, 방어
- **행사 전, 후 조치 :** 비일상적인 조치; 물리적 보안, 기술적 보안, 출입 통제, 비상 관리, 훈련과 연습

사례 힐즈버러(Hillsborough) 재난

힐즈버러 재난은 잉글랜드 축구 역사상 최악의 경기장 재난으로 96명이 사망했다. 1989년 4월 15일 힐즈버러 축구 경기장에서 리버풀FC와 노팅엄 포리스트와의 FA컵 준결승 경기는 경기 시작 6분만에 리버풀 팬들을 수용하고 있던 경기장의 레핑스 레인 쪽에서 압사 사고(Human Stampede)로 인해 포기되었다.

- **경기 전 :** 경기장에서 상대 팬들이 분리되었다. 경찰은 노팅엄 포리스트 팬들을 21,000명 수용 규모인 경기장의 스포인 콥 쪽에 배정하였다. 리버풀FC의 응원팀이 노팅엄 포리스트 보다 더 컷을 것인데도 불구하고 리버풀 팬들은 14,600명 수용 규모인 레핑스 레인 쪽에 배정되었다. 경기 시작은 오후 3시로 예정되어있었다. 팬들에게 경기 시작 15분 전에 자리에 앉기를 장려했고 입장권이 없는 사람은 들어오지 않도록 권고했다. 2시30분에서 2시 40분 사이 레핑스 레인 쪽 회전식 개찰구 바깥쪽 좁은 구역에서 팬들이 불어나기 시작했다. 레핑스 레인 관중석은 세 구역으로 분리되어있었다. 가운데 구역은 빨리 차버린 반면에 양 쪽 구역은 비교적 한산했다. 스탠드 바깥쪽에 병목 현상이 일어났다.
- **경기 시작 :** 경기가 시작 되고 팬들은 밀기 시작했다. 5,000명으로 추산되는 관중이 회전식 개찰구로 들어가려고 했다. 경기장 밖에서 짓밟힘을 방지하기 위해 경찰은 회전식 개찰구가 없는 출구로 사용될 문들을 열었다. 수천 명의 팬들이 문으로 몰려들어 레핑톤 레인 가운데 구역으로 밀려들어왔다. 5분 동안 2000명의 팬들이 들어왔고 대부분은 가운데 구역으로 들어갔다. 뒤에 있던 군중들에 의해 팬들이 펜스(관중석과 필드 사이의 장벽으로 사용되던)에 밀착된 관중석 앞쪽에서 대규모로 짓밟힘

(Crush)이 일어났다. 들어오는 관중들은 펜스에서의 문제를 알지 못했다. 수용 능력에 다다르면 통상적으로 경찰 또는 안내인들이 가운데 구역 입구에 서서 팬들을 양 쪽 구역으로 보내어야 하지만나 당일에는 아무도 이들 위치에 없었다.

- **6분 후 :** 3시 36분, 팬들이 짓밟히지 않으려 펜스를 기어 올라감에 따라 경찰은 주심에게 경기 중단을 권고했다. 일부 관중을 대피시키기 위해 펜스의 작은 문이 열렸고 일부 팬은 바로 위의 관중석에 있던 팬들의 도움으로 위로 끌어 올려졌다. 가운데 구역에 팬들이 워낙 많이 들어차있어 많은 팬들이 선채로 눌려져 질식사했다. 펜스가 결국 팬들의 압력에 의해 무너졌다. 필드는 사람들로 가득 찼다. 경찰, 안내인, 응급 의료 서비스는 어쩔 줄을 몰랐다. 팬들은 부상당한 사람을 도우려 했고 광고판이 임시변통의 들것으로 사용되었다.
- **여파(Aftermath) :** 재난에 의해 96명이 사망하고 400명이상이 병원치료를 받았다. 고등법원 법관 테일러가 조사를 위해 임명되었다. 그날의 행사에 대한 중간보고에서" 재난의 주요 원인은 경찰 통제의 실패이다"라고 기술했다. *테일러 보고서*라고 알려진 최종 보고서는 축구장 안전을 위한 일반 권고사항을 제안했다. 이 보고서는 주요 경기장을 좌석 전용 베뉴로 전환할 것을 권고했고 경계 펜스를 금지하도록 했다.

배운점

- **경찰 통제 :** 재난 후 두 번째 문들을 연 결정에 관심이 집중되었다. 또한 다른 베뉴나 경기에서는 취해졌을 수 있는 경기 시작 연기를 할 수 있었다고 제안되었다. 더욱이 경찰 또는 안내인이 팬들을 수용인원에 다다른 구역으로부터 다른 쪽으로 보내기 위해 상주해 있지 않았다.
- **경기장 디자인 :** 힐즈버러 경기장은 레핑스 레인 쪽에 회전식 개찰구가 적은 것에 대해 비난받았다. 모든 입장권을 가진 관중을 레핑스 레인 쪽에 들여보내려면 오후 3시 40분가지 걸렸을 것이라고 평가되었다. 레핑스 레인 관중석 가운데 구역의 공식 수용규모는 2,000명이었으나 보건과 안전 간부는 나중에 장벽이 *경기장 그라운드의 안전 지*

침 기준을 따르지 않았기 때문에 1,600명이었어야 했다고 결정했다. 경기시작 후 3,000명 이상이 이 구역에 있었던 것으로 평가되었다. 이렇게 지나치게 많은 군중이 압사를 초래했다.

- **술 소비 :** 경기 전 관중들의 의한 술 소비가 상황을 더욱 악화시켰을 수도 있다.
- **입장권 발매 :** 팬들이 입장권 없이 또는 위조 입장권으로 들어 가려했을 가능성이 상황을 더욱 악화시켰을 수도 있다.

생각해볼 문제

1. 이 사건사고에서 배운 점을 토론하라. 보안 관리 시스템을 강화하기 위해 무슨 제안을 하겠는가?
2. 모든 스포츠 베뉴가 안전과 보안 기준을 지켜야 하나? 왜 그런가? 또는 왜 아닌가?

참조

힐즈버러 재난(Hillsborough Dister),
*http://en.wikipedia.org/wiki/*Hillsborough_Disaster

힐즈버러 재난까지의 시간대(Hillsborough Timeline to Disaster), 2009년 4월 3일,

BBC.co.uk
www.bbc.co.uk/liverpool/content/article/2009/04/03/hillsborough_timeline_feature.shtml

힐즈버러 경기장 재난(The Hillsborough Stadium Disaster), 1989. 8월, Rt. Hon. Lord Justice Taylor의 중간 보고서(Interim Report)

Schwarz, E. , Hall, S. A. , & Shibli, S. , 2010, *스포츠 시설 운영 : 세계적 관점(A Global Perspective),* Oxford UK : Butterworth-Heinz(reprint permission granted)

이 장의 핵심

- 계획은 사고가 발생하기 전에 능동적인 조치를 취하고 모든 위험 비상사태(All-Hazard Emergencies)를 예방, 대응, 복구를 위한 과정이다.
- 표준 문제 해결 과정(Standard Problem-Solving Process)은 다음단계를 포함할 수 있다. (1) 문제를 명확히 하라. (2) 자원을 조사하라. (3) 대안을 찾아라. (4) 해결책을 제공하라. (5) 우선사항을 정하라. (6) 행동계획을 개발하라. (7) 추가 검토하라(Follow up)
- 스포츠나 행사 보안 지휘 그룹은 행사 운영 계획, 시설 비상 행동 계획 또는 대응 계획을 포함하는 위험 관리 계획을 개발하고 실행을 고려해야 한다.
- DIM 위험 관리 과정은 다음 세 가지 주요 단계를 포함한다. : (1) 위험 관리 계획 개발, (2) 위험 관리 계획 실행, (3) 위험 관리 계획 관리.
- 목표는 보안 사업의 주요 측면을 보호하는 것이다. 이것은 정책과 절차를 제도화하고 물리적 보안 조치를 개발하고 보안 직원을 훈련하고 관리하는 것이다.
- 보호 조치는 시설 관리자들 사이에 인식을 강화하고 행사와 주요 자산(물리적 또는 인적)의 취약점을 줄이고 사건사고에 대한 방어 체계를 높이고 스포츠나 행사 보안 이해 당사자들이 사건사고에 대응하고 해결하기 위한 준비 태세를 강화한다.

응용 질문

1. 효과적인 보안 관리를 위한 계획의 중요성을 토론하라. 위험 관리 계획이 어떻게 스포츠나 행사 운영에 가치를 부가할 수 있는가?

2. 주요 스포츠나 다른 행사를 계획할 때 무슨 계획, 정책, 보호 조치가 고려되어야 하나?

활동

스포츠나 행사 베뉴의 계획, 정책 보호 조치를 검토하라. 베뉴를 위한 최상위 10가지 보호 보안 조치와 개선이 필요한 분야를 위한 행동 계획을 제공하라.

제6장

비상 대응과 복구

이 장의 목적

- 비상계획의 중요성을 이해하기
- 비상 관리 사이클을 검토하라. –준비, 대응, 복구, 완화
- 비상 대응 계획(ERP: Emergency Response Plan)을 개발하라.
- 대피 계획의 중요성을 이해하라.
- 사업 지속 계획(BCP: Business Continuity Plan)을 개발하라.

6장

비상 대응과 복구

이 장은 스포츠나 행사 시설 관리자가 반드시 고려해야 할 (1) 준비, (2) 대응, (3) 복구 (4) 사업 지속과 돌발 사태시 운영을 포함한 완화 활동을 다룬다. 많은 스포츠 베뉴는 음악 공연, 졸업식, 재난시 환자 분류(disaster triage), 비상 위기시 대피소 같은 장소를 제공하는 다목적 시설이다(Hall, Marciani, & Cooper, 2008). 이런 유형의 대규모 모임은 모든 위험의 비상사태(All-Hazard Emergencies)를 효과적으로 다루기 위해 포괄적인 비상 관리 시스템을 필요로 한다.

베뉴 관리 연구 센터(The Center for Venue Management Studies(2002)는 비상 상황을 "참가자의 안전과 보안에 영향을 줄 수 있으며 시설, 장비 그리고 내용물에 피해를 줄 수 있고 또는 시설의 활동을 방해할 수 있는 어떠한 사건사고, 상황 또는 발생"이라고 정의한다(p. 1). 의료 비상, 화재 위험, 폭탄 위협이나 폭발물, 정전 또는 장비 고장, 자연 재해 또는 험한 날씨, 군중 통제 문제 또는 폭동, 위험 물질 방출, 국내 또는 국제 테러, 그리고 대피(부분적, 전면적, 장내 대피소)를 예로 들 수 있다. 비상 계획은 몇 가지 이유에서 중요하다(Center for Venue Management Studies, 2002) :

- 전문적 표준과 기대치를 엄수 하는 것은 시설 이용자들과 지역 사회 이해 당사자들에게 안전한 환경을 제공한다.
- 비상계획의 계획, 훈련 그리고 실행은 비상 사건사고와 관련된 잠재적 피해와 손실을 줄인다는 것을 경험에서 보아왔다.
- 화재 안전, ADA(미국 장애인차별금지 법령) 요구조건과 같은 법률적 공공

안전 요구조건 엄수는 참가자의 안전과 보안을 향상시킨다.

- 비상 계획의 문서화는 비상사태가 발생할 경우 시설, 소유주 그리고 운영자에 대한 책임을 줄인다.
- 좋은 계획 관행은 부정적인 언론노출을 최소화하고 지역 사회에서 시설의 이미지를 높인다.

비상 관리의 요소들

비상 관리 관행은 모든 위험 요소(All-Hazard)으로 부터의 잠재적 손실을 피하거나 줄이며 비상사태 이후 빠르고 효과적인 회복을 이루기 위한 적절한 도움을 준다(Warfield, 2008). 스포츠나 행사 관리자는 반드시 상호 관련된 이 과정의 모든 요소에 집중해야 한다. 준비 태세(Preparedness)는 재난, 위기 또는 모든 다른 유형의 비상사태에 대응하는 준비 상태(State of Readiness)이다. 대응은 사건사고에 대응하는 모든 단계의 기관들 사이에 효과적이고 효율적인 상호이용성(Interoperability)과 호환성(Compatibility)을 제공하는 통합된 위기 및 결과 관리 활동이다. 회복은 재난 직후에 시작되는 과정이고 몇 달간 어떤 경우에는 몇 년간 지속될 수 있다. 이 과정에는 주택 재건, 부동산 대체, 고용 재개, 업무 복구, 사회 간접자본의 영구적인 수리와 재건이 포함된다. 완화는 위험 요소(Hazard)와 그 영향으로부터 사람과 재산에 대한 위험(Risk)을 감소 또는 제거하기 위해 취해진 지속적인 활동이다(Warfield, 2008). 보안 지휘 그룹은 반드시 행사의 계획과 대응 운영에 연관된 외부 기관들과 긴밀하게 일해야 한다. 모든 위험의 비상사태(All-Hazards Emergency) 관리의 네 가지 요소는 사건사고 관리 스펙트럼을 포함한다(그림 6.1 참조).

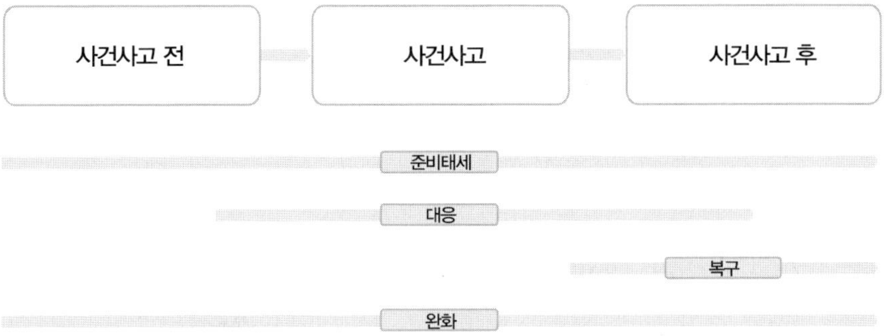

그림 6.1 사건사고 전, 중, 후에 준비태세, 대응, 복구, 완화의 역할.

준비태세

위험 없는 환경(risk-free environment)을 보증하고 모든 잠재적 위험에 대비해 보호하는 것은 불가능하다. 그러므로 비상사태 발생 전에 행동을 취하는 준비태세는 사건사고의 영향을 줄이는(reducing) 주요 방법이다. 준비태세는 사건사고를 예방, 보호, 대응, 회복하기 위한 능력을 강화, 유지, 개선하는 직무와 활동을 완성하는 것을 포함한다. 준비태세는 지속적인 과정이고 필요에 따라 지역, 주, 연방 기관뿐만 아니라 보안 지휘 그룹의 모든 주요 인원을 포함한다. 준비태세 활동에는 (1) 비상 대응 계획(ERP : Emergency Response Plan) 개발, (2) 직원 모집 및 훈련, (3) 자원과 공급 확인, 그리고 (4) 비상시 이용을 위한 시설 지정 이 포함될 수 있다(Federal Emergency Management Agency, 2006a).

비상 대응 계획(ERP)은 스포츠나 행사 프로그램이 비상시에 어떻게 일을 할지를 설명한다. 비상 계획은 시설 이용자에 대한 잠재적인 피해나 시설에 대한 피해를 최소화하거나 제거하기 위해 시설 직원과 공공 대응 기관에 의해 취해져야 할 조치와 행동을 문서화 한 것이다.

비상 대응 계획은 예방, 감지, 통신, 대피, 피해 통제 그리고 복구활동을 통해 위험에의 노출과 비상사태의 결과를 궁극적으로 감소시킨다(Center for Venue Management Studies, 2002). 보안 지휘 그룹이 지역과 주 당국과 조율하여 베뉴 비상대응계획 개발을 책임 진 비상 계획 팀(EPT)이 된다. 비상 계획 팀은 시설과 시설의 시스템에 관한 실무적인 지식을 가지고 있고 자원을 책임지며 결정을 하고 계획을 실행할 능력을 가지고 있다. 계획은 주어진 어떠한 비상사태에 대한 특정 행동과 대응으로 개발되어져야 한다. 스포츠나 행사 비상 대응 계획 개요는 부록 6.1에 나타나 있다.

비상 대응 계획이 개발된 후 실행을 책임진 주요 직원과 시설 인력이 훈련되고 시험되어져야 한다. 직원 훈련은 7장에서 자세히 논의된다. 다음 목록은 몇몇 훈련 기술에 대해 강조한 것이다(Center for Venue Management Studies, 2002). :

- 세미나와 같은 훈련 실시하기.
- 역할 연기를 하고 연습하기.
- 행사 전 브리핑 갖기.
- 행사 직원에게 비상사태, 특정 위치 그리고 임무에 관련된 간단한 정보를 담은 휴대용 카드 제공하기.
- 시설 비상 대응 계획에 관한 직원의 지식 테스트하기.
- 시설 비상사태 대응에 관여된 외부 공공 기관들(경찰, 소방, 지역 사회 공공시설 회사)과 통합 훈련 수행하기.
- 새 고용인들을 적응시키거나 브리핑에 사용할 훈련 영상물 만들기.

비상 대응에 대비해 필요하고 이용 가능한 자원과 보급을 확인하는 것은 준비태세 단계의 중요한 부분이다. 이용 가능한 자원과 필요한 자원의 차이는 상호 원조 협약이나 대기예약을 통해 보완될 수 있다. “상호 원조 협약은 공식적이고 문서화된 관할권들 사이의 협약으로 비상시 자원 공유를 할 수 있는 조건을 제공한다"(Federal Emergency Management Agency, 2006a, p. 38). 특정 비용에 특정 양의 구입을 보증하도록 스포츠나 행사 조직과 주요 장비와 보급 공급자간의 대기 계약이 체결될 수 있다. 주요 비상사태나 재난(자연재해, 테러와 같은)시 주와 연방 자원이 이용가능할 것이다. 추가로 위기시 특정 시설을 비상 운영 센터(또는 3장에서 논의된 지휘 센터); 이재민을 수용하기 위한 피난소; 식량, 물, 비상 물품 보급소; 장비 보관소와 같이 비상사용을 위해 지명해야 한다(Federal Emergency Management Agency, 2006a).

대응

비상 대응은 세 가지 분명한 목적을 가지고 있다 : (1) 인명 보호하기, (2) 초기 충격으로부터 피해 제한하기, (3) 2차 충격으로부터 피해 최소화하기(Lindell, Prater, & Perry, 2008). 대응 활동은 비상사태가 임박하거나 사건사고 발생 직후에 시작된다. 대응은 인명손실, 부상, 재산피해를 제한하기 위해 단기(직접적인)적인 사건사고의 영향을 다루는 직무나 활동을 포함한다. 대응 활동은 (1) 비상 대응 계획과 대피 절차를 수행하고, (2) 사건사고의 영향과 결과를 줄이기 위해 정보를 활용하고, (3) 보안 운영을 강화하고, (4) 위협의 본질과 원천을 조사하고, (5) 주요 사회 간접 자본 시설을 복구하고, (6) 주요 서비스(공공사업)의 지속을 보증하는 것을 포함할 수 있다(Federal Emergency Management Agency, 2006a). 대응 운영활동이 이 장의 마지막에 나타나 있다.

대피 계획

스포츠와 특별 행사에서 대피 계획을 세우는 것은 시설 운영자와 모든 단계의 대응팀(연방, 주, 지역, 개인)의 조율, 의사소통 그리고 협력을 필요로 한다. 대피 계획 세우기는 특정 시설에 대한 날씨 관련 사건사고를 포함한 모든 잠재적 위험을 고려해야 한다. 대피계획은 시설의 비상계획에서 필수적인 요소이며

(잉여분으로나 비상계획에 내재한 운영과 절차를 반복해 언급한 것이 아닌) 시설의 비상계획에 부록으로 포함되어야 한다(U.S. Department of Homeland Security, 2008a). 경기장 대피 템플릿이 부록 6.2에 제공된다.

시설 관리자는 대피 계획을 개발할 때 거대한 군중, 시설 입, 출장, 시설의 위치를 포함한 몇 가지 요소를 반드시 고려해야 한다. 대피 계획세우기에 중요한 요소는 위험한 상황에 반응하는 경기장 관중들, 참가자, 직원, 상인, 일반인들의 움직임을 통제하는 것이다(전체 대피, 부분 대피, 장내 대피, 장소 이동)

시설 밖에서 교통을 정리하거나, 시설 내에서 이용자들을 대피 또는 장소이동 시키거나 또는 시설에서 전체를 대피하거나 대피 실행의 지침 원칙들은 모두 같다. 이 원칙들에는 위험(Risk) 평가하기, 대응 계획세우기, 대중에게 알리기, 계획 실행하기가 포함된다. 사건사고시 대피, 장내 대피, 장소이동을 결정하는 것은 복잡한 과정이며, 경기장 구조, 관중과 참가자의 규모와 분배, 관련된 위험 요소(Hazard) 그리고 위험 요소(Hazard)에 대한 예상되는 대응에 지식을 갖춘 여러 주체로 부터의 Input을 필요로 한다(U.S. Department of Homeland Security, 2008a).

사건사고 지휘자(예 : 경찰서장 또는 비상관리 지휘자; 3장 참조)는 전체 대피, 부분 대피, 또는 장내 대피를 실시할지를 결정한다. 전체 대피는 폭파, 심각한 폭풍, 비행기 추락, 주요 구조적 결함, 지진 또는 화학 물질 유출로 인해 실시할 수 있다. 부분 대피는 폭발물 위협, 소규모 화재, 작은 폭파, 소규모 구조적 피해 또는 무질서한 팬들의 행동으로 인해 실시될 수 있다. 대피 계획 과정과 절차 지침은 부록 6.3에서 제공된다. 잘 관리되고 조율된 대피를 위해서 경기장 운영자는 반드시 지역, 주 그리고 적절하다면 연방 당국과 조율해야 한다. 지역 비상 당국과의 지속적인 커뮤니케이션 유지, 모든 위험(Hazard) 사건사고에 대비한 계획세우기 그리고 비상 당국과 계획을 훈련하고 연습하는 것을 통해 최상의 조율을 완수할 수 있다(U.S. Departmrnt of Homeland Security,

2008a). 행사관리자국제협회(The International Association of Assembly Managers, IAAM)는 그러한 계획의 개발과 실행에 관한 자원과 교육을 제공한다(더 많은 정보를 www.iaam.org에서 볼 수 있다). 대피 절차 계획 시 고려해야 할 사항에는 다음 것들이 포함된다(Center for Venue Management Studies, 2002) :

- 시설직원이 이용자들을 안전한 구역으로 안내하기 위해 반드시 상주해야 한다. 이 절차는 일어날 수 있는 공포와 혼란을 줄이는데 큰 도움이 될 것이다.
- 명령 체계가 반드시 확인되어야 한다. 대피결정을 내릴 권한을 가진 사람(정상적으로는 사건사고 지휘자) 또한 확인되어야 한다.
- 시설의 모든 지점에서 부터의 대체 출구들이 미리 확인되어져야 한다.
- 화재 비상시와 같이 사건사고가 국지적일 때는 제자리에 머물거나 시설의 다른 구역으로 대피하는 것이 많은 군중을 밖으로 대피시키는 것보다 덜 위험할 수 있다.
- 슈퍼바이저나 행사 직원의 교육은 중요하다. 행사 전 브리핑이나 특정 위치, 장소 그리고 대피 절차에 관한 휴대용 정보 카드의 발행을 통해서 지시가 되어야 한다.
- 대피가 필요하다고 간주되면 준비된 대피 방송을 해야 한다.
- 이용자들이 위험 밖에 있고 비상사태의 통제를 확실히 하기 위해 이용자들이 베뉴 밖으로 대피한 후에 그들을 어떻게 할 것인지가 계획에 포함되어야 한다.

대피를 위한 고려 사항과 지침

위협이나 재난적 사고(Event)의 발생으로 인해 위험한 장소로 부터의 사람들의 이동을 필요로 하는 비상사태가 일어나면 대피 결정을 하게 된다. 대피는 전면 또는 부분적인 대피일 것이다. 고려사항을 위한 다음 질문들과 지원 행동들에 관한 내용들은 대피 수행에 있어 유용하다.

고려 사항들

- 대피의 이유가 무엇인가(화재, 구조결함, 장비결함, 군중 통제)?
- 대피 결정시 무슨 기준이 사용되었나?
- 경기장 관중들과 참가자들을 위험한 상황으로부터 이동시키는 대피는 얼마나 효과적인가?
- 적절한 시간 내에 얼마나 많은 사람을 대피시킬 수 있나? 이 숫자는 대피 수요를 충족시키는가? 대피 비율을 어떻게 높일 수 있는가?
- 누가 대피 결정을 하는가? 누가 어떻게 결정을 실행하는가?
- 사고(Event)발생 전에 어떤 조치들이 취해져야 하는가? 공기 중에 해로운 오염물질이 있다는 것이 어떻게 결정되는가?

지원 행동들

- 대피 결정을 돕기 위해 결정 기준을 개발하라.
- 대피 결정을 내릴 사람을 확인하라.
- 대피 행동 실행을 위한 절차를 개발하라.
- 대피를 실행할 대피 팀을 위한 역할과 책임을 설정하라.
- 공기 감시팀과 장비가 현장에 있는지와 발생 가능한 화학적 또는 다른 공기 오염 상황을 대처하기 위해 작동되는지를 확인하라.
- 관중들이 경기장에서 자발적으로 대피하기로 결정할 때 벌어질 수 있는 의도하지 않은 자발 대피(Self-Evacuation)를 준비하고 연습하라. 특히 의도하지 않은 대피가 잠재적 위험과 상충 된다면 방향을 안내하고 의도하지 않은 대피의 영향을 완화시킬 준비를 하라.

미국 국토 안보부 2008, *경기장을 위한 대피 계획 지침*에서 재 인쇄됨

장내 대피

*경기장을 위한 대피 계획 지침(Evacuation Planning Guide for Stadium)*에 의하면(U.S. Department of Homeland Security, 2008a) 장내 대피는 이용자들이 시설 내에서 즉석 피난처로 대피하는 것을 필요로 한다. 사건사고가 시설 밖이나 외부에서 일어나면 관중들과 참가자들은 장내 대피를 해야 한다. 시설 밖에 험한 날씨가 발생한 경우 같이 어떤 경우에는 이용자들을 시설내부에 머물게 하기 위해 장내 대피가 필요 할 수도 있다. 경기장을 나가는 것이 너무 오래 걸릴 수도 있고 관중들과 참가자들을 시설 안에 머무르는 것보다 더 많은 위험에 노출시킬 수도 있다(예 : 2차적 급조 폭발물). 이런 상황에서 시설관리자는 지휘 그룹의 도움을 받아 다음 상항들을 반드시 고려해야 한다(Center for Venue Management Studies, 2002). :

- 비상 상황에 관한 최신 정보를 제공함으로써 이용자들과 지속적인 커뮤니케이션을 유지하라. 가능한 시나리오를 위해 미리 갖춰진 녹음된 공공 안내 방송, 전광판 표지, 비디오 스크린 또는 직원과 이용자 사이의 구두 커뮤니케이션을 통해 이 목표를 이룰 수 있다.
- 시설은 무선 핸드폰을 구비하여 시설에 연결된 유선 전화가 불통 시에도 지속적인 커뮤니케이션을 할 수 있도록 해야 한다. 만약 통신능력이 남아 있다면 이용자들이 가족 또는 친구를 접촉할 기회를 제공하라.
- 만약 이용자들이 시설에 오랜 기간 동안 머물 필요가 있다면 무료 음식과 음료가 제공될 수도 있다. 이러한 행동은 매점 주인과 상인들과 협력하여 조직될 수 있다.
- 필요시 비상 보급품을 얻을 수 있도록 적십자와 같은 지역 비상 대응기관과 제휴관계를 개발하라. 이러한 제휴관계는 스포츠 시즌 전 상호 원조 협약을 통해서 수립될 수 있다.
- 중요한 정보를 전달하기 위해서 지역 라디오와 텔레비전 방송국 또는 조직의 웹사이트를 이용하는 위기시 커뮤니케이션 계획을 실행하라. 지역 언론 매체

를 통해 대중에게 발표하기 위해 공보 담당 대표(Public Information Officer Representative)가 스포츠나 행사 조직에 의해 임명되어야 한다.

장내 대피를 위한 고려사항과 지침

장내 대피는 사람들이 실내나 사건사고로부터 다소나마 보호된 장소에 머무는 동안 그들을 안전하게 보호하는 것을 목적으로 하는 보호 조치이다(예 : 스탠드 아래, 휴게실 등등). 고려사항을 위한 다음 질문들과 지원 행동들에 관한 글들은 장내 대피 수행에 있어 유용하다.

고려사항들

- 피신을 하는 이유는 무엇인가(화재, 구조적 결함, 장비 결함, 군중 통제)?
- 장내 대피 위치 선정을 위해 무슨 기준이 사용되는가?
- 보호 제공을 위해 장내 대피 위치는 얼마나 효과적인가?
- 각각의 대피 위치에 얼마나 많은 사람들이 피신할 수 있나?
- 누가 장내 대피를 위한 결정을 하는가? 누가 어떻게 결정을 실행할 것인가?
- 장내 대피를 초래할 수 있는 사건사고의 유형에 따라 필요한 보호 종류(옷, 마스크, 피신처)는 무엇인가?
- 장내 대피를 초래하는 사건(Event)이 일어나기 전에 무슨 조취가 취해져야 하나? 어느 장소가 피신을 위한 안전한 지역으로 지정되어야 하나? 경기장 밖, 스탠드 안, 필드 위?
- 장내 대피 장소에 피신한 사람들을 위해 무슨 종류의 보급품이 이용 가능하나?
- 장내 대피는 행사에 어떤 영향을 끼치나? 얼마나 오랫동안 사람들이 경기장 안에 피신해 머무를 수 있나?
- 장내 대피 명령에도 불구하고 경기장을 떠나고 싶어 하는 관중들이나 참가자들을 어떻게 다룰 것인가?

- 장내 대피가 경기장에 비치된 자원(식량, 의료, 위생 등등)을 가지고 얼마나 오랫동안 유지될 수 있는가?
- 유해한 오염물이 대기 중에 있는 지가 어떻게 파악되는가?
- 누가 어떻게 "상황 해제"를 통보하는가?

지원 행동들

- 장내 대피 결정을 돕기 위한 결정 기준을 개발하라.
- 장내 대피 결정을 할 사람을 확인하라.
- 장내 대피 행동을 실행하기 위한 절차를 개발하라.
- 이용자들에게 장내 대피를 하는 이유를 알리기 위한 계획을 개발하고 그들이 대피를 선택할 경우 잠재적 위험을 충고하라.
- 장내 대피 실행을 할 대피 팀을 위한 역할과 책임을 설정하라.
- 언제, 어디서, 얼마나 오래 동안 이용자가 경기장 안에 피신할 수 있는지를 결정하기 위해 수용 능력 모델 이용을 고려하라.
- 장내 대피를 위한 보급품을 확인하라(식량, 물, 담요, 의료품, 이동 위생 시설, 통신 장치, 보안 등등).
- 공기 감시팀과 장비가 현장에 상주하고 발생 가능한 화학 또는 다른 오염 상황에 대처하기 위해 기능을 하도록 하라.

미국 국토 안보부 2008, *경기장을 위한 대피 계획 지침*에서 재 인쇄됨

장소 이동 / 재배치(Relocation)

대규모 대피를 필요로 하지 않는 국지화된 사건사고에 대응해 경기장에서 장소 이동이 일어날 수 있다. 장소 이동이 일어나는 동안 경기장 관중과 참가자들은 국지화된 사건사고가 일어난 구역으로부터 경기장의 다른 구역 또는 경기장 소유지로 옮겨질 것이다. 장소 이동은 사건사고와 행사의 기간에 따라 임시 또는 영구적일 수 있다. 장소 이동은 보통 경기장에서 벌어지는 행사의 취소를 초래하지는 않는다. 장소 이동 구역은 경기장 직원에 의해 지정될 것이고 상황이

요구한다면 군중들이 이런 구역으로 안내 될 것이다. 장소 이동에 관한 더 많은 정보를 위해 사이드 바를 참조하라.

장소 이동을 위한 고려사항과 지침

고려사항을 위한 다음 질문과 지원 행동에 관한 글은 장소 이동을 실행하는데 있어 유용하다.

고려 사항들

- 장소 이동을 하는 이유는 무엇인가(화재, 구조적 결함, 장비 결함, 군중 통제)?
- 장소 이동과 집결 구역 확인을 위해 무슨 기준이 사용되었나?
- 행사에 끼치는 사건사고의 영향은 무엇인가? 행사에 끼치는 장소이동 행동의 영향은 무엇인가?
- 보호 제공을 위해 장소 이동 구역과 집결 구역은 얼마나 효과적인가?
- 각각의 지정된 장소 이동구역과 집결구역에는 얼마나 많은 사람들이 이동 될 수 있는가?
- 장소 이동 결정은 누가 내리는가? 누가 어떻게 결정을 실행할 것인가?
- 장소 이동이 일어나기 전에 무슨 조취를 취해야 하나? 어떤 구역이 장소 이동을 위해 안전한 것으로 지정되어야 하나? 경기장 밖, 스탠드 안 또는 필드 위인가?
- 유해한 오염물질이 공기 중에 있는지를 어떻게 결정할 것인가?
- 사람들이 얼마나 오랫동안 장소이동 구역이나 집결 구역에 안전하게 머무를 수 있나?
- 누가, 어떻게 "상황 해제"를 통보하는가?

지원 행동들

- 장소 이동 결정을 돕기 위해 결정 기준을 개발하라.

- 장소 이동 결정을 할 사람을 확인하라.
- 목적과 수용능력에 따른 장소 이동 구역을 설정하라. 각각의 장소 이동 구역으로의 경로를 확인하고 수용능력을 명기하라.
- 장소 이동 행동의 실행을 위한 절차를 개발하라.
- 장소 이동 행동을 실행할 대피 팀을 위한 역할과 책임을 설정하라.
- 공기 감시팀과 장비가 현장에 상주하고 발생 가능한 화학 또는 다른 오염 상황에 대처하기 위해 기능을 하도록 확실히 하라.

미국 국토 안보부 2008, *경기장을 위한 대피 계획 지침*에서 재 인쇄됨

정보 수집

대응은 준비태세 계획을 실행하는 것을 수반한다. 계획이 적절히 구현되기 전에 첫 번째 대응 직무의 하나는 상황을 평가하고 지역 상황에 관한 즉각적이고도 신속한 평가를 통해 정보를 수집하는 것이다. 신속한 평가는 초기 생명을 구하고 유지하는데 필요한 것들을 결정하는 것과 임박한 위험(Imminent Hazard)을 확인하는 것에 관련된 대응 활동을 포함한다. 지역 정부는 사건사고 발생 첫 수 시간 내에 생명을 위협하는 상황과 임박한 위험에 적절한 대응을 제공하기 위해 신속한 평가를 수행할 필요가 있다(Federal Emergency Management Agency, 2010a). 신속한 평가는 지역 정부가 대응활동의 우선순위를 정하고 부족한 자원들을 배정하고 상호 원조 협력자들(또는 사건사고 정도에 따라 주 또는 연방 기관)로부터 도움을 요청하는 것을 가능케 한다. 중요한 정보는 또한 정보의 필수 요소(EEI: Essential Element of Information)라고도 불리는데 (1) 대피, 탐지, 구조와 같은 생명을 구하는데 필요한 것들; (2) 교통, 공공 설비, 통신체계, 연료, 상수도와 같은 중요한 사회 간접자본 상태; (3) 경찰서와 소방서, 의료시설, 상하수도 정화 시설 그리고 언론 매체와 같은 중요한 시설의 상태; (4) 임박한 위험으로부터 지역사회에 대한 피해 위험(예 : 댐, 둑, 위험 물질을 생산하고 보관하는 시설); (5) 사건사고 때문에 발생한 이재민의 수와

그들의 거주지에 대한 피해 정도에 관련된 것이 수집된다(Federal Emergency Management Agency, 2010a).

연쇄적인 사건사고(Cascading Events)의 잠재성에 관한 정보 또한 평가에 포함되어져야 한다. 연쇄적인 사건사고는 초기 사건사고(Initial Event)의 직, 간접적인 결과로 발생하는 사건사고이다(Federal Emergency Management Agency, 2010a).

예를 들어 만약 갑작스런 홍수(Flash flood)로 한 지역에 전기 공급이 중단되고 전기 공급 중단의 결과로 위험한 물질이 도로에 유출되는 것을 포함한 심각한 교통사고가 발생하면 교통사고는 연쇄적인 사건사고(Cascading Events)이다. 만약 위험물질의 유출로 동네 주민이 대피하고 지역 하천이 오염된다면 이들 또한 연쇄 사건사고이다.(p. 3.14)

같은 종류의 일련의 사건이 스포츠나 특별 행사 중에 일어날 수 있다. 만약 심각한 폭풍으로 시설에 전기 공급이 중단되고 그로 인해 시설의 조명시설이 꺼지고 그 결과 심각한 관중 부상을 초래할 수 있다.(예 : 계단에서 떨어짐) 이러한 사건사고가 연쇄적인 사건사고의 하나이다.

복구

복구의 목적은 스포츠나 행사 조직 운영을 정상으로 최대한 빠른 시간에 돌려놓는 것이다. 복구는 개발, 조율 그리고 영향을 받은 조직과 베뉴에 대한 복원계획을 포함한다. 사건사고로부터의 복구는 각각의 비상사태에 따라 독특하고 피해 입은 정도와 이용가능한 자원에 따라 다를 수 있다. 이 과정에는 (1) 필요한 것과 자원 확인 (2) 피해 입은 사람에 대한 장기간 지원 대책마련 (3) 조직과 베뉴 복구를 위한 조치 실행 (4) 사건사고를 평가하고 배운 점을 확인 (5) 미래 사건사고의 영향을 줄이기 위한 완화 조치를 받아들이는 것이 포함된다(Federal Emergency Management Agency, 2006a). 단기 복구는 사건사고 직후 시작되고 기본 서비스와 기능을 복구하기위한 대응활동의 연장이다. 장기 복구는 개인의 삶과 스포츠나 행사 조직과 주변 지역 사회의 생계를 복구하는 것이다. 장기 복구는 수개월 또는 수년이 걸릴 수 있다 . 복구는 기본적으로 지역 정부의 책임이다. 그러나 대통령에 의한 국가 재난 선포(Presidential Declaration of Disaster in The United States)로 스태포드 법안(Stafford Act)에 따라 다양한 원조 프로그램이 이용가능하다(다음 사이드 바 참조).

연방 원조의 두 가지 주요 범주는 공공 원조와 개인 원조이다. 공공 원조는 사회 간접 자본과 공공시설의 수리를 위한 것이다. 개인 원조는 주거지와 사업체의 피해 또는 개인 재산 손실을 위한 것이다. 재난으로부터의 복구는 재난으로 야기된 피해의 양과 종류 그리고 지역사회가 보유한 이용 가능한 또는 접근 가능한 자원에 따라 각기 스포츠나 행사 사업 그리고 지역 사회에 마다 독특하다(Federal Emergency Management Agency, 2010a).

이 장의 사례 연구는 자연재난 후 스포츠 사업의 대응과 복구 활동의 예를 제공한다.

스태포드 법안 : 비상사태 선포와 주요재난 선포

사건사고의 종류:

- **비상사태** : 비상사태는 대통령이 생명을 구하고 재산과 공공 건강을 보호하고 안전을 보장하기 위해 주와 지역의 노력을 보조할 필요가 있다고 결정하는 어떠한 사건사고(Event)를 포함한다. 다양한 사건사고가 비상사태로 간주될 수 있다. 비상사태에 이용 가능한 연방지원은 주요 재난에 이용 가능한 것보다 더 제한되어 있다.
  비상사태는 대통령의 결정에 의하여 생명을 구하고 재산, 공공 보건 그리고 안전을 보호 하거나 또는 재난의 위협을 감소 또는 피하기 위한 주와 지역의 노력과 능력을 보충하기위한 연방 지원이 필요한 어떠한 상황이나 경우로 정의된다.

대통령의 비상사태 선포는 다음의 경우에 지원을 제공한다.

- 주와 지역 능력 밖의 경우
- 보조적인 비상지원으로 쓰이는 경우
- 연방 지원금 오백만 달러를 초과하지 않는 경우

영향을 받은 정부는 반드시 사건사고 5일 내에 대통령 비상사태 선포를 요구해야 한다.

- **주요 재난** : 주요 재난은 홍수, 허리케인 그리고 지진과 같은 자연 현상(Natural Events)에 의해 야기될 수 있다. 대통령이 연방 지원을 정당화 할 만큼의 충분한 강도를 가진 것으로 믿는 화재, 홍수 또는 폭발이 재난에 포함될 수 있다. 비록 주요 재난의 자격을 갖출 수 있는 사건사고는 제한되어 있지만 연방 지원이 가능한 주요 재난은 비상사태 때 가능한 지원보다 광범위하다.

주요 재난은 대통령이 결정하기에 이 장(Chapter) 아래에서 피해, 손실, 어려움 또는 이로부터 야기된 고통을 경감하는데 있어 주와 지역 정부, 재난 구호 조직의 노력과 이용 가능한 자원을 보충하기 위한 주요 재난 지원을 정당화화 할 만큼 충분한 심각성과 강도의 피해를 야기하는 어떠한 자연 재앙 또는 미국 내에서의 화재, 홍수, 폭발이라고 정의된다.

대통령의 재난 선포는 다음의 경우에 지원을 제공한다.

- 주와 지역 능력 밖의 경우
- 주와 지역 정부, 재난 구호 조직 그리고 보험 등으로부터 이용 가능한 자원을 보충하는 경우

영향을 받은 정부는 반드시 사건사고 30일 내에 대통령의 주요 재난 선포를 요청해야 한다. 요청 과정에 관한 추가적인 정보는 이 섹션(section)의 뒤에서 설명된다.

Reprinted from Federal Emergency Management Agency, 2010, Fundamentals of Emergency Management : IS-230A.

완화

완화 활동은 재난을 예방하거나 피할 수 없는 재난과 비상사태의 피해를 줄이려는 것이다(Hall, Marciani, & Cooper, 2008). 완화 활동은 사건사고 전, 중, 후에 실행될 수 있으며 이전의 사건사고로부터 배운 교훈을 포함한다. 완화 조치는 각각의 스포츠나 행사 베뉴 안과 주위의 잠재적인 위험(Hazard), 사건사고(Event)가 일어날 확률, 인명 손실, 재산 파괴, 주요 서비스의 중단, 복구의 경제적 영향의 확인을 돕는 위협 및 위험(Risk) 분석과 병행하여 인지된다(4장과 5장에서 다루어졌음).

스포츠나 행사 조직은 다음을 포함하는 전반적인 완화 전략을 개발하여야 한다. : (1) 대체 발전 장비(예 : 발전기), (2) 대체 통신 장비(예 : 무전기, 무선전화), (3) 정책과 절차(예 : 지휘체계 통신 프로토콜, (4) 자료 백업(예 : 하드웨어 백업) 그리고 (5) 기록 관리(예 : 전자 관리) (Border, 2006). 스포츠나 행사 비지니스의 완화 전략은 반드시 모든 위험(Hazard)과 잠재적 손실과 관련된 위험(Risk)을 감소시킬 방법을 고려해야 한다. FEMA의 *비상사태 관리의 기초*(*Fundamentals of Emergency Management*, 2010)에 의하면 효과적인 완화 전략은 다음 몇 가지요소에 기초를 둔다.

- 시설내의 새로운 개발이나 변화에 기반을 두고 존재하는 위험의 악화를 예방하기 위한 **예방 조치(Prevention Measure)**. 예방 조치는 아직 개발이 되지 않았거나 개발 초기 단계 영역에서 아주 효과적이다(예 : 건물 디자인에 있어서 물리적 보호 보안 기능).
- 알려진 위험(Hazard)으로부터 피해위험을 감소시키기 위해 건물이나 주위를 변경하기 위한 **재산 보호 조치(Property Protection Measure)**. 재산 보호 조치는 비교적 간단하고 실행하기 비싸지 않다(예 : 홍수로부터의 피해를 방지하기 위해 발전기를 높은 위치에 올려둔다).
- 사건사고의 전, 후에 사람을 보호하기 위한 **비상 서비스 조치(Emergency**

Service Measure). 이 조치에는 경고 문구(예 : 경고 안내 방송), 대응 작업, 주요 시설을 위한 보호 조치가 포함될 수 있다. 비상 보호 조치는 비상계획 과정에 포함되고, 연습되어지며, 연습과 실제 비상상황에서 배운 점을 포함하기 위해 수정되어져야 한다.

- 알려진 위협(Hazard)(예 : 차량 탑재 급조 폭발물)으로 부터의 피해를 통제하기 위해 인공적인 구조의 건설을 통해 인명과 재산을 보호하는 **구조 계획(Structural Project)**(예 : 차량 진입 방지용 말뚝).
- 사람들이 직면하는 위협과 피해와 부상을 피하기 위해 취해야 할 조치에 관해 알리고 상기시키기 위한 **공공 정보(Public Information)**. 공공 정보 조치는 원조계획, 기술지원 또는 교육 프로그램을 포함할 수 있다(예 : 스포츠나 행사 조직이 주최하는 안전과 보안 인식 워크숍).

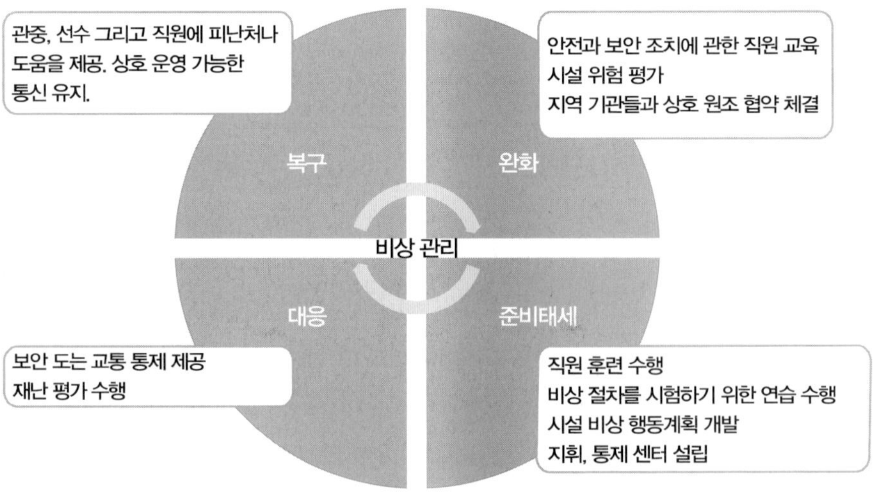

그림 6.2 비상 관리의 원칙과 구성요소

개발된 완화 전략은 직면한 위험, 잠재적 피해 또는 충격 그리고 전체적인 조직과 시설의 요구를 반드시 고려해야 한다. 완화 조치는 전략과 일관되어야 하며 더 큰 비상 관리 서클의 일부로 간주되어야 한다. 완화 계획 활동은 이장의 마지막에서 다룬다. 그림 6.2는 비상 관리 요소의 상호관계를 묘사하고 스포츠나 행사 조직을 위한 각각 주요 분야에 있어서 잠재적 고려사항을 제공한다(부록 6.4에 고려해야 할 체크 목록이 제공된다).

비상 관리의 예

4장에서 보여준 모든 위험(All-Hazard)의 잠재 위험(Potential Risk)의 목록에서 발췌된 아래의 시나리오는 스포츠나 특별 행사 이벤트 동안 발생할 수 있는 비상사태의 대표적인 예이다. 각각의 예에서 비상 대응의 단계가 간단히 설명된다. - 준비태세, 대응, 복구 그리고 완화.

1. 폭파 위협

시나리오 개요 : 게임 전 워밍업동안 경기장 전화 교환대가 경기장 안에 폭발물을 폭파시키겠다고 위협하는 익명의 사람으로부터 전화를 받는다. 전화는 법 집행기관에 보고되고 이 기관은 전화가 걸려온 곳이 과거 테러 사건에서 폭발물을 사용한 알려진 조직과 관련 있는 번호라고 단정한다. 의심이 가는 테러 조직원들은 최근에 인터넷에 "경기장을 폭파하는 것"을 자랑하는 메시지를 게재했다. 경기장 안의 보안 요원은 미확인 꾸러미를 찾아냈다.

- **준비태세** : 직원 인식 교육 실시(의심스러운 꾸러미나 행동을 인식하는); 전화 교환원들이 폭파 위협 보고 프로토콜(Bomb threat reporting protocol)에 관한 교육을 받도록 한다(부록 6.5 폭파 위협 목록 참조); 시설 비상 대응 계획과 대피 계획을 개발 한다; 계획을 연습한다.

- **대응 :** 위협 평가 수행; 꾸러미 확인을 위해 폭발물 처리반 접촉; 대피계획 실행; 시설 이용자들과 효과적으로 의사소통.
- **복구 :** 관중들, 참가자들, 직원들에게 피난처와 도움을 제공; 지역기관 시민들과 효과적으로 의사소통.
- **완화 :** 정확한 탐색 절차에 관한 직원 훈련; 금지된 물건 목록에 대한 재평가 (예 : 배낭반입 금지정책)

2. 날씨 위협

시나리오 개요 : 기상청은 경기장 주변에 천둥 번개를 동반한 국지적인 심한 폭풍을 예보한다. 깔대기 모양의 구름 역시 예보되었다. 기상청은 영향 받는 지역의 모든 사람이 대피할 것을 권고했다.

- **준비태세 :** 험한 날씨를 포함한 모든 위험 사건사고(All-Hazard Incident)에 대비한 비상 대비 계획 개발; 날씨 관련 위협을 평가하기 위해 지역 기상청과 지역 카운티 비상 관리 책임자와 협력; 비상 사건사고(Emergency Incidents)를 대비한 공공 안내 발표를 개발.
- **대응 :** 현재 날씨 상황을 평가하고 대피계획 실행(상황과 시설 디자인에 따라 장내 대피 또는 장소 이동)
- **복구 :** 상호 이용 가능한 통신(Communication) 유지.
- **완화 :** 지역(Local)과 지방(Regional) 협력자들과 상호 원조 협약 체결.

3. 행사 취소(No Show)

- **시나리오 개요 :** 캠퍼스 강당에서 공연 예정된 록 밴드 구성원들이 공항에서 지연되어 공연을 할 수 없게 되었다. 군중들에 상황을 공지하고 공연은 취소되었다. 참석한 군중 일부는 동요하고 싸움이 일어났다. 무대로 의자를 던지고 다른 종류의 자산 피해가 발생한다.

- **준비태세 :** 시설 비상 행동 계획(Facility Emergency Action Plan) 개발; 계획 연습; 군중 관리 절차에 관해 직원 훈련; 공공 안내 방송 개발; 표 환불 정책 설정; 관중 폭력 예방을 위해 사용되는 일반적인 정책과 조치를 위해 부록6.6 참조.
- **대응 :** 군중 통제를 관리하기 위해 보안부서와 지역 법 집행기관과 공조
- **복구 :** 부상당한 이용자들을 위해 환자분류(triage) 장소 설정
- **완화 :** 비상사태 대책 계획(Contingency Plan) 개발(예; 행사일정 조절)

4. 민간 소요(폭동)

- **시나리오 개요 :** 스포츠 행사의 관중들이 심판의 판정에 불만을 가지고 싸움을 하고 물건을 필드에 던지기 시작했다. 법 집행 요원들이 최루탄을 군중에게 쏘면서 대응한다. 최루 가스가 군중들 사이에서 공포를 조장하여 집단 히스테리를 초래한다. 경기가 중단된다.
- **준비태세 :** 팬 행동 강령 개발; 팬과 필드사이 적절한 거리 유지; 공공 안내 방송 개발; 군중 관리 기술에 관한 직원 교육(부록 6.6 참조).
- **대응 :** 군중 통제 관리를 위해서 보안부서와 지역 법 집행기관과 공조
- **복구 :** 경기장에서 부분적 대피; 범법자 체포.
- **완화 :** 군중 통제 문제에 대한 대응 평가.

5. 총기 난사범(Active Shooter)

- **시나리오 개요 :** 하프타임 중 경기장의 매점 구역에서 총성이 울린다. 초기 보고에 의하면 최소한 두명의 총기범과 수명의 사상자가 있다. 총기범은 군중 사이를 움직이면서 무작위로 총을 쏜다.
- **준비태세 :** 비상 행동 계획 개발; 계획 연습; 총기 난사범 사건사고(Active Shooter Incident)에 대비한 대응 절차에 관한 직원 교육.

- **대응 :** 총기범 검거를 위해 지역 법 집행기관과 공조; 위기 통신 계획(Crisis Communication Plan) 실행.
- **복구 :** 부상당한 이용자들을 위해 환자분류(triage) 장소 설정.
- **완화 :** 입장 시 검색 절차 강화.

사업 지속 계획

"사업 지속은 악조건 아래에서 조직이 제품과 서비스의 생산이나 제공을 지속하기 위해 조치와 보호 수단을 개발하는 것을 포함한다"라고 정의 된다(Sauter & Carafano, 2005, p. 333). 초기 사건사고 대응이 잘 통제(관리) 되고 있다고 간주되면 초점은 사업 지속과 복구 활동으로 옮겨간다. 지속 계획은 사업적으로 좋은 의미이며 가동정지, 재건, 잃어버린 주요 자료 복원 비용을 줄이고 수입 손실 최소화와 같은 많은 이유에서 중요하다. 대규모 사건사고의 여파와 관련된 비용은 스포츠나 행사 조직의 운영에 심각한 피해를 줄 수 있으며 회복할 능력이 방해 받기도 한다(B개der 2006). 그러므로 스포츠나 행사 조직은 운영 유지를 위한 사업 지속 계획을 개발하여야 한다. Broder에 의하면(2006) "사업 지속 계획은 재난이나 정전 전, 중, 후에 취해진 지속적인 행동의 총괄적인 성명서이다." 또한 사업 지속 계획 과정은 보안 지휘 그룹을 위한 훈련이다. 왜냐하면 그들은 반드시 우발사건들을 통해 생각해야하며 모든 유형의 사건사고로부터 회복하기 위해 요구되는 행동에 익숙해야 한다(Broder, 2006).

고려할 이슈의 예에는 선수들의 장소이동, 대체 시설 사용, 다른 기관으로의 선수 등록 그리고 경기나 행사 일정조정이 포함된다. 비록 이러한 계획은 과거에 거의 없다시피 했지만 이 모든 활동은 허리케인 카트리나의 여파로 생겼다(이장의 사례 연구 참조). 허리케인 카트리나는 걸프 코스트와 뉴올리언스 지역의 많은 프로와 대학 스포츠 프로그램에 영향을 끼쳤다. 뉴올리언스 세인츠는 2005년 동안 홈게임을 다른 3개 도시에서 치렀고 호네츠는 2005-2006년 일정을 위해 오클라호마시티에 거주했다(Mathesn & Baade, 2006).

루이애지나 주립 대학의 운동부는 약 3.5백만 달러의 손실을 보았거나 다른 학교에 지불하여야 했으며 시설 피해를 보수하는데 4십만 달러를 썼다(Steinbach, 2006). 조속한 복원을 위해 계약이 마련되어 있어야 하고 사건사고가 일어날 경우 행사를 치르기 위한 제2의 장소 예약이 확인되어야 한다. 상호 원조 협약이 응급 대응 계획(ERP)과 복구 계획의 일부로 포함되어야 한다. 이러한 행동은 필요할 경우 미리 마련된 자원과 서비스가 이용 가능하고 제공되는 것을 확실하게 한다. 사업 지속과 복구 계획 템플릿 샘플은 부록 6.7에서 찾을 수 있다. Sauter와 Carafano는(2005) 사업 지속 계획을 개발하는데 있어서 다음 주요 계획 단계를 확인하였다.

1. **경영진의 확약을 받아라 :** 시설 소유주 또는 운영자는 반드시 충분한 시간과 자원이 계획 과정에 할애되도록 해야 한다. 충분한 지원과 지속 계획이 우선이라는 명백한 승인 없이는 자원과 자금이 다른 프로젝트에 전용될 수 있기 때문이다.
2. **계획 위원회를 설립하라 :** 보안 지휘 그룹(Security Command Group)은 계획 위원회로서의 역할을 하며 계획을 개발하고 기록할 수 있다. 이 그룹의 설립은 2장과 4장에서 토론되었다. 이 그룹에 대표된 다기관은 다양한 관점과 안전과 보안의 여러 분야에서 자원과 전문지식의 보충을 가능케 한다. 이들 개인과 기관은 사건사고 후 조직의 요구와 지역사회를 사건사고 전의 상태로 돌려놓기 위해 반드시 다루어져야 할 지역사회 측면에 관한 식견을 제공할 수 있다.
3. **위험 평가를 수행하라 :** 효과적인 사업 지속 계획을 개발하는데 있어서 가장 중요한 직무는 위험 평가이다. 이 과정은 위협, 취약점, 비용 평가를

포함하는데 준비활동을 위한 우선순위를 결정하게 해준다. 위험 평가 과정은 4장에 상세히 나타나 있으며 사업 지속에 관한 위험 평가 과정은 이와 같으나 사업 방해를 할 수 있는 위험과 취해질 필요가 있는 조치들에 더욱 초점을 둔다. 특정위협과 취약점 확인을 통해 지휘 그룹은 잠재적 사건사고와 싸울 대책과 전략을 개발할 수 있고 사건사고 후에 실행될 계획, 정책, 전략을 개발할 수 있다.

4. **운영상 우선순위를 설정하라 :** 지휘 그룹은 손실 발생시 필수 사업 활동을 중단 시키거나 중대한 영향을 끼칠 수 있는 자원이나 역량과 같은 스포츠나 행사 사업 운영의 중요한 요소를 반드시 확인하여야 한다(예 : 장비, 인력, 전자 기록). 이 과정은 그러한 사업의 중요 부분이 첫 번째로 다루어 질 수 있도록 한다. 주요 자산과 운영 기능의 확인은 4장에서 또한 고려되었다.
5. **지속과 복구 옵션 결정하기 :** 재난에 대응하기 위해 지휘 그룹은 인력명단과 전화번호, 장비 목록, 상인 목록, 창고 위치, 자료 백업 파일 그리고 중요한 계약서와 같은 중요한 자료를 수집해야 한다. 지휘 그룹은 또한 대피 계획, 현존하는 계획, 정책의 검토를 통해 현재 역량을 평가해야 한다. 부가적으로 지휘그룹은 응급 의료팀, 홍보 대표, 화재 장비, 통신 장비, 경보 시스템, 비상 전력 그리고 피난 구역과 같은 사건사고에 대응하기위한 내부 자원의 이용 가능여부를 검토해야 한다. 외부 그룹과의 상담은 외부 자원 또는 지역 비상 관리부, 소방서, 경찰서, 구급차 서비스, 공공사업, 병원, 적십자 등과 같은 기관들과 공조 가능한 자산의 이용 가능 여부에 관한 통찰력을 제공한다.
6. **비상대책 개발하기 :** 지휘 그룹이 사건사고 전, 중, 후에 무슨 조치와 절차를 취할지 결정했을 때 그들은 이를 종합적인 계획에 기록할 것이다. 보충 계획에는 공공시설과 잠그는 위치, 대피 경로 그리고 응급 장비와 위

험 물질의 위치를 표시하는 건물과 현장 지도와 같은 기록들이 포함될 것이다. 만약 시설이 완전히 파괴되고 경영진이 새로 지으려고 할 때 이러한 기록들이 필요할 수도 있다. 또한 시설이 완전히 파괴되지 않고 대응요원들이 잔해를 치울 경우 그들은 위험 물질이 건강에 해로움으로 그것들이 어디에 위치하고 있는지를 알 필요가 있다.

7. **계획 실행하기** : 계획 초안이 작성된 후 이 계획을 시험하고 필요에 따라 유지와 갱신하기 위한 절차가 수립되어야 한다. 계획의 훈련과 연습은 아주 중요하다(이 개념은 7장과 8장에서 더 다루어진다). 훈련에 참여하는 직원들은 비상시에 더 빨리 대응하고 더 낳은 결정을 하는 경향이 있다. 미국 산업기밀보호협회(The American Society Industrial Security(ASIS) International)는 사업 지속성 지침(Business Continuity Guideline)을 개발하였으며 이 지침은 www.scnus.org/local_includes/downloads/9742.pdf. 에서 찾아 볼 수 있다.

   미국 재난관리본부의 비상관리연구소(FEMA Emergency Management Institute(EMI))는 특별 행사 비상대책 계획에 관하여 무료 교육 과정을 제공하고 있으며 이 과정에 관한 정보는 http://training.fema.gov/EMIWeb/IS/is15.asp에서 참고할 수 있다.

   지속 계획(Continuity Plan)은 종종 결함이 있다. 지속 계획에 대한 일원화된 접근은 효과적이지 않다. 각각의 계획은 특정 베뉴와 사업에 맞추어 만들어져야 한다. 왜냐하면 모든 주체들은 독특하고 다른 자원, 능력 그리고 계획 활동을 제공하기 때문이다. 먼저 언급했듯이 직원을 훈련시키고 사업 연속 계획(BCP)을 테스트하는 것은 중요하다. 테스트가 부족하면 위기시 노출되는 계획의 중요한 결함을 알아내는데 실패할 수 있다할 수 있다.

지속 계획을 시험하기 위해 책임자들은 재검토나 가상 연습을 수행할 수 있다. 계획 재검토에서 시설 책임자와 지휘그룹은 사업 지속 계획을 논의한다. 이 팀은 근본적으로 누락된 요소와 계획에서의 모순점을 찾는다(Continuity Central, 2009). 가상 연습은 사업 지속 관리 절차와 자원들이 실제 상황에서 잘 작동할 수 있을지 결정하는데 더 적합하다. 이런 유형의 연습은 대체 행사 현장, 예비 장비, 복구 업체 그리고 운송과 같은 사업 지속 자원을 이용한다. 실수, 누락, 분실 또는 충분치 않은 자원과 협력자들의 제한된 상호 협력 능력이 이 연습에서 나타날 수 있다. 또한 가상 연습을 통해 직무의 본질과 양 그리고 훈련에 필요한 것들에 관한 직원에 관련된 문제점을 발견할 수도 있다(Continuity Central, 2009). 훈련과 연습 옵션은 7장과 8장에서 더 상세히 다루어진다.

업계 내에서 규정과 표준이 바뀔 수도 있기 때문에 계획을 개발한 후에도 이 계획이 적절히 유지 되고 정기적으로 갱신되어야 한다. 간부급 관리자(시설 소유주 또는 운영자)의 지원 부재는 성공적인 계획 과정을 방해할 수 있다. 마지막으로 나에게는 아무 일이 없을 거라는 오래된 믿음은 자만을 조장하고 모든 비상 위험에 대해 계획하고 준비해야하는 절박감을 감소시킨다.

허리케인 카트리나 이후 Tulane 대학교에서의 지속성

사 례

허리케인 카트리나는 미국 역사상 최악의 재난 중 하나였다. 투레인 대학교의 대응과 복구 운영은 위기 준비계획, 훈련과 장비 그리고 위험 통신 계획(Risk Communication Planning)을 망라한다.

허리케인 카트리나 직후 투레인 대학교 관리들은 시내 접근이 어려웠고 기술 센터의 피해 등 지역적인 재난을 맞았다. 공공시설은 작동하지 않았고 이메일, 전화 그리고 다른 통신망 등의 통신 시스템에 접속할 수 없었다. 추가적으로 학부, 교직원 그리고 학생의 위치를 알 수 없었다. 투레인 대학교의 운동부는 다음 복구 문제가 다루어 질 필요가 있다는 것을 확인했다.

- 갈 곳을 잃은 선수들과 코치들을 위한 숙소
- 선수들과 코치들을 위한 운송수단
- 언론과의 관계
- 운동부내의 재정적 문제
- 선수들의 교육 문제

투레인 대학교는 몇 가지 추가적인 대응 행동을 실행했다.

- 학교 사기 진작과 학교를 하나로 뭉치게 하기 위해 운동 팀들을 유지했다.
- 갈 곳을 잃은 선수들(학생뿐만 아니라)과 직원들을 기숙사내 빈방이나 대학이 임대한 두 척의 유람선 중 하나에 배정했다.
- **체육특기자 학업 코스가 적용되는 지역의 모든 인가된 대학으로부터 받은 학점을 인정하기로 공고했다.**
- 대학교 직원들이 급여 시스템의 두절로부터 잃어버린 정보를 되찾을 수 있도록 온라인 등록 양식을 설치하였다.
- 허리케인 카트리나의 영향을 받은 학생들이 학위 프로그램을 지속할 수 있게끔 2006년 5월에 추가학기를 열었다.
- 학생 수가 많은 지역에서 타운홀 미팅(누구든지 참석해 의견을 발표하는 방식의 회의)을 계획했다. 캠퍼스 책임자들이 직접 발표하고 캠퍼스 등록 과정을 비디오로 보여주었다.
- 대학과 운동 프로그램에 관한 어떤 관심사가 있는지를 알기 위해 블로그를 관찰했다.

이 활동 때문에 2006년 1월까지 90%의 학생들이 캠퍼스로 돌아왔다.

배운점

- 대학의 복구 문제와는 별도로 대학 스포츠 행정부서는 운동 프로그램의 운영이 복구되도록 사업 지속과 복구 계획을 개발해야 한다.
- 계획은 모든 스포츠 프로그램, 선수, 코치 그리고 행정 직원들을 위한

절차를 포함해야 한다.

- 직원, 선수 그리고 가족들에게 알리기 위해 위기 통신계획이 설립되어야 한다.
- 무산된 스포츠 프로그램을 개최하기 위해 또는 선수 학생들을 그들의 프로그램에 받아들이기 위해 다른 대학들과 상호 지원 협약이 체결될 필요가 있다.

생각해볼 문제

투레인 대학 운동부서가 복구와 사업 지속노력을 지원하기 위해 어떤 추가적인 조치를 실행하였나?

참조

U.S. Department of Homeland Security, 2009, Sport Event Risk Management.

이 장의 핵심

- 비상 상황은 참가자의 안전과 보안에 영향을 줄 수 있고 시설, 장비 그리고 내용물에 피해를 줄 수 있으며 시설의 활동을 방해할 수 있는 어떤 사건사고, 상황 또는 발생이라고 정의된다.
- 비상 계획은 몇 가지 이유에서 중요하다.
  (1) 전문적인 표준 준수는 안전한 환경을 장려할 수 있다.
  (2) 비상 계획의 계획, 훈련 그리고 실행은 잠재적 피해와 손실을 줄일 수 있다.
  (3) 법적 공공 안전 요구사항 준수는 참가자들의 안전과 보안을 향상시킨다.
  (4) 비상계획의 문서화는 시설, 소유주 그리고 운영자들의 책임을 최소화한다.

(5) 좋은 계획을 하는 것은 부정적인 언론 노출을 최소화하고 시설의 이미지를 향상시킨다.

- 비상 관리의 네 가지 주요 요소는 준비, 대응, 복구 그리고 완화이다.
- 준비는 사건사고를 예방하고, 보호하며, 대응하고, 복구하기 위한 능력을 쌓고 유지하며 향상시키기 위한 직무와 활동을 완수하는 것을 포함한다.
- 대피계획은 시설의 비상 계획의 필수 요소여야 한다.
- 복구의 목적은 스포츠나 행사의 운영을 최대한 빨리 정상으로 돌려놓는 것이다. 복구에는 영향을 받은 조직과 베뉴를 위한 개발, 공조 그리고 복원 계획의 집행이 포함된다.
- 완화 활동은 재난을 예방하거나 피할 수 없는 재난과 비상사태의 피해를 줄이도록 노력한다.
- 사업 지속은 조직이 최악의 조건하에서 계속해서 재화나 서비스를 생산하거나 제공할 수 있도록 조치와 안전장치를 개발하는 것을 포함한다.

응용 질문

1. 비상 관리의 네 가지 주요 구성요소를 토론하라. 비상 관리 계획은 왜 스포츠나 행사 책임자들에게 중요한가?
2. 각각의 구성요소에서 스포츠나 행사 시설 경영진은 무슨 조치를 고려해야 하나?
3. ERP의 구성요소를 토론하라.
4. 대피 실행시 무슨 문제가 고려되어져야 하나?
5. 전문 스포츠 조직과 대학 스포츠 프로그램을 위한 사업 지속 계획 과정과 고려 영역을 토론하라.

활동

베뉴를 선택하고 시설 책임자를 만나라. 다음에 관한 질문을 하라.

1. 당신들의 베뉴에서 최근에 있은 비상사태에 관해 생각해 봤을 때 사건사고로 인해 어떤 피해가 발생하였는가?
2. 대응 활동에 어떤 인력이 직접적으로 관여되었나?
3. 대응에서 무엇이 잘 되었다고 생각하나?
4. 만약 같은 상황이 발생한다면 무엇을 다르게 대처하겠는가?
5. 어떤 점에서 준비활동이 대응에 기여하였나?

그리고 나서 당신이 익숙한 같은 베뉴 또는 다른 베뉴에 관해 다음 질문에 답하라.

1. 무슨 위험 요소(Hazard)가 베뉴에 가장 높은 위험(Risk)을 주나?
2. 만약 이 위험한 사건(Hazardous Event)이 일어난다면 어떤 유형의 피해가 일어날 수 있는가?
3. 이 알려진 위험 요소(Hazard)로부터 피해를 줄이려면 무슨 조치가 취해져야하나?
4. 완화 노력이 성공적인지를 어떻게 평가하는가?

제7장

훈련과 정책 실행

이 장의 목적

- 훈련 프로그램의 무엇을, 왜, 누가, 언제 그리고 어떻게를 검토하라.
- 세 가지 주요 수준 훈련의 중요성을 이해하라 : 지휘 그룹, 관리직, 행사 직원
- 직원 각자의 직위에 따른 능력, 직무, 주요 고려 사항 그리고 일반적인 문제점을 알아내라.
- 인력 고용 전략을 평가하라.
- 훈련 기법과 이용 가능한 자원을 평가하라.

7장

훈련과 정책 실행

스포츠나 행사 조직의 계획, 정책 그리고 보호 조치가 마련된 후 다음 중요한 단계는 그 정보를 직원들에게 유포하여 직원들이 그 계획을 실행할 수 있도록 하는 것이다(Academy for Venue Safety and Security, 2006). 계획은 정확히 실행될 때만 효과적이다. 그러므로 경기장과 공연장과 같은 주요 인프라를 보호하는데 있어서 중요한 요소는 구성 직원들을 효과적으로 훈련시키는 것이다. 이 장에서는 스포츠나 행사 조직의 훈련에 필요한 것과 직원 훈련의 여러 수준(다기관, 관리, 행사직원)을 다루며 훈련(Training)의 유형과 출처가 강조되어 있다. 스포츠나 행사 조직은 고용, 훈련 그리고 스포츠와 행사 베뉴의 보안을 책임진 인력에 대한 평가를 위해 적절한 자원을 제공하여야 한다. 직원 훈련은 사건사고 관리 전략(3장), 위험 관리 연습(4장), 안전과 보안 계획, 정책 그리고 보호 조치(5장) 그리고 대응과 복구 원칙(6장)에 중점을 두어야 한다. 이 훈련은 직원들이 위협을 인지하고 시설 취약점을 줄이거나 제거하는데 도움을 주어 스포츠와 다른 행사에서 위험을 완화시킨다.

직원의 효과적인 훈련은 경영진의 기대를 전가하는데 필수적이다. Sennewald(2003)는 훈련을 "이해와 행동의 변화를 통해 예상된 성과를 가져오는 교육적이고 유익한 기술 개발과정"라고 정의했다(p. 97). 경영진은 직원들이 다음 세 가지를 이해하기를 원한다. (1) 경영진은 직원들이 무엇을 하기를 원하는가? (2) 왜 경영진은 직원들이 그것을 하기를 원하는가? (3) 경영진들은 어떻게 그것을 하기를 원하는가?(Sennewald, 2003)

보안 책임자가 훈련계획 개발을 시작하기 전에 무엇을, 왜, 누가, 언제 그리고 어떻게의 기본 질문들을 반드시 고려해야 한다.

- 직원들이 그들의 역할과 책임을 수행하기 위해 어떤 종류의 계획, 정책 그리고 조치가 직원들에게 전달되어야 하나?
- 직원들은 특정 계획과 정책이 마련된 이유와 정당성을 알아야한다. 이 인식은 왜 그들이 어떤 보안 역할을 수행하고 그들의 행동이(또는 행동의 부재가) 의도한 결과가 무엇인지 직원들이 이해하도록 돕는다. 예를 들어 시설 직원들은 왜 그들이 시설 입장 시 손으로 하는 몸수색 정책을 실행하고 있는지 알 필요가 있다. 그 이유는 국가적 보안 경고 수준을 높여서이거나 지역 사건(Local Event)에 대한 최근의 위협 분석 또는 단순히 위험한 물건이 시설에 반입되어 해를 끼치는 것을 방지할 필요일 수도 있다.
- 경영진은 누가 훈련 프로그램에 얼마만큼 관여되어야 하는지를 고려해야 한다. 예를 들어 새로 뽑은 직원과 복귀한 직원은 오리엔테이션 세미나를 통해 일반적 시설 정책에 관해 적응되어야 한다. 위기시 어떤 주요 역할이나 직무수행이 예상되는 직원들은 특정 훈련을 완수할 것이 요구될 수도 있다. 예로 응급 처치를 수행을 할 필요가 있는 직원은 CPR(심폐소생술) 수료가 필요할 것이다.
- 경영진은 언제 훈련을 실시해야하나? 훈련은 계속 진행 중인 과정이지 한번하고 끝나는 행사가 아니다. 훈련은 매년 광범위하고 심층적인 훈련(8장에서 다뤄짐)이나 반년마다 복습 훈련으로 실행되어 질 수 있다. 일반적으로 행사 당일에 가까워지면(또는 행사 기간 중 행사가 없는 날) 짧은 세미나나 브리핑을 실행한다. 연습(exercise)과 같은 복잡한 훈련세션(Training Session)은 정기적으로 실행하고 때로는 수년전부터 시작해서(올림픽 같은 경우) 행사당일까지 계속 실행한다.
- 효과적인 훈련 프로그램을 개발하고 실행하는 것은 효과적인 행사 보안 관리시스템 실행을 위해 요구되는 인력 규모와 전문화된 지식 및 기술들을 결정하기 위해 필요한 훈련 요구사항(Training needs)으로부터 시작한다. 실행될 계획, 정책 그리고 조치는 직원들이 특정한 역할과 책임을 수행하기 위

해 요구되는 훈련의 종류와 단계를 결정한다. 훈련은 오리엔테이션 세미나, 워크숍, 브리핑 또는 토론에 기초하거나 운영에 기초한 연습을 통해 더 광범위하게 행해질 수 있다(8장에서 다뤄짐).

훈련 프로그램 계획

- **무엇을(What)**
  - 무슨 계획들이 소통될 필요가 있나?
  - 무슨 정책들이 소통될 필요가 있나?
  - 무슨 보안 조치가 소통될 필요가 있나?
- **왜(Why)**
  - 특정 계획, 정책, 조치에 대한 이유나 정당성은 무엇인가?
  - 직원들이 보안 역할과 의도된 결과를 이해하는가?
- **누가(Who)**
  - 누가 훈련 프로그램에 포함되어야하는가?
- **언제(When)**
  - 경영진은 언제, 얼마나 자주 훈련을 실시하나?
- **어떻게(How)**
  - 다양한 전수 방법을 고려할 때 경영진은 어떻게 훈련을 실시해야 하나?

이 단계에서는 훈련은 지속적인 책임이고 경영진은 지속적인 훈련과 평가 시스템을 마련해서 직원들이 업무, 기능 그리고 책무를 성공적으로 완수하는데 필요한 지식, 기술 그리고 능력을 습득하고 유지할 수 있도록 한다. 이전에 언급했듯이 매년, 반년마다 또는 시스템내의 계획, 정책, 조치가 바뀔 때 필요할 때마다 훈련은 실시될 수 있다. 자원에 제약을 받을 때 훈련은 가장 먼저 고통을 받는 경향이 있으나 경영진이 훈련 시스템을 마련하고 직원에게 훈련 기회를 제공하는 것은 필수적이다.

훈련 요구 사항 찾기

국립 스포츠 안전 및 보안 센터(NCS4)에 따르면 훈련은 다음의 세 개 주요 레벨에서 실행되어야 한다 (그림 7.1 참조) : (1) 지휘 그룹(다기관 지휘 팀), (2) 관리자(supervisory leader), (3) 행사 직원 (U.S. Department of Homeland Security, 2009c).

대부분의 훈련은 지휘 그룹(CG)에 대표로 나와 있는 여러 기관들 사이의 효과적인 의사소통과 협력에 치중될 될 것이다. 지휘 그룹은 2장에서 논의된 다섯 개의 명확히 구별된 분야의 전문가들로 구성되어 있다 : 시설 관리, 경찰, 비상 관리, 소방/HAZMAT 그리고 응급 의료와 건강 서비스. 이들 그룹은 다기관 협력, 위험 평가, 계획, 복구, 사업 지속성에 관련된 기본 개념에 관한 훈련을 해야 한다. 이 지휘팀이 보안 운영, 계획, 실행을 포함하는 베뉴에서의 효과적인 행사 보안 관리 시스템을 개발하는데 공조할 수 있도록 적절히 훈련되고 충분한 지식을 갖추는 것이 목표이다(U.S. Department of Homeland Security, 2009c).

관리 직원들의 주요 책임은 보안 정책과 절차를 실시하고 훈련 프로그램을 감독하고 인력을 평가하고 비상 대응을 조율하는 것이다. 보안 시스템 실행에서 중요한 면은 경영진(Management)이 관리단(Supervisory Corps)에게 직원 훈련과 인력 평가에 관한 책임(responsibility), 권한, 의무(accountability)를 주는 것이다.

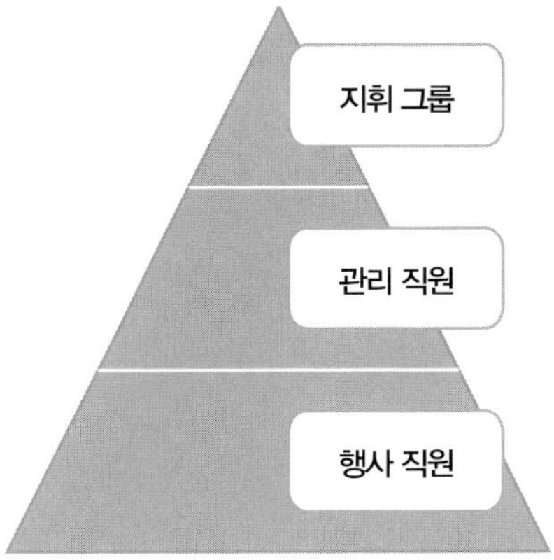

그림 7.1 훈련 목적을 위한 직원 레벨

효과적인 보안 계획이 그 목적을 달성하기 위해서는 자격을 갖추고 훈련을 받은 베뉴 직원들이 필수적이다. 다음 섹션은 여러 베뉴 직원들의 직업 의무와 보안 계획에서의 그들의 역할을 설명한다. 부가적으로 부록 7.1은 각각의 직원 위치에 따는 능력, 직무, 주요 보안 고려사항을 제공한다(Contemporary Services Corporation, 2007; U. S Department of Homeland Security, 2009c; Stevens, 2007).

주차 직원(Parking Attendants)

주차 직원은 시설의 주차장에서 차량의 출입을 지도한다. 일반적으로 이들은 차량 검색, 행사 전 주차장 점검 절차, 교통 흐름 통제, 주차권과 허가증 검사 조치 등 임무를 수행한다. 주차 직원은 모든 이용 가능한 공간을 효과적으로 사용하고 불법 주차를 예방한다. 이들은 정확한 지시와 함께 안전하지 못하거나 불법적인 활동으로부터 보호를 제공해야 한다.

정문 보안 직원(Gate Security)

정문 보안 직원들은 베뉴로의 불법 입장을 방지하고 반입 금지된 물건들이 베뉴 안으로 들어오는 것을 막고 베뉴 주위를 경비하고 보안 검색을 실시하고 입장권과 허가증을 검사함으로써 시설안과 주변의 사람과 재산을 보호한다.

검표원(Ticket Takers)

검표원은 입장권과 허가증을 검사하고 불법적인 시설 출입을 예방한다. 검표원은 회전식 개찰구의 사용 유무에 따라 입장권을 찢거나 스캔해야 한다. 또한 이들은 어떤 사람이 전체 패스(all-access pass) 또는 필드 패스(field pass)를 소유했는지를 확인하는 것처럼 허가증을 확인해야 한다. 아울러 검표원들은 수상한 행동과 물건을 신고하고 분실 입장권, 복사 입장권, 자리이동, 예약티켓, 특별 입장권에 대한 입장권 관련 규정을 집행한다.

안내원(Ushers)

안내원은 안전하고 질서 있는 환경을 유지하고 관중들을 그들의 자리로 안내한다. 안내원들은 시설구역으로의 불법적인 접근과 입장권이나 허가증 없이 자리에 앉는 것을 방지한다. 그들은 손님들의 질문에 답하고 그들의 문제점을 도와준다. 이들의 직무 중 중요한 부분은 사건사고시 시설로부터 관중들을 안전하게 대피시키는 것이다. 안내원들은 또한 행동 규범, 퇴장 정책, 금연 정책과 같은 베뉴 정책을 집행한다.

매점과 시설유지 직원

매점과 시설 유지 직원들은 깨끗하고 안전한 베뉴를 유지하고 음식, 음료, 상품을 팔고 유출과 사건사고에 대응한다. 이들은 또한 손님이 문제가있을시

도와주고 안전하지 못하고 비위생적인 행위에 대비한다. 매점 직원들은 금전 등록기를 작동할 수 있어야 하고 주류를 구입하는 손님의 신분증을 검사한다. 시설 유지 직원들은 비상시 주요 자산들을 보호하는 임무가 주어진다. 이들은 또한 HAZMAT 저장, 서비스 구역 출입, 분실 열쇠 그리고 상호 원조 협약에 관한 시설 정책을 실시한다.

필드, 경기 구역 또는 무대 직원

이들 직원들은 안전하고 질서 있는 환경을 유지하고 경기 구역으로의 불법적인 출입을 방지한다. 그들은 대체로 군중들 사이의 문제점을 감시하고 보고하며 필드를 보호하고 팀들의 문제점을 해결하고 필요시 경기구역으로부터 대피를 돕는다. 그들은 팀과 임원, 허가증 확인, 행사 전, 후 활동 그리고 미디어에 관련된 시설 정책을 책임진다.

보안팀(Security Force)

보안팀은 물리적 시설과 인적 자산을 보호하기 위해 경찰, 경비들로 구성되어 있다. 이들의 기본적인 책임은 군중을 통제하고 선수나 공연자를 보호하고 필요시 호위해주는 것이다. 보안팀은 모든 위험 사건사고(all-hazard incidents)에 대한 대응 노력을 공조하는 데 있어 지휘를 한다. 이들은 행사 커뮤니케이션 관리, 사건사고 기록, 대피 절차 지시를 한다.

인력 요구 충족

경영진은 적절한 기술을 가진 충분한 직원을 보유하고 있음을 반드시 확인해야 한다. 직원들이 부족하면 안 되며(법적 문제를 야기할 수 있다) 너무 많아도 안 된다(베뉴 소유자나 운영자에게 재정적 부담을 준다). 행사에 필요한 직원 수를 결정할 때 다음 몇 가지 요소가 고려되어야 한다. (1) 행사의 규모(예상 관중) (2) 행사의 수(예 : 올림픽처럼 여러 종목인가 슈퍼볼처럼 일회성 스포츠 행사인가) (3) 각각의 특정 역할에 요구되는 지식과 전문 기술의 수준 (4) 인력 교대 일정 (5) 직원 구성(전업, 임시, 자원봉사) (6) 잠재적 위협 (7) 직원 분배(남, 여 요원 또는 문화적 차이에 관련된 특정임무)(Stevens, 2007). 국가화재보호협회(The National Fire Protection Association, NFPA)의 화재 예방과 안전에 관한 업계 표준이 또한 군중 관리 원칙에 적용되고 관중 250명당 한명의 훈련된 군중 관리 전문가가 있어야 한다(Fried, 2005).

FIFA월드컵과 올림픽과 같은 주요 스포츠 행사는 수천명의 직원선발과 훈련을 필요로 한다. 예를 들어 2006년 FIFA월드컵은 30,000명의 연방 경찰관과 1,5000명의 사설 경비 전문 인력, 7000명의 군병력을 포함한 52,000명의 보안 인력을 필요로 했다(Stevens 2007).

특정 행사를 위한 직원의 역할과 수를 결정할 때 경영진은 고용 전략과 훈련 기법을 고려할 필요가 있다. 조직은 외부 계약업체를 통해 외주를 주거나 내부 안전 보안 인력을 운영할 수 있다. 어떤 조직은 시간제직원, 임시직원 그리고 자원봉사자의 구인과 훈련의 어려움이나 낮은 실업률과 비교적 낮은 임금으로 인해 보안 인력 선발이 어려워 외주를 주기도 한다. 스포츠 산업의 성장 때문에 1990년대 이후 스포츠 행사에서 보안 인력의 외주가 상당히 증가했다(Stevens, 2007).

1. **비용 감소** : 스포츠나 행사 조직은 구인, 훈련, 임금지불에 시간과 자금을

투자할 필요가 없다. 외주업체는 훈련된 직원을 제공하고 그들을 보상하는 책임을 진다.

2. **집중 :** 특정 업체들은 행사인력에 관한 전문 기술을 제공하여 특정 역할과 기능에 충분히 훈련된 전문적인 인력을 배출한다.
3. **효율성 :** 외주업체는 필요시 역할을 수행할 수 있는 적절한 경험을 갖춘 직원을 공급할 수 있다.
4. **수완 :** 외주업체는 비상 대응과 대피 상황에서 베뉴 지휘그룹을 도울 수 있는 사회 간접자본과 과정에 쉽게 접할 수 있다.
5. **유연성 :** 외주업체는 일회성 행사나 여러 행사들을 위한 특정 자격을 갖춘 인력 공급 계약을 체결할 수 있다. 업체는 요구되는 직원 수를 맞출 수 있다.
6. **지속성 :** 업체는 지속적인 능력과 훈련된 인력 확보를 위해 직원과 대응노력에 관한 표준 운영 절차를 개발했을 수 있다.
7. **국제적 역량 :** 업체는 국제적인 인력 풀을 보유하고 국제적 행사를 위한 다국어가능 인력을 제공할 수 있다.

그러나 동시에 보안의 외주에 관한 몇 가지 단점도 장점과 견주어 고려되어야 한다. 경영진은 궁극적으로 보안 직원과 직원 훈련에 관한 통제를 잃을 수 있다. 그들은 충분히 훈련된 필요한 인력 공급을 위해 독립 계약업체에 의존한다. 외주 프로그램을 통해 고용된 직원들은 내부 보안 인력에 비해 베뉴에 익숙하지 않을 수도 있고 베뉴 배치나 비상 절차를 이해하지 못할 수 있다.

다음은 외주의 단점들의 일부이다(Stevens, 2007).

1. **인식 :** 스포츠나 행사 조직들은 그들의 직접적인 통제 아래 있지 않은 외주 인력들에 관한 불평을 처리해야 할 수도 있다.
2. **지식 :** 스포츠나 행사 조직은 인력들이 임무를 수행하기 위해 충분한 훈련

을 받도록 해야 한다.

3. **경험** : 직원들의 높은 이직률은 실제 행사와 특정 베뉴에 제한된 경험을 가진 인력구인을 야기할 수 있다.
4. **책임** : 조직에 직접적으로 고용되지 않은 인력은 조직의 가치를 공유하지 않을 수도 있고 부적절한 행동을 할 수 있다.
5. **통제** : 스포츠나 행사 조직이 직원들의 일상을 직접 관리 하지 않는다.

내부 인적 자원을 이용해 운영하려는 스포츠나 행사 조직들은 반드시 자체 구인과 훈련 정책을 개발해야 한다. 규모가 큰 조직은 자체 인사 담당직원이나 부서가 있을 수도 있으나 규모가 작은 조직은 그렇지 못하고 컨설팅 기관을 통해 전문지식을 구하기도 한다. 방법에 상관없이 모범 규준 준수를 위해 일정한 단계를 밟아야 한다(Stevens, 2007). 조직은 지원자가 행사일의 임무와 책임에 대한 이해를 돕기 위해 공식 직무 설명서 개발을 고려해야 한다. 전형적인 직무 설명서는 다음 몇 가지 요소를 포함해야 할 것이다.

- **확인 자료** : 직무명칭, 부서, 호봉, 배치 위치
- **조직 자료** : 종종 각 직위간의 직무관계(책임 관계)를 표시하는 조직 차트형식으로 제시됨
- **직무 요약** : 직원 기본 요구사항 요약
- **직무 내용** : 주요 임무, 책임, 기대 결과에 관한 설명

다음 사이드 바는 잘 만들어진 직무 설명서의 예이다.

직무 설명서의 예

- 회사명 : 보안업체
- 직무명칭 : 행사 직원
- 직무 유형 : 계절적 시간제
- 근무시간 : 변할 수 있음
- 급여 요율 : 시간제
- 위치 : 댈라스, 텍사스

행사 직원의 기본적 책임은 고객 관계와 시설의 안전과 보안이다.

행사 직원은 반드시 규율, 규정 그리고 정책을 집행해야 한다. 책임은 다음을 포함한다(그러나 국한되지는 않는다) :

- 지정된 제복을 항상 착용
- 손님 친절히 맞기
- 행사동안 지정된 위치에서 근무
- 입구, 출구, 제한구역의 보안 유지
- 시설 규율과 규정을 집행
- 시설 또는 행사 허가증 발급 시스템에 관한 지식습득
- 손님 감시
- 군중 관리 문제 지원
- 지정된 구역의 문제점을 관리자에게 보고
- 사건사고에 적시에 전문가답게 대응

– 추가정보

- 반드시 유동적인 일정을 보유할 것
- 범죄 기록 조회 받을 것
- 반드시 4시간의 임무 전 훈련을 수료할 것
- 반드시 8시간의 현장 훈련 프로그램을 완료할 것

자원봉사자들과 일하기

"자원봉사자는 급여를 받는 고용과 정상적 책임에 제약되지 않고 임무 달성을 돕기 위해 시간과 서비스를 기부하는 개인이다."(Federal Emergency Management Agency, 2006b, p. 2.1). 사람들은 여러 가지 이유로 봉사에 자원한다. 예를 들어 그들은 베풀기(give back), 기술과 경험 공유, 새로운 기술 개발, 스포츠 팀이나 단체의 일부가 되거나 인적 네트워크 구성을 원한다. 자원봉사자들은 전형적으로 모든 행사인력의 50퍼센트 이상을 차지하여 주요 스포츠행사를 위한 행사 직원들에게 중요한 지원군이다. 예를 들어 2000년 시드니 올림픽에는 61,000명의 지원자들이 등록하였고 2012년 런던 올림픽에는 71,000명의 자원봉사자가 모집될 것으로 계획되고 있다(Stevens, 2007). 그러나 자원봉사자는 행사경영진에게는 상당한 보안 문제를 야기한다. 모든 연령대와 여러 기술 유형의 사람들이 자원봉사직에 응모한다. 추가로 충분한 직원 심사과정 없이 경영진은 잠재적 테러범이나 해를 끼치려는 사람을 고용하는 위험을 감수한다. 자원봉사직은 시설, 제한구역, 적대 세력이 이용할 수 있는 행사에 특정한 정보에 접근을 가능케 한다. 신상기록 조회가 실시되어야 하고 자원봉사자들은 행사 훨씬 전에 등록을 해야 한다(Stevens, 2007). 전업 직원, 시간제 직원, 임시 직원 그리고 자원봉사자들의 조화는 행사 성공에 아주 중요하다. 관여된 모든 이들은 반드시 역할과 책임을 이해해야 한다.

자원봉사자들은 그들의 시간에 대한 보상을 받지 않는다. 그러므로 그들은 다른 요소에 의해 동기가 부여되었다. 검증된 비(非)재정적인 동기부여는 유니폼, 공식 행사 상품, 여행, 숙박, 식사, 사회행사와 활동, 보상과 인센티브(예 : 홍보물, 경험)이다(Stevens, 2007). 자원봉사자가 장기간을 할애해야하거나 그들의 역할이 판에 박히고 평범한 경우에는 때때로 봉사자 모집이 어려울 수 있다. 자원봉사자들이 그들의 직무에 성취감을 느낄 수 있도록 그들의 기술과 경험에 맞게 역할이 주어져야 한다. 이러한 접근 방법은 이직(離職)을 예방하고 새 인력에 필요한 훈련 자원을 아낄 수 있다.

가장 중요한 것으로 행사 경영진은 충분한 훈련과 지식이 부족한 자원봉사자가 보안 시스템에 지장을 초래하지 않도록 확실히 해야 한다(Stevens, 2007). 자원봉사자는 시설 배치에 대한 지식이 부족하거나 비상 절차나 통신 관례에 익숙하지 않을 수 있는데 이는 비상시에 위험할 수 있다. 제대로 훈련되지 않은 자원 봉사자는 경기장에 반입되는 가방을 제대로 검사하지 않거나 미성년자에게 주류를 제공하는 것처럼 여러 경로로 시설을 위험에 노출시킬 수 있다. 그러나 자원봉사자와 함께 일하는 것은 특히 기존의 시설 직원에게 아래와 같은 약간의 혜택을 준다. :

- 자원봉사자들을 관리하는 직원은 관리 능력을 보일 수 있다.
- 자원봉사자들을 관리하면서 관리직으로 승진을 원하는 직원은 현장 경험을 얻을 수 있다.
- 자원봉사자들은 모든 이들의 전체적인 노동량을 감소시킨다.
- 자원봉사자들은 직원들이 시간이 없어 할 수 없는 일을 할 수 있다.

사이드 바는 자원봉사자와 일을 하는 데 있어서 부가적인 혜택과 문제점을 수록하고 있다. 추가적으로 부록 7.2와 7.3은 자원봉사자들과 직원들의 일반적인 관심사들을 보여주고 자원봉사자와 직원들 간의 관계를 평가하기 위한 검사 목록을 제공한다. 자원봉사자 개발과 관리에 관한 더 많은 정보를 FEMA의 자원봉사의 개발과 관리에 관한 독립 연구 가이드(http://training.fema.gov/emiweb/downloads/IS244.pdf.)에서 찾을 수 있다.

자원봉사자 함께하기-혜택과 문제점

혜택

- 더 효율적인 비용으로 서비스를 제공한다.
- 광범위한 전문 지식과 경험에 대한 접근을 제공한다.
- 유급 직원을 가장 필요로 하는 곳에 그들의 노력을 집중시키고 부가적인 서비스 제공을 가능케 함으로써 유급 직원들의 효율성을 향상시킬 수 있다.
- 급히 요구되는 일을 하는 동안 뒤로 미루어 졌던 보수유지 업무나 업그레이딩을 위한 자원을 제공한다.
- 기관이 유급직원들의 전문지식이 부족한 분야에 프로그램을 착수하는 것을 가능케 한다.
- 프로그램에 관한 호응을 얻기 위해 지역사회와 연락 역할을 한다.
- 지역사회의 민간 자원에 직접적인 연결선을 제공한다.
- 네트워킹을 돕는다.
- 일반인의 인식과 프로그램의 지명도를 향상시킨다.

문제점

- 자원봉사자들의 훈련과 관리에 많은 시간이 소요된다.
- 자원봉사자들은 임시직이므로 그들을 훈련하는데 쓴 시간은 낭비일 수 있다.
- 기술적으로 유능한 사람은 봉사에 자원하지 않는다.
- 경쟁을 통해 자원봉사자들이 유급직원의 자리를 위협한다.
- 자원봉사자들이 전문적인 수준을 낮춘다.
- 자원봉사자들이 텃세를 부리거나 탈취(takeover)를 시도할 수 있다.
- 보험요율이 높아진다.
- 근무시간(business hours)동안에는 자원봉사자들을 이용할 수 없다.
- 자원봉사를 이용하면 추가 자금이나 새로운 유급 직위를 위한 협상 능력에 방해가 된다.

훈련 기법

직원들이 고용된 후 그들은 반드시 적절한 훈련을 받아야 한다. 1999년 FIFA 여자 월드컵과 1994년 FIFA 월드컵의 미국 운영 부사장이었던 Bob Stiles에 의하면 "인간은 기계보다 더 복잡한 판단을 할 수 있다. 직원들을 훈련시키고, 계속 유지해야 한다"(Stevens, 2007, p. 93). 훈련에는 여러 방법과 스타일이 있다. 그러나 궁극적인 목표는 직원들이 스포츠나 그 외 다른 행사에서 직면하는 여러 위협들에 맞서서 처리하기 위해서이다. 훈련은 직원들이 사건사고가 일어나기 전에 비상 시나리오를 사전에 연습하게 함으로써 미래의 대응 활동을 보다 효과적일 수 있도록 한다.

행사 직원들을 훈련시키기 위한 많은 기회들이 있다. 그리고 훈련은 반드시 지속되는 과정이어야 한다(Academy for Venue Safety and Security, 2006). Sennewald에 의하면(2003) 두 가지 기본적인 훈련 전략은 현장 훈련과 공식적인 강의실 훈련(비(非)현장 훈련)이다. 현장(OTJ: On-the-job) 훈련은 정상적인 작업 환경아래 훈련생들이 사용하게 될 실제 도구와 장비, 자료를 가지고 벌어진다. 예를 들어 경영진은 모든 가방 검색자들이 정확한 가방 검색법을 배우기를 원한다고하자. 먼저 조교가 직무를 시범 보인 후 질문을 하게하고 훈련생들이 이해했음을 확인한다. 그 다음 조교의 지도와 도움아래 훈련생들은 새롭게 습득한 기술을 현장에서 실습할 기회를 갖는다. 새 직원들이 나쁜 습관을 가지는 것을 방지하기 위해 즉시 피드백을 제공한다.

비(非)현장 훈련은 실제 작업 환경에서 떨어져서 실시해 훈련생들이 훈련 자체에 초점을 맞출 수 있게 한다. 공식적인 형태를 갖춘 훈련을 강의실에서 실시하는데 전문가의 강의, 역할 활동, 훈련 영상 또는 가상 쌍방향 소프트웨어 훈련 프로그램을 포함할 수 있다. 이 유형의 훈련에 훈련생들의 교과과정에 대한 지식과 이해를 훈련 전, 후 테스트하는 것을 포함해야 한다. 성공적인 수료를 위해 최소한의 점수획득이 요구되어져야 한다(Sennewald, 2003). 다음 훈련 기법은 베뉴 안전과 보안 아카데미(Academy for Venue Safety and Security, 2006)와 집회관리자국제협회(International Association of Assembly Managers, www.iaam.org)에 의해 홍보된 것으로 새 직원들에게 기초적인 초급 기능과 직무를 보여주는데 유용하다.(특정 기술과 계획능력을 시험하기 위해 높은 수준의 연습들이 이용되기도 하는데 이는 제8장에서 더 상세히 논의 된다.)

- **오리엔테이션 :** 오리엔테이션은 거의 모든 훈련 프로그램의 기본이다. 직원들은 채용된 후 반드시 행정상의 기초(조직 구조, 시설에 관한 상세지식, 직무 기능, 제복 규정, 주차, 휴식시간, 체크인, 아웃 절차, 필요한 장비, 비상대피 절차, 여러 가지 상황에 대응하는 설명)를 배워야한다.
- **멘토(Mentoring) 프로그램 :** 오리엔테이션이 끝난 후 경영진은 중간 관리자(supervisor)를 멘토로서 직원들과 일하도록 배당할 수 있다. 중간 관리자들은 적정한 수의 직원들을 책임지고 각 직원들이 직무 기능에 관한 적절한 훈련을 받을 수 있도록 한다. 새 직원들은 조직 보안과 비상 절차를 직접배울 수 있고 긍정적인 행동을 고무하는 즉각적인 피드백을 받을 수 있다.
- **행사 브리핑 :** 행사 전 브리핑은 다음 두 가지이유로 중요하다. (1)각각의 행사는 독특하고 평가가 필요한 다른 유형의 위험과 위협을 포함할 수 있다. (2)직원회의는 기술을 강화하고 잠재적인 위험과 시나리오를 토론할 기회이다. 브리핑은 다음내용들을 포함할 수 있다(Academy for Venue Safety and Security, 2006, p. 5).
  - 행사 시간과 일정
  - 행사 유형
  - 예상 관중
  - 입장과 퇴장
  - 책임자
  - 주류(Alcohol) 관리

- 시설 내 행사 직원 위치
- 행사 보안 요구 사항
- 행사 중 불꽃놀이 같은 계획된 일정
- 확인된 위험과 위협 그리고 이에 대처하기 위한 계획
- 국가 위협 단계
- 참석할 고위인사나 VIP
- 시설 안팎의 제한구역 또는 지역
- 출입 배지

• **일반 훈련 :** 모든 직원들은 행사 중 또는 평상시 언제라도 발생할 수 있는 모든 위험 비상사태(All-hazard emergency)에 대비한 대응전략 -비상연락, 직장내 부상과 폭력, 직장내 괴롭힘, 보호 장비사용, 비상 통신 과정, 화재 안전, 대피, 다양한 행사위협(예 : 날씨, 군중 짓밟힘, 생물학물질 배포)-에 관한 훈련을 받아야한다. 모든 직원들은 비상시(소규모이든 또는 재앙적이든) 무엇을 해야 할지 알아야한다. 누구에 연락할지, 무슨 내용을 전할지, 지원과 구조를 위해 비상 인력들이 어디에 위치해 있는지 알아야한다. 부가적으로 직원들은 자기탐지기(Magnetometers)와 같은 전문장비의 사용법을 알아야 한다. 갈등해결(Conflict resolution)또는 폭파 위협 다루기와 같은 분야에 대한 훈련도 모든 직원을 위해 또한 권장된다.

훈련은 지속적이어야 하고 시즌 전, 중, 후에 수행되어야 한다. 훈련은 훈련생들 간의 관계, 믿음, 보안계획에 대한 책무를 돈독히 하는데 도움을 준다. 조직은 행사 보안 훈련을 계획하고 관리하기 위해 이용 가능한 훈련자료들을 활용할 수 있다. FEMA의 비상 관리원(Emergency Management Institution, EMI)과 국토 안보부를 포함한 주와 연방 기관들은 무료 훈련을 제공한다. 국립 스포츠 안전 및 보안 센터(NCS4)는 지휘 그룹의 모든 구성원들이 다음 과정을 수료할 것을 권고한다.

- **IS-100, 사건 사고 지휘 시스템에 관한 입문(Introduction to Incident Command System)** : 이 과정은 사건사고 지휘 시스템의 역사, 특징, 원칙, 조직 구조를 설명한다. 이 과정은 또한 ICS와 국가 사건사고 관리 시스템(NIMS: National Incident Management System)의 관계를 설명한다. 이 과정의 주요 수강대상은 비상 계획과 대응 또는 복구 활동에 관여된 사람들이다(http://training.fema.gov).
- **IS-200, 단일 자원과 초기 사건사고 행동을 위한 사건 사고 지휘 시스템(ICS for Single Resources and Initial Action Incidents)** : 이 과정은 사건사고나 ICS내에 일이 생겼을 때 인력이 효과적으로 운영될 수 있도록 고안 되었다. 이 과정은 ICS내에서 중간 관리자가 될 인력을 위해 훈련과 자원을 제공한다. 이 과정의 주요 수강대상은 비상 계획, 대응 또는 복구 활동에 관여된 사람들이다(http://training.fema.gov).
- **IS-700, 국가 사건사고 관리 시스템 입문(National Incident Management System, an Introduction)** : 이 과정은 국가 사건사고 관리 시스템(NIMS)을 소개하고 개요를 제공한다. NIMS는 국내 사건사고 발생시 모든 정부, 민간 분야, 비정부 조직이 함께 일할 수 있게 하는 일관된 전국적 템플릿을 제공한다. 이 과정의 주요 수강대상은 예방, 대비, 대응, 복구, 완화의 비상 관리 책임을 가진 사람들이다(http://training.fema.gov).
- **IS-800, 국가 대응 구조 입문(National Response Framework, an Introduction)** : 이 과정은 참가자들에게 국가 대응 구조의 개념과 원칙을 소개한다. 이 과정은 정부 관리, 민간 분야, 비정부 조직(NGO)지도자 그리고 비상 관리종사자를 위한 것이다(http://training.fema.gov).
- **AWR 167, 스포츠행사 위험 관리(Sport Event Risk Management)** : 국립 스포츠 안전 및 보안센터(NCS4)는 국토 안보부와 함께 미국대학경기이사협회(NACDA: National Association of Collegiate Directors of Athletics)와 협력하여 미국대학경기협회 소속 학원들에게 전해질 스포츠 행사 위험관리 워크숍을 개발했다. 워크숍은 대학 스포츠 보안 지휘 그룹들 사이의 다기관 협력 능력에 초점을 맞추고 있다(www.ncs4.com/workshop.php).

- **행사 직원(안내원, 정문 보안, 검표원, 주차안내원 등)을 위한 스포츠 베뉴 안전과 보안 훈련(Sports Venue Safety and Security Training for Event Staffs) :** NCS4는 보안 경각심 구축과 계획, 비상 대응, 대피능력향상을 통해 안전과 보안 노력을 증대하기 위해 훈련 과정을 개발하였다. 스포츠 베뉴 안전과 보안 직원 훈련 프로그램은 기본 훈련 프로그램으로, 기존의 훈련을 보완하는 보충 훈련 프로그램으로 그리고 잠재적 베뉴 직원에 대한 심사(Screening) 장치로 활용될 수 있다(www.ncs4.com/traing.php).

ABC 보안 회사

사 례

가칭 USA 대학은 전체 경기부서의 행사 보안을 관리하기 위해 가칭 ABC 보안회사를 고용했다. 경기부서는 NCAA(미국 대학경기협회) 디비전 I학원(Institution)으로 분류된다. 풋볼 경기장의 수용인원은 76,000명, 농구장은 19,000명, 야구장은 7000명이다. 대학과의 계약의 일환으로 보안회사는 관리, 훈련, 보안 운영의 평가를 책임졌다. 3년 계약의 3년째 되던 해에 경기부서 직원은 행사 당일 보안 준비와 운영의 변화를 감지했고, 대학 경기담당 임원도 우려하였다.

풋볼시즌 두 번째 홈 게임 후 경기 부서의 운영/보안 임원은 ABC 보안회사 직원의 일관되지 못한 관리에 관한 그의 염려를 보고했다. 그의 보고서는 적절한 직원훈련의 부족을 지목했다. 그는 게임전과 후 직원 모임과 직원 훈련 기록을 관찰했다. 이 모든 훈련 문제점이 부각된 것은 검문 절차와 의심 물품 확인에 있어서 일관성이 없어서였다. 관중들은 어느 출입구가 검문 없이 가장 쉽게 들어갈 수 있는지를 농담 삼아 말하기 시작했다. 이 발견은 ABC 직원의 보안 관리와 감독이 만족스럽지 못하다는 생각을 굳히게 했다.

농구와 야구시즌 전체와 세 번의 홈 풋볼 경기가 남아 있었다. 과거에 경기부서는 보안 회사의 훈련에 참석하지 않았고 회사직원들의 자격을 보지 않았다. 경기 이사는 세 번의 풋볼 경기와 다른 경기들이 그해 후반부에 예정된 상황에서 중요한 보안 결정을 할 필요가 있었다. 경기 이사와 운영/보안

이사는 그 다음주에 ABC 보안회사의 관리자와 만났다. 보안 협약은 광범위한 직원 훈련, 감독, 평가를 요구했다. ABC 보안 관리자는 직원채용에 어려움을 겪고 있고 이직(turnover)비율이 높다고 지적했다. 그는 중간관리자들의 높은 이직률 때문에 직원들을 제대로 훈련시키지 않고 있는 것을 인정했다. 찾아낸 내용과 인터뷰를 토대로 경기이사는 직원 관리 소홀의 이유로 ABC보안회사와의 계약을 취소했다. 그는 이전에 외주 보안업체에게 지불하던 돈으로 즉시 보안 직원을 고용하였다. 제대로 훈련되고 보수를 받으며 조직에 헌신적인 내부 인력들을 구축함으로써 경기이사는 낮은 이직률을 기대했다.

배운점

- 외주업체를 이용할시 보안운영이 잠재적으로 일관적이지 못할 수 있다.
- 좋은 의사소통과 책임은 협약의 중요한 부분이다. 기관과 회사사이의 열린 대화가 필수적이다.
- 훈련 부족은 관중의 안전과 보안에 해가될 수 있다.
- 운영의 일관성은 아주 중요하다.
- 이 경우에는 계약의무이행에 충실하지 않았던 사실 발견 이전에 기관이 회사를 더 잘 감독했어야 했다.
- 회사의 역량을 더 철저히 조사하기 위해 신원 평판 조회(Background check)를 했어야 했다.

생각해볼 문제

1. 보안 운영에 있어 아웃소싱의 장점은 무엇인가?
2. 보안 운영을 내부에 두는 것의 장점은 무엇인가?
3. 보안 서비스를 위한 입찰에 어떤 중요한 요소들이 포함되어야 하나?
4. 외주 보안업체 선정을 위해 선발 위원회는 무슨 전략을 이용할 수 있나?
5. 경기 부서와 보안 회사 사이의 파트너 철학의 중요성은 무엇인가?

이 장의 핵심

- 스포츠와 특별 행사 시설 보호의 주요 요소는 직원들의 효과적인 훈련이다.
- 경영진은 직원들이 훈련 프로그램으로부터 세 가지를 이해하기를 바란다. (1) 경영진이 무엇을 원하나? (2) 왜 경영진이 그것을 원하나? (3) 어떻게 하기를 경영진은 원하나?
- NCS4에 의하면 훈련은 세 개의 주요 레벨에서 실행되어져야 한다. (1) 지휘 그룹(다기관 지도부 팀) (2) 중간 관리 리더 (3) 행사 보안 직원
- 행사를 위해 요구되는 직원의 수를 결정할 때 다음 몇 가지 요소가 고려되어져야 한다. (1) 행사의 규모, (2) 행사의 수, (3) 각각의 특정 역할을 위해 요구되는 지식과 전문 기술의 정도, (4) 인력 근무교대 일정, (5) 직원 구성(예 : 전업, 임시, 자원봉사), (6) 잠재적 위험, (7) 직원 위치
- 스포츠와 행사 조직은 자체의 안전과 보안 프로그램을 이용해 운영하거나 독립 계약 업체의 외주 서비스를 이용해 운영할 수 있다.
- 훈련의 두 가지 기본 전략은 현장 훈련과 공식 강의실 훈련(비현장 훈련)이다.
- 가능한 훈련 구성요소에는 오리엔테이션, 멘토 프로그램, 행사 브리핑, 일반 훈련이 포함된다.

응용질문

1. 각 행사 직원의 지위(안내인, 검표원 등등)에 따른 능력, 직무 그리고 주요 고려 사항을 토론하라.
2. 보안 인력을 위해 외주 업체를 이용하는 것의 장점과 단점을 토론하라.

3. 자원봉사자를 모집하고 보안 시스템 내에서 그들이 효과적으로 일하도록 동기 부여하는데 경영진이 이용할 수 있는 가능한 전략을 논의하라.
4. 다음훈련 기법을 비교하고 대조하라.
   (1) 오리엔테이션
   (2) 멘토링 시스템
   (3) 행사 브리핑
   (4) 일반 훈련

활동

FEMA의 비상관리원(Emergency Management Institute(http://training.fema.gov)에서 제공되는 과정들을 검토하라. 그리고 여러분의 관심 분야와 관련된 최소 한 개의 과정을 수료하라.

제8장

연습 : 계획 테스트

이 장의 목적

- 연습을 정의하고 계획 연습의 중요성을 토론하라.
- 두 가지 유형의 연습을 검토하라 : 토론 중심과 운영 중심.
- 연습 인력을 확인하라.
- 연습실행과 사후 활동보고 개발을 포함한 연습 디자인과 개발에 대하여 토론하라

8장

연습 : 계획 시험

비록 아는 것 같이 생각되지만 직접 해보기 전까지는 확신할 수 없기 때문에 반드시 직접 하면서 배워야 한다.

Sophocles, BC 5세기

스포츠와 행사조직은 사건 사고 시나리오 동안 계획을 테스트하고 직원들의 역할과 책임의 인식을 장려하기 위해 연습을 실시해야 한다. "연습은 참가자들을 실제상황에서 그들이 필요로 하는 능력이 작동할 수 있도록 가상 상황에 배치하는 집중 실천 활동이다"(Federal Emergency Management Agency, 2008a, p. 2). 스포츠와 행사 시설 책임자들이 위험을 평가하고 필요한 계획과 정책을 개발하고 직원들을 훈련시킨 후 준비 단계를 평가하기 위해 운영 계획을 시험하는 것을 고려해야 한다. 연습은 운영과 계획의 평가와 팀워크 개념의 보강을 통해 준비 태세를 향상시킨다. 연습은 시설 책임자가 다음을 할 수 있게 돕는다(Federal Emergency Management Agency, 2009b).

- 역할과 책임을 명확히 한다.
- 기관들 간의 공조와 의사소통을 향상시킨다.
- 부족한 자원(resource)을 보여준다.
- 개인 수행능력을 개발한다.
- 향상시킬 기회를 찾아낸다.
- 프로그램의 인지와 행정 지원을 얻는다.

이 장에서는 미국 국토 안보부의 연습과 평가 프로그램(HSEEP: the Homeland Security Exercise and Evaluation Program)를 약술한다. 계획 연습의 중요성과 스포츠와 행사 책임자에게 이용 가능한 연습 유형들이 소개된다. 토론 중심의 연습(예 : 세미나, 워크숍, 도상연습)과 운영 중심의 연습(예 : 훈련, 전면적인 연습)이 이에 포함된다.

과거의 비상사태에 대한 성공적인 대응은 연습의 가치와 사건사고 발생시 대응 노력의 긍정적인 영향을 보여주었다. 일례로 2000년 도시수색구조팀(Urban Search and Rescue(US&R) Task Forces)은 두 개의 주요 연습에 참가했다. 캘리포니아 지진 시나리오와 덴버 스포츠 아레나의 계획된 폭파를 통한 건물 붕괴 시나리오가 그것이다. 2001년 이 US&R Task Force의 일부가 9/11 테러 공격에 의한 월드 트레이드 센터 타워 붕괴 직후 희생자들을 찾기 위해 뉴욕으로 보내졌다(Federal Emergency Management Agency, 2008a). 대응 요원들은 대게 그들이 훈련받은 방식대로 사건사고에 대응한다. 스포츠 팀과 비슷하게 대응 요원들은 실전에 효과적인 실행을 위해 각종 계획들(Plan and scheme)을 연습한다. 연습은 운영을 관찰하고, 역량을 테스트하며, 공백을 확인하고, 비상사태가 일어나 기전에 문제점을 다룰 수 있는 기회이다.

연습은 책임자들과 안전요원들이 계획된 준비들과 절차를 시험하고 비준하는 유일한 실용적, 효율적인 그리고 검증된 방법이다. 여러 재난에 관한 조사들이 반복해서 확인했듯이 시험되지 않은 계획은 결정적인 순간에 실패할 수 있다(Football Licensing Authority, 2007, p. 3)

연습은 한 번에 끝나는 행사가 아니다. 연습은 업계의 변화하는 요소(진화하는 위협, 새로운 계획과 절차, 새로운 장비, 새로운 인력의 훈련 등등)를 다루기 위해 반드시 지속적으로 수행되어야 한다(그림 8.1 참조).

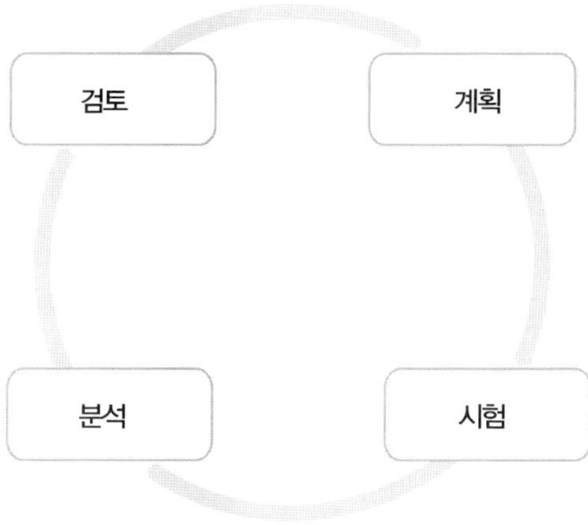

그림 8.1 연습 계획 과정. 이 모델은 순환적이며 지속적인 연습 수행과 각 연습 결과 평가의 중요성을 보여준다.

재난으로부터의 재정적 충격과 잠재적 인명 손실은 상당하기 때문에 많은 업계 관리 기구들은 준비태세 훈련과 연습 요구사항을 의무화했다. 미국에서 핵발전소들은 반드시 그들의 계획을 매년 연습해야 하고 격년제로 전면적 연습(FSE: Full-Scale Exercise)을 실시해야 하며 핵규제 위원회(NRC: Nuclear Regulatory Commission)에 의해 평가받는다. 공항과 병원 그리고 의료 시설은 운영 면허를 유지하기 위해 FSE를 반드시 격년제로 실시해야 한다. 추가적으로 미국 연방 직업 안전 보건국(OSHA: Occupational Safety and Health Administration)은 많은 고용주들이 비상 행동 계획(EAP: Emergency Action Plan)을 개발하고 최소한 일 년에 한 번씩 연습할 것을 요구한다(Federal Emergency Management Agency 2008a). 그러나 스포츠와 행사 업계에서는 어떤 정부 기구도 특정 훈련과 연습을 요구하지는 않지만 9/11 이후 거의 모든 스포츠 기구들은 적절한 훈련과 연습을 한 직원들이 포함된 리그 구성원들을 위한 모범 규준 개발을 통해 보안 노력을 향상시켰다.

연습의 유형

미국 국토 안보부의 연습과 평가 프로그램(HSEEP: Homeland Security Exercise and Evaluation Program)은 토론 중심 또는 운영 중심 중 하나로 간주되는 일곱 가지 유형의 연습을 정의하고 있다(표 8.1 참조).

토론 중심의 연습

토론 중심의 연습을 통해 참가자들은 현재의 계획과 정책에 친숙하게 되거나 새로운 계획과 정책을 개발하는데 익숙하게 된다. 토론 진행자(Facilitator) 또는 발표자가 대개 토론을 이끌고 참가자들이 주제를 벗어나지 않고 연습 목표를 충족시킬 수 있도록 한다. 토론 중심의 연습은 대게 연습의 난이도를 점진적으로 높이는 빌딩 블록 접근법의 출발점으로 사용된다.

토론 중심 연습의 유형에는 세미나, 워크숍, 도상연습 그리고 가상 게임이 포함된다(U.S. Department of Homeland Security, 2007a). :

- **세미나**(Seminars)는 강의, 패널 토론, 사례연구 그리고 멀티미디어 프레젠테이션과 같은 여러 가지 교육적 전략을 이용한다. 세미나는 크고 작은 그룹에 있어서 격식 없이 생산적이며 대게 조직 정책과 절차, 프로토콜, 대응 자원 또는 컨셉과 아이디어에 관한 오리엔테이션에 사용된다. 오리엔테이션은 정상적으로 최대 한 시간에서 두 시간에 걸쳐 진행된다.
- **워크숍**(Workshops)은 참가자들의 상호 활동을 증대시키고 복잡한 문제 해결, 팀 구성, 정보 공유와 집단사고(brainstorming)에 효과적이다. 워크숍은 새로운 정책이나 계획(예 : 비상행동계획(EAPs), 상호 원조 협약, 표준 운영 절차(SOPs))과 같은 성과나 목적을 낳는 것을 강조하는 것에 있어서 세미나와 다르다. 워크숍은 또한 더 많은 참가자 토론을 포함하며 종종 작은 그룹으로 나눠 이슈의 일부분을 다루는 분과회의를 사용하기도 한다.

- **탁상 연습**(TTXs: Tabletop Exercises)은 주요 인력들 간의 가상 비상사태에 관한 비공식적으로 촉진된 토론으로 구성된다. 기본적인 탁상 연습은 지속적이고 변함없는 시뮬레이션을 포함하는 반면 고급 탁상 연습은 그룹에게 초기 시나리오로 진행되는 메시지를 제시한다. 탁상 연습은 현재 계획을 평가하고 보안 운영상 부족한 점을 확인을 원하는 시설 책임자에게 유용한 도구이다. 탁상 연습의 목적은 자원 파견(Deploying resources)에 수반되는 비용을 발생시키지 않고 현존하는 계획을 시험하기 위해서이다. 탁상 연습은 계획된 토론 항목에 기여할 수 있는 많은 사람과 기획, 정책 또는 대응 역할을 가진 기관들을 포함할 수 있다. 탁상 연습은 대체로 한 시간에서 네 시간 소요된다. 샘플 탁상 연습이 부록 8.1에 수록되어 있다.
- **가상 게임**(Game Simulations)은 대체로 경쟁적인 환경에서 실제 상황 또는 가정된 실제 상황을 묘사하기 위해 고안된 규칙, 자료 그리고 절차를 사용하는 두 팀 또는 그 이상을 포함하는 운영에 관한 컴퓨터 시뮬레이션이다. 시뮬레이션은 결정의 과정과 결과를 경험하기 위해 자원을 파견하지 않고 현존하는 계획과 잠재적 전략에서 문제 발생 시 대비한 분석을 실행한다. 예를 들어 참가자들은 인력과 자원을 어떻게 배치하고 관중들을 어떻게 안전하게 대피시킬지 결정을 통해 경기장에서의 폭발물 폭파에 대응할 수 있다.

표 8.1 훈련 연습 및 사례

연습	예
토론 중심 연습	
세미나	새 직원은 스포츠와 행사 베뉴의 일반 보안 절차에 관한 강의와 파워포인트 발표에 참석한다.
워크숍	지휘 그룹은 모든 위험 비상대응 계획(all hazard emergency response plan)을 개발하기 위해 다기관 관리와 리더십 워크숍에 참석한다.
탁상 연습(TTX)	지휘 그룹은 경기장내의 총기 난사와 같은 사건사고 시나리오를 통해 비상 대응 계획을 시험한다.
가상 게임	지휘 그룹은 의사결정 훈련에 참석하기 위해 가상 교육 실험실(Virtual learning laboratory)에 참석한다.

운영 중심 연습	
훈련(Drill)	경기장 경영진은 게임 또는 행사일 이전에 경기장 경보와 알림 체계를 시험한다.
기능적 연습(FE: Functional Exercises))	지휘 그룹과 지역 대응 기관들이 이용 가능한 자원을 시험하기 위해(자원을 파견하지 않고) 경기장 폭발물 폭파사건 시나리오를 통해 함께 일한다.
전면적 연습(FSE: Full-Scale Exercise))	지휘 그룹과 지역 대응 기관들이 경기장 폭발물 폭파 사건 시나리오를 통해 실제 자원들을 파견하고 이용 가능한 자원들을 시험함으로써 함께 일한다.

운영 중심의 연습

운영 중심의 연습은 토론 중심의 연습보다 더 복잡하다. 운영 중심의 연습은 연습 서클의 다음 단계를 나타낸다. 이는 토론 중심의 연습에서 굳혀진 계획, 정책, 협약 그리고 절차를 실증하는데 이용된다. 운영중심의 연습은 계획, 정책을 실증하고 역할을 명확히 하고 보안 운영에서 부족한 자원을 찾아낸다. 운영 중심의 연습은 대체적으로 자원과 인력의 파견을 포함한다. 운영 중심의 연습에는 훈련(Drill), 기능적 연습(FEs: Functional Exercises) 그리고 전면적 연습(FSEs: Full-scale Exercises)이 포함된다(U.S. Department of Homeland Security, 2007a). :

- **훈련**(Drill)은 조직 내 특정 운영 또는 기능을 시험하기 위해 이용되는 조율되고 관리된 활동이다. 참가자들은 새로운 장비나 관행에 관한 훈련을 받고 기술을 유지한다. 스포츠나 행사 조직에 의해 행해지는 훈련의 예는 경기장의 경보와 알림 체계를 시험하는 것이다. 경영진은 경보 체계를 시험하고 직원들은 상황에 따라 적절히 대응한다. 예를 들어 만약 토네이도가 접근하고 있으면 관중들은 반드시 대피소를 찾아야 한다. 그러므로 직원들은 관중들을 시설 내 지붕이 있는 곳으로 옮길 필요가 있다. 그러면 직원들은 그들의 지정된 위치로 가서 경보가 실제 상황인 것처럼 행동한다. 이런 유형의 훈련은 추가 자원을 요구(전면적 연습에서처럼)하지 않고 실행된다. 훈련에 필요

한 시간은 대략 한 시간 반에서 두 시간 정도이다.

- **기능적 연습**(FEs : Functional Exercises)은 사건사고에 대응하는 여러 기관들 사이의 조율, 지휘 그리고 통제를 검토하고 실증한다. 이 연습은 신속한 문제해결을 요구하는 스트레스강도가 높은 환경에서 가상의 자원과 인력 파견을 포함한다. 기능적 연습은 비상운영센터(EOC)와 시설 지휘소의 관리를 평가하기 위해 사용될 수 있다. 기능적 연습은 완료되기까지 대략 세 시간에서 여덟 시간이 요구된다.
- **전면적 연습**(FSEs : Full-Scale Exercises)은 기능적인 "Boot on the ground (현장에 직접 나가서하는)"대응을 포함하는 다기관, 다관할권간의 연습이다. 자원의 실제 파견이 연습 시나리오 지원을 위해 행해진다. 참가자들은 계획에 가까이서 접할 수 있고 위기상황에서의 조율된 대응을 평가할 수 있다. 전면적 연습은 두 시간에서 네 시간 또는 하루이상 소요되도록 고안된다. 전면적 연습의 예는 www.dhs.gov/files/training/gc_1179430526487.shtm에서 볼 수 있다.

표 8.2에서 일반적인 토론중심과 운영중심의 연습들과 먼저 설명된 각각 연습 유형들의 전형적인 특징들이 설명되어 있다.

연습 프로젝트 관리의 단계

연습의 성공적인 수행은 참가하는 기관들과 직원들간의 상당 수준의 공조를 포함한다. 미국 국토 안보부의 연습과 평가 프로그램(Exercise and Evaluation Program) 방법론은 개별 연습들을 5단계로 구분한다 : (1) 기초(foundation), (2) 고안과 파견(design and deployment), (3) 실행(conduct), (4) 평가(evaluation), (5) 향상 계획(improvement planning) (U.S. Department of Homeland Security, 2007a).

표 8.2 연습 유형별 특징

연습 유형	용도/목적	참가자 행동 유형	기간	실제 행동 여부	범위
토론 중심	참가자들이 현재 계획, 정책, 협약, 절차에 익숙하게 하기 위해; 새로운 계획, 정책, 협약 그리고 절차를 개발하기 위해	개념적(notional): 참여자들의 행동은 상상적이고 가설적(hypothetical)이다	보통 8시간을 넘지 않는다.	안함	다양함
세미나	새로운 또는 현재 계획, 자원, 전략, 개념 또는 아이디어에 관한 개요를 제공하기 위해	해당없음	2-5시간	안함	하나 또는 여러 기관
워크숍	특정 목적을 이루거나 결과물을 만들기 위해	해당없음	3-8시간	안함	다기관 또는 다기능
탁상 연습	고급 관리들이 계획, 정책, 절차 또는 개념을 이해하고 평가하는 능력을 돕기 위해	관념적	4-8시간	안함	다기관 또는 다기능
게임	결정 과정을 체험하고 그 결정의 결과를 검토하기 위해	관념적	2-5시간	안함(어떤 시뮬레이션은 실제 또는 거의 실제 게임을 제공)	다기관 또는 다기능
운영 중심	계획, 정책, 협약을 시험하고 실증한다. 역할과 책임을 명확히 한다. 부족한 자원을 확인한다.	실제적 : 참가자들의 활동은 반응, 대응, 이동 그리고 인력과 자원의 투입을 모방한다	목적, 유형, 범위에 따라 수시간, 수일 또는 수주소요	실제 행동함	다양함
훈련	한가지 운영이나 기능을 시험	실제적	2-4시간	실제 행동함	한개 기관 또는 기능
기능적 연습	사건사고 지휘부, 통합 지휘부, 정보부 또는 그 외 다른 지휘부나 운영 센터의 능력, 기능, 계획 그리고 직원을 시험하고 평가한다.	지휘부 직원의 행동은 실제적; 그 외 다른 인력과 장비 또는 적대 세력은 가상적	4-8시간 또는 수일 내지 수 주	실제 행동함	다 기능적 분야들 또는 다 기능
전면적 연습	계획, 정책, 절차 그리고 이전 단계에서 개발된 협력적 협약을 실행하고 분석	실제적	하루 또는 그 이상	실제 행동함	다기관 또는 다기능

연습 사이클의 다섯 단계

1. **기초(foundation)** : 다음 행동들은 효과적인 연습의 기초를 제공하기 위해 반드시 성취되어야 한다.
   - 지원 기반 만들기(예 : 적합한 주체나 고급 관리로부터 동의 수립)
   - 프로젝트 관리 일정 개발 및 중요 이정표(milestone) 설정
   - 연습 계획팀 확인
   - 계획회의 일정 짜기
2. **고안과 개발(Design and Development)** : 위의 연습 기초를 토대로 고안과 개발 과정은 목적 확인, 시나리오 고안, 자료 제작, 물류 조율, 연습 실행 계획 그리고 평가와 향상 방법론 선택에 중점을 둔다.
3. **실행(Conduct)** : 고안과 개발 단계가 완료된 후 연습을 실시한다. 연습 실행 단계에는 설정(setup), 브리핑, 지원(facilitation), 통제, 평가 그리고 마무리 활동이 포함된다.
4. **평가** : 연습 평가 단계에는 공식 연습 평가, 통합 분석 그리고 사후 활동 보고(AAR: After Action Report)와 연습 도중에 발견된 단체의 준비 과정에서 강점과 향상해야 할 분야를 찾는 향상 계획(IP: Improvement Plan)을 포함한다. 개선분야에 대한 권장 사항은 개선계획 단계를 통해 시정 조치를 개발하는 데 도움이 된다.
5. **향상 계획** : 향상 계획 동안에는 평가 단계에서 확인된 교정 행동이 책임질 부서에 마감일과 함께 부여되고 실행하기까지 추적되고 이어지는 연습에서 검증된다.

1단계 : 기초 확립

성공적인 연습을 위한 기초 확립은 연습 계획 일정 개발, 연습 계획팀 설정, 계획 회의 일정 정하기를 포함한다. 연습 계획은 계획 회의, 훈련, 연습 실행, 사후 활동 보고 그리고 향상 계획과 같은 중요한 시점을 위한 일정표 설정을 돕

는다. 일정은 연습 범위와 복잡한 정도에 따라 다르다. 예를 들어 계획자들은 일반적으로 워크숍이나 세미나보다 도상연습에 더 긴 일정을 할애한다. 일정은 또한 단체의 연습 경험과 이용가능 자원에 따라 달라질 수 있다(U. S Department of Homeland Security, 2007a).

연습 계획팀은 연습 계획, 실행 그리고 평가를 포함한 연습의 모든 면의 수행을 책임진다. 계획 팀은 목적(어떤 시나리오가 조직의 필요에 부합하는가 결정)을 정하고 연습 수행, 통제 그리고 평가에 사용되는 자료를 개발한다. 연습 계획 팀에는 각 주요 참가 단체의 대표들을 관리 가능 규모로 유지해야 한다(U.S. Department of Homeland Security, 2007a). 연습 계획팀은 주요 기관, 조직, 관할의 대표들을 포함해야 한다. 스포츠나 행사 조직은 주요 이해 단체들과 지휘 그룹(CG)의 구성원들이 계획팀의 일원이 될 수 있도록 요청해야 한다. 구성원들에는 시설 운영, 지역 사법 집행기관, 지역 카운티 비상 관리 책임자, 지역 소방서과 위험물 처리반, 보안관(sheriff), 공공 보건, 공공 홍보 그리고 응급 의료 서비스들이 포함될 수 있다. 연습 계획팀의 구성은 연습 유형과 범위에 맞게 수정될 수 있다. 예를 들어 전면적 연습은 보다 많은 물류의 공조를 요구하므로 토론 중심의 연습보다 계획팀에 더 많은 운영 인력이 필요하다. 계획팀 구성원들은 또한 사전 연습 자료(preexercise materials)를 개발하고 배포하고 연습 브리핑과 훈련을 실시를 돕는다. 계획팀 구성원들이 이만큼 깊이 관여하기 때문에 이들은 연습 기간 동안 진행자(facilitator), 통제원, 평가원의 직위에 적합하다(U. S Department fo Homeland Security, 2007a).

다음 사이드 바는 미국 국토 안보부가 권장하는 토론 중심과 운영 중심 연습의 계획팀 구성원을 보여준다.

HSEEP가 권하는 연습을 위한 계획팀 구성원

연습 계획팀 구성원은 시나리오와 주제뿐만 아니라 연습의 범위와 유형에 따라 결정되어야 한다. 관할과 조직의 요구를 수용하기 위해 다음 목록들이 수정되어야 한다.

토론 중심의 연습

– 비상 관리

- 재난 관리청(Emergency Management)
- 국토 안보부(Homeland Security)

– 공공 안전

- 소방(Fire)
- 위험 물질 처리반(HAZMAT)
- 법 집행기관(Law Enforcement)
- 응급의료 서비스(EMS)
- 특수 작전팀
- 폭발물 전담반
- 연방 수사국(FBI)

– 공공 보건

- 공공 보건부
- 방역
- 전염병 학자(Epidemiologists)
- 감염병
- 병리학
- 독극물 통제

– 의료

- 병원 행정
- 검시관 또는 의료 검사관(Coroner or Medical Examiner)
- 병원 감염 통제
- 병원 연구실 책임자
- 병원 응급실
- 의료협회(Medical society)
- 개업의사
- 수의사

– 그 외

- 공공 사업
- 공보관(PIO: Public Information Officer)
- 자원 봉사조직(예 : 미국 적십자)
- 통신과 파견(Communications and Dispatch)
- 정부 공무원
- 환경 감시(Environmental Quality)

운영 중심의 연습

참조 : 별표로 된 기관들은 중요함으로 모든 계획 회의에 참석해야 한다.

– 비상관리

- 비상 관리자(Emergency Manager)*
- 국토 안보부*
- 공공 보건*
- 공공 사업

• 수송 또는 운송 기관
• 공무(Public affairs)
• 연습 베뉴 또는 현장 책임자(예 : 경기장 보안)

– *화재*

• 소방서*
• 통신과 파견*
• 특수 작전(예 : 위험물 처리반(HAZMAT), 광역시 응급시스템(MMRSI)*
• 상호 화재 원조(Mutual aid fire)*

– *법 집행*

• 경찰*
• 특수 작전(예 : 폭발물 처리반, SWAT)*
• 보안관 부서(Sheriff's Department)*
• 연방 수사국 지부*
• 상호 법 집행 원조(Mutual Aid Law Enforcement)*

– *의료*

• 병원 대표(기초 외상 센터 또는 병원협회)*
• 응급 의료 서비스(EMS)(공립 또는 사립)*
• 상호 원조
• 의료 검사관 또는 검시관

계획 팀은 연습 목표를 정의하고 시나리오를 개발하고 물류를 조율하기 위해 계획회의 일정을 정한다(Federal Emergency Management Agency, 2009a). 스포츠나 행사 조직을 위한 연습을 고안하는데 있어서 계획 팀은 연습 노력을 정확히 어디에 집중할 필요가 있는지 분석하기 위해 반드시 첫째 그들의 요구사항을 평가해야 한다. 요구사항 평가(Needs Assessment)의 예를 부록 8.2에서 볼 수 있다. 연습이 왜 행해지는지와 무엇을 달성하려는 지를 확인한 후 계획팀은 유형, 규모, 내용을 고려할 수 있다. 연습의 이유는 위험평가, 사건사고, 과거 연습의 평가에 의해 확인된 필요성과 인력이 충분한 훈련을 받았는지 평가, 물리적 구조나 시설 배치도의 변화, 법적 요구사항의 변화와 같은 요소로부터 기인할 수 있다(Football Licensing Authority, 2007). 예를 들어 연습은 총기 난사 사건의 경우 경기장의 비상 대응 계획의 타당성과 실행가능성을 시험할 것이다. 요구사항 평가는 이 시설에서의 과거 사건사고, 현재의 추세, 격상된 국토 안보부의 경고, 시설 또는 행사 위험 분석을 통한 지역사회에서의 테러범 활동 확인 또는 시설 취약점 때문에 이 비상 상황을 잠재적 위협으로 제시했을 수 있다.

조직은 연습 프로그램을 수립할 때 빌딩 블록 접근방법을 사용해야 한다(그림 8.2 참조). 연습 계획팀은 세미나 오리엔테이션과 같은 덜 복잡한 것부터 시작해서 서서히 FSE와 같은 자산을 파견하는 더 복잡하고 모든 것을 포함하는 연습으로 진행해야 한다. 예를 들어 시설이 대량 사상 사건사고를 처리하는 능력을 시험하고 싶다면 대응계획을 알리고 검토하며 지역 기관들로부터 지원을 얻기 위해 계획자들은 주요 이해 당사자와의 오리엔테이션 세미나에서부터 시작할 수 있다. 그러고 나서 계획자들은 주요 인력들을 위해 대량 사상자 사건사고의 대응에 관한 워크숍을 열 수 있다. 다음 단계는 사건사고를 해결하고 자원 역량을 토론하기 위한 도상 연습을 실시하는 것이다. 마지막으로 계획자들은 모든 기관들과 자원의 파견을 포함하는 전면적 연습을 실행한다.

그림 8.2 덜 복잡한 토론 중심의 연습에서 시작해서 더 복잡한 운영 중심연습으로 진행되는 빌딩 블록 접근방법.

2단계 : 연습 고안과 개발

연습을 계획할 때 비상사태 그 자체가 아닌 기능들(functions)에 강조되어야 한다. 테스트되는 비상사태의 유형에 상관없이 효과적이고 효율적인 대응을 위해 대응 기능은 반드시 평가되어야 한다. "기능은 비상 대응 또는 복구에서 요구되는 행동(action) 또는 운영(operation)이다"(Federal Emergency Agency, 2008a, p. 8). FEMA는 비상 관리 연습 보고 시스템(Emergency Management Exercise Reporting System)에서 다음 13개의 기능을 정의한다. (1) 비상경계경보 발령, (2) 공개 경고, (3) 통신, (4) 공조와 통제, (5) 비상 공보, (6) 피해 평가, (7) 건강과 의료, (8) 개인과 가족 지원, (9) 공공 안전, (10) 공공 사업, (11) 운송, (12)

자원 관리, (13) 정부 지속성(Federal Emergency Management Agency, 2008a). 스포츠나 행사 조직은 여러 다른 기능이나 부가기능을 연습할 수 있다. 예를 들어 비상 대응 초점이 다음과 같은 노력에 두어질 수 있다.

- 위기 통신 프로토콜(Risk communication protocol) – 사건사고 후 내부 직원에게 알리고 공보 대표를 통해 대중매체를 상대하는 것
- 상호 원조 협약–공공 또는 사설 지원 기관으로부터 자원과 물류를 확보하고 사건사고 현장으로 적시에 효율적으로 분배
- 대량 원조 제공을 위한 다른 조직들과 공조.
- 대규모 대피와 교통통제 공조.
- 허리케인 구호 활동처럼 위기시 스포츠나 행사 시설을 대피 시설로 전환.

상세한 목적은 고안과 개발 단계에서 확인되고 참가자들에 의해 취해져야 할 행동과 결정을 다룬다(예 : 위기 통신계획과 모범 운영 절차의 높아진 인식; 시설 운영을 위한 이용 가능한 자원 확인). 역량과 자원 또한 이 단계에서 고려되어야 한다. 계획자들은 충분한 자원 – 기술, 인력, 시간, 시설, 지원 – 이 있는지 반드시 알아야 한다. 어떤 분야가 부족한지가 무슨 유형의 연습을 실행할지를 좌우할 것이다. 질문해야 할 문제에는 다음이 포함된다(Federal Emergency Management Agency, 2008b).

- 조직 내에 어떤 연습 경험이 있는가? 관리자와 직원의 경험은 무엇인가?
- 관리자(그리고 계획팀)는 얼마만큼의 시간을 연습과정에 할애할 수 있는가?
- 비상 운영을 실행하기 위해 무슨 시설이 필요한가? 이 시설은 연습을 위해 이용 가능한가?
- 실제 비상시 조직은 무슨 통신 시스템을 이용하는가? 이 시스템은 연습을 위해 이용 가능한가?
- 연습을 위해 경영진과 행정적 지원이 가능한가?

얼마나 비용이 들지는 연습의 유형, 위치, 기간에 의해 결정된다. 비용 고려 사항에는 직원 급여, 장비와 물자, 계약 서비스, 잡다한 물건들(종이, 연필, 커피 등등)이 포함된다(Federal Emergency Management Agency, 2008b).

계획팀은 연습 계획 완료, 필요한 자원 습득, 지원 물자 개발을 위한 일정을 결정한다. 연습 범위와 목적 설명서(A Statement of Purpose)가 명확히 정의되어야 한다. 목적 설명서는 다루어져야 할 문제점을 상세히 확인하고, 이 문제점들은 경험이나 문제들 또는 단순 관찰에 기초해 확인되었다. 목적 설명서의 예가 다음 사이드 바에 나와 있다. 부록 8.3에서 연습 계획 개발을 위한 더 상세한 템플릿이 제공된다.

목적 설명서(Statement of Purpose)

풋볼 경기장 비상 관리 연습의 목적은 다음의 비상 운영(emergency operation)을 향상시키기 위해서이다.

1. 대피 공지와 절차
2. EMS 대응과 대규모 원조 조율
3. 경기장 밖 보행자와 교통 통제
4. 다기관 공조

다음 기관들이 포함된다.

1. 시설 관리부
2. 재난 관리청
3. 응급 대응 서비스
4. 소방서
5. 보건부
6. 법 집행부
7. HAZNAT 팀
8. 생물학, 화학 전문가
9. 지역과 시 병원
10. 미디어 홍보

위 단체들은 11월 1일 경기장 내 생물학 물질 살포를 가상하는 도상연습에서 테스트될 것이다. 연습은 대략 2시간이 소요될 것이다.

시나리오

목적 설명서에 기초한 상세한 연습 시나리오가 반드시 개발되어야 한다. 시나리오는 연습을 추진하는 줄거리를 제공한다. 이것은 서술체로 표현될 수도 있고 사건(event)의 시간대에 의해 묘사될 수 있다. 토론 중심의 연습(예 : TTX)에서는 시나리오는 참가자들의 토론을 진행시키는 배경을 제공한다. 운영 중심의 연습(예 : FSE)에서 시나리오는 연습을 위한 사건사고의 촉매가 되는 배경 정보를 제공한다. 시나리오를 개발할 때는 현실성 정도, 위협(threat) 또는 위험 요소(hazard)의 유형, 현장 선정, 연습 수행을 위한 이상적인 날짜와 시간을 포함한 많은 요소가 고려되어야 한다. 연습을 위해 선택된 시나리오는 스포츠나 특별 행사가 직면하는 현실적 표현이어야 하며 스포츠, 행사조직 또는 시설이 연습 프로그램을 통해서 향상시키고자하는 자원과 능력을 실제적으로 시험해야 한다. 더욱이 시나리오는 발생할 수 있는 테러그룹의 실명사용이나 민감한 특정 베뉴(예 : 개인 회사)와 같은 민감한 점들을 피해서 만들어져야 한다(U.S. Department of Homeland Security, 2007b).

시나리오 고안의 첫 번째 단계는 연습에 사용될 위협 또는 위험(예 : 총기 난사)의 유형을 결정하는 것이다. 비상사태의 각 유형은 재난 관리 사이클(예방, 보호, 대응, 복구)의 다른 면을 강조한다. 연습 계획팀은 연습이 초점을 둘 역량, 직무, 목적을 가장 잘 입증할 위협이나 위험을 선택해야 한다. 예를 들어 시설 경영진이 대피 능력을 시험하고 싶으면 토네이도 시나리오를 고안할 수 있다. 위협이나 위험 시나리오 찾기는 스포츠나 행사 조직의 시설 위협과 취약점 분석에 기초를 둔다. 예를 들어 화학 또는 생물학 테러 공격의 위협은 시골 지역보다 인구가 많은 지역 또는 잘 알려진 지역에서 큰 위험으로 간주 될 수 있다. 마찬가지로 허리케인의 위협은 미국의 남동쪽이 다른 지역보다 훨씬 크다(U.S. Department of Homeland Security, 2007b).

시나리오 고안의 다음 단계는 연습을 진행할 베뉴를 결정하는 것이다(예 :

시설 또는 부지). 토론 중심의 연습은 특정수의 참가자들을 수용할 공간과 필요한 경우 분과회의를 위한 구역이 필요하다. 회의실이나 연회실이 이상적이다. 운영 중심의 연습을 위해 적당한 부지를 고를 때 계획자들은 다음의 필요성을 고려해야 한다(U.S. Department of Homeland Security, 2007b, p. 14). :

- 연습하는 동안 전술적 작전을 위한 넓은 지역
- 사전준비 또는 기구와 장비의 조립 장소를 수용할만한 충분한 크기의 지정 구역
- 교통, 공공 활동, 그리고 건설과 같은 정상적이고 일상적 서비스로부터 최소한의 방해를 받는 지역
- 연습 전에 희생자 역할을 하는 배우가 지시를 받을 수 있는 또는 어떤 경우에는 물라지(예 : 연습하는 동안 실제 부상을 가장하기 위해 주형(mold)이나 화장품을 바른다)를 하기 위해 지정된 구역이나 공간
- 대중매체, 감독관, VIP들이 연습을 방해하지 않고 관전할 수 있는 지정된 구역
- 통제 지원, 감독관, 희생자 역할 하는 배우 그리고 지원 직원을 위한 충분한 주차 공간

시나리오의 날짜와 시간이 연습에 영향을 미친다. 많은 지역사회는 평일, 주말, 공휴일 그리고 스포츠나 특별행사기간 동안 인구 구성비가 다르다. 이 인구 변화가 역할을 하는 사람들(players)의 예상되는 행동에 영향을 줄 수 있다. 예를 들어 경기장에서 주요 스포츠나 특별 행사가 열릴 때 지역 사회의 인구가 일시적으로 증가하고 교통 흐름이 바뀔 수 있고 이것이 대피 경로나 대응 시간에 영향을 줄 수 있다(U. S Homeland Security, 2007b).

연습 역할자들과 기록

토론 중심과 운영 중심의 연습 두 가지 모두 진행자들(facilitators)과 통제관들(controllers)이 연습 활동을 유도한다. 토론 중심의 연습 동안 진행자들은 참가자들의 토론이 연습 목적에 초점을 맞추고 모든 문제점과 목적들이 이용 가능한 시간 내에 철저히 검토되도록 한다. 연습은 진행자에 의해 통제되는데 그는 연습을 공조하고 참가자들이 정해진 시간표 안에 과제에 충실하도록 한다. 진행자는 미리 정해진 시간에 메시지를 주입하므로 토론을 이끌고 연습 원안의 일부가 아닌 새로운 자료를 도입하는 것을 자제해야 한다. 운영 중심의 연습에서 통제자들은 연습활동을 계획하고 관리하며, 연습 부지를 준비하고 운영하며 역할자들에게 주요 자료를 제공하고 어떤 역할 활동을 유발하거나 시작할 수 있다. 모든 통제자들은 한명의 상위 통제자들에게 책임을 진다.

평가자들은 연습의 지정된 기능 분야에 대해 평가하고 논평하기 위해 참가한 단체들로부터 선정된다. 평가자들은 그들이 평가할 기능 분야에 대한 전문 지식에 기초하여 선정된다. 평가자들은 연습에 수동적인 역할을 갖고 역할자들의 활동과 결정을 단지 기록만 해야 한다. 연습의 흐름을 방해하지 말아야 한다. 평가자들은 관찰과 메모를 기록하기 위해 연습 평가 지침(EEGs: Exercise Evaluation Guides)을 사용한다. 평가자들은 이 단계에서 중요한 인물이며 그들은 참가자들에 의해 취해진 모든 결정과 행동을 상세하고 정확히 기록하는 책임을 가지고 있다.

기능적 그리고 전면적 연습 동안 CCTV의 사용, 무전기, 전화 그리고 대면 토론은 평가자들과 기록자들이 연습을 검토하고 사후보고(debrief)하는 것을 돕는다. 역할자들은 사건사고에 통상적으로 대응하는 기관을 대표하는 참가자들이다. 이들 역할자들은 연습 시나리오에서의 그들의 역할과 책임을 토론하고 시설의 표준 운영 규범과 시험되어지는 비상 운영계획에 익숙하다. 역할자들은 그들의 정규 역할과 책임을 토론하거나(토론 중심의 연습) 실행(운영 중심의 연습)함으로써 사건사고 대응에 있어서 능동적인 역할을 가진다. 스포츠나 특별 행사 시나리오에서 이들 역할자에는 지휘 그룹과 시설 운영, 지역 법 집행, 지역 카운티 비상 관리 책임자, 지역 소방과 HAZMAT, 보안관, 공공 보건, 대외홍보, 응급 의료 서비스와 같은 외부 기관이 포함된다. 배우들은 운영 중심의 연습에 현실성을 추가하기 위해 재난 희생자와 같은 특정 역할을 가상하는 자원봉사자들이다. 이들은 일반인들로부터 모집되기도 한다. 가상역할(simulator)들은 대게 통제자들이 하는데 현실감 있는 연습을 진행하기 위해 실제 연습에 참가하지 않는 개인, 기관, 조직의 역할을 수행한다(U. S Department of Homeland Security, 2007a).

연습 계획자들은 선택된 연습과 일치하게 문서를 개발해야 한다. 상황 매뉴얼(SitMan: Situational Manual)은 토론 중심의 연습, 특히 도상 연습 참가자들을 위한 핸드북이다. 이 상황 매뉴얼은 연습 범위, 일정, 목적에 관한 정보를 제공한다. 이것은 연습 동안 진행자(facilitator)의 토론을 진행시킬 시나리오 설명(narrative)을 제공한다(사례연구 참조). 운영중심의 연습에서는 연습계획서(ExPlan: Exercise Plan)가 통상적으로 사용된다. 이 연습계획서는 연습의 줄거리, 범위, 안전 절차 그리고 물류 고려사항을 제공한다. 이는 연습 이전에 역할자(players)와 관찰자(observers)들에게 배포되며 상세한 시나리오는 포함하지 않는다. 연습계획서는 실제 사건사고에서처럼 역할자들이 연습 동안 계획이나 예정된 사건(event)의 공지 없이 반응(react)하게 해준다.

통제자(controller)나 평가자(evaluator)핸드북(CE Handbook)은 연습계획(ExPlan)을 보충하고 연습 시나리오와 통제자와 평가자의 역할과 책임에 관한 상세한 정보를 담고 있다. 마스터 시나리오 사건 목록(MSEL: Master Scenario Event List)은 운영 중심의 연습 역할에 있어 통제자에 의해 주입된 기대되는 행동과 대본에 따른 사건의 시간표이다. 이것은 목적을 충족시키도록 사건들이 발생하도록 한다. 역할자 유인물(Player Handout)은 연습 당일 아침에 배포되는 연습 역할자들을 위한 한 두장의 참고 자료이다. 연습 평가 지침(EEG: Exercise Evaluation Guide)은 평가자들이 관련된 연습 관찰을 수집하고 해석하는 것을 돕는다. EEG는 성취되어야 할 직무, 관찰을 기록할 공간, 연습 후 다루어질 질문에 관한 정보를 제공한다. EEG는 평가자들의 관찰이 연습 목적에 관련된 능력이나 직무에 초점을 맞추도록 안내한다. 연습 정책(Exercise Policy)은 참가자들에게 상해를 가하거나, 재산을 파괴하거나 또는 연습 실행 주체를 당혹스럽게 할 수 있는 행동의 영향을 방지하기 위해 또는 최소한 완화시키기 위해 실행된다(U.S. Department of Homeland Security 2007b). 표 8.3은 토론 중심과 운영중심의 연습에서 일반적으로 사용되는 문서에 관해 설명한다.

3단계 : 연습 실행

토론 중심 연습과 운영 중심 연습을 위한 연습실행의 주요 단계는 다음과 같다. (1) 셋업(setup) (2) 연습인력에 대한 브리핑과 관리 (3) 마감 활동(wrap-up activities)

토론 중심의 연습 실행

셋업(setup) 하도록 배정된 연습 계획팀은 공간을 준비하고 음향과 영상 장비를 시험하기 위해 선택된 현장(site)을 최소한 연습시작 하루 전에 방문해야 한다. 연습 당일 날에 계획 팀은 설정과 관련된 남아있는 물류와 행적적인 사항을 처리하고 등록 준비를 위해 연습 시작 몇 시간 전에 도착한다. 연습 시작 전에 계획 팀은 반드시 다음과 같은 필요한 연습 자료와 장비를 전달해야 한다(U.S Department of homeland Security, 2007b).

표 8.3 연습 문서

문서명	연습 용도	배포 대상	문서의 주요 특징
연습 평가 지침(EEGs)	모든 평가된 연습	제한됨 : 평가자	연습하는 동안 평가자들이 능력, 직무, 목적의 수행을 평가하는 것을 돕는다.
상황 매뉴얼 (SitMan)	토론 중심	제한 없음 : 모든 연습 참가자	멀티 미디어와 주관된 연습을 위한 원본 배경은 상세 시나리오 뿐만 아니라 행정 정보도 포함 한다
멀티미디어 프레젠테이션	토론 중심	제한 없음 : 모든 연습 참가자	상황 매뉴얼 지원, 간결히 요약하여 쓰여진 정보는 시나리오의 초점을 묘사하고 연습을 진행시킨다.
통제자와 평가자 (CE) 핸드북	운영 중심	제한됨 : 통제자, 평가자	연습 행정 정보와 상세 정보로 연습 계획을 보조한다.
연습계획 (ExPlan)	운영 중심	제한 없음 : 역할자, 관찰자	일반 연습 정보를 포함하나 상세한 시나리오는 포함하지 않는다. 역할자가 연습에서 그들의 역할과 책임을 이해할 수 있게 한다.
마스터 시나리오 사건 목록(MSEL)	운영 중심	제한됨 : 통제자, 평가자, 가상역할자	연습활동을 진행 시키는 사건과 주입되는 메시지의 시간적 순서 목록. 짧은 것과 긴 것 두 개의 양식이 만들어진다.

- 참가자를 위한 연습 매뉴얼(SitMans)
- 멀티미디어 프레젠테이션
- 테이블 텐트(table tent)
- 참가자를 위한 명찰(name tent)
- 각 연습 참가자들의 역할을 인식하는 배지(예 : 역할자, 관찰자, VIP, 주관자, 평가자)
- 참가신청서(sign-in sheet)와 등록 정보
- 참가자 피드백 양식

발표(presentation)와 브리핑은 필요한 연습 관련 정보를 참가자들에게 전달하는 중요한 도구이다. 모든 참가자(역할자)는 반드시 연습에 관한 브리핑을 받아야 하고 질문할 기회가 주어져야 한다. 브리핑에서 연습의 이유와 같은 토픽, 목표와 목적, 규칙, 사건 시간표가 언급되어야 한다. 또한 주요 참가자들과 그들의 책임, 메시지를 어떻게 받을지에 대한 상세 정보, 이용 가능한 지원 물자, 계획, 지도 등을 확인한다. 토론 중심의 연습은 일반적으로 시나리오를 소개하기 위해 멀티미디어 프레젠테이션을 포함하고 상황 매뉴얼을 수반한다.

발표하기 위해 선정된 사람은 많은 청중들 앞에서 말을 잘 하고 주제에 관한 전문 지식을 보여 줄 수 있어야 한다. 발표는 연습 계획팀, 후원단체의 구성원 또는 관할 자치의 고급 관리의 간단한 인사말(remark)로 시작한다. 시작 인사말 후 사회자(moderator)에 의해 진행되는 간단한 소개와 참석자들을 주관자들과 평가자들에게 소개하고 연습과정에 대한 배경을 제공하고 참석자들의 개별 역할과 책임을 알려준다. 사회자는 멀티미디어 브리핑을 하는데 이것은 시나리오와 기타 관련된 정보를 설명한다. 사회자는 또한 토론을 주도하고 청중들에게 질문하고 일정이 예정대로 진행되도록 한다(U.S. Department od Homeland Security, 2007b).

진행자에 의한 그룹 토론(facilitated group discussion)은 분야나 기관에 따라 조직된 개별 테이블에서 한다. 진행자는 토론이 연습의 목적에 초점을 벗어나지 않고 모든 문제점이 검토되도록 하는 책임을 진다. 참가자들은 현재의 계획, 절차, 그리고 능력에 기초한 그들의 대응을 토론한다. 메모를 위해 기록자를 지정하는 것은 진행자가 주요 토론 이슈에 집중을 할 수 있게 한다. 진행자에 의한 토론(facilitated discussion)은 사회에 의한 토론(moderated discussion)에 앞서 행해진다. 사회에 의한 토론에서 각 테이블의 대표(대변인)는 모든 참가자에게 그룹의 진행자에 의한 토론 결과를 발표한다. 대변인은 그룹을 대표해 발표할 준비를 할 수 있도록 진행자에 의한 토론 전에 선정된다. 사회에 의한 토론 동안에 대변인은 진행자에 의한 토론을 요약하고 주요 발견(finding)과 이슈를 발표하고 해결되지 않은 이슈나 질문을 토론한다. 사회에 의한 토론 후반부에는 질문을 받는다(U.S. Department of Homeland Security, 2007b).

진행자들(facilitators)은 그들 그룹의 진행된 그리고 사회에 의한 토론에 관련된 메모를 편집한다. 이 정보는 사후활동보고(AAR: After-Action Report)와 향상 계획(IP: Improvement Plan)를 만들기 위해 사용된다. 추가로 참가자들과 관찰자들은 연습이 끝나기 전에 연습의 강점과 향상이 필요한 분야에 관한 정보를 요구하는 참가자 피드백 양식을 받는다. 피드백 양식으로부터 수집된 정보는 사후 활동 보고와 향상 계획의 이슈, 관찰, 추천, 수정을 위한 행동에 도움이 된다. 연습 직후에 때때로 현장 강평(hot wash)을 실시하는데 이는 연습동안 주요 강점과 향상해야 할 분야에 관한 역할자들의 관점을 알기 위해 진행자가 역할자와 비공식 대화를 실행하는 것이다. 게다가 연습 직후 연습 계획팀과 짧은 디브리핑(debriefing)을 실시하여 그들의 만족 정도, 이슈나 관심사를 토론하고 향상안을 제안한다(U.S. Department of Homeland Security, 2007b).

운영 중심의 연습 실행

가상 재난의 범위에 따라 필요한대로 연습 계획 팀은 행사 수 일전부터 셋업(setup)를 시작한다. 셋업은 브리핑실을 마련하고 음향 영상 장비와 통신 장비를 시험하고 사건사고에 현실성을 더하기 위해 소도구와 특수 효과를 배치하고 접합한 구역과 주변을 표시하고 잠재적 안전 문제점들을 점검하는 것을 수반한다. 운영 중심의 연습을 계획하는데 있어서 안전이 가장 중요한 고려사항이다. 안전한 환경을 위해 다음 행동들이 반드시 취해져야 한다(U.S. Department of homeland Security, 2007b, p. 24). :

- 안전 통제자(Safety controller)들을 확인하기(연습 시나리오에 대응의 일부로써 사건사고 지휘자에 의해 지정된 안전 관리자(safety officer)와 혼돈 하

지 말 것)

- 고급 생명 유지 장치 또는 기초 생명 유지 장치를 갖춘 전용 구급차를 실제 비상시를 대비해 준비하기
- 실제 비상 절차를 암호 단어나 문구로 확인하기
- 안전 요구사항이나 정책 확인하기
- 연습 통제 밖의 다른 안전 이슈 고려하기(예 : 날씨. 일사병, 저체온증, 화재 또는 불꽃놀이, 무기)

연습 당일 날, 계획팀 구성원들은 설치와 관련된 물류와 행정 사항을 처리하고 등록을 준비하고 통신 점검을 실시하기 위해 연습 시작 몇 시간 전에 도착한다. 연습 전에는 무전기 주파수 또는 지정된 연습 채널을 역할자들의 사용을 위해 확인해야 한다. 선정된 주파수는 연습 범위 밖의 정상운영을 방해해서는 안 된다(U.S. Department of Homeland Security, 2007b)(부록 8.4 연습 체크 목록 참조).

운영 중심의 연습은 통제자들, 평가자들, 배우들, 역할자들, 그리고 관찰자들을 위한 브리핑을 포함할 수 있다. 브리핑과 발표(presentation)는 연습 문서를 배포하고 필요한 지시와 행정 정보를 제공하고 질문에 답하기 좋은 시간이다. 일반시민이나 EMS 자원의 움직임을 포함하는 연습(예 : 전면적 연습)은 대중매체의 주목을 받을 수 있다. 그럼으로 연습 목적에 관해 미리 대중매체에 정보를 주어야 한다.

연습이 끝난 후 디브리핑은 일반 연습 과정을 검토 할 수 있는 기회를 제공한다. 디브리핑의 정도는 연습의 규모에 달려 있다. 다(多) 선거구, 자원 그리고 자산 파견을 포함하는 규모가 큰 연습은 집단적 또는 각기 참가하는 개인이나 기관에 의한 깊고 정교한 분석을 요구한다. 연습의 유형에 상관없이 기억이 흐려지고 상세한내용이 혼동되기 전에 연습이 끝나자마자 즉시 디브리핑을 해야 한다. 이 과정은 사건(event), 공조(coordination) 그리고 연습 전개에 대한

대응에 중점을 두어야 한다(표 8.4 참조). 이 기록의 백지 버전이 부록 8.5에서 제공된다.

표 8.4 디브리핑 기록의 예

문제 요약	추천된 행동	책임 기관
사상자 수에 불충분한 EMS 대응자와 부족한 환자 감별 능력	더 많은 EMS 인력을 경기장 운영에 배정하거나 행사당일 대기하도록 한다.	지역 병원 접촉 담당
현장 복원능력과 사업 회복 계획 부족	사건사고 후에 적합한 장비, 공급, 자원이 이용 가능하도록 지역 대응 기관들, 하청계약업체들과 상호 원조 협약을 개발한다.	스포츠 조직

4단계 : 연습 평가

첫 디브리핑은 대체로 긴 과정은 아니다. 그러나 이 과정은 평가 단계에서 더 세부적인 디브리핑과 비평(critique)으로 보충되어져야 한다. 비평과 평가단계는 연습에서 배우는 레슨과 필요한 계획 검토에 아주 중요하다. 이것은 연습의 목표와 목적에 초점을 맞추고 참가자, 평가자, 기록자 그리고 주제의 전문가들로 부터의 인풋(input)을 포함해야 한다(연습 비평의 예가 부록 8.6에서 제공된다). 이 단계의 목표는 비판하기 위해서가 아니라 개선이 필요한 분야를 위한 해결책을 찾기 위해서이다. 연습이 계획대로 되었는지, 참가자들이 대응을 효과적으로 할 수 있었는지 그리고 시험된 통신 시스템과 계획이 사건사고 시나리오를 견뎌냈는지를 특별히 다루는 문서로 된 비평이 계획 팀에 의해 준비되어야 한다.

이 과정의 결과는 다음을 포함해야 한다.

1. 평가에 기초한 최종 보고서

2. 개선이 요구되는 계획, 정책, 절차 그리고 실행되어야 할 권고사항의 세부 내용
3. 더 요구되는 훈련 또는 연습의 세부 내용

이 단계에서 수집되고 요약된 정보는 공식화된 사후활동 보고서에서 보고될 것이다.

평가는 연습의 초석이다. 이것은 스포츠나 행사 프로그램이 모든 위험을 대비하는데 있어 강점과 향상 시켜야 할 분야를 문서화한다. 평가 단계의 결과는 개선 계획 활동으로 연결된다. 모든 연습의 평가과정에는 공식 연습 평가, 피드백 분석, 사후활동 보고서와 향상계획의 초안이 포함된다. 평가 과정은 반드시 행동계획과 같은 분명한 결과가 있어야 한다. 모든 주요 이해 당사자들은 요구되는 개선안의 실행에 헌신할 필요가 있다. 사후 활동 보고서는 연습 목적에 기초한 관찰과 권고사항을 담는다. 향상 계획은 특정한 수정 활동(예 : 추가 훈련)을 찾아서 그것들을 책임 당사자(예 : 시설 관리부)에게 할당하고 완수를 위한 목표 날짜 예 : 석달내)를 정한다. 연습 계획팀은 모든 기관들과의 사후 활동 회의 전에 AAR(After Action Report)의 초안을 만들고 참가자에게 제출한다(U.S Department of Homeland Security, 2008c, p. 25).

사후 활동 보고서(AAR) 개요

- **내용 요약**(Executive summary) : 보고서 요약
- **소개**(Introduction) : 보고서의 주요 목적, 주요 토픽 미리보기, 평가 방법
- **문제점 설명**(Statement of the problem) : 연습의 목적
- **연습 요약**
  - 목표와 목적
  - 연습 전 계획 활동

- 참가자 : 개인들과 기관들
- 연습 사건사고 시나리오 설명

- **성취한 점과 부족한 점**
  - 그룹 검토의 평가
  - 연습 후 디브리핑과 비평의 요약
- **권고사항**
  - 훈련에 필요한 것
  - 역량에서 부족한 부분
  - 비상 계획에서 필요한 변화
  - 수정 활동

5단계 : 개선 계획(Planning for Improvement)

개선 계획 단계 동안에는 추가 훈련, 계획 또는 장비 습득과 같은 사후 활동 보고서(AAR)와 개선 계획으로 부터의 수정 활동이 예상만기일과 함께 책임당사자에게 할당된다. 수정 활동은 완료될 때 까지 추적되는데 연습이 준비에 실질적인 혜택을 줄 수 있게 하기 위해서이다. 참가 주체들은 수정활동 개발을 위한 지침으로 다음질문들을 사용할 수 있다(U. S Department of Homeland Security, 2007c, p20) :

- 수행능력 향상을 위해 계획과 절차에 무슨 변화가 필요한가?
- 수행능력 향상을 위해 조직 구조에 무슨 변화가 필요한가?
- 수행능력 향상을 위해 리더십과 관리 과정에 무슨 변화가 필요한가?
- 수행능력 향상을 위해 무슨 훈련이 필요한가?
- 수행능력 향상을 위해 장비에 무슨 변화가 필요한가? 또는 추가적 장비가 필요한가?

• 미래의 비슷한 문제점에 어떻게 접근할지 방향을 제시할 레슨을 배울 수 있는가?

개선 계획은 연습에서 배운 레슨을 '향상된 대응능력(improved response capabilities)'이란 결과를 가져다주는 측정가능한 단계(measurable steps)로 바꾼다. 특히 개선 계획은 사후활동 보고서와 개선 계획에서 제시된 각각의 권고사항을 다루기 위해 취해져야 할 행동과 누가 또는 무슨 기관이 책임질 것인가 그리고 완료 일정을 구체적으로 설명한다. 권고, 수정활동, 책임, 그리고 마감일이 개선 계획에서 확인된 후 연습 계획팀은 각각의 수정 활동을 완료할 때까지 감시하도록 한다. 국토 안보부는 연습 계획을 다루는 IS-120, 연습 기초와 IS-130, 연습 평가와 개선 계획 두 개의 온라인 과정을 제공한다.

2004년 하계 올림픽 게임

사 례

2004년 8월 29일 그리스 아테네에서 하계 올림픽이 성대하게 끝났다. 세계는 행사의 완성을 평화와 세계 화합의 증거로 축하했다. 돌아 보건데 안전하고 보안된 행사를 위해 무슨 요소가 사용되었는가? 이 질문을 위해 스포츠 베뉴 안전과 보안을 다루기 위해 취해진 조치를 자세히 검사할 필요가 있다. 이 질문은 또한 잠재적으로 훈련에 필요한 것을 위한 충분한 시간을 할애하고 비상 대응 능력을 연습하고 적절한 수정 활동을 실행하기 위해 보안 준비를 일찍 행사 훨씬 전에 시작할 필요성을 보여준다. 다기관과 다국간의 협력, 공조 그리고 의사소통은 보안에서 절대적으로 중요한 부분이다.

1997년 그리스가 2004년 하계 올림픽 개최권을 획득한 후 세계적으로 테러 환경이 급격히 변화되었다. 사실상 2001년 9월 11일의 비극적 사건은 미국 시민과 이익에 대한 테러 공격의 위험을 증대시켰다. 특별 행사동안 치명적인 공격 위험은 전 세계로의 생중계를 가능케 한 대중매체의 능력향상에 따라 증가했다. 더욱이 테러 그룹들의 폭력행위 의존 경향의 증대와 대량 살상 무기(WMDs)의 계속된 확산과 접근성이 이 위협에 기여했다. 2004년 하계 올림픽 게임 준비에 있어서 기존의 비상 대응 계획과 관련된 부속안을 시험하기 위해서 일련의 연습이 실행되었다.

연습 단계

연습은 2004년 하계 올림픽게임의 준비 기간 동안 역량을 시험하기 위한 중요한 체계를 구성했고 다양한 방식으로 실행되었는데 이는 준비와 대응의 특정 분야에 초점을 맞추는 것을 도왔다. 올림픽 가디언 I과 II는 위기 대응 계획, 대테러, 반테러 그리고 결과 관리 고려사항(consequence management consideration)을 포함하는 시나리오를 주입한 토론 중심의 도상연습이다. 두 개의 도상연습은 기관간의 의사결정자(decision maker)들이 의견을 일치시키고 다양한 시나리오에 대응하는데 있어 변수와 옵션을 허심탄회하게 토론할 능력을 함양하고자 실행되었다.

많은 경우, 다기관 책임자들이 위기에 대한 공조 대응을 토론하기 위해 탁상 연습에서 처음 만났다. 연습은 의사결정자들이 실제 행사 전에 개별 기관의 표준 운영 절차와 서로간의 MOU를 시험하는 기회를 준다.

헤라크라스의 방패(Hercules Shield)는 여러 국가의 지원을 받는 전면적 연습(FSE)이었다. 헤라크라스의 방패의 목적은 2004년 하계 올림픽 동안 잠재적 최악의 상황에 대비한 중요한 직무(critical task)를 준비하는 것이다. 헤라크라스의 방패는 지휘와 통신을 시험했고 지휘, 통제, 통신, 공조, 정보와 첩보(C4I)의 흐름과 유포의 모든 면을 평가하기 위해 확대 되었다. 전면적 연습의 세팅은 행사의 다기관 지휘소로 지정된 장소의 내부였다. FBI는 이장소를 통합 운영 센터(JOC : Joint Operations Center)라고 불렀다. 여기에는 특별 행사에 참가하는 각 기관으로부터의 대표들이 포함되었다. JOC는 지휘 그룹에 배정된 다기관 의사결정자들을 포함했고 공조된 중요 결정을 할 준비를 했다. 헤라크레스의 방패는 위기 대응과 결과의 모든 면과 위기관리를 검증했다. FSE는 관련된 능력을 시험하기 위해 참가한 기관들의 상당한 헌신을 요구했다. 시나리오는 실제 위기사항을 비슷하게 그렸고 위기 대응의 모든 요소가 작동되고 시험되었다. 초기 대응자들이 사건사고에 파견되었고 의료 시설들은 대량 사상 우발적 상황을 연습했다. 위험 물질 사건사고, 폭파 장치, WMD를 다루는 전문 지식이 시험되고 평가되었다. 적합한 인력이 지휘소에 배치되었고 그들이 전면적 연습 시나리오와 관련된 상황을 평가하는 동안 이전의 도상연습에서 배운 레슨들이 궁극적으로 결정자들을 도왔다. 모든 연습들은 2004년 하계 올림픽게임이 열리기 6개월 전에 완료되었다. 모든 훈련과 연습이 끝난 후 원래의 취약점과 위협 평가가 갱신되고 주최국의 향상된 컴퓨터 기술 능력에 반영되었다. 연습에 이어서 각 관여된 주체 등이 사후 활동 보고서(AAR)를 위한 인풋(input)을 제공하였는데 이는 연습계획과 실천 전략의 중요한 검토가 되었다. AAR은 제 기능을 한 전술들(tactics)을 인지했고 게임 시작 전에 바로 잡고, 변화 또는 수정할 필요가 있는 절차를 확인했다.

배운 점

탁상 연습 올림픽 가디안 I과 II 그리고 FSE 헤라클레스의 방패는 2004년 하계 올림픽 게임 시작 전에 거론될 필요가 있는 보안 분야에서 여러 공백을 보여 주었다. 부족한 공백에는 다음이 포함되었다.

- 획일적이고 시험되고 믿을만하고 상호 호환 가능한 통산 시스템
- 행동할 가치 있는 첩보(intelligence)의 개선된 배포(improved dissemination)
- 위험 평가 실행의 필요성
- 전체적인 위기 대응 계획 개발의 필요성
- 행사동안 아주 긴요한 관계 개발 진전에 관한 훈련 실시의 필요성
- 모든 단계의 준비와 대비를 시험하기 위한 연습의 중요성

연습은 발견되지 않을 수 있었던 문제점을 확인하고 조직자들이 2004년 게임 전에 문제를 거론 할 수 있게끔 한다. 추가로 미래의 올림픽 조직자들이 그들의 행사에서 잠재적 보안 이슈를 확인할 수 있었다.

생각해볼 문제

1. 특별 행사를 위한 계획과 준비에 일련의 연습을 실행하는 것의 가치를 설명하라.
2. 여러 가지 연습 방식에는 어떤 것이 있는가? 각 방식의 목적은 무엇인가?
3. 연습 과정에 대중매체가 포함되어야 하나? 왜 포함되어야 하나? 또는 왜 안 되어야 하나?

참고

McGee, James A, 2006, International Special Event, FBI Law Enforcement Bulletin.

이장의 핵심

- 연습은 참가자들을 가상 재난 상황에 놓고 그들이 실제 상황에서 기대되는 역량을 기능할 것을 요구하는 활동이다.
- 연습은 시설 관리자가 역할과 책임을 구분하고 기관들간의 공조와 통신을 향상시키고 자원 부족분을 보여주고 개별 수행 능력을 개발하고 개선의 기회를 확인하는 것을 돕는다.
- 연습은 일회성 행사가 아니다. 연습은 업계의 변화하는 요소를 다루기위해서 반드시 계속해서 실행되어야 한다.
- 토론중심의 연습에는 세미나, 워크숍, 탁상 연습, 가상 게임이 포함된다.
- 운영 중심의 연습에는 훈련, 기능적 연습 그리고 전면적 연습이 포함된다.
- 연습 과정에 포함된 주요 인력에는 계획자(planners), 역할자(players), 진행자(facilitators), 통제자(controllers), 평가자(evaluators), 배우(actor), 가상 역할자(simulators) 그리고 관찰자(observer)가 포함된다.

- 연습 계획팀은 세미나 오리엔테이션과 같은 덜 복잡한 연습에서 시작해서 서서히 전면적 연습과 같은 더 복잡하고 모든 것을 포함하는 연습으로 진행한다.
- 연습 계획팀은 주요 기관, 조직 그리고 관할의 대표를 포함해야 한다. 스포츠나 행사 조직은 주요 이해 당사자들로부터 구성원들을 요구하고 지휘 그룹(CG)이 계획팀의 일부가 되게 요구한다.
- 연습은 다음 다섯 단계로 구성되어 있다. (1) 기초 (2) 연습 고안과 개발 (3) 연습 실행 (4) 연습 평가 (5) 개선 계획
- 사후 활동 보고서(AAR)는 연습 목적에 기초한 관찰과 권고사항을 담고 개선이 필요한 분야를 강조한다.
- 개선 계획(IR)은 특정 수정활동을 확인하고 그것을 책임당사자에게 배정하고 완료를 위한 목표 날짜를 설정한다.

응용 질문

1. 스포츠나 행사 연습 계획 그룹이 이용 가능한 다양한 유형의 연습을 토론하라.
2. 연습 실행의 목적은 무엇인가?
3. 연습 계획 그룹이 어떤 종류의 연습이 필요하고 무슨 기능 또는 계획이 연습되어야 하는지를 어떻게 결정하는가?

활동

미국 국토 안보부와 연방 재난관리청에 의해 실시된 연습(www.dhs.gov 에 설명되어 있음)을 검토하고 목적, 과정에 포함된 활동과 기관들, 배운 레슨을 토론하라.

제9장

스포츠와 특별행사를 위한 안전과 보안의 미래

이 장의 목적

- 스포츠와 행사 보안에 관한 훈련과 교육기회 제시
- 관중들의 경험에 영향을 주는 안전과 보안 절차 토론
- 스포츠와 행사 보안 기술 해법 강조

9장

스포츠와 특별행사를 위한 안전과 보안의 미래

스포츠나 행사 조직의 무엇보다 중요한 목표는 위험 관리를 위한 보안 기반을 제공하는 한편 관중을 끌고 유지하는 관객 친화적인 환경을 만드는 것이다. 보안과 관중 경험사이의 균형을 향상시킬 최상의 관행과 기술을 접목하기 위해 고도로 훈련된 리더십 팀과 직원이 반드시 있어야 한다. 행정가, 소유주, 운영자는 반드시 관중들이 시설을 이용하는 것을 즐길 수 있도록 해야 한다. 이 장에서는 스포츠와 행사 안전과 보안 업계의 미래를 토론한다. 이 토픽은 비교적 새로운 학문 분야에서의 교육과 훈련 기회에 관한 토론, 보안과 관중 경험의 균형에 관한 탐구 그리고 혁신적인 보안 기술의 검토를 포함한다.

훈련과 교육

미래는 스포츠와 행사보안 리더십의 우수성(excellence)에서 시작된다. 큰 베뉴의 보안 문제의 복잡함은 관리자들이 반드시 리더십 기술과 스포츠와 행사 보안에 관한 전문지식을 가져야함을 의미한다. 그들은 위험관리를 조직문화와 환경에 접목하고 신뢰와 믿음을 확립하고 조직과 지역사회 내에서 관계를 쌓는 것과 같은 수많은 도전에 직면할 것이다. 미래 지도자의 또 다른 중요한 면은 최상의 관행을 수행하는데 있어서의 우수함이다. 스포츠와 행사 보안 업계에서 미래의 자격 기대치는 강력한 리더십 기술과 조직 목표에 기여할 수 있는 능력뿐만 아니라 보안 영역에서의 전문 기술일 것이다.

리더십 훈련

최근의 *Security Director News* 조사는 비록 많은 응답자들이 경험 그리고 대학, 대학원 교육 둘 다 중요하다고 꼽았지만 현실 세계경험이 보안 전문가에게 필요한 기본 배경임을 확인했다. 하지만 이 분야에서 일하는 대부분의 전문가들은 군(military) 또는 법 집행(Law enforcement) 배경을 가지고 있으나 교육자의 그리고 경영자의 지질이 부족하다. 새로운 전문가는 반드시 비즈니스 과정에 숙달되어야 하고 보안과 관리 해법(Security and management solution)에 대한 투자 수익에 관한 사업 사례를 제시할 수 있어야 한다 (Stelter, 2009).

*Homeland Security*잡지에 의하면 2012년 까지 새로운 모든 연방 구인의 거의 25%가 국토 보안에 관련될 것이라고 추축한다. 현재 좋지 않은 경제와 높은 실업률에도 불구하고 거의 2000개의 국토 보안 일자리가 주요 정부 구인 사이트에 올라와 있다. 이 숫자는 연방 구인만을 보여준다. 분명히 더 많은 사람들이 이 일자리들을 차지할 최상의 방법들을 찾고 있을 것이며 그러기 위해서 그들은 훈련, 학위, 그리고 수료증이 필요할 것이다. 미래의 스포츠와 행사 관리 교육 프로그램은 교육과정의 일부로 반드시 안전과 보안 과정을 실시하는 것을 고려하거나 안전과 보안 지식 내용을 스포츠나 행사 관리 과정의 모듈 또는 유닛으로 포함해야 한다.

남부 미시시피 주립대학교(The University of Southern Mississippi)는 미국에서 스포츠에 특정한 안전과 보안 과정을 제공하는 첫 번째 기관이다. 국토안보부, 연방 재난청 또는 이 기관들이 공동으로 많은 학위를 제공하지만 그 어느 것도 특별히 스포츠와 특정 행사에 초점을 맞추지는 않는다. 미래의 스포츠와 행사 보안 관리자에게 필요한 능력을 이해하기에 남부 미시시피 주립대학교는 스포츠 관리 과학 석사 프로그램의 일부로 스포츠 행사 보안 관리의 집중 영역을 도입했다. 이 프로그램은 현재와 미래의 스포츠 책임자들과 특별 행사 관리자들에게 기본 리더십 기술과 스포츠 보안 업계를 선도할 주제에 관한 전문 지식을 제공한다. 스포츠 행사 보안 관리에 중점을 둔 스포츠 관리 석사학위에 추가해서 남부 미시시피 주립대학교 국립 스포츠 안전 및 보안 센터(NCS4)는 온라인 스포츠 보안 관리 과정을 실시해왔다. 이것은 현재와 미래의 스포츠와 특별 행사 전문가에게 스포츠와 특별 행사보안 관리의 문제점에 대처할 전문화된 능력과 지식을 제공하기 위해 고안되었다.

직원 훈련

이전의 조사는 주요 스포츠 행사의 비상 사건사고에 대응을 책임진 주요 인력들의 훈련과 교육이 부족하다고 지적하고 있다(Cunningham, 2007; Baker et al. , 2007; Beckman, 2006; Hall 2006). Cunningham에 의하면(2007), 디비전 I 풋볼학교 시설들의 경기 부책임자들(assistance athletic directors)의 62퍼센트가 행사 보안 관리에 관한 공식적인 훈련, 교육 또는 수료 과정을 받지 않았다고 보고했다. Baker et al.(2007)은 디비전 IA학교들에서 위험 관리 실천(risk management practice)연구를 수행하던 중 비슷한 발견을 보고했다. NCAA(미국대학경기협회) 디비전IA 풋볼 경기장 관리자들이 테러가 미국의 스포츠 시설에 대한 예상되는 위협이라고 강력하게 동의했음에도 불구하고 모든 응답자의 거의 과반수(47퍼센트)가 그들의 시설에 대한 테러 공격에 대비한 방어 훈련을 받지 못했다.

Hall에 의한 2006년 델피(Delphi) 연구는 스포츠 베뉴의 효과적인 보안 관리를 위한 표준을 찾았다. 주요 인력의 훈련이 주요 요건으로 떠올랐고 위협 평가, 검사 절차, 증명서 인식, 그리고 보안 인식의 분야에서 훈련이 제공되어야 한다. 더욱이 Hall et al.(2010)은 미국대학경기협회(NCAA) 디비전I 풋볼 경기에서의 보안 관리에 대한 필요 사항, 관심사, 미래 문제점을 평가했다. 확인된 주요 필요 사항은 다음과 같다.

1. 취약점 평가 실시에 대한 지원
2. 비상 대응 계획을 위한 훈련
3. 군중 통제 워크숍
4. 스포츠 행사 보안 에 관한 연례회의
5. 위험과 위협 평가 훈련

국립 스포츠 안전 및 보안 센터(NCS4)

국립 스포츠 안전 및 보안 센터는 스포츠 보안과 관련된 훈련 기회제공에 관한 리더이고 개척자이다. 2006년 남부 미시시피 주립대학교는 스포츠 행사 보안에서 특별히 연구, 교육 그리고 봉사 노력에 중점을 둔 첫 번째 학제간(interdisciplinary) 센터를 설립했다. 남부 미시시피 주립대학교의 국립 스포츠 안전 및 보안 센터는 국토 안보부 미시시피 지부와 미시시피 재난 관리청에 의해 조성된 보조금을 통해 개발 되었다. 동 센터는 스포츠와 특별 행사에 관련된 프로그램을 개발하고 전수하기 위해 정부 기관들 특히 미국 국토 안보부와 긴밀히 일하고 있다. 2007년 동 센터는 전국에 산재한 미국대학경기협회(NCAA) 학원 지휘그룹(institutional command center)에 국가 스포츠 위험 관리 과정을 고안, 개발 전달하기 위해 국토 안보부의 보조금을 받았다. 이 훈련 프로그램은 위협, 사건사고 관리, 위험 평가, 계획, 훈련, 연습 계획 그리고 복구와 사업 연속성에 관련된 대학에서의 다기관 협력을 위한 역량을 쌓는다. 대학 지휘 그룹은 캠퍼스 경찰(campus police), 경기부서(athletic department), 재난 관리청(Emergency management), 소방과 HAZMAT, 응급 의료와 보건 서비스의 명확히 구분된 다섯 분야의 전문가들로 구성되어 있다. 이 훈련 프로그램의 전체적인 목표는 대학간의 경기 행사에서의 스포츠 행사 보안 위험 관리실천의 표준화이다.

NCS4는 또한 위험 관리, 스포츠 대피 훈련과 연습 그리고 스포츠 사건사고 관리에 관한 미국 내외 과정을 개발하고 전달하기 위해 훈련 기관을 설립하였다. 베뉴 직원 훈련과 행동 분석에 관한 특별 과정들이 제공된다. 훈련을 증대하기 위하여 전문가 양성을 늘리기 위한 국가 스포츠 안전 보안 회의와 전시회가 매년 열린다. 다른 다수의 기관들이 정보 공유, 위협 인지, 위험 평가 과정과 도구, 연습과 훈련, , 공공과 민간분야 교류 촉진 그리고 국가 사건사고 관리 활동의 관점에서 미래 훈련 기회를 유지하기 위해 일하고 있다.

미국 국토 안보부(DHS)의 자원들(Resources)

미국 국토 안보부의 역할은 성공을 위해 스포츠 업계와 주와 지역 정부 주체 내의 파트너십과 관계에 지렛대 역할을 하는 것이다. 이런 연대는 공공과 민영 스포츠 베뉴를 공정하게 다루고 위험이 적절하고 합리적으로 완화되게 하는 균형 잡힌 접근법을 지원한다. 궁극적으로 보안과 비상 대응계획은 베뉴 직원과 주와 지역 관리들의 기본책임이다. DHS의 역할은 이 계획과정을 강화하고 돕는 것이다.

취약점 평가와 현장 보안 계획

DHS는 스포츠 베뉴 현장에서의 참여를 포함하는 일련의 프로그램과 계획을 개발했다. 가장 성공적인 프로그램의 하나는 경기장, 아레나, 경주장(racetrack)으로의 현장 지원 방문이다. 현장 방문은 국토 안보부가 연방, 주, 지역 당국들, 스포츠 베뉴 운영자들과의 공조와 협력으로 통합적으로 실행한 "담장 안(inside fence)"취약점 평가이다. 이 평가는 중요한 요소, 특정 취약점 그리고 보안 강화를 확인한다. 목표는 확인된 취약점을 완화하는 것이다.

FEMA와 연대하여 사회간접자본 보호 프로그램에 의해 공조된 또 다른 프로그램은 완충 구역 보호 프로그램(BZPP: Buffer Zone Protection Program)이다. 이 프로그램은 지역 법 집행과 비상 대응 기관들과 다른 공공 분야 주체들에게 "담장 밖의(outside fence)"보안과 대응을 향상시키기 위해 필요한 자원들을 제공하기 위해 고안되었다. 지역 주체들은 확인된 취약점을 완화시키기 위해 초기 대응자들이 사용할 보호와 예방 장비를 위한 보조금을 신청할 수 있는데 이로 인해 경기장, 아레나, 경주장 강화에 직접적으로 공헌한다.

DHS는 경기장, 아레나, 경주장을 위해서 컴퓨터에 기초한 평가를 제공한다. 이 평가는 시설, 경로, 특정 구역을 녹음하는 360도 원형 카메라 시스템을 사용해서 취약점 평가 동안 상황적 인식을 제공한다. DHS는 또한 경기장, 아레나, 경주장에 향상된 주요 사회 간접 자본 보호 방문을 실시한다. 목표는 어떤 확인된 취약점을 다루기 위한 고려할 옵션과 잠재적 보호 조치를 토론하는 것이다.

경기장, 아레나 그리고 경주장을 위한 문서와 도구 계획

DHS는 시설 주변 보안 강화에 관해 경기장, 아레나, 경주장 소유주와 운영자들을 지원할 계획과 정보 자원실(室)을 만들었다. 중요한 문서로는 미국 스포츠리그를 위한 *보호 조치 지침(Protective Measures Guide for U.S.Sports League)*이 있는데 참가한 스포츠리그 대표가 사용하도록 특별히 고안되었다. 이 지침은 스포츠 팀과 스포츠 행사 시설의 소유주 또는 운영자를 지원하기 위해 그들 시설의 보안 계획과 관리에서 실행될 수 있는 보호 조치의 개요를 제공한다. 국토 안보부는 지역 법집행기관과 자산 소유자 그리고 운영자가 경기장, 아레나, 경주장 보호 노력 지원을 위해 사용할 현장 지원 방문과 완충 구역 보호 프로그램으로부터 수집된 자료에 기초를 둔 공통의 취약점(CV: Common Vulnerability), 잠재적 위협 지표(PI: Potential Indicators of Threat) 그리고 보호 조치(PM: Protective Measures)보고서를 개발하였다.

위험 자체 평가 도구(RSAT: Risk Self-Assessment Tool)은 경기장, 아레나 그리고 경주장의 위험과 취약점 평가를 빠르고 쉽게 한다. 국토 안보부의 사회간접자본 보호청에 의해 개발된 RSAT는 경기장, 아레나 그리고 경주장 관리자들이 위협과 국내외 테러 공격과 자연 위험에 대한 취약점을 포함한 취약점들을 찾아내고, 평가하고, 완화하는 것을 도울 수 있다. 시설 관리자들에게 무료로 제공되는 RSAT은 관리자들이 관심이 집중된 리스크정보(risk-informed) 예방, 보호 및 준비와 회복력의 균형을 갖게 해주어, 그들의 가장 심각한 위험을 관리하고 감소시키게 해준다.

정보 공유

국토 안보부의 국토 사회간접자본 위협과 위험 분석 센터(HITRAC: Homeland Infrastructure Threat and Risk Analysis Center)는 외국의 상업 베뉴에 대한 공격으로부터 얻은 배운 결과물의 개발뿐만 아니라 중요한 사회간접자본과 경기장, 아레나 경주장과 같은 주요 자원에 대한 잠재 위협을 평가하기 위해 모든 원천에서 나온 정보 조사와 분석을 실시한다. HITRAC의 목표는 경기장, 아레나, 경주장의 소유주와 운영자들에게 그들이 직면하는 위협-주로 테러로부터의-에 대해 전략적으로 연관되고 행동 할 수 있는 정보를 제공하는 것이다. DHS는 국토보안정보 네트워크(HSIN: Homeland Security Information Network)를 통해 이 공고를 배포하는데 HSIN은 DHS에 의해 확인된 위협에 대한 정부와 민간과 공공 분야에 의한 공조, 계획, 완화와 대응에 필요한 정보 공유를 돕는데 사용되는 국토 안보부의 주요 기반이다.

훈련 기회

평가, 자체 평가 도구 그리고 위협과 첩보 정보를 제공하는 것 외에도 DHS는 일련의 훈련 기회를 제공한다. DHS는 경기장, 아레나, 경주장 인력을 위한 훈련 과정을 실시하는데 여기에는 쉬운 목표물 인식(STA: Soft Target Awareness), 감시 감지(SD: Surveillance Detection)과정, 보호 조치(PM: Protective Measures) 과정이 포함된다.

DHS는 공공 안전을 보장하고 준비태세 단계를 높이며 인력들이 사건사고에 빠르고 적절히 대응할 수 있게 하고 경기장, 아레나, 경주장의 소유주와 운영자가 언제 어떻게 대피시키고 마련된 대피소에 대피하며 경기장 관중과 참가자를 이동시킬지를 결정할 계획을 준비하는 것을 돕기 위해 *대피계획 지침(Evacuation Planning Guide)*을 개발했다.

총기 난사범(Active Shooter) 자료는 직원, 관리자, 훈련 교관 그리고 인사관리자가 어떻게 위험을 완화하고 총기범에 적절히 반응할지를 다루는 훈련 지침으로 사용되기 위해 고안되어졌다. 추가로 DHS와 FEMA는 EMI를 통해 무료 훈련 자원을 제공한다. 훈련 과정과 자원의 전체 목록은 http://training.fema.gov/에서 찾을 수 있다.

다른 자원

다른 전문 보안 조직들도 보안관리 전문가들을 돕기 위해 훈련 프로그램과 자원을 개발하였다. 집회관리자국제협회(IAAM: International Association of Assembly Managers)는 경기장, 아레나, 컨벤션 센터, 공연장, 강당과 같은 공공 집회 시설의 능숙한 운영에 헌신한다. IAAM은 베뉴 안전과 보안 아카데미(AVSS: Academy for Venue Safety and Security)를 주최한다. 이 훈련에는 보안 계획과 공공 집회 베뉴 업계를 위한 생명 안전 관리가 포함된다. 핵심 교육 트랙은 위험 관리, 비상 계획, 보안 운영과 훈련이다. 이런 트랙은 훈련생들이 공공 집회 시설에서 일어날 수 있는 많은 유형의 비상사태에 익숙해지게 하고 계획하고, 실행하며 고객, 직원, 시설의 안전을 보장하는 기술을 제공한다.

IAAM의 훈련과 교육 프로그램에 관한 정보는 www.iaam.org.에서 찾을 수 있다. 또 다른 시설 보안 관리에 헌신하는 전문 기구는 미국산업보안협회(American Society of Industrial Security International)이다. ASIS는 보안관리 전문가를 위한 국제적 보안 관리 조직이다. ASIS 인터네셔날은 사업 연속성 관리(Business continuity management), 시설 물리적 보안 관리, 위험 평가, 조직 회복력(resilience), 정보 자산 보호 그리고 직장 폭력 예방과 대응에 관련된 표준(standard)과 지침(guideline)을 발행했다(asisonline.org, 2008). ASIS 인터네셔날과 보안자료에 관한 정보는 www.asisonline.org에서 찾을 수 있다(Schwarz, Hall, & Shibli, 2010).

안전과 보안은 안전과 보안 주제하의 국제 올림픽 위원회 유치 문서에서 분명히 나타나듯 국제 스포츠 운영 기구들에게 중요한 사안이다. 각 국가마다 다르게 운영되며 인력 훈련을 위한 요구사항이 다르다. 더욱이 어떤 조직들은 내부 훈련과 교육 프로그램을 가지고 있는 반면 다른 조직들은 7장에서 설명된 것처럼 외주를 준다. 영국은 정부 규제를 통해 안전과 보안을 실행하는데 있어서 선구자가 되어왔다. 잉글랜드 풋볼(축구)의 훌리거니즘(Hooliganism)은 영국 정부가 문제를 통제하기 위해 법적 변화를 도입하게 했다. 안전 법령은 잉글랜드의 상위 네 개 디비전의 각 풋볼 클럽이 경기장 안전 수료증을 따도록 요구한다. 정부는 모든 클럽이 지키고 따르도록 *스포츠 그라운드에서의 안전 가이드(Guide to Safety at Sports Ground)(2008)*에 안전 직원(safety officer)과 안내원(stewards)의 훈련을 포함한 일련의 안전 요구사항을 만들어 발간했다. 각 풋볼 클럽은 시합 당일 시설 경영진의 안전 전략을 도울 지정된 안전 담당자(Safety Officer)가 있다. 안전 담당자는 모든 안내인들(Stewards)의 구인과 훈련을 책임진다. 사이드 바는 안내인의 의무와 훈련 요구사항에 관한 개요를 보여준다. 안전 담당자들은 최상의 관행을 공유하기 위해 풋볼안전직원협회(Football Safety Officer's Association)를 구성한다. 이 조직에 관한 정보는 www.fsoa.org.uk에서 찾을 수 있다(Schwarz, Hall & Shibli, 2010).

보안과 관중 경험의 균형 맞추기

효과적인 고객 관계 관리는 지속적인 응원(support)과 참관(attendance)의 핵심인데 이것은 여러 번에 걸쳐 엄청난 경제적 혜택을 가져온다. 전 세계에 걸친 스포츠와 특별 행사 베뉴에 대한 테러 위협을 고려할 때 팬들의 경험과 최상의 보안 관리 관행의 균형을 맞추는 도전이 크게 부각되었다. 스포츠와 행사 조직이 직면하는 딜레마는 안전과 보안 책임을 진 직원들이 어떻게 투명하고도 고도로 효율적이고 효과적이며 과도하게 방해(obtrusive)하지 않는 보안 관리 시스템을 만들 수 있냐는 것이다.

다양한 스포츠와 특별 행사는 종종 많은 수의 감정이 고조된 군중을 끌어 들인다. 각각의 행사는 독특한 상황 배경을 가지고 팬 구성비와 관중 수 그리고 예기치 못한 결과에서 각기 다르다. 록 콘서트에서와 같은 감정이 고조된 군중은 안전 경영진에게는 도전이 될 수 있다. 고조된 감정과 함께 공격과 관중 폭력의 가능성이 있다. Madensen과 Eck(2008)은 관중 폭력과 관련된 다음의 몇 가지 행사 특징을 찾았다. –관중 구성비, 행사 중요성, 경기력(공연)의 질, 주류의 유무(alcohol availability), 군중 과밀(crowding), 공연자(선수)의 행동 그리고 행사 기간(duration) 등이다.

Madensen과 Eck에 의하면(2008), 남성이 더 폭력적인 행동에 연관되기 쉬움으로 남성을 끄는 행사가 폭력을 수반할 가능성이 더 있다. 조직자들은 행사를 가족 경험으로 홍보함으로써 이러한 경향을 막을 수 있다. 추가로 많은 원정 지지자들과 너무 헌신적인 팬들은 폭력 행위의 위험을 불러 올 수 있다. 행사의 중요성 또한 관중 공격(spectator aggression)에서 역할을 할 수 있다. 결승전과 같이 중요하다고 알려진 행사는 기념 폭동(celebratory rioting)을 자극할 수 있다. 팀의 낮은 수준의 경기력도 군중들을 자극하여 욕설과 서로에게 또는 경기장위로 물건 투척을 유발할 수 있다. 이런 사건사고의 일부는 주류 소비 때문에 일어나거나 상황이 더 나빠질 수 있다. 추가로 공연자(선수)의 행동이 관중의 행동에 영향을 주는 것으로 인식된다. 관중 폭력은 대체로 축구나 풋볼 게임동안의 선수 폭력에 뒤이어 발생한다(Madensen & Eck, 2008).

군중 과밀(crowding)은 공격적인 행동과 폭력의 가능성에 역할을 한다. 왜냐하면 군중 과밀은 관중들의 움직임을 제약하고 관중들 사이의 원치 않는 육체적 접촉의 가능성을 증가시키고 입장, 퇴장 그리고 표 구입을 위해 기다리는 시간이 길어지게 하기 때문이다. 테일게이팅(Tailgating)과 같은 행사 전, 후의 활동 또한 관중 폭력의 기회를 만들 수 있다. 관중들은 게임 전과 후에 모이며 대게 주류를 소비한다(Madensen & Eck, 2008). 다른 스포츠와 행사들은 서로 다른 문제점을 보인다. 그래서 보안 인력은 예상되는 것이 무엇인지 알기 위해 위험 평가와 이전의 사건사고로 부터 배운 점에 의존해야 한다. 보안 인력들은 필드나 무대 침입, 폭동, 선수나 공연자에 대한 공격과 같은 군중 관리 문제를 다룰 준비가 되어 있어야 한다.

스포츠나 행사 마케팅과 운영 부서는 반드시 계획 그리고 보안 운영과의 효과적인 작업에 전념해야 한다. 유흥(즐거움)과 보안사이의 최상의 균형을 이루는 것이 반드시 고려되어야 한다. 스포츠나 다른 행사의 운영적인 측면에는 현장 준비, 주차, 표지, 매표, 매점, 방송, 언론매체 보도 같은 것이 포함된다. 이러한 요소들은 관여된 사람들의 만족 또는 불만족에 기초해 다소 쉽게 인식되고 평가 된다. 초점은 고객관계 관리에 있고 바람직한 결과는 유흥과 즐거움을 최상화하는 것이다.

조직은 어떻게 최상의 안전과 보안 정책 마련을 보장하는 동시에 고객을 위해 행사 경험을 극대화 할 수 있는지의 도전에 직면한다. 한쪽은 다른 한쪽의 책임을 이해하지 못하거나 존중하지 않을 수 있다. 조직은 종종 여러 개의 협력하는 구성요소로 된 한 개의 팀이 아닌 유흥 대 보안과 같이 두 개의 팀이 서로 경쟁하는 경우가 있다. 예를 들어 대학 풋볼게임에서 필요시 대피 정보를 포함한 주요 안전과 보안 메시지를 전달하기 위해 전광판(Jumbotron)을 사용해야 할 필요가 생겼다. 부족한 예산으로 인해 마케팅 부서는 광고를 통해 기금마련을 극대화할 것을 부여 받았다. 게임전이 광고를 위한 최고의 시간이다. 목표는 기금 마련 기회를 가지면서 보안 정책과 절차에 대한 팬들의 인식을 향상시키는 것이다. 마케팅 부서는 매표와 팬에게 즐거운 경험을 제공하는 것을 궁극적으로 책임을 진다. 이러한 면은 후원 계약을 통해 향상된다. 마케팅 부서는 또한 베뉴 표지, 영상 상영, 전광판(Junbotron)안내방송, 광고, 하프타임 쇼, 시합과 상, 경품 행사를 책임진다.

시설 경영진은 재미있고 즐거운 환경뿐만 아니라 안전과 보안 환경을 확실히 하고 싶어 한다. 따라서 그들은 어떤 면에서는 관중 친화적이지 않을 수 있는 정책을 실시할 수 있다. 예를 들어 시설 경영진은 몸수색(pat down, 손으로 몸을 더듬어서 검사하는 절차)과 가방 검사 그리고 주류 판매를 제한할 수 있다. 만약 마케팅 부서가 홍보를 위해 경기장 상공으로 경비행기가 날게 하기를 원하고(예 : 낙하, 행운을 비는 사인) 보안팀(종종 연방 항공국, FAA)은 잠재적 테러 공격 시나리오(예 : 경비행기에 의한 경기구역 상공에서의 화학 또는 생물학 물질 살포) 경고가 높아진 시점에 비행 금지 구역을 설정하고 싶을 경우 경기 전과 하프타임 쇼 또한 분쟁을 발생시킬 수 있다. 이러한 문제에 대한 공통된 정책을 구성하기 위해 모든 필요한 점과 관점이 다루어 질 수 있도록 시설 경영 팀은 행사 계획 동안 모든 책임 있는 당사자들이 참석하게 한다.

스포츠와 행사보안에서 진보된 것 중 하나는 관중을 첫번째 대응자(first responders)로 포용한 것이다. 새로운 기술을 통해서 관중들은 즉시(instantly) 그리고 신중히(discreetly) 베뉴 보안인력에게 보건 비상(health emergency)이든 근처에 있는 다루기 힘든(unruly) 팬이든 간단한 문자 메시지를 보냄으로써 어떠한 문제를 경고 할 수 있다. 수 초안에 베뉴 직원이 메시지를 받고 문제점을 감시하고 대응 할 수 있다. 국토 안보부는 공공 인식을 높이고 스포츠 업계의 보안 강화를 위해 "뭔가를 봤다면 말하세요(If you see something, Say something)" 캠페인을 제정했다. 목표는 관중들에게 테러, 범죄 그리고 다른 위협들의 징후를 스포츠 베뉴의 적절한 기관에 보고할 것을 상기시키기 위해서이다.

영국 스포츠 경기장에서의 안전 가이드 : 안내원들(Stewards)을 위한 지침

안내원들의 필요성

효과적인 안전 관리는 군중 순환을 돕고, 많은 군중이 몰리는 것을 예방하고 무질서의 가능성과 발생률을 감소시키고 조사, 보고를 위한 수단을 제공하고 비상시 빠른 행동을 취하기 위해 안내인을 고용, 구인 또는 하청 계약하는 것을 요구한다. 이 임무들을 수행하는데 있어서 안내인은 항상 모든 범주의 관중들을 보살피고 편하게 하며 이들의 안녕을 보장해야 한다.

안내원(Steward)의 정의

안내인(또한 어떤 스포츠 경기장에서는 마샬(marshall)이라고 칭함)은 관련된 자격 체계 내에서 레벨-2의 안내원 자격증을 취득한 또는 그런 자격증을 위한 훈련과 평가를 받으면서 *가이드(Guide)*의 일반 권고사항 그리고 해당하는 경우 안전 수료증의 특정 요구 사항에 따라 활동하기 위해 경영진에 의해 고용되거나 계약된 사람이다.

안내원의 임무

경기장의 크기와 구성 그리고 행사의 본질에 따라 달라지겠지만 안내원의 기본 임무는 경영진의 안전 정책, 안전 수료증의 요구 사항 그리고 해당되는 경우 모든 경기장 규정을 집행하는 것이다.

안내원의 열 가지 기본 임무가 다음에 요약되어 있다.

a. 모든 관중, 다른 안내원, 경기장 직원 그리고 자신의 건강과 안전에 대한 일반적인 책임 이해하기

b. 안전 검사 수행하기

c. 전망 구역으로 부터의 사람들의 고른 흐름(even flow)을 돕기 위해 경기장을 출입하는 관중들을 통제하고 지시하기

d. 일어나는 활동을 보기 위해서가 아니라 경기장의 안전 운영을 돕기

e. 분리구역(segregation), 경계선(perimeter) 그리고 경기 동안 계속해서 열려 있지 않는 출구문(exit door) 또는 개찰구(gate)와 같은 출구 그리고 다른 전략적 장소에 배치하기

f. 군중 상태를 인식하여 관중들을 안전하게 해산 시키고 군중들이 몰리는 것을 방지(특히 테라스나 경사진 전망 구역)

g. 필요에 따라 응급 서비스들을 지원하기

h. 기본적 응급 치료 제공하기

i. 비상사태(화재 초기 단계와 같은)에 대응하고; 경종을 울리고 필요한 조속한 행동 취하기

j. 비상시 또는 안전 담당자나 적절한 응급 서비스 직원의 지시에 따라 특정 임무를 수행

훈련

내부에 고용되었든지 계약되었든지 모든 안전 인력은 훈련을 받고 그들의 정상 임무와 비상시와 만일을 위한 계획아래의 역할을 수행할 능력이 있도록 하는 것이 경영진의 책임이다. 훈련은 또한 취약한 관중과 청소년 관중을 위한 특정 요구사항을 커버해야 한다.

훈련은 관련된 직업 자격증을 위해 국가 직업 규범(National Occupational Standard)의 안전 요구 사항을 만족할 수 있는 확실한 지식을 제공할 적합한 훈련 자원과 자료를 사용하여 반드시 직업적으로 유능한 사람에 의해 수행되어져야한다.

훈련 프로그램 동안에 안내원은 국가 직업 규범과 관련된 직업 자격증의 수행 기준에 대비한 그들의 유능함을 시범 보이기 위해 직업적으로 유능한 평가자에 의해 평가 되어야 한다. 주어진 시간에 일부 안내원들

은 아마 훈련과 평가를 완료할 기회를 가지지 못할 수도 있다는 것이 인식 되었다. 그러나 안내원들이 관련된 업무 숙달과 입사 훈련의 모든 면을 수행하기 전에는 누구도 스포츠경기장에 파견되어서는 안 된다. 안내원들은 다음 기준을 충족시키기 전까지는 혼자 일해서는 안 된다.

a. 국가 직업 규범의 관중 안전에 대한 다음 유닛을 위한 확실한 지식을 제공하기 위해 훈련을 받았다.

  i. C29–관중 행사 준비

  ii. C–35 사건사고와 비상사태 다루기

  iii. C–210 관중 행사에서 입구, 출구 그리고 사람들의 움직임을 통제

b. 안내원으로 네 번의 행사에 참여했다.

모든 안내원은 훈련, 평가, 자격을 12개월 내에 완료해야 한다.

중간 관리자(supervisor)는 기술과 능력을 개발하는 추가적인 훈련을 받아야 한다. 특히 계획되지 않은 사건 사고에 대응하기 위해 중간 관리자가 관련된 자격체계의 레벨–3 관중 안전 자격증을 취득하는 것이 추천된다.

자격 수여 기관 그리고 안전 수료증이 유효할 경우 지역 기관이 훈련과 평가를 확인할 수 있도록 하기 위해 모든 훈련과 평가 기록은 반드시 완성되고 전체가 잘 유지되어야 한다.

기술과 최상의 관행과의 접목

기술의 진화는 베뉴 관리자가 보호 보안 조치에 접근하는 방법에서 극적인 변화를 가져올 것이다. 기술의 진보와 혁신적 회사의 시장 진입은 위협에 대비해 보호하고 사건사고를 완화시키기 위해 스포츠와 행사 보안 전문가들에게 향상된 도구, 물리적 자원 그리고 최상의 관행을 제공할 것이다. 베뉴 안전과 보안은 전 세계의 경기장, 아레나, 경주장 그리고 공개된 베뉴에 있어 최고 중요한 사안이다. 남부 미시시피 주립대학교의 NCS4는 스포츠 베뉴에서 베뉴 운영자와 보안 인력의 운영적, 기술적 요구를 충족시키기 위해 2010년 국립 스포츠 보안 실험실(NSSL : National Sports Security Laboratory)을 설립했다. NSSL의 기본적 임무는 보안 관찰과 관행, 기술 시험과 실험 그리고 스포츠 운영에 적용할 수 있는 실현 가능한 보안 해법 평가의 기회를 제공함으로써 스포츠 보안을 진보 시키는 것이다. 실험실 환경은 스포츠 보안 운영과 보안 인력들이 스포츠 보안 문제에 대해 더 깊이 인식하고 지식을 갖추도록 돕는다. NSSL은 공평하고 공급업자와 무관하게 그리고 관련된 지역사회의 이익 당사자들을 위한 요구사항에 기초한 안전과 보안 해법(시스템)의 운영과 관련된 평가와 실증을 수행한다.

프로그램은 평가와 검증 활동을 하는 주제에 관한 전문가들의 네트워크에 의해 지원되며, 베뉴 운영자와 보안 인력들이 적합한 해법을 선정하여 얻고 해법을 효과적으로 전파하고 유지할 수 있도록 하는 평가 보고서를 제공한다. 어떤 경우에는 새로 고안된 절차를 제공하기 위해 과정 평가가 수행된다. NSSL의 확장 프로젝트(outreach project)는 업계의 날(Industry Day)인데 보안과 경기장 운영자들이 스포츠 베뉴에서의 안전과 보안 문제에 관해 운영적, 기술적으로 필요한 것을 설명할 기회 뿐만 아니라 게임 전 관중의 급격한 증가 문제에 관한 안전과 보안 해법을 스포츠 업계 경영진과 보안 인력들에게 소개하는 기회를 공급

업자(vendor)들에게 제공하는 일 년에 두 번 열리는 행사이다.

이 과정의 첫 단계는 보안에 관한 운영 우선사항(operational priority)을 확인하는 것이다. NCS4는 국가자문기구(national advisory board)로 구성된 중점 그룹을 만들었다. 이 기구는 미국풋볼리그(NFL), 미국농구협회(NBA), 메이저리그야구(MLB), 메이저리그축구(MLS), 미국테니스협회(United States Tennis Association), 미국스톡카경주협회(National Association of Stock Car Auto Racing), 인디경주리그(Indy Racing League) 미국하키리그(National Hockey League), 미국대학경기이사협회(National Association of Collegiate Directors of Athletics), 미국대학경기협회(NCAA), 경기장관리협회(Stadium Managers Association) 그리고 국토안보부(DHS)로부터의 보안 대표들로 조직되어 있다. 이 기구로부터의 피드백에 기초하여 NCS4는 보안에 관한 다음의 운영 우선사항을 찾아냈다.

- **검색(Screen)** : 사람과 차량에 대한 금지품(contraband) 탐지, 추가로 화학, 생물학 그리고 방사능(CBR) 탐지를 고려
- **출입 통제(Access control)** : 허가증 확인 그리고 상인, 직원 그리고 임시고용인과 관련된 출입 권한 부여
- **영상 감시와 분석학(Video surveillance and analytics)** : 탐지, 인지, 억제에 필요한 것을 지원할 능력

이러한 발견 사항은 DHS에 의해 홍보된 일반 보호 보안 조치(General protective security measure)와 일치한다. DHS에 의해 홍보된 일반 보호 보안 조치(general protective security measure)는 다음 네 가지 분야로 분류된다. (1) 통신(communication)과 알림(notification), (2) 계획과 준비, (3) 출입 통제, (4) 감시(surveillance)와 검사(inspection). DHS에 의해 최상관행으로 공유되는 스포츠 행사에 특정한 보안 조치에는 다음이 포함된다.

1. 보안 평가 실시

2. 외곽 보안 증강
3. 탐지 감시 능력 향상
4. 출입 통제 확립
5. 비상 프로토콜에 관한 지식을 확실히 하기 위해 고용인 절차 강화

보안에 관한 운영적 우선 사항을 찾은 후 실험실은 보안 관찰과 실천, 기술 시험과 실험 그리고 스포츠 베뉴 운영에 적용 가능한 실현 가능한 강력한 보안 해법의 조사를 위한 기회를 제공한다. 주요 임무는 기술, 훈련, 연구 그리고 의 진원지가 되어 국제 스포츠 보안을 진보시키는 것이다. 이장에서는 기술에 대한 강조가 방금 설명된 최상의 관행에 연결 될 것이다.

명령과 통제 : 통합의 예술

미래 스포츠나 행사 보안 관리자를 위한 주요 기술 요소는 가장 진보된 보안 기술과 어떤 규모의 베뉴에도 적용 가능한 보안 해법을 가져올 혁신적인 네트워크 능력을 통합하는 단일지휘센터(single command center)일 것이다. 영상 감시와 분석, 출입 통제, 침입 그리고 그 외의 기능들을 하나의 시스템으로 통합하는 것은 최상의 관행을 향상시킬 능력을 제공할 것이다.

이렇게 보다 스마트해진 시스템들은 기존의 정보 기술(IT) 플랫폼을 측정 가능한 책임을 가진 표준 사업 기능으로 만들고 있다. 감지장치 기술이 계속해서 개발됨에 따라 이러한 스마트한 시스템은 전통적인 정보 시스템 요소들처럼 곧 IT 기능으로 관리될 것이다. 많은 스포츠와 특별 행사 보안 관리자들은 또한 기존 시스템과 새로운 시스템의 통합을 통해 자본 지출을 감소시키려고 한다. 미래의 중요한 요소는 기존 시스템을 메가 픽셀, 고화질(HD) 카메라와 영상 분석과 결합하는 능력일 것이다. 이러한 통합은 접근 시스템으로부터 정보의 관리와 상호 작용을 허용할 것이다.

이 새롭게 자동화된 해법의 기능성과 능력은 지난 몇 년간 높아졌다. 최근 경제는 투자에 대한 수익에 극도로 초점을 맞추고 있다. 투자 수익을 위한 핵심은 노동력의 효율을 늘리는 지동화이다. 이 추세는 더 많은 보안 자동화를 포함할 것이며 이는 네트워크로 된 정보 감지 장치의 장점에 영향을 주고 보안 정보의 효과성과 적시성을 능률화 할 것이다. 본질적으로 자동화는 보안의 효과를 향상시키고 비용을 감소시킬 것이다.

네트워크로 된 자동화 감지 장치의 출현으로 스포츠나 행사 조직은 보안 시스템의 모든 요소를 소유하고 유지하지 않아도 된다. 대신 미래에는 오늘날 네트워크 운영을 외주로 주듯이 보안 시스템의 외주를 통해 향상된 비용 효과를 얻을 수 있다. 장비와 시스템을 현장에서 옮김으로써 서비스로서의 보안 모델은 자본 지출을 운영 지출로 옮길 것이다. 이에 따라 보안 투자가 오랜 시간에 걸쳐 상환될 것이고, 스포츠와 행사 조직은 최상관행과 최신 기술로부터 혜택을 받을 것이다.

영상 감시와 분석

행정가, 시설 소유주 그리고 운영자들은 관중들이 행사에 가는 것을 즐길 수 있도록 모색하고 있고 베뉴 관리자들은 잘 관리된 위험 프로그램 획득이 요구된다. 가장 괄목할만한 기술 진보중 하나가 영상 관리이다. 고화질 네트워크 영상 관리 소프트웨어 기반과 메가 픽셀 카메라는 보안 인력들에게 전체 상황 인지와 소송에 이용할 수 있는 상세 이미지를 제공한다. 부정할 수 없는 영상 증거물을 즉시 제시함으로써 이 시스템은 조사 시간을 줄이고 조사의 정확성을 높인다. 미래 영상 관리 시스템은 아주 뛰어난 유용성과 베뉴 전체에 걸친 이미지 선명도, 행사 당일 보호 구역을 감시할 인력 감소를 통해 궁극적으로 비용 절감을 제공할 것이다.

떠오르는 영상 기술은 활동 감시 효과를 향상시킬 수 있다. 보통의 경기장 지휘 통제 센터는 제한된 수의 모니터가 있으며 각기 수개의 영상 감시 카메라로부터 보내진 장면을 보여준다. “누르는(push)” 영상 또는 음향 경보는 시스템 감시 효과를 극적으로 높일 것이다. 최근 영상 분석에서의 진보는 물체 감지, 버려진 물체 탐지 그리고 총소리, 사이렌, 비명에 대한 음향 경보 등으로 보안 직원을 도울 것이다.

고화질 시스템은 고화질 카메라와 영상 관리 통제 소프트웨어를 이용하여 가장 정확한 상세 이미지를 잡기위한 강력한 줌(zoon)능력을 제공한다. 보안 인력이 즉석에서 확실한 신원확인을 위해 필요한 세부내용을 확인할 수 있어 빠른 대응 시간과 전체적으로 더 낳은 보호를 가져다준다. 현재 보안 인력에 의해 수행되고 있는 탐지 과정은 지적 증거의 정확성에 의해 향상될 것이다. 새로운 기술은 보안 직원에게 효과적이고 효율적인 대응 결정을 위한 도구를 장착해 줄 것이다. 이 기술은 경기장, 아레나, 경주장 그리고 야외 열린 공간과 같은 넓은 지역을 보호할 때 특히 중요하다. 새로운 기술이 왜 중요한가에 대한 완벽한 예로 오늘날 스포츠 베뉴에서 사용되는 팬틸트줌(PTZ: pan-tilt-zoom) 카메라가 포함된다. 고도의 훈련을 받은 작동자라 할지라도 사건사고 시 카메라는 효과적으로 대응하기에는 나쁜 위치에 있을 수 있다.

보안 직원의 중요한 목표는 팬들의 좋은 경험과 안전과 보안 사이의 균형을 유지하는 것이다. 새로운 영상 관리 시스템은 시스템에 완전히 통합되어질 수 있는 강력한 분석을 위한 이상적인 토대를 제공하여 운영에 필수적인 요소가 된다. 오늘날 영상 관리 시스템을 선도하는 제조업자들은 라이브(live, 발생하는 이벤트 감지)와 후처리(postprocessing, 녹화된 영상에 대한 다양한 시나리오 테스트) 두 개의 기본적인 사양으로 수행될 수 있는 분석을 지지한다. 이러한 분석은 수상한 움직임을 감지할 것이며, 동작 감지는 분석의 가장 기본적인 형태이다. 영상 분석의 사용은 이 평가를 도울 것이다.

전략적인 관점에서 경기장 보안 인력들은 사건사고의 대응 시간을 알아 낼 수 있다. 그들은 또한 싸움과 음주 관련 사건사고와 같은 사건사고 건수와 관중 규모간의 상호 관계를 찾을 수 있다. 먼저 지적한 것처럼 투자에 대한 수익은 보안 인력들에게는 중요한 사업상 강조할 점(selling point)이다. 새로운 기술은 영상과 음향을 결합하고 일상적인 보안 문제에 대한 해법을 만드는데 초점을 맞춘다. 기술은 보안 관련 사건사고를 탐지하고 확인하고 해결하고 조사할 수 있고 사업 과정을 향상시킬 수 있다. 예를 들어 관중석에서의 싸움이나 의료 문제인 경우 무선장치와 짝을 이룬 분석은 보안 직원이 문제 장소에 즉각적으로 접근할 수 있도록 돕는다. 메가픽셀 카메라는 사건사고를 야기하는 관중 확인을 위해 양질의 상세한 이미지를 제공할 것이다. 접근 시스템(access system)은 구역(section), 열(row) 그리고 좌석(seat)을 확인하고 그 정보를 사건사고 장소 근처의 경기장 보안 직원에게 전달한다. 개입(intervention)은 심각한 문제를 방지할 수 있을 정도로 빠를 것이며 영상으로 부터의 확실한 신상 확인은 사건사고가 적절히 다루어 질 수 있게 할 것이다.

사업 과정은 영상 분석의 사용을 통하여 향상될 수 있다. 예를 들어 게임 전 군중이 급격히 증가 할 때 영상 분석을 이용한 녹음된 또는 라이브 이미지 스캔을 통해 입구 정문이 언제 가장 바쁘고 언제 줄이 불어나는지 판단할 수 있다. 그러면 운영 인력은 군중의 통행을 더 잘 이해할 수 있고 적절한 자원을 적용할 수 있다.

앞서 토론한 대로 사건사고 확인은 영상 분석 소프트웨어 실행의 주요한 혜택 중의 하나이다. 비용대비 효율과 투자대비 수익(ROI: return on investment)의 주요 혜택이다. 비교해보면 수동 감시는 일관적이지 못하고 비싸며 확장이나 축소가 어렵고 비용대비 효율 없이 상당한 자원의 투자를 요구한다. 전문 보안 직원은 항상 영상 감시 운영에 필요할 것이다. 그러나 영상 분석은 감시의 부담을 덜도록 도울 수 있고 시스템의 전체적인 효과를 향상시킬 수 있다.

출입 통제

스포츠와 행사 보안 관리자들은 직원들과 조직의 정보를 보호하기 위해 조직의 시설 안으로 들어오는 사람들과 내부의 사람들의 움직임을 규제할 능력이 반드시 있어야 한다. 다른 종류의 목적은 물론이고 물리적 그리고 네트워크의 접근을 위해 스마트카드 실행에 대한 관심이 증가하고 있다. 이 방법은 전통적인 암호(password)와 비교할 때 상당한 보안 혜택을 제공할 수 있다. 허가증 발행(credentialing) 역시 지문, 얼굴 인식, 홍채(iris) 인식, 망막 스캔(retinal scan), 목소리 인식, 손 인식(hand geometry)과 같은 생체 측정(biometric) 기술을 통해 성취될 수 있다.

스포츠와 행사 업계에서는 행사당일 임시 시간제직원이 400명에서 4,000명에 이를 수 있다. 보안 관리자들이 직면한 문제는 이들 시간제 직원들에게 권한을 부여하는 것이다. NSSL(National Sports Security Laboratory)에서 생체 측정 허가증(biometric authorization)에 대한 연구가 실행되고 있다. 미디어 구역, 탈의실, 청소, 방과 사무실에 들어가기 위해 신원확인은 필수적이다.

최근에 공격 위협이 확실히 증가했다. 보안 관리는 주안점이 되었으며 스포츠와 행사 조직내부와 외부 기반에서 팀워크 역량을 쌓을 필요성이 확인되었다. 행사의 유흥과 보안사이의 적절한 균형을 위한 다기관 훈련뿐만 아니라 인적 자원과 진보된 기술의 공급 또한 주요 당면 과제이다. 안전과 보안 관리 책임을 진 사람들은 반드시 효과적으로 의사소통해야하며 마케팅, 미디어 직원을 포함한 행사 운영 면(even operation side)에 있는 사람들과 신뢰와 존경을 쌓아야하고 원숙한 팀워크 정신을 확고히 할 방법을 모색해야 한다.

스포츠와 특별행사 보안의 미래 성공은 보안 리더십과 훈련된 직원이 최상 관행에 맞춘 일괄적인 태도로 그들의 책임을 수행하는 것을 요구한다. 관련된 인력들에는 법 집행, 외부 보안 전문가, 검표원, 안내인, 정문 보안요원, 주차 안내원, 비상 관리 직원과 응급 의료직원들이 포함된다. 스포츠와 특별 행사 업계는 이윤폭(profit margin)에 기초하므로 행사의 인적 물리적 자산을 보호하기 위해 최상 관행이 반드시 마련되어야 한다. 스포츠와 특별행사 업계의 사업 모델에 기초한 보안 관리자들의 최고 우선순위는 베뉴에서 팬, 선수 또는 공연자, 코치, 직원들을 안전하게 보호하는 것일 것이다.

결론적으로 안전과 보안 당사자들을 위한 핵심 고려사항에는 위험 관리, 직원 훈련, 다기관 협력, 연습을 통한 계획 시험 그리고 위협과 위험에 맞서기 위한 조치의 실행이 포함된다. 기술의 이용 또한 안전과 보안 노력을 도울 수 있다. 관리자들은 참가자, 관중, 직원을 보호하기 위해 반드시 능동적이고 분별력 있는 태도를 가져야 한다. 쟁점(issue)은 간단히 말해 관리자들이 사건사고가 일어났을 때 필요한 예방 조치를 취했느냐는 것과 생명을 구하고 결과를 완화하기 위해 효과적이고 효율적인 방법으로 대응할 준비가 되어있냐는 것이다.

우리는 이 책이 현재와 미래의 관리자들을 교육하는 분야에서의 현재의 요구사항들을 제공하기를 간절히 희망한다.

팬들의 행동(Fan Behavior)

사 례

메이저리그 야구 조직은 AA부속 팀(affiliate)을 인구 200,000인 도시에 설립했다. 프랜차이즈는 미국 남서부 교외 환경에 위치했다. 프랜차이wm는 여섯 시즌동안 존속되어 왔고 팀은 12,000명을 수용하는 경기장에서 경기를 한다. 관중 수의 감소가 시즌 후 평가에서 지적되었다. 첫 다섯 시즌동안은 평균 관중 수가 매년 3퍼센트씩 늘어났었다. 방금 끝난 시즌에서의 관중 감소는 프랜차이즈 역사상 처음이었다.

시즌 후 회의에서 운영과 보안 직원들이 전 시즌의 관중 감소를 논의하기 위해 만났다. 팬들로 부터의 문서 피드백과 발언은 팬들의 행동이 주요 사안이 되었다고 지적했다.

이전 시즌에는 아이들과 온 가족들이 최소 50퍼센트 이상을 차지했었다. 이번 시즌 중 술로 인한 장애의 증가는 무책임한 행동과 거친 언어 그리고 외설적인 표현을 야기했다. 아이들을 가진 많은 가족들이 이런 행동들 때문에 더 이상 경기를 참관하지 않는다고 말했다.

소유주는 운영과 보안 직원들에게 다음 시즌에 팬들의 무책임한 행동을 감소시키고 가족 친화적인 환경을 만들기 위한 계획을 개발하도록 했다. 새로운 계획의 가장 중요한 점은 관객 준수사항(code of conduct for fan), 주류 정책(alcohol policy)의 개발, 텍스팅 시스템(texting system)의 설치와 보안 직원의 증원이다.

다음 시즌에 프랜차이즈는 경기장과 주차장에 있는 모든 팬들이 안전하고 편안하며 즐거운 경험을 할 수 있게 전념하였다. 그들의 목표는 참관한 사람들이 책임감 있게 즐거운 경험을 할 수 있는 환경을 만드는 것이었다. 다음 시즌에는 팬들이 다음 행동들을 자제하도록 요구될 것이다.

- 제멋대로, 과열된 또는 본질적으로 불법인 행위
- 무책임한 행동을 야기하는 만취(intoxication)
- 거친 욕설 또는 외설적 몸짓
- 게임 진행 방해
- 경기장 직원들의 지시를 따르지 않는 것
- 상대 팀 팬들을 언어적, 신체적으로 괴롭히는 것

새로운 안전과 보안 철학은 모든 참가자들이 그들 고객들의 행동 뿐만 아니라 그들 자신의 행동에 책임을 지는 것을 강조한다. 팬들과 그들의 손님들이 무책임한 행동이 없는 경기를 즐길 수 있도록 경기장 직원들이 신속히 개입할 것이다.

새로운 관객 준수사항 외에도 술로 인한 장애 경우의 수를 줄이기 위해 주류 정책이 실행될 것이다. 이 정책은 7회 이후 맥주 구매를 금지할 것이고 관중들은 한 번에 최대 맥주 두 개만을 구매할 수 있을 것이다.

휴대폰 텍스팅 시스템(문자알림)은 베뉴 안전과 보안 계획에서의 중요한 단계를 보여준다. 텍스팅 메시지 시스템은 "필요한 시간(time of need)" 의사소통 도구가 될 것이다. 참관자들이 안전과 보안 문제를 일어나는 대로 보고할 수 있을 것이고 상황이 확대되기 전에 보안 직원들이 개입할 수 있을 것이다. 이 시스템은 안전과 보안을 향상시키고 긍정적인 관객 경험을 홍보할 것이다. 적정한 인력은 많은 양의 양질의 메시지를 받을 수 있을 것이고 문제가 일어나는 대로 대응할 수 있어 최소한의 안전과 보안 인력으로 대응 시간을 줄일 수 있다.

이 기술을 가지고 훈련된 관찰자와 중간 관리자(supervisor)는 베뉴 주변지역과 내부에서 보고된 수상한 행동을 감시할 수 있을 것이고 의심되는 물체, 행동, 차량 또는 개인에 대한 추가적 감시를 지원하기 위해 충분한 상세자료를 추출할 수 있을 것이다. 텍스팅 시스템은 체계적으로 증거자료를 수집할 뿐만 아니라 지휘와 통제 센터에 안전, 보안, 의료 문제를 즉석에서 확인할 수 있는 능력을 제공할 것이다.

배운 점

- 관중 수의 감소가 경기장 안전과 보안 운영의 변화를 일으켰다.
- 성공적인 운영을 위한 핵심은 환경에서 상황에 최대한 빨리 반응하는 것이다.
- 일부 상황에서 휴대전화와 텍스팅의 광범위한 사용은 관중들이 안전과 보안 목표에 공헌할 수 있도록 돕는다.
- 주류 소비는 팬들의 태도에 중요한 역할을 한다.
- 게임관리에서 정책과 절차는 중요한 역할을 한다.
- 게임관리에서 팬은 가장 중요한 요소이다.

생각해볼 문제

1. 왜 시즌 후 회의에서야 문제점을 확인했나?
2. 이전 시즌에 경영진들이 무엇을 했었어야 했나?
3. 관객 준수사항이 실행될 것이라는 것을 어떻게 보장하나?
4. 어떤 유형의 직원 구인과 훈련이 마련되어야 하나?
5. 경영진은 가족 구역을 분리해야 하나?

6. 관객 준수사항을 위반할 경우 정책은 무엇이어야 하나?
7. 텍스트를 통한 팬들과의 양방향 통신을 어떻게 마케팅에 확대할 수 있나?

이장의 핵심

- 기술의 진보 그리고 훈련과 교육 프로그램은 위협에 대비한 보호와 사건사고를 완화하기 위해 스포츠나 행사 보안 전문가들에게 향상된 도구, 자원 그리고 절차를 제공할 것이다.
- 핵심 업계 당사자들에 의해 확인된 보안을 위한 운영 우선사항에는 (1) 사람과 차량 검사, (2) 허가증 확인과 출입 허가를 위한 출입 통제, (3) 범죄와 불법 활동의 탐지, 인식, 억제를 지원하기 위한 영상 감시 능력이 포함된다.
- 업계에서 가장 중요한 기술적 진보의 하나는 영상 관리이다.
- 실시간 감시 관찰(real-time surveillance monitoring)은 자동으로 즉석에서 사건사고에 주목을 끌어 상황 인지를 높임으로서 운영 효과를 크게 향상시킬 것이다.
- 대부분의 스포츠와 행사 조직이 직면하는 딜레마는 다소 투명하지만 고도로 효과적이고 효율적어서 관중들의 즐거움에 과도하게 침해하지 않는 보안 관리 시스템을 만드는 것이다.
- 이전의 연구는 주요 행사에서 비상 사건사고에 대응하는 주요 인력들의 훈련과 교육이 부족하다고 지적하고 있다. 스포츠와 행사 관리 교육 프로그램은 안전과 보안 과정을 그들의 교육과정의 일부로 실행할 것을 고려하거나 안전과 보안 지식내용을 스포츠 시설 또는 행사 관리 수업의 모듈로 포함해야 한다.

응용 질문

1. 기술이 어떻게 스포츠와 특별 행사의 안전과 보안을 향상시킬 수 있나?
2. 보안 당사자들을 돕기 위해 어떤 새로운 기술들이 개발될 수 있나?
3. 안전과 보안 조치와 관중 경험을 즐겁게 하려는 균형을 시도하려는 경기장 관리자들에게 어떤 제안을 하겠는가?
4. 스포츠나 행사 보안 업계에 있는 이들에게 무슨 훈련과 교육 기회가 이용 가능한가?

활동

스포츠와 행사 업계에서 최소한 두 개의 혁신적인 보안 해법을 조사하라. 제품 또는 서비스를 설명하고 스포츠와 행사 업계에 주는 영향을 요약 발표하라.

Appendixes

부 록

부록 1.1 Janet Napolitano 미국 국토안보부 장관의 연설문: NCS4 연례 컨퍼런스(2010년 8월 2일~4일)

별도로 표시되지 않는 한 모든 것을 Napolitano 장관이 직접 연설한 것임.

Todd(Todd Keil, DHS 사회간접자본 보호 차관) 감사해요. 소개를 해주셔서 정말 감사해요. 오늘 저를 이 자리에 초대해주신 행사 관계자분들에게도 감사의 마음을 전합니다. 뉴올리언스에 다시 오는 것은 항상 유쾌한 일인데 꼭 이 회의 때문만 아니라 조금 전에 제가 여기 뉴올리언스에 있는 통합 지휘부에 들러봐서 더욱더 그렇게 느껴집니다. 그것 때문에 조금 늦었으니 관대히 봐주십시오.

그곳에는 Deepwater Horizon 기름 유출 사고 대응을 위한 전체 걸프지역의 통합 지휘 구역입니다. 해상의 선박 수에 있어 전례 없이 엄청난 대응 구축 작업이 진행되고 있기 때문에 준비한 본론에 들어가기 전에 지금의 상황에 관해 잠시 말씀 드리겠습니다.

6,000척 이상의 선박이 유출된 원유를 거르고 오염방지용 펜스를 설치하며 해수면의 원유를 태우는 작업에 참여하고 있습니다. 지금 현재 걸프 해안에는 2,200마일 이상의 방제 펜스가 설치되어있고 더 많은 방제 펜스를 들여오기 위한 공급로 확보를 위해 여분의 펜스가 준비되어있습니다. 그리고 35,900명 정도의 인원이 오늘도 원유 유출 방제작업에 참여하고 있습니다. 한때는 작업 인원이 60,000명에 달하기도 했습니다. 이 일은 엄청난 조직 활동이었으며 BP가 자기 책임을 다해 유출되는 유전을 막고 해양을 정화하며 원유가 영향을 미치는 해안선의 규모를 파악해 이로 인해 피해본 사람들이 보상을 받도록 하기 위해 쉬지 않고 노력해왔습니다. 이 모든 것이 포이드라스 거리에 위치한 건물에

서 관리되는데 거기에 제가 갔다 온 것입니다.

사실상 처음으로 유전이 폐쇄되는 스태틱 킬(static kill)이라고 알려진 과정이 내일부터 시작 될 것입니다. 이어서 감압 우물(Relief Well)이 수 주 내에 완공되는데 이로서 유전은 사실상 폐쇄됩니다. 그 동안 엄청난 연소, 제거, 방제작업을 해온 결과 해수면은 현재 깨끗합니다. 정부소속 과학자뿐만 아니라 정부에 속하지 않은 과학자들의 감정에 근거해 걸프(The Gulf)에 실제로 얼마나 많이 축적되었는지에 관한 평가를 오늘 안에 내놓을 수 있기를 기대합니다. 이를 흐름 속도(Flow Rate)라고 하는데 흐름 속도 평가 그룹에 의해 만들어 질것입니다. 명칭 만드는데 많은 시간을 소비하지 않았지만 내일 소위 스태틱 킬이라 불리는 공정이 끝나면 여러분들과 일반 시민들에게도 유출된 원유가 어디로 갔으며 어떻게 되었는지에 관한 과학적 분석을 제공할 수 있으리라 기대합니다. 그래서 책임 당사자인 BP가 환경재앙에 대한 대가를 지불하게 하고 싶습니다.

그래서 우리는 여기 뉴올리언스에 있는 것입니다. 걸프(The Gulf)에는 최근 많은 일들이 있었고 이 지역에서 스포츠 행사의 경우 특히 허리케인 카트리나와 같은 재난으로부터 복구해야만 하는 중요한 일부분이라는 사실입니다. 수퍼볼 챔피언인 뉴올리언스 세인츠의 홈에 우리가 있다는 사실을 언급하지 않으면 제가 무성의 한 것이겠지요. 그들이 곧 백악관을 방문할 것이라는 사실을 알고 있습니다. 대통령을 대신해서 말씀 드리는데 우리는 걸프(The Gulf)지역과 주민들, 여기 생활 방식을 위해 헌신하고 있으며 단순히 원유 유출에만 대응하는 것은 아닙니다.

이는 유출사고전의 걸프지역보다 더 나은 상황으로 복구하고 복원하는 것입니다. 이것이 루이애지나 주민들과 걸프지역에 계신 모든 분들 그리고 오늘 이 자리에 계신 여러분들께 드리는 저희들의 약속입니다.

저의 이번 걸프지역 방문은 지난100일중 여덟 번째이며 이번이 마지막이 아님을 감히 말씀드릴 수 있습니다. 이번 방문에서 여러분들에게 연설할 기회를 갖게 된 것을 감사히 생각합니다. 왜냐하면 DHS 장관 지위는 역사상 가장 큰 기름 유출사고 대응을 조율하다가도 운송 보안 위반을 다루고 다음에는 슈퍼볼이나 동계 올림픽과 같은 행사 보안 조율 돕는 등 우리 연방 정부에서 넓은 의미로 볼 때 매우 독특한 자리입니다. 가끔씩 우리가 보안을 제공하는 스포츠 행사를 실제로 관람할 때는 DHS장관인 것이 좋다고 느껴집니다. 그러나 이 모든 것에 있어서 우리가 미리 생각하고 계획하는 것이 아주 중요합니다. 왜냐하면 사실 이 업계는 테러와 재난으로부터 나라를 보호하는데 있어서 우리의 중요한 파트너입니다. 여러분들은 단지 행동하도록 만들어진 것이 아닌 행동하도록 요구되는 사회 정신(Society's Mind)에서 특별한 역할을 가지고 있으며 특별한 가시성과 때때로 기능을 수행하도록 요구되는 특별한 자산을 보유하고 있습니다.

그래서 공격과 테러의 주제로 제가 말씀 드리겠습니다. 이 정부가 본, 그리고 제가 본 지난 18개월은 진화하는 테러환경이 있었습니다. 우리가 가로채고 차단할 수 있는 시간을 두고 서서히 전개되는 커다란 모의 사건 등을 더 이상 볼 수 없습니다. 파타(The Fatah)나 그 외의 단체에서 훈련 받고 기술을 습득하고 단체나 인터넷을 통해서 과격화한 개인을 더 많이 보게 되었습니다. 우리는 미국 시민이 이슬람의 지하드를 위해 행동하는 것을 더 자주 보게 되었습니다.

그래서 테러와 공격 예방에 관한 문제는 특히 이 업계가 주목 할 필요가 있고 중요한 역할을 해야 합니다. DHS에서 이런 새롭게 진화하는 위협에 어떻게 접근하고 있는지를 논의할 때 Todd는 파트너십을 언급하였는데 이것은 단순히 슬로건이나 단어에 머물러서는 안 된다고 말씀 드리고 싶습니다.

이것은 연방정부, 주, 지역, 부족 정부 그리고 민간 분야간의 사이의 능동적이고 지속적인 교차점일 필요가 있습니다. 왜냐하면 우리는 특정 위협이 어디서 나올지 또는 특정 위험이 어디서 사실상 일어날지 절대 확신을 가지고 예측할 수 없기 때문입니다. 그리고 제가 말씀 드렸듯이 업계의 상징적인 성격과 생활 양식에서의 중요성 때문에 스포츠는 여기서 특별한 가치를 가지고 있습니다.

제가 장관이 된 이후 저는 보안 문제를 논의하기 위해 모든 주요 스포츠리그의 위원들과 보안 책임자들을 만났습니다. 우리들은 Todd가 언급한 업무- 대피계획 안내서, 위험 자체 평가 도구-에 직접적으로 착수하였다. 우리는 이것들을 단지 시간을 때우기 위해 하는 것이 아닙니다. 우리들은 해야 할 일들이 많이 있는데 불행히도 우리가 살고 있는 위협 환경에 적합하므로 그것들을 합니다. 그래서 그 현실들을 다루어보고 이에 능동적으로 대처하고 미리 생각합시다.

지난 5월에 우리는 모든 주요 스포츠 리그와 NCAA의 디비전 1 시설을 방문하는 전도와 경각심 알리기 이니셔티브(initiative)를 착수했습니다. 우리는 벌써 전국 300개의 프로 또는 NCAA 디비전 1 시설들 중 260여 개의 소유주와 운영자들을 만나 일해 왔습니다. 우리는 거의 모든 주요 리그와 많은 팀들이 참가한 경기장 보안에 관련된 탁상 연습은 실시했습니다. 나는 연습을 고안하도록 도와준 모든 분들과 또한 연습과 모든 레슨에 참여한 모든 분들에게 감사의 마음을 전하고 싶습니다.

그리고 물론 전체적으로 볼 때 스포츠 행사 관중들은 매우 안전합니다. 우리는 그것을 알고 있습니다. 최근 남아공 월드컵에 전 세계 사람들이 안전하게 왔었고 동계 올림픽을 위해 안전하게 모였습니다. 그러나 조금만 돌이켜서 월드컵 이후 우간다에서 무슨 일이 생겼는지 생각해보십시오. 미국에 대해 급진적인 견해를 가진 단체가 비극적인 폭발 테러를 자행하였습니다. 스포츠 행사는 팬들뿐만 아니라 급진적인 이슬람 또는 그 외 그룹을 조장하기 위해 행동하는 테러범 같은 폭력적인 급진주의자들의 관심도 끌 수 있다는 것을 보여줍니다. 1972년 뮌헨이나 1996년 애틀란타 같은 사건을 생각할 때 이것들이 오래된 위험이라는 사실을 쉽게 알 수 있습니다. 여러분들이 여러 위험 그리고 그것들이 우리가 직면한 위협 환경의 일부라는 것을 인지하지 않았다면 여러분들은 이 회의를 하고 있지 않을 것입니다.

그래서 우리들은 여러분들의 베뉴 보안을 위해 함께 일할 필요가 있습니다. 우리들은 팬들의 안전을 확실히 할 필요가 있고 그러는 동안 우리 사회에서 스포츠의 경제적 사회적 혜택을 보호하는 것을 확실히 할 필요가 있습니다. 우리가 쌓아온 주정부, 지역 법 집행 기관, 지역 비상 대응기관, 공중 보건 당국, 그리고 민간 분야와의 파트너십을 계속해서 확대하고 싶습니다.

우리가 확대하고 싶은 파트너십의 한 분야는 단지 팀, 보안 요원과의 파트너십이 아니라 개개인, 팬, 우리 국민들과의 파트너십입니다. 이것은 우리 모두가 보안은 공동의 책임이라는 것을 이해하도록 하는 것입니다 여러분 혼자서는 이 일을 할 수 없습니다. 우리만으로도 이 일을 할 수 없습니다. 그러나 단순한 사실은 교육받은 시민, 경계심 있는 경기장 직원들이 적절히 훈련 받고 감독 받으면 여기 계신 분들이 성취할 수 있는 몇 배의 힘을 발할 수 있다는 겁니다. 예를 들어 올해 있은 타임 스퀘어 폭발시도를 생각해보면 연기가 나지 않아야 할 곳에서 연기가나는 것을 수상하게 여긴 핫도그 상인의 신고에 의해 법 집행 기관이 알고 주의를 기울였고 즉시 행동을 취하게 되었습니다. 거리상인의 신고를 받은 법 집행기관이 타임스퀘어 폭파범을 체포하기 까지 53시간이 소요된 것입니다. 실수에서 체포와 확인까지 53시간이 걸린 겁니다. 여러분들께서 TV를 보셨는지 모르겠습니다. TV에 "24"라는 드라마가 있습니다. "24"는 TV드라마였지만 "53"은 실제였고 아주 효과적인 법 집행이었습니다.

우리가 국민들, 팬들, 모두를 보안의 공동 책임에 관여시키고 싶다고 말할 때는 무슨 뜻이겠습니까? 이런 방식으로 접근하는 캠페인을 실행하고 실천하는 것도 그 중 하나를 의미합니다. 이런 점에서 최근 가장 성공적인 캠페인은 뉴욕시 교통당국(New York City Municipal Transit)의 "뭔가 의심스러운 것을 보았으면 법 집행기관에 신고하라(See Something, Say Something)" 캠페인입니다. S캠페인은 국토안보부로부터 자금을 일부 지원받은 광역 운송 당국(Metropolitan Transit Authority)에 의해 시작되었습니다. 다른 많은 시, 주,

지역이 비슷한 캠페인을 실시하게 되었는데 이 캠페인이 잘되는 이유 중 하나는 기억하기 쉽기 때문입니다. -"뭔가를 보면 신고하시오". "뭔가 의심스러운 것을 보면 법 집행기관에 신고하라". "주인 없이 놓여있는 물건을 보면 법 집행기관에 신고하라". "주요 사회 간접자본을 관찰하는 사람을 보면 신고해서 조사하게 하라". "주차하지 말아야 할 곳에 주차된 차량을 보면 법 집행기관에 신고하라"."어디서든지 연기가나면 법 집행기관에 신고하라". "뭔가를 보면 신고하라".-

만약 당신이 경기장과 같은 공공장소에서 주인 없이 놓여있는 가방이나 물건 또는 의심스러운 행동을 하는 개인과 같이 뭔가 수상쩍은 것을 본다면 신고하십시오. 경기장에 있다면 경기장 안내원이나 법 집행기관에 신고하십시오. 그런데 우리는 경기장 안내원들이 잘 훈련 받고 누구에게 보고할지를 알도록 해야 하기에 경기장 직원들을 잘 훈련시킬 필요가 있습니다. 이 간단한 체계- 공동 책임과 뭔가 보면 신고하는 정신의 채택-에 의해 우리는 법 집행기관이 제공할 수 있는 것보다 훨씬 큰 효과를 낼 수 있습니다.

지난달 저는 뉴욕시의 펜역(Penn station)에서 "보면 신고하라"를 미국 철도 암트랙(Amtrack)으로 확대한다는 발표를 했습니다. 그래서 지금 여러분들이 암트랙을 타시면 "보면 신고하라"라는 사인과 포스터, 간행물, 다른 전도 도구들과 같은 캠페인 홍보물들을 보실 겁니다. 쇼핑몰에도 "뭔가 보면 신고하라" 캠페인을 보실 수 있습니다. 지난해 연말연휴 쇼핑시즌이 시작되기 전에 우리는 쇼핑몰직원을 위한 온라인 교육을 실시하였습니다. 수천 명의 쇼핑몰 직원들이 연말연휴 쇼핑시즌 전에 이 교육을 받았습니다.

이미 말씀 드렸듯이 우리는 주요 스포츠 리그와 NCAA책임자들을 만나 이 캠페인에 팬들을 포함시키는 것을 논의했습니다. 경기장과 베뉴 직원들이 보안 요원이상으로 무엇을 할지 알게 해야 합니다. 상인, 매점 주인, 복도를 오르내리는 남녀 모두 "뭔가를 보면 신고하라"를 알 필요가 있습니다.

"뭔가 보면 신고하라"는 우리가 실시하고 있는 다른 프로그램들과 통합되었는데 이는 법 집행기관 신고에 초점을 두고 있습니다. 이는 수상한 행동을 신고(SAR, Suspicious Activity Reporting)하기 위한 전국적인 시스템입니다. 우리는 이 시스템을 몇 개 주에서 시범실시하고 있습니다. 이는 훈련 받은 법 집행요원이 실제 테러 계획 또는 범죄행위의 조짐이 있는 의심스러운 사건에 관한 정보를 공유하는 것을 포함하는 특별한 파트너십입니다. 지역적으로 수집되고 분석되고 공유된 정보는 우리가 처한 환경에 내재한 위험중의 하나가 인명과 재산 피해가 동반되는 실제 사건으로 현실화되는 것을 방지해줄 우리가 가진 가장 강력한 도구중의 하나입니다. 그래서 "뭔가 보면 신고하라" 캠페인은 국민을 위한 것이고 수상한 행동 신고(SAR)는 법 집행기관을 위한 것입니다. 지금 우리 국토안보부에서는 이 두 가지를 상호 보완적인 시스템으로 양성하고 병합하는데 힘을 기울이고 있습니다.

기자들이 자주 질문하는 문제를 잠시 짚고 넘어 가겠습니다. SAR(수상한 행동 신고)이니셔티브는 인종에 기반을 둔 정보는 수집하지 않습니다. 이것은 오로지 수상한 행동과 범죄와 관련된 행위에만 초점을 맞추고 있습니다. 시스템에 접근할 수 있는 일선 요원들은 합법적 불법적 행동을 하는 이들을 구별할 수 있도록 광범위한 훈련을 받는다는 것을 말씀 드리는 것이 중요하다고 생각합니다. 이 이니셔티브에는 엄격한 시민자유보호가 내재되어있지만 우리는 SAR을 아무런 준비 없이 시작하지는 않습니다. SAR는 여러 장소에서 시범 실시되고 있고 법 집행기관이 필요한 곳에 초점을 맞추고 정보 공유가 필요한 곳에서 정보를 공유하며, 위협이 발생한 후 대응하는 것이 아니라 위협 환경에 능동적으로 대처할 수 있도록 하는데 아주 효과적입니다. SAR와 "뭔가 보면 신고하라"는 캠페인은 지속적인 것입니다.

화제를 스포츠로 되돌리겠습니다. 팀은 팬들과 소통할 수 있는 크고 특별한 능력을 가지고 있다고 생각합니다. 여러분들은 보안 문제에 있어서 경기장 직원들뿐만 아니라 팬들이 그들의 책임을 다하도록 도울 수 있습니다. 그들이 이것을 명심한다면 단지 경기장에서뿐만 아니라 다른 환경으로도 옮겨나갈 것입니다. 여러분들은 팬들이 단지 경기 관전할 때뿐만이 아니라 어디서라도 "뭔가 보면 신고하라"고 장려해야 합니다. 예기치 못한 사건이나 재난에 대비하는 것이 얼마나 중요한지를 폭넓게 이해하도록 주입시켜야 합니다.

스포츠 팀은 우리 사회에서 중요한 메신저 역할을 합니다. 그들은 아주 독특한 역할을 수행하며 이 특별한 역할에 비추어 제 연설을 마치며 여러분들께 당부말씀을 드리고자 합니다. 이 당부는 매우 직설적입니다. 저는 NCAA 디비전 1 뿐만 아니라 스포츠 프랜차이즈, 리그가 이들의 마케팅 능력과 인지도를 이용해 "뭔가 보면 신고하라" 캠페인의 확대를 돕도록 공식적으로 우리와 계약을 했으면 합니다. 경기와 경기가 제공하는 안전과 보안을 즐기는 수백만 팬들을 보호하는 것이야말로 우리가 원하는 것이기 때문입니다.

이 컨퍼런스와 다른 모임의 영향과 팀워크와 파트너십의 정신으로 "뭔가 보면 신고하라" 캠페인이 운송 장소에서 쇼핑몰로 또한 스포츠 장소로 옮겨가는 것을 보고 싶습니다. 처음에 말씀 드린 바와 같이 이런 방식으로 우리 모두의 보안을 위해 구축하고 있는 구조를 더욱 확대시키는데 도움을 줄 것입니다.

여러분 대단히 감사합니다.

청중들로부터의 질문

사회자로부터의 질문: 안전법안(Safety Act)이 스포츠 행사에서의 보안 향상과 인식 필요를 위해 얼마나 중요합니까?

나폴리타노: 중요한 여러 가지 중 하나의 부분이라고 생각합니다. 안전과 보안에 관해서 이 나라에서는 회의를 하고 미팅을 하고 심지어 탁상 연습을 하면 모두 일 것이라는 듯한 느낌입니다. 그래요 지금 우리는 안전과 보안에 관한 것을 논의했고 우리가 진정 원하는 훌륭한 스포츠 상품을 내놓는 것을

논의할 때입니다. 안전과 보안이 스포츠를 주최하는 팀이나 리그의 핵심 적격성의 잣대가 되도록 할 것입니다. 제 뒤로 있는 사진은 큰 베뉴이고 우리는 잘 훈련되고 회복력이 강한 탄성을 가지길 원합니다. 왜냐하면 만약 무슨 일이 일어난다면 우리가 가장먼저 해야 할 것은 그 일이 일어나는 것을 예방하는 것이기 때문입니다.

청중의 진술(질문이 아님): 안전한 미국 재단(The Safe American Foundation)은 웨스트버지니아주 주지사와 협력해오고 있고 웨스트버지니아 마살 풋볼 경기를 이용하여 9월 10일 사상처음으로 경기장에서 문자 전송 훈련을 실시합니다. 우리는 장관께서 스포츠 베뉴를 이용해 일반대중의 대비태세를 미 전역으로 확대하려는 것에 박수를 보냅니다. 그래서 우리는 9월 10일 통신회사 베리존(Verizon)과 그 외 회사들과도 함께 일할 것입니다. 우리 프로그램은 안전을 위한 드릴다운(Drill Down For Safety)이라고 불리데 지난해 40,000명이 실제로 개인 훈련을 실시하였습니다. 올해는 문자 전송을 포함하도록 확대하였는데 많은 관중과 직원이 있는 스포츠 베뉴에서 중요한 도구라고 생각합니다.

나폴리타노: 감사합니다. 대단합니다. 거기에 미 연방재난관리본부 FEMA가 지난해 한 것 중 하나를 덧붙이자면 재난과 재난 대응에서 카트리나 직후에 없었던 문자 전송(Texting)과 다른 능력을 포함한 소셜 미디어의 사용을 크게 확대한 것이고 사람들이 정보에 보다 쉽게 접근하고 해야 할 일, 가야 할 곳, 도움 얻는 방법을 쉽게 찾고 재난 과정에서 잃어버린 가족들을 쉽게 찾을 방법을 제공하기 위해 노력하고 있습니다. 그래서 소셜 미디어는 아주 대단히 유용한 도구입니다.

사회: 장관님, 아시다시피 주요 스포츠 리그의 보안 책임자들이 여기 첫 두 열에 앉아 계십니다. NCS4가 국토안보부와 더불어 주요 스포츠 리그로부터 받은 성원은 대단했습니다. 장관님의 당부는 첫 두 열에 계신 분들께 많은

영향을 끼쳤다고 생각합니다. 그리고 이 분야에서 장관님을 돕기 위해 다음 자문위원회 회의에서 이 문제를 다루도록 할 것입니다.

나폴리타노: 좋습니다.

동 미시간 대학교의 Ron: NCAA와 베뉴에 대한 당부에 관해서인데요 우리가 거기에 참가하기 위해 할 수 있는 특별한 것이 있습니까? 특히 우리가 거기에 어떻게 참가할 수 있을 까요?

나폴리타노: 가장 쉬운 방법은 우리 국토안보부와 연락하는 것이라 생각합니다. 그리고 이 컨퍼런스 조직 위원회에 그렇게 할 수 있는 정보를 남겨 두겠습니다. 지금 당장 전화번호와 이메일 주소가 기억나지 않는군요. 그렇지만 당신을 위해 정보를 남겨 두도록 하겠습니다. 그냥 전화하셔서 "뭔가를 하고 싶다"고 말씀하시면 우리가 처리해드리겠습니다.

사회: 한 가지만 더 질문 드리고 이 회의를 마치겠습니다. 장관님께서 많은 시간을 할애해 주셔서 감사합니다. 여기 오늘 NCS4 컨퍼런스에 참가한 사람들이 국토안보부가 행하여 왔던 모든 활동과 지원들을 들려주기 위해 캠퍼스와 시설들로 가져갈만한 특별한 메시지가 있다면 무엇이겠습니까?

나폴리타노: 우리가 행한 것에 관한 메시지는 아니라고 생각합니다. 우리는 많은 일을 해왔고 우리가 해온 것들에 관한 목록을 기쁘게 드릴 수 있겠지만 이 회의에서 가져갈 주요메시지는 보안은 공동의 책임이라는 것과 만약 우리가 사람들의 능력을 향상시킬 수 있으면 팀과 지역사회의 능력을 향상시켜 우리와 법 집행기관 그리고 보안요원들을 돕게 할 수 있다는 것입니다.

오늘 오후 수차례 말씀 드렸듯이 이것이 힘을 배가시키는 것인데 올바른 방법으로 행해져야 합니다. 우리가 만든 이니셔티브가 올바른 방법으로 행해지고 있다고 생각합니다. 준비가 되면 두렵지 않다는 것을 인식하면서 행해져야 합니다. 그리고 운동경기가 우리 문화와 사회에서 가지는 특별한 역할을 인식해서 행해져야 한다고 생각합니다. 이 회의로부터 국토안보부의 긴 활동

목록을 가져가지는 않겠습니다. 저는 공동의 책임(shared responsibility)이라는 두 단어를 가져가겠습니다. 이 두 단어를 어떻게 이해하냐가 앞으로의 보안을 좌우할 것입니다.

사회: 장관님, 감사합니다.

부록 3.1 허리케인 카트리나에 대한 텍사스 주 해리스 카운티 시민단(Citizen Corps)의 대응

요약

허리케인 카트리나의 결과로 해리스 카운티 판사 Robert Eckels의 리더십 아래 텍사스 주 해리스 카운티 시민단은 휴스턴 광역 도시에서 대피자들에게 임시 숙소를 제공하는 엄청난 자원봉사 활동을 조율하였다.

자원 봉사자들은 휴스턴 리라이언트 아스트로돔과 조지 R. 브라운 컨벤션 센터에 약 15,000명의 루이지애나 주민들을 수용하였다.

해리스 카운티 시민단 협의회(Harris County Citizen Corps Council)

2002년 8월 26일 설립된 협의회의 회원에는 해리스 카운티의 판사, 휴스턴 시장, 해리스 카운티 보안관과 소방 책임자, 휴스턴 사립학군 장학관, 미 적십자 의장, 구세군 지역 지휘관, 그 외 15명이 포함된다.

배경

2005년 8월 29일 허리케인 카트리나가 루이애지나 주 Buras에 상륙하였다. 뉴올리언스 시장 Ray Nagin의 강제 대피 명령에도 불구하고 약100,000명의 주민들은 집을 떠나 안전지역으로 대피할 수 없었거나 대피하지 않았다. 폭풍으로 오도 가도 못하는 많은 사람들이 뉴올리언스 슈퍼돔과 시내의 그 외 장소에 미 적십자가 설치한 허리케인 대피지점에 모여들었다. 대략 30,000명의 루이애지나 주민들이 슈퍼돔 단지에서 시속145마일의 강풍과 폭우로부터 대피하였다. 폭풍이 시작된 지 수 일만에 시내 80퍼센트가 홍수에 잠겼고 미 적십자와 다른 단체들이 세운 대피소들은 수용인원을 훨씬 초과해 대피자들을 수용하였다.

슈퍼돔에서는 냉난방 시스템이 고장 났고 수도 압력이 떨어졌으며 경기장 잔디, 플라스틱으로 된 좌석, 콘크리트 경사로 그리고 복도는 굶주리고 목마르고 지친 대피자들로 넘쳐났다. 악화되는 상황 때문에 비상사태 관리자들은 뉴올리언스에 남은 주민들을 텍사스 주의 휴스턴, 샌안토니오, 댈러스를 포함한 남서부 전역 여러 도시의 임시 대피소로 분산 수송하였다.

목적

뉴올리언스의 허리케인 대응에서 직면한 문제점들은 폭풍의 피해자들에게 편안하고 편리하며 안전한 숙소를 제공하기 위한 도시의 협력활동을 촉진시켰다. 해리스 카운티 시민단은 대피 활동을 돕기 위해 휴스턴 지역의 수 천명의 자원봉사자를 동원하였다. 시민단 자원봉사자들은 65,000명의 대피자들을 맞아들이고 처리하는 일을 도왔다. 릴라이언트 아스트로돔과 주변 빌딩에서는 시민단 자원봉사자들이 자체 우편번호까지 갖춘 27,000명을 지지할 수 있는 대피자 "도시"를 만들었다.

서술

몇 시간 만에 해리스 카운티 판사 사무실과 해리스 카운티 시민단은 집을 떠난 대피자들을 맞을 수 있도록 준비하였다.

시민단 대응의 예는 다음과 같다.

- 자원봉사자 소집을 위해 해리스 카운티 시민단의 온라인 회원 명부 사용
- 수천 명의 자원봉사자들을 특정업무에 가입, 훈련, 배치하기 위한 조직화된 과정을 구성

- 지역사회 비상사태 대응 팀(CERT: Community Emergency Response Team) 구성원들과 국가 사건사고 관리 시스템(NIMS: National Incident Management System)에 익숙한 다른 시민단 회원들을 릴라이어언트 팍 사건사고 지휘부(IC: Incident Command)로 매끄럽게 통합.

사고 요약

카트리나가 상륙한지 이틀 후, 해리스 카운티 시민단은 자원봉사자들을 모집하기 위해 동원되었다. 8월 31일 오전6시경 해리스 카운티 판사 사무실의 국토안보부의 보안 특별계획 코디네이터 Mark Sloan은 텍사스 비상 관리부(DEM: Department of Emergency Management)의 관리들 그리고 해리스 카운티 비상대응 커뮤니티와 전화회의에 참석하였다. 이 전화통화에서 해리슨 카운티 관리들은 당시 뉴올리언스 슈퍼돔에서 대피하고 있던 23,000에서 25,000명의 루이애지나 주민의 도착을 준비하라고 지시 받았다. 텍사스 비상관리부 대표들은 대피자들을 가득 실은 버스가 슈퍼돔을 출발하고 있으며, 카운티가 미 적십자를 도와 아스트로돔을 피난처로 준비해야 한다고 알렸다.

네 시간 후 오전 10시30분경, 미 적십자는 해리스 카운티 시민단에게 아스트로돔 준비를 돕기 위해 몇 명의 자원봉사자가 준비되어있는지 물었다. 해리스 카운티 시민단 회원 이메일 주소명부를 이용하여 Sloan은 뉴올리언스 대피자들이 휴스턴으로 오고 있고 해리스 카운티는 그들을 수용하기 위한 "도시"를 지어야 한다는 내용의 이메일을 발송하였다. 시간당 1,000개의 답장이 쇄도하여 Sloan의 개인 이메일 시스템과 해리스 카운티 시민단 웹사이트의 고장을 일으켰다. 잠시 후 웹 사이트가 복구되었을 때 명부 에는 2,800명의 새 회원과 38개의 새로운 조직이 포함되어 있었다.

8월 31일 대피자들이 아스트로돔 대피처로 들어오기 시작했다. 그러나 9월 1일 저녁 늦은 시간이 되어서야 시민단이 공식적으로 활동을 시작했다. 오후 10시에는 미 적십자가 해리스 카운티에 두 번째 이메일을 보냈는데 이번에는 각

각 50명을 태운 버스 60대가 아스트로돔에 도착할 것이며 대피자들을 수속하고 대피소에서 일할 자원봉사자들이 필요하다는 내용이었다. 이에 대한 대응으로 Sloan은 자원봉사자 모집을 위해 해리스 카운티 시민단 웹사이트 회원 명부에 다시 의존했다. 한 시간 내에 1,000명 이상이 아스트로돔에 도착해 도울 준비를 했다.

다음 몇 주간 해리스 카운티 시민단은 미 적십자를 도와 복잡한 자원봉사자 조율 활동을 했다. 지역 사회 비상 대응팀(CERT), 예비의료단(MRC, Medical Reserve Corps), 경찰 자원봉사자(VIPS: Volunteers in Police Service) 그리고 자율 방범 단체의 회원들이 자원봉사자 등록사무소를 설치해 자발적인 자원봉사자들을 받아 등록 처리시키고 대피소 직무에 배정 시켰다. 첫24시간 동안에 해리스 카운티 시민단은 8,000명 이상의 자원봉사자들을 등록시켜 미 적십자 활동을 도울 수 있도록 했다. 카운티의 작전 기간 동안 자원 봉사자 코디네이터들은 매일 평균 3,500명의 자발적 자원봉사자를 등록 처리했다.

9월 7일 수요일까지 휴스턴 지역의 대피소에 남아있는 대피자의 수는 거의 27,000명에서 겨우 8,096명으로 줄어들었다. 며칠 만에 미 적십자는 뉴올리언스 에 있는 대피자들을 아스트로돔과 그 외 리라이언트 팍 부지의 임시 대피소에서 전국 여러 도시의 좀 더 영구적인 숙소로 이동시켰다.

회원 명부 사용

해리스 카운티 시민단 회원 명부는 허리케인 카트리나 대응 활동에 매우 유용했다. 시민단 웹사이트의 개시 이후 공공 정보 도구(Public Information Tool)와 자원 추적 장치(Resource Tracking Mechanism)로 이용되어 왔다. 웹사이트를 방문하는 자원봉사자들은 회원 이름과 패스워드를 사용하여 로그인하며 또한 연락정보와 비상 대응 기술(언어적 기술, 의학적 기술, 수의사 기술 등)이 담긴 회원 신상을 만들도록 요구되었다. 지역 조직과 사업체 역시 비상시 그들이 할애 할 수 있는 자원의 종류와 양을 담은 회원 신상을 만들 수 있다.

이 회원 명부는 시민단이 그들 지역의 잠재적 자원봉사자들과 비상 대응 물자의 위치와 가용여부를 정확히 추적할 수 있도록 해준다.

미 적십자가 리라이언트 팍에 배치될 자원 봉사자들을 요구했을 때 해리스 카운티 시민단은 회원 명부를 사용하여 재빨리 지역 주민들을 동원하였다. 10,000명의가입자에게 도움을 요청하는 이메일을 보내는 것 외에 시민단은 또한 자원봉사자들이 혼자 결정해서 배치되는 행동을 하지 말도록 요청하고 필요한 자원봉사자 수와 도착해야 하는 시간, 요구되는 기술을 설명하는 더 상세한 메시지를 보냈다.

자원봉사자의 요구에 특정지시 사항을 포함함으로써 시민단이 리라리언트 팍 대피지역으로 가는 자원 봉사자의 흐름을 통제하는 것을 수월하게 했다.

자원 봉사자 조직하기

일단 시민단이 자원 봉사자 모집을 지시하면 모집에 응한 사람들을 조직하고 파견하는 복잡한 일이 시작된다. CERT회원과 다른 지역 시민단 조직의 대표를 이용하여 해리스 카운티 시민단은 수천 명의 자발적인 자원 봉사자들의 등록, 훈련, 파견 절차를 이끌기 위해 자원 봉사자 통합 절차를 확립했다.

자원 봉사자 통합 절차는 다음 세 가지 기본 단계를 포함했다.

- 첫째, 지정된 자원 봉사자 구역에 도착하면 조직위 직원이 자원 봉사 지원자들에게 사진이 있는 유효한 신분증을 제시하도록 요구하고 현장에서 일하기 위해서 자원 봉사자는 18세 이상이어야 됨을 상기시켜 주고 해당되는 NIMS 지원 서류를 작성할 것을 요구했다. 자원봉사에 받아들여진 개인들에게는 등록된 자원 봉사자임을 표시하는 손목 밴드가 지급되고 리라이언트 센터 오리엔테이션 구역으로 안내됐다.
- 둘째, 받아들여진 자원 봉사자 그룹은 자원 봉사자 의무의 정책과 절차에 관한 짧은 오리엔테이션에 참가했다. 오리엔테이션 지도자들은 자원 봉사자들이 우선 자신들의 육체적 감정적 요구를 돌볼 것과 항상 짝을 이루어 일을 하고 자신이 편안하게 느끼는 한도 내에서 일할 것을 당부

했다.

만약 자원 봉사자들이 할당된 직무를 수행하는데 있어서 능력이 안 되거나 불편을 느끼면 재파견될 수 있도록 해당된 구역으로 돌아가야 한다고 알렸다.

- 세째, 오리엔테이션이 끝나면 조직위 직원은 자원봉사자들을 집합 구역으로 보내 파견 명령을 기다리게 했다. 자원 봉사 일의 기회가 오면 조직위는 일의 성격을 알리고 일을 수행하기 위한 특정 수의 자원 봉사자들을 요구한다. 마지막으로 코디네이터가 자원봉사자들을 배정된 현장으로 데려 갔다.

이 자원 봉사자 통합 시스템을 이용하여 해리스 카운티 시민단은 제 때 효과적으로 필요한 부분을 발견하고 충족시킬 수 있었다.

국가 사건 사고 관리 시스템(NIMS)과 사건 사고 지휘 시스템(ICS)의 혜택

현장에 있는 비상 대응 요원들에 의하면 시민단 회원들은 이전에 국가 사건 사고 관리 시스템(NIMS) 훈련을 받았다. 사건사고 지휘 시스템(ISC)은 허리케인 대응에 매우 중요했다. 사고 이전 훈련 때문에 많은 시민단 자원봉사자들은 NIMS/ICS 용어(예: 통합 정보센터(Joint Information Centre), 통합 운영 센터(Joint Operation Centre), IC 등)에 이미 익숙해 있었고 사고현장에서의 비상 대응요원의 책임을 이해하고 있었다. 이 지식 때문에 코디네이터는 잘 훈련된 시민단 자원봉사자들을 책임 있는 자리에 배치할 수 있었다. 대피지역 현장 사이의 정보 전달, 문, 승강기, 자동계단으로의 접근 통제, 자원봉사자와 비상 대응 요원 지시, 자원봉사자들을 집합 구역에서 필요 구역으로 운송 등이 이 책임에 포함된다.

사건사고 지휘소 역시 허리케인 카트리나 대응에 있어서 NIMS훈련을 받은 자원 봉사자들의 가치를 인지했다. 9 월 2일 금요일 아침, 리라이언트 사건사고 지휘관은 리라이언트 팍 IC에 배치될 NIMS 훈련을 받은 자원봉사자 4명을 준비해줄 것을 요청하였다. 자원봉사자들은 대응 활동 기간 동안 주 7일 하루 24시간 IC보직에서 NIMS/ICS 지침아래 계속해서 운영하였다.

자격요건

성공의 열쇠

허리케인 카트리나가 상륙하기 훨씬 전, 해리스 카운티 시민단은 사건사고 전(Pre -Incident) 조직 그리고 지방 자원 봉사단, 지역 사업체들과의 파트너십의 성공을 위한 준비 작업을 하였다. 이 두 가지 요소들 때문에 해리스 카운티 시민단은 휴스턴 지역 대피소에 수용되어 있는 수천 명의 대피자들을 돕기 위해 자원들을 빨리 그리고 효과적으로 모집하고 조직할 수 있었다.

- **사건사고 전 조직(Pre-Incident Organization):** 해리스 카운티 시민단은 시민단 협의회(Citizen Corps Council)의 구성과 회원 추적 능력을 통해 대규모의 비상사태를 위해 조직되었다. 협의회에 가입하면 시민단 협의회 회원들은 그들이 제공할 수 있는 자원과 능력을 설명하는 설문지를 작성한다. 이런 능력의 인지는 허리케인 카트리나 대응요원들이 자원들은 어디에 위치하고 있으며 어떻게 그들을 이용할 수 있는지에 관한 정보에 쉽게 접근할 수 있도록 했다.
- **파트너십 확립:** 해리스 카운티 시민단은 또한 자원 봉사단 조직과 지역 사업체와의 파트너십을 확립하였다. 유나이티드 웨이(United Way), 카톨릭 자선단체(Catholic Charities) 그리고 휴스턴 지역의 자원봉사 기회를 위한 주요 정보 센터인 발런티어 휴스턴(Volunteer Houston)이 여기에 포함된다.

허리케인 카트리나 대응 기간 동안 리라이언트 팍에 도착하는 자발적인 자원봉사자들의 수가 늘지 않고 수평을 이뤘을 때 볼런티어 휴스턴은 기업의 자원봉사 공약을 관리하는 책무를 맡았다. 이 공약은 특정 기간 동안 대피소 활동을 자원할 의사가 있는 직원들을 제공하는 지역 기업체(예: Shell, Halliburton 등)를 포함했다. 사건사고 전 몇몇 지역 조직들과의 접촉을 통해 많은 자원 봉사자들을 모집함에 따라 이 파트너십은 "힘을 배가하는 요소(force multipliers)"가 되었다.

링크

- 해리스 카운티 시민단: www.harriscountycitizencorps.com
- 해리스 카운티 판사 사무실: www.judgeemmett.org

법적 면책(Disclaimer)

이 웹사이트와 내용들은 정보 제공 목적을 위해서만 제공되고 국토 안보부와 테러 방지를 위한 국가기념관(National Memorial Institute for the Prevention of Terrorism, MIPT)의 공식 입장을 반영하지 않으며 어떤 종류의 보증과 약속을 제공하지 않습니다. 독자들은 이 면책 전문 낭독을 위해 다음 사이트로 가십시오.

www.llis.gov.

부록 3.2 조직 구조의 요구 발견을 위한 작업 용지

다음 질문들은 행사기획자들이 계획된 행사의 관리 요구를 충족시키기 위해 조직 구조를 개발하는 것을 도울 것이다.

1. 행사에는 단일 기관이 포함되는가? 다(多)기관들이 포함되는가? ________
   만약 다(多)기관이면 서술하라. ________________________________
2. 행사에는 단일 관할권이 포함되는가? 다(多)관할권들이 포함되는가? ______
   만약 다(多)관할권이면 서술하라. ________________________________
3. 지휘부 직원이 필요한 것은 무엇인가? ____________________________
   행사는 무슨 종류, 유형 그리고 어떤 양의 자원을 필요로 하는가? _______
4. 항공 작전이 계획되어 있는가? □ 예 □ 아니오
   만약 있다면 서술하라. ____________________________________
5. 집합 구역이나 다른 요구되는 시설들이 있는가? □ 예 □ 아니오
   만약 있다면 서술하여라. __________________________________
6. 행사는 무슨 종류, 유형의 물류 지원을 요구하는가? __________________
   알고 있는 지역 자원의 한계나 제한이 있는가? □ 예 □ 아니오
7. 만약 있다면 서술하라. ____________________________________
8. 어떤 종류와 유형의 통신자원이 이용 가능한가? ____________________
   ____

부록 4.1 시설 보안 설문조사의 예

A. 시설 묘사

시설 명칭과 주소: ____

____

시설 유형: ____

직원과 보조인력의 수: ____

시설 공간 면적: ____

시설 디자인과 구조(예: 목조 형틀, 벽돌 건물, 철근 형틀): ____________________

____

시설이 자연재해에 영향을 받는가? ☐ 예 ☐ 아니오

만약 받는다면 상세히 서술하라. ____

____

시설에 연결된 주요 도로와 철로는 무엇인가? ____

B. 외곽 보안

외곽 장막의 종류를 서술하라.(예: 담, 벽, 차량진입 방지말뚝) ____________________

____

외곽을 정기적으로 보수하고 검사하는가? ☐ 예 ☐ 아니오

시설의 정문과 문들은 어떻게 통제되는가?________________________

____

알람 장치를 사용하는가? □ 예 □ 아니오

정문과 문들을 감시하기 위해 폐쇄 회로 TV가 사용되는가? □ 예 □ 아니오

보호되지 않는 구역이 있는가? □ 예 □ 아니오

출입구와 외벽의 조명이 적절한가?

C. 건물 보안

행정 사무실은 잠겨져 있는가? □ 예 □ 아니오

중요한 기록들은 어디에 어떻게 저장되어 있는가?____________________

____

조직은 안전한 컴퓨터 파일 서버가 있는가? □ 예 □ 아니오

선적 및 하역장은 안전한가?______________________________

잠금과 키 시스템을 서술하라._____________________________

마스터 키 시스템이 있는가? □ 예 □ 아니오

어떤 유형의 증명서 발행 시스템이 마련되어있는가? □ 예 □ 아니오

만약 있다면 서술하라.___________________________________

외부 계약업자, 방문자 그리고 상인들은 어떻게 통제되는가?______________

____

D. 구역 보안

외벽 안쪽에 주차가 허용 되는가? ☐ 예 ☐ 아니오

만약 허용이 된다면 통제 되고 있는가? ☐ 예 ☐ 아니오

직원들, 관리들, 선수들 그리고 방문자들은 어디에 주차하는가?

주차장에는 어떤 유형의 보안 통제가 마련되어있는가?

시설 외곽 또는 외벽 안쪽에 있는 도로는 교통 문제가 있는가?

☐ 예 ☐ 아니오

만약 있다면 서술 하라.

E. 비상 절차

직원들은 비상사태와 대피 절차를 이해하고 있는가? ☐ 예 ☐ 아니오

비상사태 훈련을 실시하는가? ☐ 예 ☐ 아니오

시설은 공공 재난 대피소로 지정되었는가? ☐ 예 ☐ 아니오

필요하다면 보수와 복구활동을 위한 상호 원조 협약이 마련되어 있는가?

☐ 예 ☐ 아니오

만약 있다면 서술하라.

부록 4.2 스포츠 또는 특별행사 베뉴에서의 취약점 분석을 위한 체크목록

	예	아니오
1. 비상사태 대비태세		
문서로 된 비상사태 대응 계획이 있는가?		
문서로 된 대피계획이 있는가?		
비상사태 대응과 대피 계획을 연습했는가?		
폭발물 위협 절차가 준비되어 있는가?		
군중 통제 정책이 마련되어 있으며 직원과 관중들에게 전달되었는가?		
응급 의료 서비스가 항상 이용가능 하거나 시설에 상주하고 있는가?		
2. 외곽 통제		
시설 안과 주위에 조명은 충분한가?		
방문자들을 위한 통제된 주차 구역이 있는가?		
행사 전에 시설을 검사하는가?		
3. 출입 통제와 증명서발행		
시설에 반입 금지된 물건 목록을 만들었는가?		
팬들과 소지품을 검사하는가?		
시설 입구에 충분한 인력들이 있는가?		
장내 매점은 적절히 보안되어 있는가?		
방문자 관리 시스템이 마련되어있는가?		
4. 물리적 보호 시스템		
시설 전체에 충분한 수의 카메라와 경보기가 있는가?		
시설에 저장되어있는 위험한 화학 약품들을 효과적으로 보호 하고 있는가?		
5. 인력		
행사에 지역 법 집행기관 요원들이 있는가?		
보안을 외부에 위탁하는가?		
안내원, 검표원, 검사원 등이 보안 인지에 관해 훈련을 받았는가?		
직원들의 이력을 조사하는가?		

부록 5.1 위험 관리 계획의 일반적 구성요소

1. **조직 구조 :** 직원의 역할과 책임자(명령 체계)
2. **목적과 목표 :** 개연성, 빈도, 잠재결과에 중점을 둔 위험 관리 과정에서 확인된 위험과 위협 우선순위
3. **계약 정책 :** 확인된 위험을 조치하기 위한 문서에는 면허, 전세, 보험, 허가 그리고 임대계약이 포함
4. **프로그램과 서비스의 실행 :** 확인된 위험을 조치하기 위한 문서로 시설 기준, 경고, 의료 시험, 면제 조항의 사용, 참가자 양식을 강조
5. **인사 정책 :** 직업 안전 기준과 고용, 해고, 성희롱, 직장폭력을 위한 절차.
6. **감독 기능 :** 감독 계획(누가, 무엇을, 언제)그리고 군중 관리 계획(규율, 큰 행사에서의 군중 통제, 스포츠 폭력, 만취 참가자, 관중, 방문자)을 포함
7. **비상사태 계획과 절차 :** 참가자, 관중, 그리고 방문자 개인 상해에 대응에 관한 특정 절차(응급 처치, 의료 서비스, 사고 보고); 대규모 자연 재해(장비 재료 목록과 위치; 대피 절차; 시설 직원과 활동의 이동 계획; 사고 후 직원을 위한 심리학적 지원); 공공 소란, 폭발물 위협; 화재; 정전; 위기 관리(대외 홍보 관점에서 피해자와 그들 가족의 처우, 다른 프로그램과 지역사회 조직들과의 공조 협약 체결)
8. **범법 행위로부터의 보호와 보안 :** 인명, 재산의 안전을 위한 행동, 적절한 보안, 법 집행기능 제공
9. **운송과 차량 :** 이동 규칙, 운전기사 안전, 차량 정비
10. **장비 :** 구입 또는 임대 절차, 사용 허가, 보수
11. **환경 조건 :** 위험을 인지하고 경고함으로써 여가 안전을 보장
12. **개발된 구역과 시설 :** 조명, 표지, 그리고 위생 평가를 위한 검사 시스템 실행

부록 5.2 행사 전, 중, 후의 고려 사항 체크목록

	예	아니오	해당 없음
행사 전 고려사항			
위험 관리 계획을 개발하라.			
행사 직원을 위한 훈련 프로그램 실행하라.			
주위에 위험하고 폭발이 터질 수 있는 장소 확인하라.			
지역내의 해독제의 양을 알아내라.			
지역, 주 경찰과 계획을 조율하라.			
직원 이력을 확인하라(학생과 파트타임 직원포함)			
생물학적 공격에 신속한 대응을 위해 대응 기관이 약물과 의약품을 보유하고 있는지 확인하라.			
감시 시스템을 사용하라.			
행사 전에는 베뉴를 전면 통제 하라.			
행사 90분 전에는 장내매점 배달을 금하라.			
폭발물 탐지견을 이용하라.			
모든 기자들에게 개인 신분증을 발행하라.			
투명한 쓰레기봉투와 통을 사용하라.			
청소원들을 감독하라.			
경기나 행사 시간 중 고려사항			
필요하면 베뉴 상공에 비행금지 구역을 설정하라.			
필요하면 베뉴, 주차장, 그리고 인접한 접근도로 상공을 순찰하라.			
현장 이동식 비상 상황실을 확보하라.			
휴대용 생물학적 감지 도구를 사용하라.			
비밀 감시 팀을 사용하라.			

경기나 행사 시간 중 고려사항			
관중 250명마다 한 명의 군중 감시원을 고용하라.			
주차장과 입구에 무전기를 갖춘 보안 인력을 이용하라.			
신경 작용제, 청산가리 그리고 그 외 다른 화학 물질의 존재를 감지할 수 있도록 주요 인력에게 비싸지 않은 HAZMAT 감지 스트립을 입혀라.			
보안 관행과 시설 내 금지 구역을 상세히 알리는 방송을 하라.			
입장권 전자 스캔 시스템을 실행하라.			
관중을 몸수색 또는 탐지기로 검사하라.			
반입 금지품과 백팩을 금지하라.			
재 입장을 금하라.			
행사 후와 일반적 고려사항			
모든 직원들을 위해 행사 후 보고(debriefing)를 시행 하라.			
적대 세력에게 정형화된 양식을 보이는 것을 피하기 위해 보안 관행을 다양화(변경)하는 것을 고려하라.			

부록 5.3 일상적 비(非)행사 보안 조치 체크 목록

보안 조치	예	아니오	잘모름
시설 경영진은 일상 보안 업무를 지휘할 보안 책임자를 지명해야 한다.			
위험, 취약점 그리고 결과를 알아내기 위한 위험 평가를 실시하라.			
행사 준비, 사건사고 대응, 대피, 통신을 다루는 시설 비상사태 행동 계획(EAP)을 개발하라.			
행사 보안 관리와 사건사고 지휘 시스템의 사용을 위한 시설 내 지휘소를 만들어라.			
지역, 주, 연방 기관으로부터 이용 가능한 현재 위협상황과 첩보 정보의 인지를 유지하라.			
위협 수준이 증가할 경우 보안 조치를 높이는 절차를 수립하라			
사건사고 후 추가자원이 필요할 때를 대비해 지역 관할기관과 상호 원조 협약 또는 양해 각서를 체결하라.			
행사 전 보호 보안 조치 요구, 역할, 책임을 결정하기 위해 스포츠 리그, 시설 경영진, 소유주 또는 운영자 그리고 공공 안전 기관과 정기적인 모임을 가져라.			
행사 전 대응 기관들 사이의 적절한 통신능력을 갖추도록 하라.			
안전과 보안 계획을 시험하고 자원능력을 평가하기 위해 시설 직원들과 정기적 연습을 실시하라			
행사 전 PA시스템과 같은 모든 안전보안 통신시스템을 검사하라.			
차량과 사람의 접근 통제 지점인 완충 지역으로 시설주변 안전지대를 설치한다.			
선수, 공연자, 직원, 방문자에게 주차 구역을 배정하는 주차 시스템을 만들어라.			
모든 직원, 상인, 계약업자에게 여러 단계의 접근권한을 표시하는 사진이든 증명서를 발급하라.			
조명과 폐쇄회로TV와 같은 주요 시스템 통제기기를 보호하라.			
행사 취소에 대비해 시설 폐쇄 절차를 개발하라.			
사업 지속성과 복구 계획을 준비하라.			
보험약관을 재검토하라.			

부록 5.4 특별 행사를 위한 계획 고려사항

매우 위험한 행사

어떤 행사는 다른 행사보다 위험하기에 행사 훨씬 전에 특별한 계획이 필요하다.

프로모터와 후원자들은 대개 연관된 위험의 유형을 알고 있다. 관할기관이 행사에서 발생하는 사건사고에 적절히 대응하기 위한 준비를 하도록 기획자들은 프로모터 또는 후원자와 협력해야 한다.

파워보트 경주와 비슷한 수상 행사

수상행사 특히 모터를 사용하는 수상기구는 주의 깊은 계획을 요구한다.

기획자가 반드시 조심해서 고려해야 하는 부분에는 다음이 포함된다.

- 참가자들을 위한 의료 지원
- 관중 구역의 구성(배열)

파워보트 경주- 의료 지원

보트들이 작동하고 있을 경우에는 지정된 응급 의료 보트가 항상 수상에 대기해야 한다. 그 보트에는 훈련 받은 의료요원이 탑승하고 척추보드와 소생 기구를 갖추어야 한다. 의료 보트는 또한 구조 보트와 육상 의료 요원과 무전기로 연결되어야한다. 구조보트는 수중에 갇힌 사람을 구조하는 훈련을 받은 경험 있는 다이버가 동승한 채 대기해야 한다.

환자를 보트에서 구급차로 이송하기 적절한 상륙지점을 미리 확인해야 한다.

파워보트 경주- 관중 구역

관중들이 서서 구경하는 것이 허락된 부두와 깊은 바다를 따라 있는 방파제에는 물리적인 장막을 설치하거나 관중들이 떨어져 관람하도록 경고하기 위해 깊은 물에 접하는 경계에 선을 긋는다.

또한 관중 구역과 근접한 해안을 순찰할 보트를 지정하는 것도 좋은 아이디어이다.

보트는 또한 물가로 너무 가까이 다가서 있는 관중들에게 경고하기 위해 소리를 크게 낼 수 있는 스피커를 갖추고 있어야 한다. 보트는 수상 구조와 부상자 소생을 위한 장비를 갖추고 있어야 한다.

파워 보트 경주- 구조 보트

구조와 응급의료를 제공하는 모든 보트는 명확히 표시되어야 하고 다른 배들에게 경고할 수 있는 경고등을 갖추고 있어야 한다. 의료 지원이나 수상 구조를 위한 보트들은 환자를 소생하기 위한 충분한 공간을 갖추어야 한다, 이 보트들은 또한 다음과 같은 다양한 의료 용품과 장비들을 갖추고 있어야 한다.

- 자동제세동기 除細動器(AED: 심폐소생기)
- 전신 고정을 위한 척추 보드와 경추 보호대
- 호흡 기구
- 대형 압박 드레싱

자동차와 이와 비슷한 경주

전문적 경주 조직에 의해 영구 시설에서 실시되는 자동차 경주의 후원자들은 대게 안전 지침을 충족시키고 있으며 정교한 긴급사태 계획정보를 갖고 있다. 하지만 지역 클럽에 의해 실행되는 행사는 공식적 지침이 없을 수 있다.

모토 크로스 경주, 자전거 경주, 그리고 랠리 경주는 다음의 이유로 근심의 대상이다.

• 청중의 제한된 통제력

• 종종 외진 개최 장소

자동차와 이와 비슷한 경주- 참가자들을 위한 의료지원

충돌 사고의 경우 훈련 받은 요원이 탑승한 구급차가 즉시 이용가능 해야 한다.

의료 지원 요원은 반드시 경주 규칙을 이해하고 경주 임원들이 사용하는 여러 가지 깃발이나 경고 등을 인식할 수 있어야 한다.

대기하는 구급차는 트랙으로의 통제되고 신속한 접근이 가능하도록 위치해야 한다. 트랙 비상사태에 즉시 대응하기 위한 통신 시스템과 절차가 마련되어야 한다. 트랙에는 또한 소방, 구조장비가 갖추어져 있어야 한다.

자동차와 이와 비슷한 경주- 관중 구역

통제 불능의 차량으로부터 관중을 격리 시키기 위해 보호벽이 설치되어 있어야 한다. 그러나 경험에 비춰보면 이런 보호벽은 충격에 의해 움직이거나 부서져 관중이 다칠 수 있다. 관중들을 보호벽으로부터 떨어지게 함으로써 안전을 향상시킬 수 있다. 보호벽 설계를 책임진 개인은 한 차량이 다른 차에 올라타는 것과 완전히 구르는 가능성을 고려해야 한다. 보호벽은 이러한 상황에서 차량이 관중 구역으로 들어오는 것을 저해시키기 위해 고안되어야 한다.

기획자와 프로모터는 충돌로 인한 차량의 부품이 발사체가 될 수 있다는 것을 명심해야 한다. 관중들을 보호하기 위해 튼튼한 철망 파편방지 스크린이 보호 담장과 옹벽 위에 부착되어야 한다.

1등이 결승점을 통과한 반면 여전히 다른 경쟁자들이 트랙에 있을 때 관중들이 트랙에 접근하는 경우 주요 문제가 발생하였다. 모든 직원들은 다음에 관해 브리핑을 받아야 한다.

• 트랙에 접근하려고 하는 관중을 통제하는 방법

• 만약 이 통제 방법이 실패할 경우의 대비책

자동차와 이와 비슷한 경주- 핏 구역(자동차 경기 중 연료보급 및 응급수리 구역)

핏 구역에서 경주 중 연료 재급유는 잠재적 화재의 위험이 있다. 이 위협에 대비하여 소화기나 다른 소방기구가 반드시 재급유 장소에 비치되어 있어야 한다.

핏 구역에 진입하는 차량은 고속과 운전자의 제한된 시야 때문에 운전자와 핏 인력들에 위험을 증대 시킨다. 조직자는 핏 구역에서 강제 속도 제한을 고려해야 한다(그리고 이를 무시하는 운전자에 대한 벌금). 가능하다면 대회조직위는 또한 차량이 핏에 진입할 때 경고 시스템을 실행해야 한다.

에어쇼와 전시

에어쇼는 대게 항공 규칙과 규정에 부합하여 개최된다. 행사 조직, 비상사태 관리자, 의료 요원은 심각한 사고의 위험을 줄이기 위해 몇 가지 조치를 취해야 한다. 다음에서 특별한 주의가 요구된다.

- 공중 곡예 구역
- 낙하산 점프 구역
- 화재 진압 요건

에어쇼와 전시- 공중곡예 구역

공중 곡예 기동은 건물이 들어선 지역에서 해서는 안 되고 들판, 수상, 활주로 또는 사람이 거주하지 않는 지역에서 행해져야 한다.

비행기는 관중 구역 상공을 날아서는 안 된다. 비행기가 기동을 할 때는 관중으로부터 멀어지는 방향 또는 관중과 평행한 방향으로 실행되어야 한다.

에어쇼와 전시- 낙하산 점프 구역

낙하산을 타고 뛰어내리는 사람은 코스를 이탈해 부상을 당하거나 사망할 수도 있다. 관중들 역시 하강하는 낙하산을 피하려다 부상당할 수 있다. 낙하산 점프가 있는 행사에는 관중으로부터 떨어지고 뛰어내리는 사람에게 명백한 위험이 없는 지정된 착륙 구역이 포함되어야 한다.

에어쇼와 전시- 화재 진압 요건

모든 에어쇼에서 취해져야 할 몇 가지 일반적인 안전 주의 상항들이 있다.

현장 소방대는 추락한 또는 불붙은 비행기에 화재진압용 포말을 분사할 수 있는 능력을 갖추어야 한다. 만약 에어쇼가 이런 장비를 갖춘 공항이 아닌 다른 곳에서 개최될 경우 화재 진압용 포말이 이용 가능하도록 대안을 마련해야 한다.

조직위는 또한 검시관과 항공 사고 조사관의 요구사항을 명백히 이해하고 추락시 그들을 도울 준비가 되어있어야 한다.

폭죽과 불꽃놀이 전시

폭죽과 불꽃놀이 전시를 포함한 쇼도 특정 위험을 보여준다. 행사 조직위가 공공 폭죽이나 불꽃놀이 행사를 계획할 때 아래의 지역 당국에게 알리고 협력하여야 한다.

- 법 집행기관
- 소방서
- 응급 의료 서비스

대부분의 불꽃놀이 제공자들은 관중석의 배정이나 폭죽 발사 지점에 관해 미국 연방 직업 안전 보건국(OSHA)의 안전 지침을 따른다.

폭죽과 불꽃놀이 전시- 발사 장소 배정

폭죽을 포함하는 대부분의 주요 사고는 발사 장소의 신중한 디자인을 통해 피할 수 있다. 조직위 관계자들은 예상되는 또는 우세풍의 방향과 강도에 주의를 기울여야 한다. 두 가지 다 폭죽의 비행 경로와 파편이 떨어지는 지역에 영향을 줄 수 있다. 장소 배정과 디자인을 할 때 비상사태에 대비해 비상 대피 경로를 확인해야 한다.

또한 불꽃놀이대회는 상당한 파편을 수반한다. 발사장소는 파편으로부터의 피해가 없고 가능하면 청소와 불발탄 찾기가 쉬운 곳에 위치해야 한다.

- 가능하다면 발사 장소는 수상에 위치하라(예: 바지선 또는 부두).
  수상에 발사장소를 두면 만약 사고가 일어나거나 폭죽에 불이 붙을 때 인력들이 장소를 버리고 떠나기 용이하다.
- 만약 폭죽이 점화 후 넘어져 수직이 아닌 수평으로 발사될 때를 대비해 군중과 발사장소 사이에 장벽을 설치하라.
- 파편은 종종 뜨겁고 관중의 눈이나 머리에 떨어지면 부상당할 수 있으므로 폭죽이 관중들 머리위로 날아가지 않도록 주의하라.
- 행사 중 발생되는 연기에 의한 잠재적 호흡 곤란을 예측하라.
- 만약 수상에서 발사하면 폭죽이 인화성 있는 나무, 관목, 건물 보트위로 발사되지 않도록 한다.
- 사용하지 않은 폭죽이 직원에 의해 또는 먼저 점화된 폭죽의 뜨거운 파편에 의해 우연히 점화되지 않도록 금속용기에 덮여 보관되도록 하라.
- 발사 장소에 소화기와 훈련 받은 소방요원을 포함한 소방 장비가 즉시 이용 가능하도록 하라.
- 폭죽을 발사하고 점화하는 모든 직원들이 얼굴 마스크, 헬멧, 두꺼운 장갑을 포함하는 보호 복을 입도록 하라.
- 행사 후, 직원들은 불이 막 시작되거나 다시 피어나는 것을 막기 위해 발사 장소를 조심해서 검사해야 한다. 고정 시키는 막대기, 줄 또는 다른 잠재적으로 위험한 물체와 함께 사용된 모든 폭죽은 물에 적신 후 현장에서

제거해야 된다.

레이저 쇼

레이저 쇼는 종종 많은 특별 행사에 오락으로 포함된다.

불빛 쇼를 하기 전에 현장에 있는 의료 전문가는 다음의 것들을 해야 한다.

- 발생할 수 있는 사고의 유형을 이해한다.
- 레이저와 관련된 잠재적 위험을 알아낸다.

행사 조직위는 항상 사용될 레이저의 종류와 유형 그리고 이와 관련된 위험을 숙지해야 한다.

즉흥적인 행사

때때로 행사는 계획 없이 일어난다. 지역 비상 관리국과 공공 안전기관은 다음을 알고 있을 필요가 있다.

- 즉흥적인 행사도 계획된 행사처럼 비상사태 대응 대책이 필요하다.
- 참가자들을 위한 안전 계획 및 역할과 책임이 수립되어야 한다.
- 자발적인 행사는 경고를 주지 않아 계획할 시간이 없기 때문에 공공 안전 인력에게 독특한 어려움을 제시한다.

즉흥적인 행사의 유형

즉흥적인 행사의 4가지 기본 유형은 다음과 같다.

- 부주의로 공식적 조언이나 허가 없이 계획된 행사
- 고의로 공식적 조언이나 허가 없이 계획된 행사
- 다른 행사의 결과로 생긴 행사(예: 지역 스포츠 팀의 승리 축하 행사)
- 데모, 항의 또는 피켓 시위 행사(예: 공공 무질서, 즉흥적 폭력)

즉흥적 행사는 역동적이기 때문에 시의 적절한 대응이 안전한 결과를 위해 중요하다.

즉흥적인 행사- 직원배치

현재 존재하는 상호 지원과 원조 협약, 대응 계획, 훈련 그리고 자원 목록들이 즉흥적인 행사에 직면한 지역 사회를 도울 것이다.

그러나 자원과 인력의 질서 있고 조율된 파견을 위해 ICS를 실행하는 것은 결과에 필수적이다.

부가적으로

- 추가 인력과 자원이 모이는 집결구역을 확인하는 것은 중요하다.
- 모든 인력은 배치 전에 브리핑을 받아야 한다.
- 통솔 범위가 유지되어야 한다.

즉흥적인 행사- 다른 행사 평가하기

즉흥적인 행사에 대응 시 다른 중요한 요소는 즉흥적인 행사에 촉매제가 될 수 있는 다른 행사를 계속해서 평가하는 것이다. 많은 즉흥행사는 공공 안전 책임자에 의한 기대 수준에 따라 일어난다. 조직된 행사와 즉흥적인 행사의 중요한 차이점은 즉흥적인 행사는 행사 전에 계획할 시간이 없다는 것이다. 그러므로 위험이나 확률이 높은 행사를 위해 긴급사태계획을 개발하는 것이 중요하다.

10대 초, 중반의 청중을 포함하는 행사

젊은 청중을 끄는 콘서트나 다른 행사들에는 많은 어려움이 있다. 이들 청중들은 길을 잃거나 친구들과 헤어지거나 대중교통을 놓치거나 대체 교통수단을 위한 돈이 부족할 수 있다.

부모들이 종종 자녀들을 이들 행사에 데려다 주는데 행사 후 자녀들을 찾는데 어려움을 겪는다. 만약 부모들이 자녀들을 데리러 승용차를 사용한다면 교통 혼잡으로 인해 베뉴 가까이 접근이 힘들 수도 있다.

- 콘서트 동안 부모들이 기다릴 수 있는 "부모들의 오아시스"를 만들어라. 행사가 끝나기를 기다리는 동안 시간을 보내기 위해 커피, 청량음료, 스낵 그리고 신문 등을 비치해 둘 수도 있다.
  "부모들의 오아시스"를 제공하는데 드는 추가 비용과 노력은 행사가 끝났을 때 젊은 청중들을 감당하는데 필요한 노력의 감소로 상쇄되고도 남는다.
- 명확하게 식별된 행사 직원이 길 잃은 어린이들과 부모들을 도울 수 있도록 공공 주소 시스템을 갖춘 정보 부스를 제공하라.
- "최악의 경우"에 부모가 자녀들을 만나러 현장에 접근하는 문제로 더욱 악화되는 점을 감안하여 그들의 부상당한 자녀들이 어디로 실려 갔는지를 알아내려는 노력에 대비한 긴급사태대책을 개발하라.

부록 5.5 경기 또는 행사일 운영 계획을 위한 고려사항

일반 조사와 운영계획 고려 사항

게임 또는 행사일 전에 시설과 특정 행사의 다음 특징들이 평가되어야 하고 다루어져야 한다.

수송 경로

- 배달 경로
- 방문 팀 경로
- 차량 행렬
- 비상 경로
- 대피 경로
- 병원 경로

현장 보안 검토

- 게임이나 행사 일정
- 배달 일정
- 인력과 언론의 이동
- 팀 이동
- 군중 통제
- 입장과 퇴장 경로
- 위험 요소(hazard)
- 비상사태
- 대피

- 위험(risk)
- 증명서
- 대응

직원 브리핑과 검토

이들 직원에는 다음이 포함되는데 이에만 국한되지는 않는다.

- 스포츠 소유주와 운영자 그리고 시설 관리자
- 선수들과 행사 인력
- 경찰
- 소방관
- 의료 요원
- 비상 관리
- 전기와 기계 기술자
- 시설 인력
- 보안 감독
- 통신 인력
- 물리적 시설
- 주차 관리
- 음식 서비스
- 오락 책임자
- 사설 보안 회사 대표
- 상인
- 후원 클럽

접근 통제

- 행사 입장 기준
- 행사의 티켓 발행 여부

- 언론과 일반에 개방 여부
- 팀 또는 공연인의 도착과 출발
- 직원, 상인, 팀, 경기 임원의 도착 시간과 위치
- 무대, 공연인, 언론, 일반, VIP, 사진기자
- 증명서를 발급받은 사람을 사진 부착 신분증으로 확인
- 손님과 재입장 규정

환경

- 행사 배치도
- 행사 구성 시간
- 좌석배치
- 방어벽
- 일반 군중 구역의 넘치는 상황(Overflow)
- 무대 크기와 완충구역 경계선
- 음향과 조명 회사
- 상인

정책과 절차

- 이름확인
- 증명서 발급
- 폭발물 제거 시간
- 배달
- 건물 보안
- 비상사태
- 대피
- 화재
- 의료

- 위협
- 방문자와 안내 절차
- 소란
- 형사 사건
- 발표

언론 관련

- 언론 통행증과 신분증
- 기자 명단
- 위성차량 주차
- 언론 구역
- 언론 출입구
- 언론 이동과 제한
- 완충지역 내에서의 언론이동
- 언론을 위한 직원안내
- 언론 센터

현장 역학 관계

현장 역학 관계를 고려할 때 다음 사람들이 고려되어야 한다.

- 시설과 대학교 인력
- 행사 서비스와 상인
- 음식공급
- 공연인과 고위인사
- VIP
- 팀
- 경찰과 소방
- 비상 서비스

- 주차
- 일반
- 언론
- 관련 없는 행사에서 온 사람

연락처

행사 전, 중, 후에 아래의 연락처들이 항상 이용 가능해야 한다.

- 경기 부책임자나 시설 관리자
- 운영 책임자
- 경기 또는 행사 인력
- 경찰
- 소방서
- 의료
- 보안 감독관
- 비상 관리
- 행사 판매 사무실
- 전기 그리고 기계 기술자
- 시설 인력
- 통신 인력
- 물리적 시설
- 주차 관리
- 오락 책임자
- 사설 보안 회사 대표
- 상인
- 후원 클럽

현장 고려사항

- 다른 사업체에 대한 영향 고려
- 주차 문제
- 주차 금지 구역을 일반에게 알리기
- 제한 구역을 일반에게 알리기
- 도로 차단을 일반에게 알리기
- 배달 일정 고려
- 장애자 접근 제공
- 공중 화장실 고려
- 대중을 위한 안전과 의료 관심사 고려
- 방지 자산(예: 로프, 장애물) 요구
- 기계적 문제나 기술적 고려 사항 해결

기술적 고려사항

행사를 준비할 때 시설 관리자들은 반드시 시설의 기술적, 기계적인 측면을 숙지해야 한다. 물리적 시설, 엔지니어, 소방, 법 집행기관의 대표들과 여러 고려 사항을 토론해야 한다.

물리적 보안 고려사항

- 출입 통제
- 자물쇠와 마스터 키
- 비디오 장비
- 투광 조명
- 비상등
- 외곽 조명

화재 보안 고려사항

- 살수 소화 장치
- 열과 연기 감지장비
- 알림 절차
- 소화기(위치)
- 화재 경보기 판독패널(위치)
- 소방인력과 소방국장
- 급수 차단 밸브

기계적 고려사항

- 기계실(잠기어지고 보호되는지)
- 예비 전력, 발전기, 지연시간
- 공기 조화 차단
- 정전 시 승강기 운영
- 자동문과 출입구(운영 이해하기)
- 수자원
- 가스관 위치
- 주방으로의 가스 공급
- 현장의 프로판 가스
- 무대 안정도와 무대 주위

환경적 고려사항

- 폭발물 탐지(EOD) 처리
- 차량과 트럭 폭탄 위협
- 현장의 위험물질
- 현장의 산업 위험

- 현장의 화학 약품
- 특수 효과(안전 고려사항)
- X-레이 장비
- 쓰레기통(비우고 치우기)
- 비상사태 준비태세

시설 관리자들은 항상 직원과 관중의 안전과 보안을 책임지고 있다.

관리자들은 일어날 수 있는 어떠한 문제들을 이해하고 예상해야 한다.

행사 전에 비상사태 준비태세를 반드시 경찰, 소방서, 의료 그리고 비상 관리 기관들과 조율해야 한다. 계획의 유형과 지원 규모는 행사와 현장에 따라 달라질 것이다. 행사를 준비할 때 다음 비상 계획 항목을 고려해야 한다.

통신 고려 사항

- 지휘소
- 빈도
- 장비
- 인력

사건사고 관리 계획

- 내곽, 가운데, 외곽 주변 대응
- 대피 경로와 계획
- 대피 경로 표시와 확인
- 대피 경로 정리

화재대응과 대피계획

- 화재 대피 계획
- 소방서 대응 시간

- 화재 대응 고지 시스템
- 화재 비상구의 위치와 식별
- 소화기와 호스의 위치
- 현장의 화재 인력

의료 비상 대응 계획

- 후송 계획(육로와 항공로)
- 현장 의료 인력
- 구급요원과 비상의료 요원(EMT)위치
- 구급차 접근
- 비상 착륙 구역
- 병원 위치

환경적 그리고 기계적 고려사항

- 마스터 키
- 군중 통제계획
- 폭파 장치
- 정전과 대피 계획
- 비상 조명
- 승강기 수리 대기
- 승강기로부터 구조능력
- 비상 그리고 대피 경로 정리
- 위험 물질
- 연재해 계획

부록 5.6 비상사태를 대비해 당신의 사업장은 얼마나 준비되어 있나?

준비태세 평가

	예	아니오	잘모름
1. 어떤 종류의 비상사태가 사업장에 내부적 또는 외부적으로 영향을 미칠지 알고 있는가?			
2. 당신의 사업체에는 외부의 도움이 도착하기까지 당신의 안전과 직원들을 돌볼 수 있도록 문서화되고 포괄적인 비상계획이 마련되어 있는가?			
3. 비상사태에 대비해 당신의 사업체는 재빨리 대피하고 피난처를 찾는 절차를 만들고 연습했는가?			
4. 당신의 사업체는 비상시 직원들과의 통신을 위한 계획을 만들어 놓았는가?			
5. 당신의 사업체는 잠재적 대체 수단에 관해 공공 서비스 공급자와 이야기하고 대체 옵션을 찾았는가?			
6. 당신의 비즈니스는 비상사태 직후 첫 번째로 운용될 필요가 있는 최우선 순위의 활동을 결정하였는가?			
7. 당신의 사업체는 컴퓨터 하드웨어, 소프트웨어, 주변장치(대체 또는 보호된 기록과 중요한 자료 같은)를 포함하는 물품과 장비 목록을 만들었는가?			
8. 당신의 사업체는 비상사태 시 현재 보험의 보장범위를 검토하기 위해 보험 제공자를 만났는가?			
9. 당신의 사업체는 동료직원들 사이에 가정과 개인의 준비태세를 장려하는가?(직원 회의, 뉴스레터, 회사 인터넷, 정기 직원 이메일 그리고 다른 내부 통신 수단을 통한 비상사태 준비태세 정보)			
10. 비상 대피 시 가동하게 남겨놓으면 안 되는 보일러, 자동 공급기 또는 그 외 다른 작업 장비를 위한 비상 정지 절차를 개발했는가?			
11. 당신의 사업체는 비상 계획 활동에 관해 지역사회와 협력하였으며 지역사회 복구를 위한 계획세우는 것을 도왔는가?			

준비태세 결과

점수를 계산하기 위해 "예"라고 응답한 수를 세어라. 당신의 점수는 당신 사업체에서 비상 계획 활동에 관해 얼마나 아는지 그리고 비상사태에 대비해 얼마나 준비되어 있는지의 일반적 반영이다.

만약 당신이 8-11개의 "예" 응답을 했다면 당신은 포괄적이고 효과적인 계획 마련을 잘하고 있는 중이다.

만약 4-7개의 "예" 응답을 했다면 일부 계획은 마련되어 있지만 당신이 할 일이 조금 더 남아있다.

만약 1-3개의 "예" 응답을 했다면 당신의 사업체를 위해 비상사태 계획 개발을 즉시 시작하라.

부록 6.1 대학 스포츠 행사를 위한 비상 사태 대응 계획 템플릿

목적

- 비상사태 시 명확한 행동 방침을 제공한다.
- 필요하면 특정 대피 절차를 요약하라.
- 모든 위험 사건사고에 대해 직원과 행사인력들을 준비시켜라.

일반 지침

- 직원과 행사인력들은 계획에 익숙해야 하며 제시된 지시를 따라야 한다. 그러나 문서화된 계획에서 벗어날 것을 요구하는 어떤 상황이 일어날지도 모른다.
- 비상상황에서는 모든 위치로부터 지휘실로 정보가 효율적으로 흘러야 하고 직원들은 감독관에게 전개상황을 알려야 한다.
- 비상상황 동안 공보관이 언론에게 정보를 제공한다.
- 직원들은 언론과 비상사태에 관해 논의하지 않아야 하며 언론 대표를 지정된 공보관에게 보내야 한다.

계획 작동을 촉진하는 비상상황

- 폭발물 위협
- 폭발
- 화재
- 정전
- 험한 날씨
- 군중 통제 문제

- 테러 활동
- 시설 내 범죄 활동
- 시설 외부 주위의 재난 사고
- 건물(구조) 붕괴

명령 계통

- 고위 대학 캠퍼스 경찰관(상급 소방관이 화재 관련 위험지휘를 한다.)
- 경기 책임자
- 경기 선임 부책임자
- 경기 시설 보조책임자
- 경기 운영 보조책임자
- 경기 내부업무 보조책임자
- 경기 티켓 운영 보조책임자

비고: 비상사태 동안 지휘계통에 있는 모든 인력은 반드시 지휘실에 보고한다.

인력 계획

다음 인력들은 지휘실에 보고 해야 한다.

- 사건사고 지휘관(IC)- 고위 대학 경찰관 또는 소방관
- 대피 주 책임자(PEO)- 경기 책임자
- 대피 부 책임자(AEO)-경기 시설 보조책임자
- 공보 책임자(PIO)-경기 스포츠 정보 보조책임자
- 경찰 관리자- 사건사고 지휘관(IC) 역할을 한다.
- 보안 관리자- 보안인력 책임자
- 의료 관리자-응급의료 활동 선임 의료요원 책임자
- 물리적 시설 감독관
- 경기 시설 보조책임자

• 경기 운영 보조책임자

집결 구역

지휘실(위치기입)________________: 여기는 비상사태 시 주 정보와 회의 장소이다. 다음 인력들이 지휘실에 배치된다.

• 사건사고 지휘관(IC)

• 경기 책임자

• 경기 운영 보조책임자

• 공보 책임자

• 파견 경찰관

• 파견 의료 요원

지휘실 인력들의 책임을 문서화 한다.

지휘실에는 다음 장비들이 이용 가능해야 한다.

• 유선 전화

• 무선 전화

• 무전기

• 비상 대응 절차(ERP) 사본

• 시설 지도와 도표

• 휴대용 확성기

• 비상 연락처

보안 통제 장소(위치기입)__________________________: 보안 감독관이 보안 통제 장소(SCS)의 지휘관이다. 여기에서 비상사태관련 지시를 위해 직원과 회의를 한다.

보안 감독관은 사건사고 지휘관(IC)과 긴밀히 협조한다.

언론 장소(위치기입)__________________________: 비상사태 관련정보

를 얻기 위해 언론은 여기로 안내된다. 공보책임자(PIO) 또는 스포츠 정보 책임자가 언론을 다루기 위해 상주한다.

언론 장소 인력들의 책임을 문서화 한다.

응급 의료 통제 장소(위치기입)_______________________________: 만약 시설이 안전하지 못하여 전면 대피가 요구되면 비상사태 관리 서비스(EMS)는 비상 부상자 분류 계획을 작동한다.

응급 의료 통제 장소 인력들의 책임을 문서화한다.

직원 보고 장소(위치기입)___________________________________: 전면 대피 시 직원들은 책임자로부터 지시를 받기 위해 지정된 구역에서 만난다.

직원 보고 장소 인력들의 책임을 문서화한다.

부록 6.2 경기장을 위한 대피 계획템플릿

아래 빈칸에 경기장 명칭과 다른 적절한 정보를 기입하라.

1. 서문

(경기장 명칭 기입)____________________에서의 행사는 (주 명칭 기입)___________에서 주최되는 최고의 행사로 간주된다. 그렇기 때문에 관중, 참가자, 직원들을 경기장 내로부터 대피, 장내피난, 이동시킬 필요가 있는 만일의 사태에 대비해 (경기장 명칭 기입)____________________을 준비할 필요가 있다.

위험을 평가하고 취약점을 줄이고 준비태세를 강화하는 것은 잠재적 위험과 결과를 최소화 할 수 있도록 도울 것이다. 그러므로 (경기장 명칭 기입)________________의 보안 인력들이 위험 요소, 적절한 대응 계획, 일반에게 공지, 대피계획 실행에 있어 훈련을 잘 받는 것이 아주 중요하다. 이 대피계획은 (경기장 명칭 기입)____________________의 비상사태 계획(EP)을 보충한다.

이 계획을 위한 템플릿은 연방 기관, 대학 연구 조직, 스포츠 리그 그리고 경기장 안전과 보안에 관련된 자문 위원과 전문가 협회로 구성된 실무 단체에 의해 개발 되었다.

2. 목적

이 대피 계획은 (경기장 명칭 기입)_______________에 참관한 모든 개인들의 안전을 효과적으로 다루기 위해 대피, 장내피난, 이동에 관한 지시와 안내를 제공한다. 비상사태 계획은 (경기장 명칭 기입)____________에서의 비상사태나 중요한 사건사고에 대응하는 절차를 설명한다. 대피 계획은 비상사태나 중요한 사건사고에 대한 대응에서 대피, 장내피난 또는 이동절차를 개발하고 실행하기 위한 안내를 제공한다.

대피 계획은 (경기장 명칭 기입)____________의 보안 또는 안전 책임자인 (이름 기입)____________와 (카운티/시 명칭 기입)____________의 비상사태 관리 책임자인 (이름 기입)____________에 의해 준비되었다.

이 문서는 다음 사람들과 조율하고 협력하여 준비되었고 그들이 동의하는 서명을 했다.

경찰책임자____________,&직원____________경찰서

소방책임자____________,&직원____________소방과 구급

Sheriff____________,&직원____________Sheriff 사무실

비상 관리 책임자____________

응급의료 서비스 책임자____________

주 고속도록 순찰대장____________&직원____________

주 수사국____________&직원____________

연방 수사국 담당 요원____________&직원____________

술, 담배 무기국 (ATF)____________

약물 남용 위원회____________

연방 항공국, 운항 정책관____________

그 외 만약 추가적 또는 다른 사람이 있으면 계속해서 목록에 넣어라.

____

____

____

3. 관련 계획

이 부분은 (*경기장 명칭기입*)____________________에 적용 가능한 계획, 정책 그리고 안내 문서의 개요를 제공한다. 계획은 경기장이 위치해 있는 카운티나 시에 의해 관리된다.

A. (경기장 명칭 기입) __________________ 소유주의 보안과 안전 지침 참조 설명서

소유주의 보안과 안전 지침 참조 설명서에 관한 간단한 설명 기입

B. (경기장 명칭 기입) __________________ 비상 행동 계획

비상 행동 계획에 관한 간단한 설명 기입

C. (경기장 명칭 기입) __________________ 보안과 안전 계획

보안과 안전에 관한 간단한 설명 기입

D. 그 외(적합하다면)

- 다른 경기장 계획 참조
- 카운티 계획(대규모 사상자 발생 사태 계획을 포함) 참조
- 시 계획 참조

4. 지휘 구조 또는 대응 조직

대피, 장내 대피, 이동을 위한 지휘구조와 대응 조직은 비상 계획(장의 번호 기입)_____장에서 보듯이 정상적인 지휘 구조를 반영해야 한다.

지휘 구조나 대응 조직을 묘사하는 도표가 또한 비상 계획에 포함되어 있다.

A. 관할권과 책임

- 대피 활동에 영향을 주는 법, 조례, 기관을 알아내라.
- 대피 활동과 관련된 모든 책임 문제를 알아내라.
  참조: 경기장 대피 계획 가이드, 3.1.1 행정

B. 대피 팀– 역할과 책임

- 각 단체를 정의하고 주요 인력을 지명하고 확인하라.
  참조: 경기장 대피 계획 가이드2..1 대피 팀

C. 지도와 통제– 역할과 책임

- 각 단체를 정의하고 주요 인력을 지명하고 확인하라.
  참조: 경기장 대피 계획 가이드, 2.2 지도와 통제

D. 지역, 주, 연방 원조– 역할과 책임

- 각 단체를 정의하고 주요 인력을 지명하고 확인하라.
  참조: 경기장 대피 계획 가이드, 2.3 지역, 주, 연방 원조

E. 주변 업계와 민간 분야 원조– 역할과 책임

- 각 단체를 정의하고 주요 인력을 지명하고 확인하라.
  참조: 경기장 대피 계획 가이드, 2.4 주변 업계와 민간 분야 원조

F. 지역 수송 구조– 역할과 책임

- 각 단체를 정의하고 주요 인력을 지명하고 확인하라.
  참조: 경기장 대피 계획 가이드, 2.5 지역 수송 구조

5 .행사 전 계획 고려사항

(경기장 명칭 기입)____________________에서의 계획된 행사 전에 행사 전 계획 고려사항이 고려되어야 할 필요가 있다. 대피 계획의 이 부분은 경기장에서 일어날 수 있는 잠재적 위험의 유형 또는 시나리오 그리고 경기장에 있는 관중과 참가자의 수와 구성에 관한 더 많은 정보를 제공한다.

A. 잠재적 위험과 시나리오

아래 표 1은 (경기장 명칭 기입)____________________에서 예상되는 잠재적 위험을 포함하고 있다. 표는 또한 위험의 가능성과 각각의 위험에 대해 대피, 장내 대피 또는 재대피 적절한 대응인가를 설명하고 있다.

표 1: (경기장 명칭 기입) ______________ 위험과 시나리오

	위험의 가능성 높음, 중간, 낮음	대피, 장내 대피, 또는 재배치 결정
날씨		
비		
번개		
토네이도		
열기		
극심한 천둥-심한		
비 또는 홍수		
심한 바람		
허리케인		
심한 눈		
비상 상황		
누출 사고(화학적, 생물학적, 방사능 물질)		
IED 또는 폭발물 위협		
총격사건		
대량 살상 사건		
공공 소요		
음식에서 오는 질병 (예: 식중독 사고(햇볕에 내 놓은 마요네이즈))		
화재-여러 개의 모터홈, 경주장, 연소물, 구조물, 연료		
HAZMAT		
구조물 붕괴		
테러-WMD, 폭발, 화학적 또는 생물학적 사건사고,		
방사능 물질이든 폭탄		

부록 6.3 계획 과정과 절차

대피 계획 가이드 회의 절차(경기장 대피 가이드의 사용)

대피 계획 회의의 목적은 경기장에서 발생할 수 있는 어떠한 유형의 대피, 장내 대피, 재배치 상황이라도 처리할 수 있는 통합 공동 대응을 계발하기 위해서이다. 대피 계획 가이드(템플릿)는 경기장 대피 계획 개발을 위한 지침으로 만들어졌다.

대피 계획 회의의 초점은 현재 마련되어있는 특정한 비상 활동 계획의 일부로 대피 계획을 개발하는 것이다. 대피 계획이 이미 마련되어 있는 경기장에서는 계획 과정과 템플릿이 준비된 계획의 향상을 도울 것이다. 대피 계획이 독립적일 것이라고는 생각되지 않았다. 그러나 이것은 경기장의 준비된 비상 활동 계획의 일부가 될 것이다. 예를 들어 대피에 대응하기 위한 조직의 구조는 대피 계획에서 다루어질 일부분이다. 그러나 이 대응 조직은 경기장내의 다른 대부분의 비상 상황을 다루는 조직과 비슷할 것이라고 생각된다.

계획 회의는 경기장과 경기장에 대한 위험을 잘아는 사람에 의해 주도되어야 한다. 회의 중 메모를 할 누군가를 지명하고, 상세한 계획에 관한 적절한 정보, 결정, 전체 계획 팀이 경기장 대피 계획을 개발하는데 사용할 수 있는 두드러진 계획 문제를 제공한다.

누가 계획 회의에 참석해야 하는가?

모든 관련된 경기장, 지역, 주, 연방 그리고 업계 파트너들이 회의에 초대 되어야 한다. 여기에는 대피계획에 관해 그들이 속한 기관을 대표해 말하고 결정을 내릴 수 있는 개인들과 현재 경기장 계획에 관한 지식이 있는 이들이 포함되어야 한다.

계획 회의 동안 계획 팀을 위한 적절한 멤버 구성과 계획과 계획 과정 관리를 책임질 책임자를 결정 하는 토론을 해야 한다.

참가하도록 초청되는 지역, 주, 연방, 그리고 업계 인력과 기관에는 다음이 포함된다.

- 경기장
- 법 집행기관
- 경찰과 소방
- 비상 관리
- 보건과 안전
- 의료(건강 보호 시설과 응급 의료 서비스(EMS))
- 업계 이웃들
- 그 외 특정 위치에 따라 필요거나 요구되는 기관들

인력과 기관들이 계획 회의를 어떻게 준비해야 하나?

- 계획 회의에 참가하는 모든 인력들은 모든 비상 대응 계획과 절차 특히 대피, 장내 대피, 재배치에 관련된 것을 검토해야 한다. 이들 계획들에는 서로 연결되어야 하는 지역 비상 대응계획과 경기장 비상 행동 계획이 둘 다 포함 되어야 한다.
- 이 회의에 참석한 이들을 안내하는데 사용될 문서이기에 경기장 대피 가이드를 검토하고 충분히 이에 익숙해져야 한다.
- 경기장 또는 지역 사회 내에 가깝게 위치한 특별 주변 시설을 검토하라.
- 지역뿐만 아니라 경기장 지도, 시설 도면, 그림 등을 가져와라. 이것들은 자원 집결 구역, 대피자 대기구역, 보행자와 차량을 위한 운송 경로 등과 같은 항목을 계획하는데 도움이 될 것이다.
- 경기장에 익숙해져라(예: 구역 당 좌석 수, 중앙 홀이나 식당 등으로부터

행사를 관전할 수 있는 사람 수).

- 장내 대피를 위해 이용 가능한 구역을 찾아내라.
- 계획 회의 최소 일 주전에 주요 참가자들에게 기존의 비상 계획 복사 분을 보내서 그들이 경기장에 도착하기 전에 대응 운영에 익숙해지도록 한다.
- 병원의 최대 수용력을 포함한 지역의 대응 능력에 익숙해지도록 한다.
- 계획 회의 동안 논의 할 수 있는 몇 몇 실현 가능한 시나리오를 만들어라. (아래 계획 회의 의제 원안 참조) 시나리오 토론은 계획과정에서 만들어진 결정을 비준하기 위한 분석의 일환으로 사용될 수 있다.

계획 회의를 위한 물류 요건은 무엇인가?

계획 회의를 위한 물류 요건에는 회의 장소, 최소한의 음향, 영상 요건이 포함된다. 기본적인 요건은 필요한 수의 참석자들을 수용할 수 있는 회의 장소(탁자와 의자)이다. 회의 장소는 지도, 도면, 비상 계획 그리고 그 외 필요한 놓을 수 있을 만큼 커야 한다. 회의 장소에는 화이트보드 또는 넘기는 차트, 영사기와 화면, 원격 회의 능력, 컴퓨터 연결을 위한 연결선, 멀티탭이 포함되어야 한다. 비록 회의실에는 필요 없지만 복사기와 프린터 사용이 필요할 수도 있다.

계획 회의 의제(원안)

- 환영과 소개
- 계획 회의의 목적과 목표
- 기존의 비상 계획과 절차를 검토 한다.
  - 격차와 모순 토론
  - 대피계획이 어떻게 기존의 계획에 부합하는가?
- 경기장 현장을 둘러보고 부지에 익숙해지도록 한다.
- 경기장, 지역 위험 그리고 취약점을 검토한다.

- 계획 가이드를 통해 일한다.
  - 조직 구조
  - 운영 개념
  - 프로그램과 계획 유지
  - 부속
- 시나리오 사건사고를 검토한다. – 대피, 장내 대피, 재배치 옵션을 논의하라.
- 다음 단계를 논의하라.

부록 6.4 비상사태 관리 고려 사항

완화

- □ 위험 평가 수행
- □ 지역 또는 지방 파트너들과 상호 원조 협약 체결

준비태세

- □ 대피 계획을 포함한 비상 대응 계획 계발
- □ 특정 비상 발표를 위한 공공 연설 청각적 또는 시각적 원고 계발
- □ 다기관을 포함하는 대피 시뮬레이션을 매년 실시하라.
- □ 비상 절차를 시험하기 위한 탁상 연습을 실시하라.
- □ 행사 보안에 관련된 기관들에게 브리핑과 디브리핑을 실시하라.
- □ 비상 대응 훈련을 업데이트하기 위해 지속적인 직원 훈련을 실시하라.

대응

- □ 지휘와 통제 센터를 설립하라.
- □ 지휘 센터에 중요한 계획의 복사분을 보관하라.
- □ 경기장 시설에 명확한 출입 비상 경로를 확인하고 유지하라.
- □ 필요하면 사건사고 평가 보고를 실시하라.

복구

- □ 일차적, 이차적 환자 우선 선별 현장을 지정하라.
- □ 상호 공동 사용 가능한 통신을 유지하라.
- □ 환자 급증에 적절히 대응할 수 있도록 지역 병원과 계획을 수립하라.

부록 6.5 폭발물 위협 체크 목록

대부분의 폭발물 위협은 전화로 받게 된다. 폭발물 위협은 아니라고 판명되기 전 까지는 심각하다. 빨리 행동하라. 그러나 평정심을 유지하고 체크 목록에서 정보를 얻어라.

만약 전화로 폭발물 위협을 받게 되면:

1. 평정심을 유지하라. 전화를 건 사람과 최대한 길게 통화하라. 비록 상대가 전화를 끊더라도 **절대로 전화를 끊지 마라.**
2. 주의해서 들어라. 예의 바르게 대하고 관심을 보여라.
3. 더 많은 정보를 얻기 위해 전화건 자가 계속 이야기하도록 하라.
4. 가능하다면 동료에게 메모를 써서 당국에 연락하도록 하거나 전화건 자가 끊으면 직접 연락하라.
5. 만약 전화에 표시창이 있으면 이 창에 뜬 번호나 문자를 받아 적어라.
6. 폭발물 체크 목록을 즉시 작성하라. 기억하는 것을 최대한 상세히 적어라.
7. 전화를 끊기는 즉시 수화기를 놓지 말고 다른 전화로 즉시 FPS(Federal Protective Service)에 정보를 알리고 지시를 기다려라.

만약 손으로 쓴 쪽지로 폭발물 위협을 받게 되면

- ____________________에 전화하라.
- 쪽지를 가능하면 손대지 않고 보존하라.

만약 이메일로 폭발물 위협을 받게 되면

- ____________________에 전화하라.
- 메시지를 지우지 마라.

의심 가는 물건의 징후

- 반송 주소가 없음
- 이상한 냄새
- 과도한 우편요금
- 얼룩
- 이상한 소리
- 예기치 못한 배달

다음을 해서는 안 된다.

- 무전기나 무선전화기 사용; 라디오 시그널은 잠재적으로 폭발물을 폭파시킬 수 있다.
- 경찰이 도착해서 위협을 평가하기 까지 빌딩 대피
- 화재 경보장치 작동
- 의심 가는 패키지를 만지거나 옮기기

폭발물 위협 체크목록

날짜 ______________________ 시간 ______________________

제보자가 전화를 끊은 시각 ______________________

전화 받은 곳의 전화번호 ______________________

제보자에게 질문:

폭발물이 있는 위치는? ______________________

언제 폭발 할 것인가? ______________________

폭발물은 무엇처럼 보이나? ______________________

어떤 종류의 폭발물인가? ______________________

어떻게 하면 폭발물이 폭파되나? ______________________

당신이 폭발물을 설치했는가? □ 예 □ 아니오

왜? ______________________

당신의 이름은 무엇인가? ______________________

정확한 위협 문구:

제보자에 대한 정보:

제보자의 위치는? (뒷배경과 소음 정도) ______________________

예상 연령: ______________________

목소리가 익숙한가? 익숙하다면 누구처럼 들리는가? ______________________

기타 정보 ______________________

제보자의 목소리:

억양	깊음	혀짧은 소리	빠름
화남	숨을 깊게 쉼	큰소리	귀에 거슬리게 거침
침착함	위장함	남성	느림
헛기침	독특함	콧소리	흐릿함
기침	흥분됨	정상	부드러움
갈라지는 소리	여성	지침	말 더듬기
울음	웃음		

배경 소음:

짐승 소리	부스	모터	사무기기
가정 소음	PA 시스템	깨끗함	지역
주방 소음	대화	전파방해 잡음	장거리
거리 소음	음악		

위협 언어:

앞뒤가 안 맞음	녹음됨	세속적임
읽은 메시지	비이성적임	말을 잘함

부록 6.6 경기장에서의 관중 폭력에 대한대응

1. 베뉴

대응	작용 방법	아래 경우 최상 작용	고려 사항
접근 장애물 만들기	팬들이 공연을 방해하는 것을 방지하고 공연자와 관중을 둘 다 보호한다.	팬들이 쉽게 장애물을 못 넘는다.	장애물이 시야를 가리지 말아야 하며 안전위협이 되지 말아야 한다. 만약 군중 쇄도나 이와 비슷한 사고가 발생하면 장애물은 "죽음의 덫"이 될 수 있다. 그래서 장애물은 극심한 압력을 받으면 안전하게 무너지도록 건설 되어야 한다.
적절한 시설과 적당한 배치	긴 대기행렬과 혼잡을 줄인다.	관중들이 시설에 동등하게 접근 할 수 있다.	음료수 대기 형렬을 줄이면 술 소비가 늘어날 수 있다.
무대, 음향장비, 그리고 스크린의 전략적 배치	많은 관중을 분리시키고 좌석 배치를 유지한다.	관중들이 그들의 지정된 좌석에서 무대나 스크린을 쉽게 볼 수 있어야 한다.	추가 음향장비는 볼륨과 소음 관련 불만을 증가 시킬 수 있다.
적절한 주변 주차공간 제공	폭력적 행동에 연관될 수 있는 기회를 줄인다.	입, 출구 지점이 여러 개 있다.	큰 주차 구역은 차량 도난과 기물파손의 기회를 제공한다. 이것은 또한 빨리 드나들 수 없는 분노 때문에 교통 혼잡과 분쟁의 가능성을 조성한다.
표시 하기	경기장에 두루 걸쳐 안전을 유지하고, 이동과 활동을 용이하게 하기 위해 정보를 관중들에게 전달한다.	표시는 군중 위에 있어서 쉽게 볼 수 있어야 하고 공공시설 파괴자가 미칠 수 없는 곳에 있어야 한다.	표지는 관중의 인구구성에 따라 몇 개의 다른 언어로 인쇄될 필요가 있다.
아주 위험한 행사를 위해 베뉴 바꾸기	중립적인 환경을 조성하고 팬들과 방문팀과의 긴장을 완화한다.	대체 베뉴에 갈 수 없는 팬들이 TV로 행사를 시청할 수 있다.	대체 베뉴 주변의 주민들이 행사 참관에 관심이 적으면 행사 주최자는 금전적인 손해를 볼 수 있다; 베뉴 변경이 경기장 밖에서의 행사 후 축하행사를 막을 수는 없다.
체포되거나 베뉴를 떠나기를 거부한 관중들을 처리하거나 수용하는 구역을 설립한다.	폭력적인 관중을 나머지 관중들로부터 격리 시킬 수 있는 장소를 제공한다.	다른 관중들이 그 구역을 보거나 접근 할 수 없다.	행사를 방해하지 않고 관중들을 지역 유치장이나 법정으로 수송하기 위한 계획이 반드시 마련되어야 한다.
폭력을 용이하게 하는 경기장 기능을 재설계한다.	관중 공격의 잠재적 목표를 방어한다.	관중 공격이 경기장내 특정 구역에 집중 되어있다.	큰 공사는 비용이 들고 소유주는 이러한 변화를 위해 자원을 투자하거나 베뉴를 닫는 것을 원치 않을 수도 있다.
구획화된 지정 좌석을 제공한다.	군중을 작고 관리하기 쉬운 그룹으로 나누어 일반적으로 페스티발 좌석 배치와 관련된 군중 혼잡을 줄인다.	분쟁을 피하기 위해 각각 좌석의 표를 발매하며 안내원이 관중들을 그들의 좌석으로 안내한다.	지정 좌석은 베뉴의 전체적인 관중 수용을 줄여 수입이 줄어들 수 있다.

2. 행사

대응	작용 방법	아래 경우 최상 작용	고려 사항
술 판매 제한	음주 만취와 관련된 폭력을 줄인다.	직원들이 술 취한 표시를 인식하도록 훈련되어 있다.	술 판매는 수입을 발생시킨다. 그래서 경영진은 판매 감소를 보상하기 위해 가격을 올린다; 술 판매 제한은 관중들이 술 취해 도착하거나 행사장으로 술을 몰래 반입하려는 것을 장려한다.
방해 관중 제거	그들의 행위로 인한 피해를 제한하고 다른 관중 들이 더 동요되는 것을 방지한다.	경찰은 오직 방해 행위를 한 사람만을 목표로 한다.	관중 제거는 완력을 필요로 할 수 있으며 다른 관중들을 동요시킬 수 있다.
알려진 말썽꾼과 술 취한 관객의 입장 거부	행사에서 폭력 행위를 할 의사가 있는 사람들의 풀을 제한한다.	직원들이 입장 금지 자와 술 취한 표시가나는 사람을 식별 할 수 있다.	어떤 팬들은 많은 양의 음주에도 불구하고 술 취한 표시가 겉으로 드러나지 않을 수 있다.
경기장 반입 물품 검사	관중들이 언쟁 중 무기로 사용될 수 있는 물건을 반입하는 것을 방지하라.	직원들이 경기장 입장을 지연 시키지 않고 관중을 재빠르게 검사할 수 있다.	여자 관중을 검사하기 위해 여자 직원이 필요할 수 있다; 금속 탐지기는 비싸다.
상황적 폭력 선동자 줄이기	관중 폭력을 조장할 수 있는 물리적, 사회적 상황적 요소를 제거하라.	경찰이 특정 경기장의 팬 문화에 익숙하고 새로운 선동자의 출현을 알아낼 수 있다.	옥외 경기장의 온도와 실내 경기장의 소음 정도를 통제하기 어렵다.
해산 과정 통제	관중들이 경기장을 떠날 때 발생하는 혼잡을 예방하라.	행사 후 활동이 모든 관중들이 아닌 일부 관중들의 관심을 끈다.	행사 후 활동은 추가 직원 또는 인력을 필요로 한다.
허가 요구와 오락 법령 엄수	다가오는 행사, 제한 사항, 행사 기준을 당국에 미리 알리고 기본 요구사항 충족을 위해 주최측이 책임지도록 하라.	경기장 행사를 관장하는 시의 법령이 미리 마련되어있다.	시의회가 새로운 법안을 통과 시켜야 할 수도 있다.
폭력 행위 벌금 광고	관중 관련 폭력을 억제한다.	그러한 행동에 대한 법과 제재가 마련되어있고 관중들이 이 제재를 신뢰할만하다고 본다.	벌금은 폭력 행위 연루의 인지된 혜택을 상쇄할 만큼 가혹해야 한다.
연령과 성별이 다양한 관중 마케팅 장려	젊은 남자 관중의 풀을 줄인다.	행사를 가족 친화적으로 광고한다.	이 전략은 어떤 행사의 인기도를 하락 시킬 수 있다. 만약 가족 단위 관중이 젊은 남자관중들이 있는 곳과 완전히 다른 구역에 있으면 이점을 잃는다. 베뉴 안에서 섞여 있는 것이 필요하다.

3. 직원

대응	작용 방법	아래 경우 최상 작용	고려 사항
효과적인 지휘소 설립	정보흐름을 용이하게 함으로써 예방 활동을 돕는다.	모든 기관의 대표가 지휘소에 주재한다.	한 기관이 통신 활동을 지휘 할 필 요가 있다.
적절한 대응을 위한 직원 훈련	다양한 관중 역학의 복잡성을 다룰 수 있도록 직원을 훈련하라.	경험 많은 직원이 경험 없는 직원을 도울 수 있다.	어떤 부서는 좀 더 광범위한 훈련이 요구될 수 있다.
다른 보안 단계 사용	경찰 인력의 필요를 줄인다.	경기장 직원들이 행사마다 일정하게 유지되어야 한다.	만약 다른 직원이 관중의 관심사 또는 분쟁을 효과적으로 다루지 못하면 지원을 위해 경찰이 반드시 대기해야 한다.
보안 가시성 향상	폭력 행위를 고려하는 이들에게 시각적 억제제를 제공한다.	경기장 전체에 걸쳐 제복을 입은 직원들이 전략적 지점에 배치된다.	너무 많은 제복 요원들은 적대적 분위기를 만들 수 있다.
기술 결합	감시를 향상시키고 무력의 필요성을 없앤다.	중앙화 된 위치에서 보안 요원이 카메라를 주시할 수 있다.	비치명적 무기사용은 특수 훈련을 필요로 하고 안전에 위험을 줄 수 있다.

부록 6.7 사업장 복구 계획 템플릿

사업 지속과 재난 대비 계획

사업을 지속하기 위한 계획

사업장 명칭________________________________

주소________________________________

시, 주, 우편번호________________________________

전화번호________________________________

만약 이 위치가 접근 불가능하면 아래 위치에서 운영 할 것이다.

사업장 명칭________________________________

주소________________________________

시, 주, 우편번호________________________________

전화번호________________________________

다음 사람이 우리의 첫 번째 위기 관리자이며 비상시 회사의 대변인이 된다.

첫 번째 비상 연락처________________________________

전화번호________________________________

대체번호________________________________

이 메일________________________________

만약 이 사람이 위기를 관리할 수 없으면 다음 사람이 관리직을 계승한다.

두 번째 비상 연락처____________________

전화번호____________________

대체번호____________________

이 메일____________________

비상 연락 정보

비상시 911에 연락____________________

비상시가 아닌 경찰과 소방서 번호____________________

보험회사____________________

다음의 자연 그리고 인공재해가 우리 사업장에 영향을 줄 수 있다.

비상사태 계획팀

다음 사람들이 비상사태 계획과 위기관리에 참가 할 것이다.

다른 이들과의 조율 계획

주변 사업체와 우리 건물 관리부에서 온 다음 사람들이 비상사태 계획 팀에 참가할 것이다.

____

____

____

____

____

우리의 중요한 작전

다음은 재난으로부터의 복구를 위해 필요한 중요한 작전, 직원 그리고 절차를 우선 순위화한 목록이다.

작전	담당 직원	행동 계획

공급자와 계약자

회사 이름______________________________

거리 주소______________________________

시______________________________

주______________________________

우편번호______________________________

전화번호______________________________

팩스______________________________

이메일______________________________

담당자 이름______________________________

구좌 번호______________________________

제공된 자재/서비스______________________________

만약 위의 회사가 재난을 당하면 우리는 공급/자재를 다음 회사로부터 얻을 것이다.

회사 이름______________________________

거리 주소______________________________

시______________________________

주______________________________

우편번호______________________________

전화번호______________________________

팩스______________________________

이메일______________________________

담당자 이름______________________________

계좌 번호______________________________

제공된 자재/서비스______________________________

만약 위의 회사가 재난을 당하면 우리는 공급/자재를 다음 회사로부터 얻을 것이다.

회사 이름______________________________

거리 주소______________________________

시______________________________

주______________________________

우편번호____

전화번호____

팩스____

이메일____

담당자 이름_____________________________________

계좌 번호_______________________________________

제공된 자재/서비스_______________________________

(주소 기입)_____________________________를 위한 대피 계획

다음 자연 그리고 인공 재난이 우리 사업장에 영향을 줄 수 있다.

우리는 혼란과 교통정체를 피하기 위해 주변 사업장과 건물 소유주와 협력하여 이 계획을 개발하였다.

우리는 건물과 현장 지도를 찾았고, 복사했고, 벽에 붙였다.

비상구를 명확히 표시했다.

대피 절차를 일년에____번 연습할 것이다.

만약 우리가 반드시 재빨리 사업장을 떠나야 한다면: ________________

____

____

____

1. 경보 시스템:___________________________________

일년에____번 경보 시스템을 테스트하고 결과를 기록 할 것이다.

2. 집합 장소:____________________________________

3. 집합 장소 관리자와 대체자______________________________

포함된 책임:______________________________

____

____

____

4. 폐쇄 관리자와 대체인______________________________

포함된 책임:______________________________

____

____

____

5. ______________________이 "모두 이상 없음" 선포를 책임진다.

(주소 기입)______________________________를 위한 장내대피

다음의 자연 그리고 인공 재난이 우리 사업장에 영향을 줄 수 있다.

우리는 동료들에게 회사가 어떤 비상 물자를 대피소에 제공할 것인지와 개인이 어떤 개인 물품을 휴대용 키트에 보관할지에 관해 이야기했다.

우리는 건물과 현장 지도를 찾아서 복사하고 벽에 붙였다.

우리는 대피소 피난 절차를 일 년에 ____번 연습할 것이다.

만약 재빨리 대피소에 피난해야 한다면______________________________

____

____

____

1. 경보 시스템______________________________

일년에 ____번 경보 시스템을 시험하고 결과를 기록한다.

2. 폭풍 대피소 위치______________________________

3. "Seal the room" 대피소 위치________________________________

4. 대피소 관리자 그리고 대체자________________________________

포함된 책임________________________________

____

____

____

5. 폐쇄 관리자와 대체자________________________________

포함된 책임________________________________

____

____

6. ________________이 "모두 이상 없음" 선포 책임을 진다.

통신

우리는 동료들과 비상 계획을 다음의 방법으로 통신한다.________________

____

____

우리는 재난 시 직원들과 다음의 방법으로 통신한다.________________

____

____

사이버 보안

컴퓨터 하드웨어를 보호하기 위해 우리________________________________

________________________________를 할 것이다.

만약 컴퓨터가 파괴되면 우리는 다음 위치의 백업 컴퓨터를 사용 할 것이다.

____

기록 백업

______________________이 급여지급과 회계를 포함한 중요 기록 백업을 책임진다.

이 계획과 현장 지도, 보험 증서, 은행 구좌 기록 사본과 컴퓨터 백업을 포함하는 백업 기록은 현장 외의 다음 위치에 보관 된다.__________________

____

____

만약 회계와 급여 지급 기록이 파괴되면 우리는 다음과 같이 업무를 지속할 것입니다.

____

____

● 직원 비상 연락 정보

다음은 우리 동료들과 그들의 개인 연락 정보이다.

____

____

____

● 연례 검토

우리는 이 사업장 지속과 재난 계획을________에 검토할 예정이다.

추가 사항:____

____

____

부록 7.1 행사 직원 능력, 직무 그리고 주요 보안 고려사항

주차 안내원

능력

- 주차 구역에 권한 없는 접근 금지
- 고객들 안내
- 주차 셔틀 운행
- 장애 고객 보조
- 안전하지 못하고 불법적인 활동 감시와 이에 대비한 보호

직무

- 손님 맞기
- 손님 안내와 질문 답하기
- 주차 허가증 확인
- 셔틀 운전
- 우려되는 물건의 감시와 보고
  - 버려진 차량
  - 위조된 허가증
  - 불법 주차
  - 언쟁과 논쟁
  - 무기

주요 고려사항

- 행사 전 검색
- 차량 심사
- 좋은 조명과 가시성
- 효과적인 통신 시스템
- 정책 집행
- 증명서 통제 절차
- VIP 도착 지점

일반적 문제점

- 버려진 차량
- 위조 허가증
- 불법 주차
- 방치된 불과 그릴
- 언쟁과 논쟁

출입구 보안

능력

- 권한 없는 베뉴 입장 금지
- 금지된 물건 검사
- 질문 답하기
- 필요에 따라 보안 인력이나 법 집행 인력 지원

직무

- 손님을 맞고 안내
- 보안 검색 수행
- 표 확인
- 사건사고와 위협에 대응
- 법 집행기관 지원
- 감시하고 보고하기

주요 고려사항

- 금지된 물건(음식, 음료, 술, 배낭, 표지판, 해변용 놀이 공, 풍선, 비디오 카메라. 소음 발생기, 쿨러와 얼음 통, 폭탄, 폭죽)
- 우려되는 물건:
- 전선, 스위치, 회로판
  - 파이프, 튜브, 테이프, 연장
  - 못, 나사받이, 나사
  - 액체, 가루
  - 검색요구에 공격적 반응
  - 주인이 없거나 버려진 가방
- 출입구 운영이 모든 손님들에 대한 분위기를 좌우한다.

일반적인 문제점

- 금지된 물건을 가지고 입장하려는 손님
- 전선, 스위치, 회로판, 파이프, 튜브, 테이프, 연장, 못, 나사받이, 나사, 액체 또는 가루등과 같은 흔치 않은 물건들
- 손님 검색에 대한 공격적 반응
- 주인이 없거나 버려진 가방

티켓 수거원

능력

- 베뉴에 권한 없는 입장 금지
- 티켓과 관련한 문제 있는 손님 지원
- 정확한 손님 숫자 세기

직무

- 티켓과 증명서 확인
- 티켓을 스캔하거나 반쪽 찢기
- 티켓 관련 문제 해결
- 정문에서 손님 숫자 세기
- 우려되는 물건을 감시하고 보고
  - 위조 티켓이나 증명서
  - 재생 티켓
  - 암표와 사기
  - 이상한 행동

주요 고려사항

- 분실한 표, 복사한 표, 예약 표(will call) 그리고 특별 요구 사항 있는 표에 대한 계획을 숙지
- 백업 스캐너 준비
- 효과적으로 표 문제를 처리
- 손님이 서 있는 줄이 계속 움직이게 하라.

일반적인 문제

- 입장을 위해 현금을 제공하는 손님
- 위조 표
- 위조 증명서
- 재생 표
- 암표와 사기

안내원

능력

- 안전하고 질서 있는 환경 유지
- 문제가 있는 손님 지원
- 베뉴 정책 집행
- 필요 시 지정된 구역을 안전하게 대피

직무

- 손님 맞고 질문에 답변
- 표와 증명서 확인
- 통로를 치우고 안전하게 유지
- 작은 문제점 해결
- 필요 시 해당 구역 소개(疎開)
- 우려되는 물건 감시와 보고
  - 게임을 안보고 다른 곳으로 머리를 돌린 사람
  - 모욕적인 언어
  - 조롱, 언쟁
  - 던져진 물건

- 막힌 통로와 계단
- 과다한 음주 신호
- 불쾌한 표시, 깃발, 옷

주요 고려 사항

- 베뉴 지식
- 행사 전, 중, 후에 있을 위치
- 가시성과 군중과의 상호작용

작은 사건사고(예: 상스러운 말)

- 손님에게 공손하게 자기소개
- 행동이 왜 적절치 않은지 설명
- 손님에게 행동을 중지하고 베뉴 정책을 따를 것을 요구
- 개인의 위치 기록

중요한 사건사고(예: 위협)

- 공식 경고를 위해 감독관 연락
- 목격자를 찾아서 인터뷰
- 지휘소에 경고 기록

중대한 사건사고(예: 싸움, 의료 비상)

- 법 집행 기관이나 응급 의료 서비스 연락
- 필요 시 대응 기관 지원 (예: 사람을 제압하거나 제거, 목격자 찾아서 인터뷰
- 사건사고 보고서 작성

일반적인 문제

- 공격적인 언어(비방, 위협 등등)
- 조롱, 논쟁, 언쟁

- 던져진 물건과 스탠드에 들어온 물건
- 막힌 통로와 계단
- 술로 인한 장애 신호
- 잠자거나 토하는 손님
- 모욕적인 표시, 깃발 또는 옷

매점과 유지

능력

- 깨끗하고 안전한 베뉴 유지
- 음식, 음료, 상품 판매
- 사고에 대응
- 문제 있는 손님 돕기
- 비상 시 중요 자원 보호

직무

- 배정된 구역 유지
- 중요하고 위험한 물질 관리
- 중요 시스템 유지
- 우려되는 물건 감시와 보고
  - 재료, 제복, 열쇠 분실
  - 공공 기물 파손, 재산피해
  - 권한 없는 사람 또는 차량의 접근
  - 공격적이거나 자제력을 잃은 손님
  - 쓰레기나 위험 물질의 축적

주요 고려사항

- 베뉴에 대한 지식
- 책임감(돈, 재산, 행동)
- 열쇠와 출입 통제
- 제복과 직원 증명서
- 검사 프로그램
- 예방을 위한 유지
- 쓰레기 처리
- 효과적인 통신

일반적인 문제

- 잠겼거나 가로막힌 비상구
- 버려진 가방 또는 꾸러미
- 재료, 제복 또는 열쇠 분실
- 시설 정보 도출과 문의
- 공공시설 파손과 재산 피해
- 권한 없는 사람 또는 차량에 의한 접근
- 동요되었거나 자제력을 잃은 사람

필드, 공연 구역 또는 무대 직원

능력

- 권한 없이 공연구역 접근 제한
- 팀 또는 공연자와 직원을 위해 문제 해결
- 필요 시 공연 또는 경기 구역을 안전하게 대피
- 청중 보호(예: 바디 서핑으로부터)

직무

- 필요 시 호위 임무 수행
- 경기 구역을 정리하고 안전하게 유지
- 리그 규칙 집행
- 군중 통제 수행
- 경기 구역 소개(疏開)
- 우려되는 물건 감시와 보고
  - 마약 또는 알코올 장애
  - 위조 증명서
  - 시위자
  - 대규모 집회 또는 조직 폭력배 활동

주요 고려 사항

- 행사 절차
- 경기 또는 공연 구역에 위치대기
- 날씨(번개, 토네이도)와 같은 모든 위험 또는 군중 서핑과 같은 침해에 대한 대응 절차 조율
- 통신과 대응 조율

일반적인 문제

- 마약과 술에 의한 자제력 상실
- 군중 문제
- 위조 증명서
- 과시하는 자들과 시위자들

보안 요원

능력

- 권한 없는 사람과 차량에 의한 접근 예방
- 중요한 자산 보호
- 안전하지 못하고 불법적인 행동을 감시하고 이로부터 보호

직무

- 가시적인 보안 제공
- 행사 전 검색 실시
- 도보 순찰 실시
- 사건사고에 대응하고 보고

주요 고려사항

- 베뉴 정책과 절차 집행
- 지휘 센터와의 통신과 대응 활동 조율

일반적인 문제점

- 권한 없는 사람과 차량에 의한 접근
- 버려진 가방과 꾸러미
- 군중 통제 문제

부록 7.2 자원 봉사자와 직원으로부터의 일반적인 불평

자원 봉사자 불평

- 항상 지시만 받고 업무 계획에 참가하라는 말을 듣지 못했다.
- 급여를 받는 직원이 나의 좋은 아이디어로 인정받는다.
- 아무도 고맙다고 말하지 않는다.
- 나에게는 항상 힘든 일이 주어진다.
- 내가 한 일 에 대해 피드백이 없다.
- 논쟁 시 급여 받는 직원이 항상 선처를 받는다.
- 자원 봉사자 이외의 호칭은 없는가?
- 나는 항상 일을 하기 위한 장소를 찾아야 한다.

직원 불평

- 자원 봉사자들이 급여직원의 일을 차지한다.
- 자원 봉사자들은 일을 잘하지 못하고 내가 그 일에 대해 비난 받고 제대로 처리해야 할 책임을 갖는다.
- 자원 봉사자들이 일을 잘할 것이며 내가 덜 효율적으로 보일 것이다.
- 자원 봉사자들은 아마추어이다.
- 자원 봉사자들은 수다를 떨고 기밀을 이해하지 못한다.
- 자원 봉사자들은 의지할 수 없다.
- 자원 봉사자들은 직업적 수준을 낮춘다.
- 자원 봉사자들이 모든 인정을 받는다.

부록 7.3 자원 봉사자-직원 환경을 알아내기 위한 체크 목록

설명: 아래 진술들을 검토하고 여러분 조직의 환경을 정확히 반영한다고 생각하는 진술에 표시하라. 끝나면 목록을 검토하라. 만약 몇 개의 박스만 표시되었다면 건전한 자원 봉사 프로그램 개발을 위해 할 일이 있다는 것이다.

☐ 내가 일하는 기관은 안정되고 건전하며 갈등과 생존을 위한 긴장이 없다.

☐ 최고 경영진은 자원 봉사자들을 기관에 관여 시키는 데 최고 우선순위를 둔 명확하고, 구체적이며 단호한 정책을 발표했다.

☐ 직원과 자원 봉사자들의 역할이 일반적으로 그리고 특정 직무에서 명백히 정의되고 구별된다.

☐ 대부분의 자원 봉사자의 업무는 직원 직무 보조 요구에 근거하고 있다.

이 요구에 관한 정보는 직원 자신들에 의해 제공된다.

☐ 우리는 직원들이 그들이 가장 편하다고 선택할 수 있는 다양한 자원봉사 직들과 역할들을 가지고 있다.

☐ 자원 봉사자들의 참여 증대라는 우리의 목표는 현실적이다.

☐ 자원 봉사자 훈련의 중요하고 잘 계획된 부분은 직원 문제에 대한 민감함과 공감을 강조한다.

☐ 자원 봉사자들은 오직 직원 감독자와 함께만 보상 받고 인정받는다.

☐ 자원 봉사자들을 받아들이는 직원들을 주의 깊게 관찰 한다. 자원 봉사자들은 기본적으로 받아드리는 직원과 일을 한다.

☐ 우리는 서로 생산적으로 일하는 직원과 자원 봉사자들을 위한 확고하고 특정한 보상 시스템이 있다.

☐ 자원 봉사자들에 대한 수용성과 자원 봉사자들과 일 한 경험이 새 직원을 뽑는데 있어서 적극적으로 이용되는 두 개의 기준이다.

☐ 우리는 직원이 자원 봉사자들과 일하도록 방향을 설정하고 훈련시키는 잘 계획된 프로그램이 있다.

부록 8.1 샘플 탁상 연습

시나리오: 대학 스포츠 베뉴에서의 급조 폭발물 폭발

배경

국토 안보부는 대학 경기장과 아레나가 테러 활동의 잠재적 목표라는 것을 알아냈다. 또 다른 잠재적 위협으로는 테러가 아닌 일반 범죄 행위, 군중 통제 그리고 자연 재해가 포함된다. 경기장과 아레나에 영향을 주는 재앙적인 사건 사고는 잠재적으로 대량 사상자와 심각한 경제적 손실을 초래 할 수 있다.

잠재적 취약점에 근거해 대학 경기부서는 지역 비상 대응 기관과 협력하여 경기장과 무대의 위기 상황에 대응 할 때 다기관 상호 운용성을 더욱 더 증대시키기 위해 가상 위기 시나리오를 다루는 일을 맡았다.

목적

이 훈련의 목적은 참가자에게 베뉴에서의 폭파 테러 사건에 대응하기 위한 현재 대응 개념, 계획, 능력을 평가 할 수 있는 기회를 제공하기 위해서이다.

훈련 목표

훈련 고안 목표는 대응 개념, 기회 확인 또는 잠재적 문제 이해를 향상시키는데 초점을 두고 있다. 이 훈련은 훈련 계획 팀에 의해 선정된 다음 고안 목표에 초점을 둘 것이다.

- **정보 수집과 전파 :** 모든 단계의 잠재적 테러 공격 동안 중요한 사회 간접 자본과 시민을 보호하는데 관련되기 때문에 사건사고 관련 정보를 수집, 분석, 공유 그리고 전파하기 위한 계획, 정책, 절차를 토론하라.

- **사건사고 지휘 시스템(ICS)과 통합 지휘부 :** 대응 기관들은 ICS와 통합 지휘부로의 전환을 실행하고, 대학 스포츠 베뉴에서의 테러 공격에 대한 대응을 효과적으로 지도하고 조율하며 관리할 능력을 보여 줄 것이다.
  대응 기관들은 그들 각각의 비상 대응 계획(ERP)과 모든 적절한 부속 계획(대피 계획, 경기장 그리고 아레나 비상 대응 계획(ERP))을 작동시킬 것이다.
- **시민 보호와 대규모 보호 :** 대학 스포츠 베뉴에서의 주요 테러 공격 동안과 후에 필요에 따라 팬들을 대피시키고 대피소, 음식, 의료 보호, 그리고 다른 관련 서비스 제공을 위한 계획, 정책 그리고 절차를 논하라.
- **공공 정보 :** 공공 정보의 흐름과 언론 자원과의 인터페이스를 위해 지역 계획이 적절한지를 평가하라. 사람들에게 적시의 정보 제공과 혼란을 최소화하기 위한 지원 옵션을 논의하라.
- **통신 :** 연방, 주, 지역 자원의 지원으로 대학에서 사건사고 관리 활동을 수행하기 위한 통신 채널과 절차를 이해하라. 지역과 주 단계에서 비상사태 선포 과정을 확인하라. 대응 활동의 통신에서 장점과 단점을 알아내라. 중요한 문제점과 잠재적 해법을 찾아라. 일차적인 그리고 대체 통신 시스템을 확인하고 작동하라.

훈련 구조

훈련을 효과적으로 운영하기 위해는 적절한 구조를 갖추어야 한다. 제시된 상황 국면을 토론하기 위해 참가자들은 각각의 지휘 그룹들(CGs)로 나누어 질 것이다. 탁자는 지휘그룹을 묘사한다. 이름표와 사인펜을 각 테이블(지휘 그룹)에 하나씩 나누어 주어라. 각 지휘 그룹이 아래에 기제 된 기관들 중 하나를 대표하기 위한 한 명을 지명하게 하라.

- 대학 경기 부서
- 캠퍼스 경찰 부서 또는 지역 법 집행기관
- 지역 소방서 또는 위험 물질 대응 부서

- 지역 비상 관리국
- 지역 응급 의료 서비스와 공중 보건부서

훈련 중 다른 교관과 조력자들이 각 자가 무슨 역할을 하는지 알 수 있게 하기 위해 이름표에 그들 기관 이름을 기입하도록 지시하라.

개인들이 차트를 사용하여 시나리오 중 그들의 결정에 관해서 브리핑 한다.

훈련을 시작하기 전에 조력자들은 훈련이 가정과 인공물 사용을 요구한다는 것을 설명한다. 조력자들에 의해 시간이 통제 될 것이며 시나리오가 전개되면서 시간이 빨라 질 것이다. 숨겨진 의제와 교묘한 질문은 없다. 훈련의 의도는 탁상 연습의 실행과 유용성을 모델로 삼아서 참가자들이 불완전하거나 부정확한 정보를 가지고도 결정을 내리게 하기 위해서이다. 실수는 배울 수 있는 기회로 환영된다.

시각표

00:00 ~ 00:15	소개와 일반적 상황 브리핑
00:15 ~ 00:35	주입1과 토론
00:35 ~ 00:45	주입2와 토론
00:45 ~ 00:55	주입3과 토론
00:55 ~ 01:15	주입4와 토론
01:15 ~ 01:25	주입5와 토론
01:25 ~ 01:35	주입6과 토론
01:35 ~ 01:50	주입7과 토론
01:50 ~ 02:00	훈련 끝, 보고회의

일반적인 상황

리전트 대학교는 미국 동남부에 위치한 중간 규모의 대학이다. 학부 과정에 대략 20,000명이 등록 되어있고 인구가 50,000명 정도인 작은 지방 도시에 위치해 있다. 리전트 대학의 캠퍼스는 꽤 밀집되어있다. 풋볼 경기장은 캠퍼스 안에 위치하고 있고 몇 개의 기숙사동, 강의실 건물, 그리고 상당한 량의 화학 약품과 그 외 위험 물질이 비치되어 있는 최소한 세 개의 과학 실험실을 포함한 여러 개의 다른 캠퍼스 건물로 둘러 싸여 있다. 네 개의 차선을 가진 중앙선이 분리된 고속도로가 경기장과 인접한 캠퍼스의 동쪽 면을 타고 뻗어있다. 행사 주차장은 캠퍼스 전체에 분산되어 있는데 게임 당일 주차는 상당 부분이 풋볼 경기장의 남쪽에 집중되어 있다.

리전트 대학교는 꾀 성공적인 풋볼 프로그램을 가지고 있다.

이 학교는 시즌 당 여섯 내지 일곱 경기를 주최 하는데 게임당 대략 45,000명 정도의 평균 관중이 참관한다. 년 중 최고 큰 경기는 대게 주 내 라이벌인 페어뷰 대학교와의 시즌 마지막 경기이다.

리저트와 페어뷰의 경기는 대게 표가 매진된다. 관중은 50,000명을 초과하고 대략 5,000명 정도의 표를 구하지 못한 관중이 주차구역에서 테일게이트 파티를 위해 남아있다.

약 30일 전에 캠퍼스 경찰서장과 리전트 대학교 총장은 지역 FBI/DHS 통합센터로부터 공고를 받았다. 공고는 배낭에 숨겨진 두 개의 급조 폭발물을 발견한 켈리포니아 주의 대학 풋볼 경기에서의 사건을 설명하였다.

배낭 하나는 건물에서 100여 미터 떨어진 경기장 주차장의 관목 근처에 숨겨져 있는 것이 발견됐다. 다른 배낭 하나는 정문 입구 근처 쓰레기 통 뒤에서 발견 되었다. 이 두 장치는 행사 전 폐쇄와 보안 검색하는 동안에 발견되었고 안전하게 처리되었다. 두 장치는 매우 흡사했고 네이비 블루색의 학생용 배낭에서 각각 발견되었다. FBI는 이 장치가 동일한 단체나 개인에 의해 만들어지고 설치되었으리라 믿고 있다.

FBI는 모든 국내 대학교들이 그들의 대중 모임 베뉴에 대한 안전과 보안 절차를 검토할 것을 장려하고 있다. FBI에 의한 심층 수사는 이 장치들이 트루 레버루션 브리게이드(TRB)라고 알려진 단체와 연관 되었을 수 있다는 것을 알아냈다.

TRB는 비교적 잘 알려지지 않은 조직으로 북서쪽 대학 연구 시설들에 대한 일련의 공격 이후 FBI의 감시 하에 있다. 단체 회원은 다양한 웹사이트와 블로그를 통해서 교신한다. FBI는 의심 가는 TRB회원들이 "관중이 꽉 들어찬 경기장 폭파"라고 언급한 최근 인터넷 상의 활동에 관한 두 번째 공고를 발행했다.

주입 1

금요일 아침이다. 리전트와 페어뷰간의 시즌 마지막 홈경기가 15일 후 3:30 PM에 시작될 예정이다. 캠퍼스 경찰서는 지역FBI로부터 전화 연락을 받는다. FBI는 TRB에 대한 추가 수사로 리전트 대학교와 연관된 TRB 회원이 체포된 사실을 캠퍼스 경찰서장에게 알린다. 수감된 인물은 3 년 전 리전트 대학교에 등록했었으나 한 학기를 마친 후 자퇴하였다. 이 인물은 23세, 중간 체격에 아주 짧은 갈색머리의 백인 남자로 묘사 되었다. 또한 무기위반과 캘리포니아에서의 일련의 교통위반에 관한 연방 체포영장이 이 인물 앞으로 발부된 사실이 이 체포로 인해 밝혀졌다. 캘리포니아 주소지 수색에서 대학 풋볼에 대한 많은 정보가 밝혀졌다.

지휘 그룹 직무 1

테이블 내에서 이 최신 정보에 관해 토론하고 행동 방향을 결정하라. 브리핑에서 아래의 질문에 답할 준비를 하라. 10분이 주어진다.

- 책임자는 누구인가?
- 무엇을 할 것인가?(목표는 무엇인가?)
- 다음에 관해 무엇이 진짜 일어나는가?
  - 시간
    지금 무엇을 할 수 있나?
    시간을 활용하는 최선의 방법은 무엇인가?
  - 통신

누가 이 정보를 필요로 하나?

당신이 필요로 하는 어떤 정보가 있는가?

- 자원 전략과 SOP

  필요한 다른 자원이 있는가?

  이와 같은 급조 폭발물(IED) 사건에 어떻게 대응 할 것인가?

  어떤 계획, 정책, 절차를 필요로 하나?

- 군중 행위

  이 소식이 알려지면 무슨 일이 일어나는가?

주입 2

리전트와 페어뷰간의 큰 경기가 5일 앞으로 다가왔다. FBI의 심층 수사에 의해 수감된 TRB혐의자의 신원이 한 때 리전트 학생이었고 캘리포니아 샌 호세 근처 주립 대학으로 편입한 제레미 폿즈(Jeremy Potts)라는 것을 확인하는 일련의 인터넷 챗룸 메시지를 포함한 증거를 찾아냈다. 또한 이 수사에서 TRB가 캘리포니아에서의 실패한 공격에 연루 되었다는 구체적인 정보를 밝혀냈다. 전국언론에서는 TRB사건을 다루었으나 다행히도 이 사건의 지역적 관점은 아직 지역 언론의 관심을 끌지 못했다.

오전 11시 30분, 지역FBI의 책임자인 특별 요원이 캠퍼스 경찰서장에게 연락해 민감한 정보를 알렸다. 신고를 받고 FBI는 캘리포니아에 위치한 TRB의 안전가옥을 덮쳐 TRB가 대학 풋볼 경기에 대한 잠재적 공격에 연루됐다는 추가 증거를 밝혀냈다. 특히 몇 개의 대학 풋볼 일정이 기록되어 있었다.

FBI에 의하면 주소지 안의 화이트보드에는 공격목표로 보이는 목록이 있었고 여기에는 리전트 대학교와 페어뷰 대학교간의 경기와 다른 잘 알려진 여섯 경기가 포함되어있었다. FBI는 또한 대학 총장에게 연락해 회의를 요구했다.

오후 2시 20분, 리전트 대학교 총장은 경기 책임자, 캠퍼스 경찰서장과 화상회의를 했다. 총장은 화를 내며 경제적 중요성과 리전트와 페어뷰 풋볼 게임의 전통을 강조하였다. 총장은 그의 결정을 명확히 알렸다. " 테러리스트에게 우리 학교는 굴복하지 않을 것이다. 이것이 내가 당신들에게 봉급을 주는 이유이다. 이번 행사는 예정대로 진행될 것이다. 만약 그럴 자신이 없으면 오늘 안에 사직서를 제출하라."

오후 3시15분, 리전트 대학교 경기 부서의 스포츠 정보 담당자가 지역 NBC 뉴스 산하 채널12로부터 전화를 받았다. 전화한 이는 자신이 뉴스 기자라고 밝히며 큰 경기의 취소 가능성에 대해 경기 책임자와 인터뷰하고 싶다고 한다.

지휘 그룹 직무 2

테이블 내에서 이 최신 정보를 토론하고 행동 방향을 결정하라. 브리핑에서 아래 질문에 답할 준비를 하라. 5분이 주어진다.

- 책임자는 누구인가?
- 무엇을 할 것인가?(목표가 무엇인가?)
- 다음에 관해서 무엇이 진짜 일어나는가?
  - 시간
    지금 무엇을 할 수 있나?
    시간을 활용하는 최선의 방법은 무엇인가?
  - 통신
    누가 이 정보를 필요로 하나?
    어떻게 교신할 것인가?
    필요로 하는 어떠한 정보가 있는가?
  - 자원 전략과 SOP
    필요로 하는 다른 자원이 있는가?
    어떤 계획, 정책, 절차를 필요로 하는가?

- 군중 행위
  이 소식이 알려지면 무슨 일이 일어날 것인가?
  이 정보가 경기 당일 운영에 어떤 영향을 미칠 수 있는가?

주입 3

경기 당일 오전 9시다. 대략 6시간 30분 안에 리전트 대학교와 페어뷰 대학교간의 경기가 시작될 것이다. 최근 사건에 대한 대응으로 경기장은 12시간 전에 폐쇄되었다. 모든 인력들이 시설로부터 대피했고 모든 입구를 잠그고 지켰으며 폭발물 탐지 팀이 수상한 장치들을 찾으려 건물과 그 주변을 검색했다.

외부 주차 구역에 몇 대의 레저용 이동식 집들이 있었으나 경기장 주변의 모든 주차구역은 이상이 없었다. 이 구역에 남아있던 차량들은 폐쇄와 동시에 견인되었다. 모든 주차 구역이 한 시간 안에 일반인들에게 열릴 것이다. 지역 경찰이 예상되는 군중을 감당하기 위해 교통 통제소를 설치했다. 경기장 직원들이 셔틀 버스를 타고 경기장에 도착해서 직원 입구를 통해 안으로 들어간다. 모든 직원들은 상황에 대해 보고를 받고 특별히 경계하도록 요구 받는다. 경기장 지휘 센터는 직원이 상주하고 무전교신을 감시하고 있다. 학생 자원봉사자들이 경기장 매표구에서 일을 하고 있는데 그 중 하나가 위협 전화를 받았다. 그 학생은 자신의 휴대 전화로 911에 연락해 파견 나온 요원에게 누군가가 전화를 걸어 경기장내에 폭발물이 있다고 한 사실을 말했다.

지휘 그룹 직무3

테이블 내에서 이 최신 상황을 토론하고 행동 방향을 결정하라. 브리핑 동안 아래 질문에 답할 준비를 하여라.

- 책임자는 누구인가?
- 무엇을 할 것인가?(목표는 무엇인가?)
- 다음에 관해서 무엇이 진짜 일어나는가?
  - 시간
    지금 무엇을 할 수 있나?
    시간을 활용할 수 있는 최상의 방법은 무엇인가?
  - 통신

누가 이 정보를 필요로 하나?
필요로 하는 어떠한 정보가 있는가?

- 자원 전략과 SOP
  필요로 하는 다른 자원이 있는가?
  어떤 계획, 정책, 절차를 필요로 하나?
- 군중 행위
  이 소식이 알려지면 무슨 일이 일어날 것인가?
  대피 시킬 필요가 있는가? - 누구를 어디로?

• **교육자 메모 :** 이 시점부터 어떠한 자원요구도 합리적인 시간 프레임으로 평가되어야 한다. 예를 들어 폭발물 탐지견이 도착하기 까지 한 시간 또는 그 이상 걸릴 것이다.

주입 4

오후 1시다. 30 분이면 경기장 정문이 일반인들에게 개방 될 것이다. 양 팀과 모든 리그 임원들은 도착하여 경기장 안에 있다. 언론 차량과 카메라 인력들이 경기장 남쪽 언론 구역 안에서 생방송을 하고 있다. 차량들이 고속도로에서 계속 들어오면서 주차장은 거의 다 차가고 있다.

최근 사건들에 대한 대응으로 리전트 대학은 모든 배낭과 큰 가방들의 경기장 반입을 금지시키기로 결정했다. 추가로 법 집행요원들이 베뉴 주변에 배치되고 증원된 사설 보안 요원들이 모든 입구에 배치되었다. 수천 명의 팬들이 주차장과 경기장 주변을 배회하고 있다. 제복 입은 법 집행요원, 사복요원, 제복을 입은 사설 경비 요원들이 경기장 안과 주변을 순찰한다.

오후1시 12분에 사설 경비 요원이 경기장 북서쪽 근처의 큰 화분 안에 버려진 배낭을 보고한다. 화분은 경기장 입구 정문으로부터 대략 25야드 떨어져있다. 배낭은 "일반적인 책 가방"이라고 묘사되었다.

지휘 그룹 직무 4

테이블 내에서 이 최신 정보를 토론하고 행동 방향을 결정하라. 브리핑 동안 아래 질문에 답할 준비를 하라.

- 책임자는 누구인가?
- 무엇을 할 것인가?(목표는 무엇인가?)
- 다음과 관련해서 무엇이 진짜 일어나는가?
  - 시간
    지금 무엇을 할 수 있나?
    시간을 활용할 최상의 방법은 무엇인가?
  - 통신
    누가 이 정보를 필요로 하나?
    필요로 하는 어떠한 정보가 있는가?
  - 자원 전략과 SOP
    필요로 하는 다른 자원이 있는가?
    파견된 자원이 특별히 무슨 일을 할 것인가?
  - 군중 행위
    군중들이 어떻게 반응 할 것인가? 언론이 나타나면 무슨 일이 일어나나?
    대피시킬 필요가 있는가?- 누구를 그리고 어디로?

교육자 메모: 다음 주입5에서 배낭의 내용물을 공개하라. 배낭은 화학 교과서, 무선전화, 강력 접착테이프, 캠퍼스 지도가 들어있는 녹색 짐 가방이다. 배낭에는 장치도 신분증도 발견되지 않았다.

주입 5

오후 1시40분, 북서쪽 모퉁이에 있는 문을 제외한 경기장의 모든 문이 열렸다.

몇 명의 관중이 경기장에 입장 했지만 대부분의 건물은 비어있다. 주차장과 경기장 주변 보행자 구역은 매우 혼잡하다. 리전트 대학교의 행진 악대가 경기장 남쪽에서 짧은 콘서트를 하고 있다. 경기장 동쪽의 고속도로는 사실상 정체되어있다. 경기장의 남동쪽 입구 바깥쪽에 파견된 사복 요원은 진한 파랑색 배낭을 멘 의심스러운 사람을 관찰하고 있다. 용의자는 혼자 걸어가는 백인 여성으로 경기장 쪽으로 향하고 있다.

지휘 그룹 직무 5

테이블 내에서 이 최신 정보를 토론하고 행동 방향을 결정하라. 브리핑 동안 아래 질문에 답할 준비를 하라. 5분이 주어진다.

- 누가 책임자인가?
- 무엇을 하려고 하는가?(목표가 무엇인가?)
- 다음과 관련해서 무엇이 진짜 일어나는가?
  - 시간
    지금 무엇을 할 수 있는가?
    시간을 활용할 수 있는 최선의 방법은 무엇인가?
  - 통신
    누가 이 정보를 필요로 하는가?
    어떻게 교신할 것인가?
    필요로 하는 어떠한 정보가 있는가?
  - 자원 전략과 SOP
    필요로 하는 다른 자원들이 있는가?
    파견된 자원이 특별히 무슨 일을 완수 할 것인가?
  - 군중 행위
    군중들이 어떻게 반응 할 것인가? 언론이 나타나면 어떻게 되나?
    대피시킬 필요가 있는가? - 누구를 그리고 어디로?

교육자 메모: 다음 주입6에서 배낭의 내용물을 공개하라. 이 주입에서 배낭에는 몇 권의 교과서, 옷, 그래놀라 바(견과류 등으로 된 휴대용 바형태의 과자), 그리고 물병 두 개가 들어 있다.

주입 6

오후 3시다. 경기는 30분 후에 시작된다. 지휘소는 중앙 홀에서 연기가 난다는 보고를 받는다. 순찰 중인 보안 요원이 경기장 동쪽의 매점들 중 하나 근처에 있는 쓰레기통에서 강한 연기 냄새가 나는 것을 무전기로 보고한다. 쓰레기통은 문이 잠긴 펜스로 둘러진 울타리 뒤에 있다. 보안 요원은 어떤 불꽃도 보지 못한다. 그러나 그는 연기가 쓰레기통에서 난다고 생각한다. 보안 요원은 울타리에 들어 갈 수 없다. 그는 지원을 요청한다.

몇 분 후 지휘소는 경기장 북쪽 끝 구역에서 근무하는 안내원으로부터 무선 전화로 연락을 받는다. 안내원은 다음 메시지를 전달한다. "여보세요, 지휘소입니까? 섹션 115근처의 남자 화장실로 EMT를 보내 주십시오. 팬이 심장마비가 온 것 같습니다. 그는 화장실 바닥에 누워 있고 반응하지 않습니다.

제 이름은 월터 라이언입니다. 그리고 저는 북쪽 끝 구역의 섹션115근처의 안내원 입니다. 그는 백인 남성이며 약50세, 덩치가 크고 백발입니다."

지휘 그룹 직무 6

테이블 내에서 이 최신 정보를 토론하고 행동 방향을 결정하라. 브리핑 동안 아래 질문에 답할 준비를 하라. 5분이 주어진다.

- 책임자는 누구인가?
- 무엇을 하려고 하는가?(목표가 무엇인가?)
- 어떤 책임이 테이블의 각 멤버에게 할당 되었는가?
  - 대학 경기 부서 와 신문 기자
  - 캠퍼스 경찰과 지역 법 집행기관
  - 카운티 비상사태 관리국
  - 소방 구조대, EMS, HAZMAT
  - 공보 부서

- 다음과 관련해서 무엇이 진짜 일어나는가?
  - 시간
    지금 무엇을 할 수 있는가?
    시간을 활용할 수 있는 최선의 방법은 무엇인가?
  - 통신
    누가 이 정보를 필요로 하는가?
    어떻게 교신할 것인가?
    필요로 하는 어떠한 정보가 있는가?
  - 자원 전략과 SOP
    필요로 하는 다른 자원들이 있는가?
    파견된 자원이 특별히 무슨 일을 하는가?
  - 군중 행위
    군중들이 어떻게 반응 할 것인가? 언론이 나타나면 어떻게 되나?
    대피시킬 필요가 있는가? - 누구를 그리고 어디로?

주입 7

오후 3시 25분이다. 경기는 5분 후에 시작 된다. 각 입구로부터 관중들이 길게 늘어서 있다. 마지막까지 테일케이팅 파티를 하던 관중들이 경기장에 들어가기 시작함에 따라 어떤 경우에는 관중들이 주차 구역까지 늘어 서있다. 가장 긴 줄은 경기장 남서쪽 모퉁이에 있다. 최대 수용 관중들이 경기를 보기 위해 밀려 들어와 경기장은 거의 다 들어찼다. 고속도로의 교통은 나아지기 시작했으나 아직 많이 혼잡하다.

남서쪽 입구에서 배낭을 멘 남자가 경기장에 들어가기 위해 줄에 서있다. 제복을 입은 보안 요원이 그에게 접근하여 줄에서 나오라고 요구한다. 지역 항공 방위군이 게임 전 경기장 위를 기념 비행하기 위해 준비한다. 비행기가 경기장을 낮게 날자 정문 안팎에 있던 군중들이 환호한다. 순간의 혼란을 틈타 배낭을 맨 이 남자는 보안 요원으로부터 달아나 경기장의 북서쪽 모퉁이로 향한다. 남서쪽 입구의 보안 감독요원은 그 남자를 “20대의 백인 남성, 짧은 검은 머리, 짙은 파랑색 배낭을 매고 있음” 이라고 묘사했다. 몇 분 후 경기가 시작 되면서 큰 폭발 소리가 경기장 서쪽 밖에서 들려왔다. 수 초 후 겁을 먹은 군중들이 그 구역으로부터 벗어나면서 공포가 휩쓴다. 폭발 원천은 알려지지 않지만 경기장 서쪽 면 화학 건물 근처에서 발생한다. 수 명이 다치고 더 많은 사람들이 심각한 부상을 입고 폭발이 있은 장소 근처에 누워있다고 보고한다.

경기장 지휘 센터와 지역 911파견 번호는 신고전화로 난리다. 다수의 상반된 보도가 있다. 경기장 서쪽에 있는 경찰관은 계속해서 의료지원을 요청한다. 경찰관은 3명이 사망하고 5명이 생명을 위협하는 심각한 부상을 입었다고 보고한다. 경기장안의 관중들은 안절부절 한다. 수 명의 관중이 재빨리 좌석 구역 에서 올라가더니 나가버린다. 사이렌 소리가 경기장으로 가깝게 접근하는 것이 들린다.

지휘 그룹 직무 7

테이블 내에서 이 최신 정보를 토론하고 행동 방향을 결정하라. 브리핑 동안 아래 질문에 답할 준비를 하라. 15분이 주어진다.

- 책임자는 누구인가?
- 무엇을 하려고 하는가?(목표가 무엇인가?)
- 어떤 책임이 테이블의 각 멤버에게 할당 되었는가?
  - 대학 경기 부서 와 신문 기자
  - 캠퍼스 경찰과 지역 법 집행기관
  - 카운티 비상사태 관리국
  - 소방 구조대, EMS, HAZMAT
  - 공보 부서
- 다음과 관련해서 무엇이 진짜 일어나는가?

- 시간
  지금 무엇을 할 수 있는가?
  시간을 활용할 수 있는 최선의 방법은 무엇인가?
- 통신
  누가 이 정보를 필요로 하는가?
  어떻게 교신할 것인가?
  필요로 하는 어떠한 정보가 있는가?
- 자원 전략과 SOP
  필요로 하는 다른 자원들이 있는가?
  파견된 자원이 특별히 무슨 일을 하는가?
- 군중 행위
  군중들이 어떻게 반응 할 것인가? 언론이 나타나면 어떻게 되나?
  대피시킬 필요가 있는가? - 누구를 그리고 어디로?

교육자 메모: 이것은 마지막 주입이므로 훈련 후 보고를 위해 메모를 마무리 하라.

업적 보고

업적 보고는 전체 훈련의 중요한 부분이다. 교육자와 조력자는 임무 보고를 조정하기 위한 수 개의 상세한 메모를 만들었어야 한다. 임무보고의 의도는 돌이켜봐서 깨달음의 가치를 이용하고 학생들이 아래 세 가지의 질문에 대해 말하게 하기 위해서이다.

1. 잘한 것은 무엇인가?
2. 잘못한 것은 무엇인가?
3. 달리 어떻게 하겠는가?

임무 보고는 많은 모듈에서 제시된 소재들을 검토하는데 이용된다.

교육자는 학생들이 몇 가지 아래에 제시된 토픽에 관해 생각하게 하기 위해 모듈 검토 차트를 사용해야 한다.

1. NIMS 또는 ICS 그리고 다 기관 조율

2. 결정

3. 위협 분석

4. 계획과 준비

5. 위험 평가

6. 보호 조치와 베뉴 정책

7. 직원 훈련과 연습

부록 8.2 필요성 평가

1. 위험

당신의 스포츠나 행사 베뉴와 주변 지역사회에 대한 다양한 위험 목록을 만들어라. 어떤 위험을 직면할 가능성이 높은가? 다음 목록을 시작점으로 이용하라.

- 인질 또는 총격
- 폭발물 위협
- 허리케인
- 토네이도
- 생물학적, 화학적, 방사능적 유출
- 정전
- 테러
- 군중 재난
- 행사 취소
- 그 외 ____________________

2. 이차적 위험

확인된 위험으로부터의 어떤 이차적인 영향이 당신의 조직에 미칠 가능성이 높은가? 다음 목록을 시작점으로 이용하라.

- 통신 시스템의 고장
- 지속적인 정전
- 수송 문제
- 대규모 대피
- 그 외 ____________________

3. 위험 우선순위

가장 우선시 되는 위험은 무엇인가? 다음 요소들을 고려하라.

- 빈도와 발생 가능성
- 잠재적 결과(영향의 심각성)

#1 우선 위험______________________________

#2 우선 위험______________________________

#3 우선 위험______________________________

4. 계획과 절차

비상 사건사고에 대응하는 당신 조직을 어떤 계획과 절차로 가이드 할 것인가?

- 비상 대응 계획(ERP)
- 대피 계획
- 경기 당일 운영 계획
- 운영 계획의 지속성(COOP)
- 표준 운영 절차(SOP)

5. 기능

어떤 비상 대응 기능을 예행연습 할 필요가 있는가? 예를 들어 어떤 기능을 최근에 연습하지 않았는가 또는 과거에 어디에서 어려움이 발생하였는가?

다음 목록을 시작점으로 이용하라.

- 경보
- 통신 시스템
- 조율과 통제
- 수송
- 자원 관리

- 운영 지속성
- 건강과 의료
- 그 외 ______________________________

6. 참가자

누가 연습에 참가할 필요가 있는가?(예: 인력, 기관, 운영 단위 또는 주, 연방 주체?) 다음 질문들이 참가자 포함과정을 가이드 해야 한다.

- 어떤 단체가 그들의 계획이나 절차를 최신화 했는가?
- 어떤 단체가 정책이나 인력을 변경하였는가?
- 비상시 당신의 조직은 어느 기관과 조율할 필요가 있는가?
- 규제 요구조건은 무엇이라 하는가?
- 연습 과정 개발에 어떤 인력을 쓸 수 있나?

7. 프로그램 영역들

연습이 가장 필요한 분야를 알아내기 위해 당신의 비상 계획, 절차, 그리고 의례의 현재 상황을 표시하라.

	새것	최신화 됨	연습 됨	비상 시에 사용됨	적용 안됨
비상 계획					
경기 당일 운영 계획					
대피 계획					
사이버 계획					
CBRNE계획					
테러 계획					
총기사범 계획					
경보					

	새것	최신화 됨	연습 됨	비상 시에 사용됨	적용 안됨
위기 통신					
운영 지속성					
자원 목록					
상호 지원 협약					
EOC 또는 지휘 센터					
피해 평가					

8. 과거 연습

당신의 조직은 과거 연습에 참가한 적이 있는가? 무엇을 배웠으며 활동 후보고는 미래 훈련과 연습 요구에 관해 무엇을 가리키나? 다음 질문들을 고려하라.

- 누가 연습에 참가했고 누가 참가하지 않았나?
- 연습 목표를 달성했는가?
- 배운 레슨은 무엇인가?
- 무슨 문제를 확인했고 해결을 위해 무슨 조치가 취해졌나?
- 어떤 개선 제안사항이 만들어졌고 테스트는 되었는가?

부록 8.3 연습 계획 템플릿과 예

일반 섹션

이 연습 계획은 연습 계획 이니셔티브를 지원할 정책, 절차, 행정적 요구사항 그리고 연습 역할과 책임을 확인한다.

연습 유형

어떤 유형의 연습이 실행될 것인지 말하라.

1. 오리엔테이션
2. 훈련
3. 탁상
4. 기능적
5. 전면적

연습 목적

이 연습 계획은 연습 계획자들에게 연습 고안 과 지원을 위한 절차와 책임에 관한 지침을 제공한다.

이것은 연습의 개념을 설명하고 연습의 기초를 확립하며 연습(전, 중, 후)을 지원하기 위해 필요한 통신, 물류, 행정적 구조를 확립하고 정의한다.

계획 자체의 목적과 연습의 임무와 목표를 서술하라. 연습 목적, 검토 관점, 행정적 절차, 시뮬레이션과 평가를 위한 통제 방법에 관한 구체적인 정보를 연습 계획자에게 제공하라. 가장 중요한 것으로 통제와 평가 팀 구조, 팀 구성원 책임 그리고 절차를 포함하는 연습 방법론을 설계하라.

시나리오 서술

간단히 연습의 배경이 되는 위험과 관련된 행사와 조건을 묘사하라.

더 현실적인 상황을 위해 비상사태의 배경 정보를 제공하라.

범위

연습 유형, 연습 범위, 연습 날짜, 주요 연습 장소, 운영 시간, 참가 조직 그리고 다음처럼 연습을 시작하는 브리핑이나 서술 요약을 설명한다.

연습 책임자에 의해 결정된 대로 연습은 공식적으로(시간, 요일, 날짜 기입)________________에 시작하여(시간, 요일, 날짜 기입)__________________. 에 끝난다. 연습은 하루에(시간 기입)______________시간씩 모든 주요 연습 장소에서 실시한다. 그러나(만약 순서 에서 벗어나거나 제한된 규모로 실시되면 기입)__________________에서도 실시된다. (날짜 기입)____________________ 에는 (브리핑, 사건사고 또는 비디오인지 설명하고 정보를 일반적으로 서술하라 예: 브리핑이 현재 상황의 설명으로 시작된다. 브리핑은 날씨 상황뿐만 아니라 비상 대응 조직이 취한 배경 행동을 설명한다. 이 배경 브리핑은 시나리오 서술에서의 정보에 근거를 둔다).____ 에 의해 연습이 시작된다. 연습 후 회의가 각각의 장소에서(날짜 기입)__________________________에 있을 것이다(예정된 활동을 설명하기 위해 달력을 사용해도 된다).

연습 참조 목록

(다음은 목록에 포함될 참조 유형이다.)

- 학생 매뉴얼

- 표준 지역사회 매뉴얼
- 해당 위치의 EOC 직원배치 양식
- 해당 위치의 EOC 위치 설명
- 연습 통제 계획
- 연습 평가 계획
- 연습 시나리오
- 일 지원

가정, 인공 그리고 시뮬레이션

(다음 가정은 상당히 포괄적이다; 여러분들 자신들의 연습을 위해 특정한 것을 수정하거나 첨가할 수 있다.)

가정 연습

연습을 최대한 현실적으로 하기 위해서 반드시 다음 가정들을 해야 한다.

연습이 논리적이고 현실적으로 진행되고 연습 하는 동안 모든 연습 목적을 달성하는 것을 의도하고 있다.

- 연습 참가자들이 그들 자신의 부서와 기관 대응계획과 절차에 아주 정통하다.
- 참가자라는 용어는 계획자, 통제자, 시뮬레이터, 평가자, 그리고 연기자(player).
- 연기자와 통제자는 실제 자료와 정보 지원 출처를 사용할 것이다.
- 연기자는 기존의 계획, 정책, 절차에 따라 대응한다. 문서화된 적절한 지시가 없으면 연기자는 대응과 복구 요구를 충족시키기 위해 개인 이니셔티브를 적용하는 것이 요구된다.
- 연습 동안 재난 대응 계획, 정책, 그리고 절차의 실행은 실제 대응 조건 아래 일어날 것으로 예상되는 행동을 묘사할 것이고 그러므로 평가를 위

한 확실한 기초를 제공할 것이다.

- 연습 목적 달성을 위해 실제 실시간 파견이 규정되어 있지 않는 한 단체, 인력, 또는 자원 파견을 지시하는 행동은 연습 동안 가상의 움직임으로 나타난다.
- 실제 대응이 연습 행동보다 우선한다.

인공 연습

다음의 인공적인 것과 제약성으로 현실성이 떨어진다고 인식 되나 연습 계획자들은 이 인공적인 것을 연습 목적을 달성하기 위한 수단으로 받아들여야 한다.

(이 부분은 당신의 연기참가자 협약 정도에 기초를 두고 있고 어떠한 연습 전 연기 참가자 활동 또는 장비의 사전 배치를 포함한다. 다음은 예이다)

- 연습은 거의 실시간에 실시된다. 그러나 연습 목적을 충족시키기 위해 어떤 이벤트들은 연습 전에 참가자에 의해 완수 되고 또 다른 어떤 이벤트들은 연습에 고려될 수 있게 시간에 맞춰 빨리 행해질 수도 있다.
- 어떤 초기 대응 뿐만 아니라 많은 경보, 알림, 초기 작동 그리고 비상 대응 절차는 연습의 일부가 아닐 것이다.
- 시뮬레이션에서 연기 참가자가 얻은 대응은 실제 조직이나 개인으로부터 얻을 수 있는 양질의 또는 상세한 것이 아닐 수도 있다.
- 연습 동안 단위, 인력 또는 자원 파견을 지시하기 위해 행동을 할 것이고 이어지는 자원의 이동이 행해질 것이다.
- 어떤 인력과 장비는 연습 동안 실시간에 이동하지 않고 연습 장소에 사전에 배치될 수 있다. 그리고 그들의 사전 배치된 위치에서 사전에 결정된 시간에 참가해 연기를 할 것이다. 이 인공 연습이 발생하면 이것을 평가될 실제 파견과 구별하기 위해 연습 문서에 연습 사전 배치라고 언급 될 것이다.

시뮬레이션 연습

참가하지 않는 개인이나 조직을 보완하기 위해 시뮬레이션이 연습 동안 요구된다. 비록 시뮬레이션은 불가피하게 현실감이 떨어지지만 이것은 연습연기를 용의하게 하기 위한 수단을 제공한다. 가상(시뮬레이션)될 영역을 전반적으로 묘사하라. 예로는 날씨 정보, 참가하지 않는 조직, 언론, 희생자, 대피자를 가상(시뮬레이션)하는 것이다.

연습 목적

각각의 개발된 연습은 연습 개발의 기초와 지침이 되는 목적을 필요로 한다.

목적은 지역사회 계획, 절차 그리고 시스템의 유용성을 반영하도록 고안되었고 연습 통제, 시뮬레이션, 그리고 평가의 근거를 제공한다.

다음은 연습 목표의 예이다.

- 비상 경보 시스템(EAS)의 작동을 포함하는 EOC의 대중 경고 절차를 시작하기 위한 역량을 설명하라.
- 종합적인 대응 활동을 조율할 지역 EOC의 역량을 설명하라.
- 대피를 실시하고 조율할 경영진의 역량을 설명하라.
- 즉시 사용을 위한 대피소와 집단 보호 시설을 알아낼 수 있는 책임 있는 조직의 역량을 설명하라.
- 비상사태 운영 중 대중으로의 정보 수집과 전파를 설명하라.
- 신속한 상황 평가 수행을 위한 역량을 설명하라.
- 재난 피해자의 건강과 의료 요구를 충족시키기 위한 즉각적인 보조 의료 지원을 알아내는 능력을 설명하라.
- 대응 작전에 약속된 자산과 자원 추적 절차를 설명하라.
- 대응 작전 동안 최대한 효과를 위한 관할의 자원과 자산의 우선순위를 정하고 사용할 능력을 설명하라.

연습 개념

연습 전, 중, 후에 다양한 연습개발 팀에 의해 취해져야 할 절차를 설명하라.

어떻게 각 팀이 다른 참가자들과 상호 작용할 지를 설명하라. 각 팀 구성원이 그들의 책임을 다하기 위해 따라야 할 절차를 목록 하라.

관리 구조

다음과 같이 연습 개발 팀 조직 구조를 설명하라.

연습을 위한 전체적 연습 계획, 수행 그리고 평가는 (직위 기입)________의 책임이다. (직위 기입)________________는(연방, 주, 지역 부서와 기관 그리고 다른 참가 조직 기입)____

____

사이의 모든 연습 계획 활동을 조율한다.

연습 팀 직원배치, 규칙, 절차

큰 규모의 연습은 보좌관 및 지원과 조율과 같은 평가, 통제 시뮬레이션 이외의 다른 기능 영역을 가진 연습 책임자가 있을 수 있다. 다음 문장을 각색해서 여러분의 연습 관리 구조를 반영하는 차트를 만들어라.

연습 팀 구성원으로 선정된 팀장과 직원들은 반드시 비상 관리와 대응 기능 지식을 갖추고 있어야 한다.(연습 관리 팀장이 파악한 다른 자격 기입)____

그들은 계속되는 연습활동을 이해하고 따르기 위해 이 지식이 필요 하다. 이 요구를 충족시키기 위해 이 요구를 충족시키는 개인들이 참가하지 않는(또는 참가하는) 비상 대응 조직으로부터 선발 될 수 있다. 연습 팀은 연습 동안 행동을 위한 규칙 또는 지침을 확인하고 연습 전, 중, 후의 절차를 알아낸다.

다음 팀 구조가 사용 될 것이다(연습 통제 팀 조직을 확인하라. 조직을 반영하기 위해 아래 차트를 수정하라. 주, 지역 EOC와 같은 구체적 행동 장소가 추가되어야 한다. 만약 하나의 가상 셀(cell)이 모든 장소에서 사용되면 그에 따라 차트를 수정하라).____

____

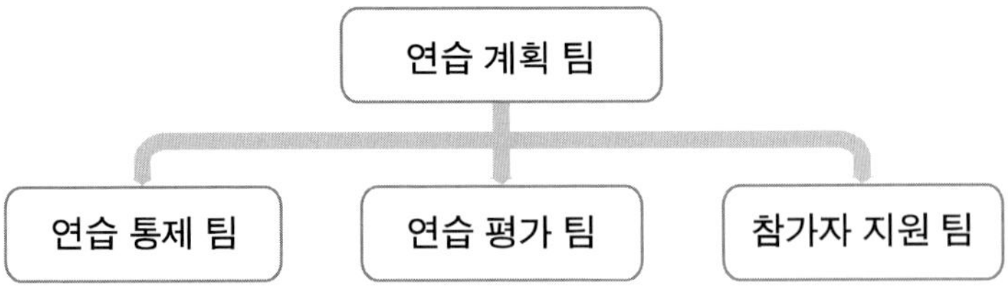

연습 계획 구조

1. **연습 계획 팀 :** 모든 연습계획 활동을 조율하는 책임을 진다. 연습 책임자는 연습 직무와 책임을 배정하고 지침을 제공하고 시간 일정을 수립하고 개발 과정을 감시한다. 팀장은 연습 목적, 개념, 시나리오, 마스터 시나리오 사건 사고 목록, 연습 메시지, 행정적 지원 요구 사항 그리고 통신 방법의 개발을 책임진다.
2. **통제와 시뮬레이션 팀 :** 통제와 시뮬레이션 팀장은 통제 계획 개발을 책임진다. 계획은 다음을 포함하나 여기에 국한되지 않는다.
    - 연습 통제와 시뮬레이션 활동 관리
    - 통제자 또는 시뮬레이터 훈련과 브리핑을 위한 규정
    - 연습의 흐름과 속도를 포함하는 연습 활동을 감시하고 보고하기 위한 절차
    - 연습 목적성과를 측정하기 위한 절차
    - 연습 참가자들의 대응을 기록하기 위한 절차
    - 연습 목표 지원을 위한 임시 메시지의 개발을 포함하는 메시지 주입 절차

- 사용과 준비 지시를 포함하는 필요한 연습 양식 목록
- 평가를 위한 준비

3. **평가 팀 :** 평가 팀장은 평가 계획 개발을 책임진다. 계획은 연습 전, 후에 일어나는 모든 평가 활동을 포함해야 한다. 평가활동은 다음을 포함하나 여기에 국한되지 않는다.
   - 연습 평가 활동 관리
   - 평가자 훈련과 브리핑에 관한 규정
   - 연습 활동 감시와 평가를 위한 절차
   - 연습 활동 성과를 측정하기 위한 절차
   - 연습 참가자의 대응을 기록하고 평가하기 위한 절차
   - 연습 목표 지원을 위한 임시 메시지의 개발을 포함하는 메시지 주입 절차
   - 사용과 준비 지시를 포함하는 필요한 연습 양식 목록
   - 평가를 위한 준비
4. **참가자 지원 팀 :** 참가자 지원 팀은 연습 지원활동 조율을 책임진다. 이 팀은 통제자, 시뮬레이터, 평가자, 그리고 참가자를 위한 지속적인 직원 브리핑과 연습 참가자 핸드북을 개발하기 위해서 다른 팀과 협력한다.
   핸드북은 연습 참가자를 위한 지시 목록을 포함하고 연습 동안 수행될 연습 참가자들의 책임과 기능에 관한 정보를 제공한다.
   핸드북은 다음을 포함하나 여기에 국한되지 않는다.

- 연습 참가자 연습 브리핑 일장
- 지역사회 또는 조직 계획, 정책 그리고 절차 검토를 위한 규정
- 시나리오 개요
- 연습 목적
- 연습에서 발생하는 메시지, 기록 그리고 보고 준비를 위한 절차
- 비상 운영 센터 절차
- 예상되는 연습 참가자 행동

- 행정적 요구사항
- 추천되는 연습 전 훈련행사

안전과 보안

만약 실제 비상사태 발생 시 연습 취소를 포함하는 안전 절차를 설명하라. 연습과 위치 그리고 장비에 관련된 모든 특별한 보안 문제를 상세히 설명하라.

행정적, 물류적 지원 요구사항

연습의 모든 면을 지원하기 위해 행정적, 물류적 지원이 요구 될 것이다. 요구 되는 지원의 정도는 연습의 복잡성과 기간, 관여된 연습 참가자들의 수 그리고 시범을 보이고자 하는 목적의 개수에 달려있다. 행정적 물류적 지원은 인력, 장비, 물자 그리고 시설로 구성되어 있다.

각각의 연습 장소에 제공될 물류와 행정적 지원을 설명하라. 연습을 위한 물류와 행정적 지원을 개발 할 때 고려할 분야의 예는 아래에 주어져있다.

- 연습 위치와 활동 장소에서의 행정적 지원
- 연습 전 훈련 등록, 훈련 그리고 훈련 재료의 포장을 돕기 위한 인력
- 연습을 위한 시설에 관한 정보

현장 준비와 지원

연습 목적 그리고 계획과 절차 시험을 충족시키기 위해 필요할 수 있는 현장 준비를 설명하여라.

직무 보조

훈련 계획 팀을 도울 수 있는 보조 목록을 만들어라.

부록 8.4 연습 체크 목록

- □ 연습 목적을 알아내라.
- □ 적절한 연습 유형을 찾아내라.
- □ 계획과 연습 수행을 위한 시간일정을 수립하라.
- □ 연습 계획팀을 확인하고 외부 기관의 참여를 결정하라.
- □ 연습 시나리오를 고안하고 시험할 기능을 정의하라.
- □ 어떤 자원들이 이용 가능한지와 연습비용을 알아내라.
- □ 시설과 장비의 이용 가능 여부를 확인 하라.
- □ 통신과 필요한 장비를 시험하라.
- □ 안전 통제자를 확인하고 실제 상황의 암호를 정하라.(운영에 근거한 연습일 경우)
- □ 모든 참가자를 브리핑하고 적절하다면 지역 언론에 알려라.
- □ 사건사고, 조율 그리고 전개에 대한 대응에 초점을 맞춘 즉각적인 임무 보고를 실시하라.
- □ 연습을 평가하고 최종 보고를 준비하라.
- □ 권고사항을 작성하고 개선이 필요한 계획, 정책, 절차를 찾아라.
- □ 모든 참가한 개인과 기관에게 보고서를 배포하라.

부록 8.5 사후 보고 기록

연습______________________________________

당신의 역할__________________________________

날짜______________________________________

문제 요약	권장 행동	담당 기관

부록 8.6 연습 비평 양식

1. 다음 범위로 전체적인 연습의 등급을 매겨라.

1	2	3	4	5
아주 나쁨				아주 좋음

2. 이전 연습과 비교해서 이번 연습은

1	2	3	4	5
아주 나쁨				아주 좋음

3. 연습이 효과적으로 비상사태 환경과 비상 대응 활동을 가상했는가?
   □ 예 □ 아니오
   만약 아니면 왜인지 간단히 설명하라. ______________________________
4. 연습에 나타난 문제점들이 계획 실행을 위한 대비 능력을 적절하게 시험했는가? □ 예 □ 아니오
   만약 아니면 왜인지 간단히 설명하여라. ______________________________
5. 다음 문제점들을 지우거나 수정하여야 한다.______________________________
   ____
   ____
6. 아래 문제점들을 다음 훈련에 포함할 것을 제안한다.______________________________
   ____
   ____
7. 그 외 다른 언급사항이나 제안을 추가하라.______________________________
   ____
   ____
   ____
   ____

참고문헌

Academy for Venue Safety and Security. (2006, August). Chapter 4 in Training manual. International Association of Assembly Managers.

Ammon, R., Southall, R. & Nagel, M. (2010). Sport *facility management: Organizing events and mitigating risks. Morgantown, WV: Fitness Information Technology.*

Ammon, R., Southall, R., & Blair, D. (2003). Sport *facility management: Organizing events and mitigating risks. Morgantown, WV: Fitness Information Technology.*

Appenzeller, H. (2000). Chapter 24: Risk assessment and reduction. In H. Appenzeller & G. Lewis (Eds.), Successful sport management: A guide to legal issues. Durham, NC: Carolina Academic Press.

Appenzeller, H. (2000). Risk assessment and reduction. In H. Appenzeller & G. Lewis (Eds.), Successful sport management: A guide to legal issues. Durham, NC: Carolina Academic Press.

Arquilla, J., Ronfeldt, D., & Zanini, M. (1999). Networks, netwar, and information age terrorism. In I.O. Lesser, B. Hoffman, J. Arquilla, D. Ronfeldt, & M. Zanini (Eds.), Countering the new terrorism (pp. 39-84). Santa Monica, CA: Rand Corporation.

ASIS International. (2003). General security risk assessment guideline. Retrieved from www.asisonline.org/ guidelines/guidelinesgsra.pdf

Atlanta Consulting Group. (1992). Trust and teamwork training program. Atlanta, GA: Author.

Australian National Security. (2010). National terrorism public alert system. Retrieved from www.nationalsecurity.gov.au

Baker, T.A., Connaughton, D., Zhang, J.J., & Spengler, J.O. (2007). Perceived risk of terrorism and related risk management practices of NCAA Division IA football stadium managers. Journal of Legal Aspects *of Sport, 13(2), 145-179.*

Beckman, L. (2006). A system for evaluating emergency response capabilities at a university sporting venue. Doctoral dissertation. Retrieved from ProQuest Digital Dissertations Database. (Publication No. AAT 3268436).

Bennis, W. (1997). Organizing genius: The secrets of creative collaboration. Reading, MA: Addison-Wesley.

Biringer, B.E., Matalucci, R.V., & O'Connor, S.L. (2007). *Security risk assessment and management. Hoboken,* NJ: Wiley.

Blake, R.R., & Mouton, J.S. (1964). The managerial *GRID. Houston, TX: Gulf.*

Broder, J.F. (2006). Risk analysis and the security survey (3rd ed.). Oxford, United Kingdom: Butterworth Heinemann Business Books.

Buchholz, W. (2001). Open communication climate. Retrieved from http://atc.bentley.edu/faculty/wb/printables/opencomm.pdf

Bullock, J., Haddow, G., Coppola, D. & Yeletaysi, S. (2009). Introduction to homeland security (3rd ed.). Burlington, MA: Butterworth-Heineman.

Busowsky, G. (n.d.). Risk management in facility management. Retrieved from www.beims.com/fm_news/white_papers/Risk_Management_in_FM.pdf

Center for Venue Management Studies. (2002). Best practices planning guide emergency preparedness. IAAM Safety and Security Task Force.

Chelladurai, P. (2006). Human resource management in sport and recreation. Champaign, IL: Human Kinetics.

Chen, R. (2009, March). Large-scale stadiums set the standard. A&S International, pp. 56-62.

Collins, J. (2001). Good to Great. New York: Harper Business.

Commission on the Prevention of WMD Proliferation and Terrorism. (2008). World at risk. New York: Vintage Books, Random House.

Conger, J.A., & Kanungo, R.N. (1998). Charismatic leadership in organizations. Thousand Oaks, CA: Sage.

Contemporary Services Corporation. (2007, November). Venue staff training. Presented by Dane Dodd.

Continuity Central. (2009, August 27). Exercising: *The secret to successful business continuity plans. Retrieved from www.continuitycentral.com/feature0696.html*

Culf, A. (2006, January 19). The six-billion dollar sports security industry. The Guardian.co.uk. Retrieved from www.guardian.co.uk/sport/2006/jan/19/foot-ball.newsstory

Cunningham, G. (2007). Security management capabili*ties in intercollegiate athletic departments. Doctoral* dissertation. Retrieved from ProQuest Digital Dissertations Database. (Publication No. AAT 3275010).

Decker, R.J. (2001). Key elements of a risk management *approach. U.S. General Accounting Office. Retrieved* from www.gao.gov/new.items/d02150t.pdf

Doukas, S.G. (2006, Spring). Crowd management: Past and contemporary issues. The Sport Journal, 9(2).

Drucker, P. (1988, Jan-Feb). The coming of the new organization. Harvard Business Review.

DuBrin, A.J. (2002). The winning edge: How to moti*vate, influence, and manage your* *company's human resources. Cincinnati, OH: South-Western.*

Edwards, R., & Lemon, L.R. (2002) Proactive or reac*tive? The severe storm threat to large event venues.* Preprints, 21st Conference on Severe Local Storms, San Antonio, TX, American Meteorological Society, 232-235. Retrieved from www.spc.noaa.gov/publications/edwards/lrgvenue.pdf

Federal Bureau of Investigation and U.S. Department of Homeland Security. (2009, September 21). Potential *threats to popular sport and entertainment venues.* Intelligence Bulletin No. 326 Joint FBI-DHS Bulletin.

Federal Emergency Management Agency, CitizenCorps. (2006). Harris County, Texas, Citizen Corps response *to hurricane Katrina. Retrieved from www.citizencorps.*gov/downloads/pdf/councils/llis/lessons-learned-tx-katrina-response.pdf.

Federal Emergency Management Agency, Emergency Management Institute. (2005a). Building and rebuilding trust. In Leadership and influence: Independent study.

Federal Emergency Management Agency, Emergency Management Institute. (2005b). Basic communication skills. In Effective communication: Independent study.

Federal Emergency Management Agency, Emergency Management Institute. (2005c). Communicating in an emergency. In Effective communication: Independent study.

Federal Emergency Management Agency, Emergency Management Institute. (2005d). Identifying decision-making styles and attributes. In Decision making and problem solving: Independent study.

Federal Emergency Management Agency, Emergency Management Institute. (2005e).

The decision-making process. In Decision making and problem solving: Independent study.

Federal Emergency Management Agency, Emergency Management Institute. (2006a). The spectrum of incident management actions. In Principles of emergency management: Independent study.

Federal Emergency Management Agency, Emergency Management Institute. (2006b). Developing and managing volunteers: Independent study.

Federal Emergency Management Agency, Emergency Management Institute. (2008a). Introduction to exercise design. In Exercise design: *IS-139.*

Federal Emergency Management Agency, Emergency Management Institute. (2008b). The exercise process. In Exercise design: *IS-139.*

Federal Emergency Management Agency, Emergency Management Institute. (2008c). Exercise evaluation. In Exercise design: *IS-139.*

Federal Emergency Management Agency, Emergency Management Institute. (2009a). Establishing the foundation. In An introduction to exercises: *IS-120.A.*

Federal Emergency Management Agency, Emergency Management Institute. (2009b).

Exercise basics. In *An introduction to exercises: IS-120.A.*

Federal Emergency Management Agency, Emergency Management Institute. (2010a, January 14). Fun *damentals of emergency management: IS-230.A.* Retrieved from http://training.fema.gov/EMIWeb/IS/IS230a.asp

Federal Emergency Management Agency, Emergency Management Institute. (2010b, July 22). Special *events contingency planning for public safety agencies: IS-15.B.*

Finch, B.E. (2008, June). Decision raises serious liability *concerns and emphasizes the need for SAFETY Act protections. Dickstein Shapiro, LLP. Whitepaper.*

Football Licensing Authority. (2007). Exercise planning. Retrieved from www.flaweb.org.uk

Fried, G. (2005). Managing sports facilities. Champaign, IL: Human Kinetics.

Gardner, W.L., & Avolio, B.J. (1998). The charismatic relationship. Academy of Management Review, January, p. 33.

Griffin, R.W., & Moorhead, G. (1986). Organizational Behavior. Houghton Mifflin Company: Boston, MA.

Hagmann, D.J. Black hole in America's heartland. *Northeast*

Intelligence Network. 2005 Oct 30. Available at: www. homelandsecurityus.com/site/modules/news/article. php?storyid=16. Accessed July 20, 2006.

Hall, S. (2006). Effective security management of university sport venues. Sport Journal, 9(4), 1-10.

Hall, S., Cieslak, T., Marciani, L., Cooper, W., & McGee, J. (2010). Protective security measures for major sport events: Proposing a baseline standard. Journal of Emergency Management.

Hall, S., Marciani, L., & Cooper, W.E. & Rolen, R. (2007, August). Securing sport stadiums in the 21st century: Think security, enhance safety. Anser Homeland Security Institute. Journal of Homeland Security, pp. 1-7.

Hall, S., Marciani, L., & Cooper, W.E. (2008). Sport venue security: Planning and preparedness for terrorist-related incidents. Sport Management and Related Topics Journal, 4(2), 6-15.

Hall, S., Marciani, L., Cooper, W.E., & Phillips, J. (2010). Needs, concerns, and future challenges in security management of NCAA Division I football events: An intercollegiate facility management perspective. Journal of Venue and Event Management, *1(2), 1-16.*

Hersey, P., & Blanchard, K.H. (1988). Management of organizational behavior: Utilizing human resources (5th ed.). Englewood Cliffs, NJ: Prentice Hall.

HSEEP. (2007a). Homeland Security Exercise and Evaluation Program-Volume I. The U.S. Department of Homeland ecurity.

Hui, S. (2010, January 22). U.K. terror threat level raised from substantial to severe. Huffington Post. Retrieved from www.huffingtonpost.com/2010/01/22/ uk-terror-threat-level-ra_n_433519.html

Hurst, R., Zoubek, P., & Pratsinakis, C. (2007). American sports as a target of terrorism: The duty of care *after September 11th. Retrieved from www.mmwr.com/* _uploads/UploadDocs/publications/American%20Sports%20As%20A%20Target%20Of %20Terrorism.pdf

Ivancevich, J., & Matteson, R. (1999). Organizational behavior and management (5th ed). New York: McGraw-Hill.

Johnson, J.A. (2005). A brief history of terrorism. In G.R. Ledlow, J.A. Johnson, & W.J. Jones (Eds.), Community preparedness and response to terrorism: Vol. 1. The terrorist threat and community response (pp. 1-6). Westport, CT: Praeger Perspectives.

Kaiser, R., & Robinson, K. (2005). Risk management. In Management of park and recreation services. Washington DC: National Recreation and Park Association.

Kennedy, D.B. (2006). A precis of suicide terrorism. *Journal of Homeland Security and Emergency Management, 3(4).*

Kinney, J.A. (2003). Securing stadiums: Keeping them safe for successful special events. Stadium Visions, *2(1), 10. Retrieved from www.iapsc.org/uploaded_ documents/*stadiumPDF.pdf

Kotter, J.P. (1990). What leaders really do. Harvard *Business Review, May-June, pp. 103-111.*

Lencioni, P. (2002). The five dysfunctions of a team. San Francisco: Jossey-Bass.

Lindell, M.K., Prater, C., & Perry, R.W. (2007). Introduction to emergency management. Hoboken, NJ: Wiley.

Livingstone, N.C. (2008, September 24). Stadium and venue security. Domestic Preparedness.com. Retrieved from www.domesticpreparedness.com/ Infrastructure/ Special_Events/Stadium_and_Venue_Security/

Long, L.E., & Renfroe, N.A. (1999). A new automation *tool for risk assessment. 15th Annual NDIA Security* Technology Symposium. Session: Risk and Threat Assessment Techniques. Retrieved from www.dtic.mil/ndia/technology/smith.pdf

Madensen, T.D., & Eck, J.E. (2008, August). Spectator *violence in stadiums. U.S. Department of Justice,* Office of Community Oriented Policing Services, Center for Problem-Oriented Policing.

Marciani, L., Hall, S., & Finch, B. (2009). Intercollegiate athletics safety and security-concerns and responsibilities in the post 9/11 environment. Athlet*ics Administration, 44(2), 14-17.*

Marsden, A.W. (1998). Training railway operating staff to understand and manage passenger and crowd behavior. Industrial and Commercial Training, 3(5), 171-175.

Matheson, V. A., & Baade, R. A. (2006). Can New Orleans play its way past Katrina? College of the Holy Cross, Department of Economics Faculty Research Series, Paper No. 06-03. Retrieved from www.holycross.edu/departments/economics/RePEc/Matheson_NewOrleans.pdf.

National Counterterrorism Security Office. (2006). *Counter terrorism protective security advice for stadia and arenas. Association of Chief Police Officers in* Scotland. Retrieved from www.nactso.gov.uk/documents/Stadia%20Doc.pdf

Pantera, M.J., et al. (2003). Best practices for game day security at athletic and sport venues. Sport *Journal, 6(4).*

Pearson, G. (2006). Fig fact-sheet four: Hooliganism. Retrieved from www.liv.ac.uk/footballindustry/hooligan.html

Peck, S. (1988). The different drum. New York: Simon & Schuster.

Plochg Business Psychology Consulting. (2009). Dys-*functional patterns in leadership. Retrieved from* http://businesspsychologistconsulting.com

Protective Measures Guide for U.S. Sports Leagues (2008). Department of Homeland Security. Washington, DC.

Ross, M.B. (1982). Coping with conflict. The 1982 *annual for facilitators, trainers, and consultants. San* Diego, CA: University Associates.

Sandia National Laboratories. (2008). Risk assessment. Retrieved from www.sandia.gov

Sauter, M.A., & Carafano, J.J. (2005). Homeland secu*rity: A complete guide to understanding, preventing, and surviving terrorism. New York: McGraw Hill.*

Schwarz, E., Hall, S., & Shibli, S. (2010). Sport facility operations management. London: Butterworth-Heinemann.

Security and policing. (2005). In U.K. sport, staging major sports events: The guide. Retrieved from www. uksport.gov.uk/pages/major_sports_event_the_guide/

Sennewald, C.A. (2003). Effective security management (4th ed.). London: Butterworth-Heinemann.

Slack, T., & Parent, M.M. (2006). Understanding sport *organizations: The application of organization theory*(2nd ed.). Champaign, IL: Human Kinetics.

Spangler, J. (2001, September 30). Meeting the threat. *Deseretnews.com. Retrieved from http://deseret*-news.com/dn/sview/1,3329,320006966,00.html

State of Missouri Emergency Management Agency. (2009, October). Special event considerations. *Missouri hazard analysis. Retrieved from http://sema.dps.mo.gov/* HazardAnalysis/2009%20State%20Hazard%20Analysis/Annex%20K.%20%20Hazardous%20Materials.pdf

Steinbach, P. (2006, September). Storm: A year removed from the dark days of hurricane Katrina, college athletic departments are now being viewed in a new light-as disaster response specialists. Athletic Business, 38-46.

Stelter, L. (2009, September 1). From the uniform to the suit: Why education is so important. Security Director News. Retrieved from www.securitydirectornews.com

Stevens, A. (2007). Sports security and safety: Evolv*ing strategies for a changing world. Sport Business Group.*

Tarlow, P.E. (2002). Event risk management and safety. New York: Wiley.

Texas Engineering Extension Service (TEEX). (2005, January) Threat and risk assessment(local jurisdiction) (3rd ed.). *College Station, TX.*

Toohey, K., & Taylor, T. (2008). Mega events, fear, and risk: Terrorism at the Olympic Games. Journal of *Sport Management, 22, 451-469.*

U.S. Department of Homeland Security. (2002, July). *National strategy for homeland security. Washington,* DC. Retrieved from www.whitehouse.gov/homeland/book/nat_strat_hls.pdf

U.S. Department of Homeland Security. (2003a, February). National strategy for combating terrorism. Washington, DC. Retrieved from www.whitehouse. gov/news/releases/2003/02/counter_terrorism/counter_terrorism_stratgey.pdf

U.S. Department of Homeland Security, Office of Domestic Preparedness. (2003b, July). Vulnerability *assessment report. Retrieved from www.ojp.usdoj.gov/odp/*docs/vamreport.pdf

U.S. Department of Homeland Security. (2004). Securing our homeland. *Washington, DC. Retrieved from* www.hsdl.org/?view=docs/dhs/nps03-032404-07.pdf

U.S. Department of Homeland Security. (2005, April). *National planning scenarios executive summary.* Retrieved from http://cees.tamiu.edu/covertheborder/TOOLS/NationalPlanningSen.pdf

U.S. Department of Homeland Security. (2006, July). *Law enforcement prevention and deterrence of terrorist acts.*

U.S. Department of Homeland Security. (2007a). *Homeland security exercise and evaluation program*(HSEEP), Volume I.

U.S. Department of Homeland Security. (2007b). *Homeland security exercise and evaluation program*(HSEEP), Volume II.

U.S. Department of Homeland Security. (2007c). Homeland security exercise and evaluation program(HSEEP), Volume III.

U.S. Department of Homeland Security. (2008a). Evacuation planning guide for stadiums. Retrieved from www.dhs.gov/xlibrary/assets/ip_cikr_stadium_evac_guide.pdf

U.S. Department of Homeland Security. (2008b). National incident management system. Washington, DC.

U.S. Department of Homeland Security. (2008c). *Protective measures guide for U.S. sports leagues.* Washington, DC.

U.S. Department of Homeland Security. (2009a). *Department responsibilities.* Retrieved from www.dhs.gov/xabout/responsibilities.shtm

U.S. Department of Homeland Security. (2009b). *Homeland security presidential directives.* Retrieved from http://dhs.gov/xabout/laws/editorial_0607.shtm

U.S. Department of Homeland Security. (2009c, April). *Sport event risk management.*

U.S. Department of Homeland Security. (2009d). State *and local fusion centers.* Retrieved from www.dhs.gov/files/programs/gc_1156877184684.shtm

U.S. Department of Homeland Security, Office of Intelligence and Analysis. (2009e, January 26). *Threats to college sports and entertainment venues and surrounding areas.*

U.S. Department of Homeland Security. (2010). *Homeland security advisory system.* Retrieved from www.dhs.gov/files/programs/Copy_of_press_release_0046.shtm

Warfield, C. (2008). The disaster management cycle. Retrieved from http://gdrc.org/uem/disasters/1-dm_cycle.html

Yones, M. (2009). Dysfunctional leadership & dys-functional organizations. International Institute of Management Executive Journal. Retrieved from www.iim-edu.org/dysfunctionalleadershipdysfunctionalorganziations/index.htm

Yukl, G.A. (2002). Leadership in organizations (5th ed.). Upper Saddle River, NJ: Prentice Hall.

INDEX

(ㅅ)

(ㅇ)

(ㅈ)

(영문 및 기타)

역 / 자 / 소 / 개

◈ 現

- 세한대학교 경찰행정학과 부교수
- 미국 남부미시시피주립대학교(USM) 국립 스포츠 안전 및 보안센터(NCS4) 객원교수(2010~2014)
- 2018 평창동계올림픽 조직위원회 Legacy Forum 안전 및 보안담당 위원

◈ **주요 경력**

- 2010, 2014 평창동계올림픽유치위원회 안전 및 보안담당 자문위원
- 2018 평창동계올림픽유치위원회 안전 및 보안담당 자문위원 겸 발표자(Presenter)
- ㈜ 디아지오 코리아, ㈜ 진로발렌타인스, ㈜ 한국 EPSON, ㈜ 한국 CANON,
  ㈜ 중국해운 등 다국적 기업 내부 조사 및 보안 담당 고문
- 대통령 소속 지방분권촉진위원회 자치경찰제 추진 외부전문위원
- 2007 한나라당 대선후보 검증위원회(위원장: 안강민) 조사 및 청문위원
- 공명선거실천협의회 선거부정 조사 분과위원장
- 경찰청 외사관리관실 등 근무 및 중남미 대통령 등 국가원수 방한시 경호통역
- UNODC(UN 마약 및 범죄통제위원회) 아태본부 법집행 인턴쉽

◈ **주요 훈련**

- 국립경찰대학 행정학과 졸업 (제2기)
- 고려대학교 국제대학원 국책과정 국제협력 석사(제1기)
- 칠레 고급경찰대학원 최고지휘자과정(2년) 졸업
- 미국 미시간주립대학교 VIPP 프로그램 수료(총무처 국비연수)
- 호주 본드대학교 범죄학박사 과정 수료
- UN대학(UNU/ILA) 제2회 세계지도자과정 수료

도서출판
그린

스포츠와 특별행사 보안관리

인쇄일 ▶	2014년 1월 22일
발행일 ▶	2014년 1월 27일
역 자 ▶	이 동 영
발행처 ▶	도서출판 **그린**
발행인 ▶	윤 덕 우
출판등록 ▶	제8-161호(1995. 5. 3.)
주소 ▶	서울특별시 서대문구 연희로5길 50(연희동) (우) 120-828
전화 ▶	02) 333-2574
Fax ▶	02) 333-2561
E-mail ▶	greenpress@greenpress.co.kr
Homepage ▶	http://www.greenpress.co.kr

Green Pub.

정가 : 26,000원

ISBN : 978-89-5727-210-7 (93350)